DIREITO
à PRIVACIDADE

IVES GANDRA DA SILVA MARTINS
ANTONIO JORGE PEREIRA JÚNIOR
(Coordenadores)

DIREITO À PRIVACIDADE

Adalberto Simão Filho – André Ramos Tavares – Antonio Jorge Pereira Júnior – Carlos Aurélio Mota de Souza – Cláudio Luiz Bueno de Godoy – Domingos Franciulli Neto – Felix Ruiz Alonso – Gilberto Haddad Jabur – Ives Gandra da Silva Martins – Marcos Alberto Sant'Anna Bitelli – Maria Helena Diniz – Miguel Reale – Paulo Restiffe Neto – Paulo Roberto de Gouvêa Medina – Ricardo de Paula Alves – Thiago Luís Santos Sombra – Víctor Gabriel de Oliveira Rodriguez

Diretores Editoriais:
Carlos Silva
Ferdinando Mancílio

Editores:
Avelino Grassi
Roberto Girola

Coordenação Editorial:
Elizabeth dos Santos Reis

Revisão:
Elizabeth dos Santos Reis

Projeto Gráfico
Marco Antônio Santos Reis

Diagramação:
Simone A. Ramos de Godoy

Capa:
Marco Antônio Santos Reis

© Ideias & Letras e Centro de Extensão Universitária

Rua Pe. Claro Monteiro, 342 — Centro — 12570-000 – Aparecida-SP
Tel. (12) 3104-2000 – Fax. (12) 3104-2036
Televendas: 0800 16 00 04
vendas@ideiaseletras.com.br
http//www.redemptor.com.br

Dados Internacionais de Catalogação na Publicação (CIP)
(Câmara Brasileira do Livro, SP, Brasil)

Direito à privacidade / Ives Gandra Martins Filho, Antônio Jorge Monteiro Junior, (coordenadores). – Aparecida, SP: Idéias & Letras; São Paulo: Centro de Extensão Universitária, 2005.

ISBN 85-98239-36-4

1. Dignidade humana 2. Direito à intimidade 3. Ética I. Martins, Ives Gandra da Silva. II. Pereira Júnior, Antônio Jorge.

05-2223   CDU-342.721

Índices para catálogo sistemático:

1. Direito à privacidade: Direito público 342.721

SUMÁRIO

Prefácio 7

Conceitual: Privacidade e antropologia
1. Felix Ruiz Alonso
Pessoa, intimidade e o direito à privacidade 11

Conceitual: Privacidade e valores humanos
2. Paulo Restiffe Neto
Reflexões a propósito da inviolabilidade da vida privada da pessoa natural 37

Direito fundamental básico
3. Ives Gandra da Silva Martins
O direito à vida no Código Civil à luz da Constituição 57

Direito de personalidade e biotecnologia
4. Maria Helena Diniz
O impacto da biotecnologia no direito à privacidade 85

Direito de personalidade: círculos de proteção
5. Gilberto Haddad Jabur
A dignidade e o rompimento de privacidade 85

Direito de personalidade e exposição de imagem
6. Domingos Franciulli Neto / Thiago Luís Santos Sombra
O direito à imagem em locais públicos 107

Privacidade familiar entre cônjuges, pais e filhos
7. Cláudio Luiz Bueno de Godoy
O direito à privacidade nas relações familiares 119

Privacidade familiar e políticas públicas
8. Antonio Jorge Pereira Júnior
Privacidade no gerenciamento do poder familiar 149

Privacidade e liberdade de expressão
9. ANDRÉ RAMOS TAVARES
Liberdade de expressão-comunicação em face do direito à privacidade 213

Privacidade e mídia
10. CARLOS AURÉLIO MOTA DE SOUZA
O cidadão, a sociedade, a mídia e a justiça 241

Privacidade e controle dos meios de comunicação
11. MARCOS ALBERTO SANT'ANNA BITELLI
A privacidade e a crise do direito da comunicação social
– o controle regulatório 273

Privacidade patrimonial básica
12. MIGUEL REALE/ IVES GANDRA DA S. MARTINS
Direito à privacidade e controle concentrado de constitucionalidade 301

Direito processual
13. PAULO ROBERTO DE GOUVÊA MEDINA
Publicidade processual e direito à privacidade 327

Privacidade empresarial
14. ADALBERTO SIMÃO FILHO
O direito da empresa à vida privada e seus reflexos no direito falimentar . 337

Privacidade do empregado
15. RICARDO DE PAULA ALVES
Vida pessoal do empregado, liberdade de expressão e direitos
fundamentais do trabalhador 367

Direito penal e sigilo profissional
16. VÍCTOR GABRIEL DE OLIVEIRA RODRIGUEZ
Sigilo Médico e Direito à privacidade: do delito de desobediência face
ao desatendimento de ordem judicial de revelação de dados de pacientes ... 391

Prefácio

André Frossard, da Academia Francesa, afirmava que sempre restará algo não explicável no ser humano, decorrência de ter sido criado à imagem e semelhança de Deus, Ser inabarcável por essência. Em meio à cultura cristã surgiu o conceito de dignidade humana, que ganhou corpo e se consolidou. Em razão disso, quando o senso comum está imbuído de valores cristãos – manifestados na Ética clássica, de feitio aristotélico-tomista – tem-se maior garantia de respeito à dignidade humana em uma dada sociedade.

Ao mesmo tempo, pelo fato de o homem superar sua capacidade de entender-se, sempre haverá algo a ser conhecido acerca de sua dignidade, em paralelo à fixação gradativa de notas perduráveis, amadurecidas ao longo de séculos de reflexão, que constituem um patrimônio universal a ser conservado em benefício de todos.

No processo de descobrir-se e redescobrir-se, característico de cada geração, há épocas de maiores e menores luzes, de evolução ou involução no que diz respeito à compreensão e proteção da dignidade humana. A percepção da dignidade humana varia de modo proporcional à formação Ética dos povos.

As novas tecnologias, os novos modos de produção, de pensar, viver e comunicar-se, próprios desse período, lançam desafios e requerem respostas que exigem preparo Ético, sob risco de o *Direito* divorciar-se do *justo* e desnaturar-se.

À medida que novos eventos ocorrem, cabe ao jurista refletir e agir tendo em vista defender os cidadãos de abusos cometidos pelo Estado e por entidades civis dotadas de poder (social, político, econômico e tecnológico), que desnaturam a vida em sociedade ao invadirem de modo ofensivo o âmbito próprio da vida privada.

O direito à privacidade é uma das conquistas da Humanidade mais vulneráveis em nossos dias, nos diversos âmbitos onde se manifesta.

Na presente obra encontram-se estudos de diversas áreas do Direito, tendo por fio condutor o direito à privacidade. A ordem dos trabalhos acompanha o desenvolvimento conceitual do tema.

São dois trabalhos de caráter geral, que servem a qualquer área do Direito. O trabalho de Felix Ruiz Alonso - *Pessoa, intimidade e o direito à privacidade* – traz uma noção dos tópicos centrais do livro, estabelecendo um diálogo entre a Constituição Federal de 1988 e a antropologia filosófica. Após essa breve introdução conceitual, Paulo Restiffe Neto amplia os horizontes do tema a partir do artigo 21 do Código Civil.

Alicerce básico de qualquer direito fundamental é o direito à vida, protegido desde a concepção. Sendo a vida o primeiro direito fundamental, base de todos os demais, o estudo *o direito à vida no Código Civil à luz da Constituição* antecede a análise da privacidade em outros âmbitos.

Os direitos de personalidade, imediatos ao conceito de dignidade, são tratados em dois trabalhos. Maria Helena Diniz, desenvolve o *impacto da biotecnologia no direito à privacidade*, de repercussão atual, enfrentando o tema da privacidade nos processos de mapeamento genético e as possíveis repercussões práticas derivadas desse conhecimento, passível de servir ao bem ou ao mal da pessoa e da sociedade.

No trabalho *a dignidade e o rompimento da privacidade*, Gilberto Haddad Jabur desenvolve o conteúdo jurídico conceitual de dignidade e apresenta situações de seu ferimento, apresentando aspectos de alguns diplomas nacionais e estrangeiros, em situações especialmente relevantes, desde a relação de consumo à fixação de imagem por meio de filmagens de funcionários em serviço.

No estudo *o direito à privacidade nas relações familiares*, Cláudio Luiz Bueno de Godoy reflete acerca dos limites de privacidade entre os cônjuges e entre pais e filhos, buscando um norte que sirva para mensurar a razoabilidade da mútua interferência que há na esfera doméstica.

O artigo *privacidade no gerenciamento do poder familiar* dedica-se ao delicado tema da interferência do Estado, mediante políticas públicas, em âmbitos de competência privativa da família, como a educação moral dos filhos, trazendo princípios de ordem social que servem de critério para análise de situações em que há risco de invasão abusiva de um ente social em área de atuação de outro.

Após o tema da privacidade do círculo familiar, passa-se ao estudo do *direito à imagem em locais públicos*, em breve artigo de Domingos Fraciulli Neto e Luís Santos Sombra, a partir da doutrina qualificada de Walter Moraes.

A liberdade de expressão em aparente conflito com o direito de privacidade é abordado por André Ramos Tavares em *liberdade de expressão-comunicação em face do direito à privacidade*, que apresenta reflexão acerca dos eventuais modos de regulamentar a liberdade de expressão, conforme previsão constitucional.

Na seqüência, o artigo *o cidadão, a sociedade, a mídia e a justiça*, de Carlos Aurélio Mota de Souza, desenvolve a questão da Ética e da responsabilidade dos meios de comunicação quando desrespeitam a privacidade e demais dispositivos de proteção da dignidade humana. Também versando sobre mídia, ética e privacidade, Marcos Alberto Sant'Anna Bitelli escreve sobre *a privacidade e a crise do direito da comunicação social – o controle regulatório* apresentando critérios que podem nortear o controle externo, após examinar o projeto da agência proposta pelo Governo atual (ANCINAV), em contraste com outros modos regulatórios.

Em artigo elaborado em conjunto com o Professor Miguel Reale, defende-se a privacidade no sigilo bancário em face de funcionários da Receita Federal, questionando a constitucionalidade de lei que os autorizava a levantar dados de movimentação bancária de contribuintes, com mais poderes que aqueles dados aos magistrados em processos que atuam. A privacidade patrimonial é garantida pela Constituição Federal, razão que ensejou o parecer encaminhado ao STF, intitulado *direito à privacidade e controle concentrado de constitucionalidade*.

No último quadrante do livro reúnem-se trabalhos que abordam o tema da privacidade na perspectiva do Direito Processual Civil, do Direito Empresarial, do Direito do Trabalho e do Direito Penal.

Paulo Roberto Gouveia de Medina aborda o tema do acesso aos autos: em que medida essa abertura pode afetar o direito à privacidade? Adalberto Simão Filho dedica-se a examinar o *direito da empresa à vida privada e seus reflexos no direito falimentar*. Ricardo de Paula Alves traz interessante exame do grau de intervenção dos empregadores na vida pessoal do empregado, examinando o alcance de sua liberdade de expressão no trabalho e seus direitos fundamentais. Victor Gabriel Rodríguez desenvolve parecer acerca do conflito entre eventual delito de desobediência face ao desatendimento de ordem judicial de revelação de dados de pacientes e o direito do médico de sigilo profissional, em respeito ao direito a privacidade do paciente.

Os autores dos livros são professores e conferencistas do **Centro de Extensão Universitária**, que se dispôs a organizar a publicação, em co-edição com a **Editora Idéias & Letras**. Espera-se que essa seja a primeira de uma série de obras jurídicas de caráter interdisciplinar de Direito, realizadas por meio dessa parceria.

São Paulo, 28 de fevereiro de 2005

Ives Gandra da Silva Martins
Antonio Jorge Pereira Júnior

PESSOA, INTIMIDADE
e o DIREITO à PRIVACIDADE

FÉLIX RUIZ ALONSO*

> Sumário: 1. Ser humano e natureza humana. 2. Natureza e Pessoa. 3. Noções de intimidade e privacidade. 4. A intimidade da consciência e do coração. 5. A intimidade amorosa. 6. Atos humanos internos e externos. 7. O ser humano é social. 8. Vida privada e vida social. 9. Intimidade e transcendência. 10. Intimidade e Direito. 11. A guisa de conclusões.

1. Ser humano e natureza humana

Na atualidade fazem-se muitas perguntas: O embrião é um ser humano? Ser humano e natureza humana são a mesma realidade ou são distintas? Um feto é ser humano? O recém-nascido, em estado de coma desde o nascimento, é humano? Um feto sem cérebro é humano, tem natureza humana? Alguém sem intimidade nem privacidade é uma pessoa?

Responder a essas perguntas e a outras semelhantes, hoje tão em voga, exige compreender o que se entende por *ser humano* e por *natureza huma-*

---

* O autor é advogado. Titular do escritório Ruiz Alonso Advogados Associados. Doutor em Direito pela Universidade do Laterano (Roma) e pela Universidade de São Paulo. Ex-conselheiro do IASP e do Tribunal de Ética e Disciplina da OAB-SP.

na – vocábulos usuais não só no mundo jurídico, senão também no religioso, na antropologia, ética, psicologia, sociologia, política, economia...

Preciso é, antes de mais nada, afirmar que ditos vocábulos referem-se à mesma realidade: ao filho gerado pelo homem e a mulher, a partir do espermatozóide e óvulo, que no início de sua vida é embrião e depois feto até ser dado à luz e, uma vez fora do útero materno, vive sua própria vida e se desenvolve até morrer. De dito ser vamos tratar. Neste ponto liminar trataremos dele como *ser humano* e como *natureza humana*, para, no seguinte, tratar dele como *pessoa*.

A expressão *ser humano* alude, em primeiro lugar, ao fato de estarmos perante uma criatura que existe, quer dizer que é, tem *ser*. A expressão alude ainda à substância, no sentido de que não é um ser qualquer, incognoscível ou abstrato, mas se trata de um ser concreto, real, isto é, do *ser humano*. A expressão, portanto, refere-se precisamente ao homem ou à mulher.

Percebe-se que estamos perante um composto que, além de *ser*, é *humano*. Não é um ser aquoso, nem um ser oleoso, nem felino ou réptil. Todas as coisas da natureza, além de *ser*, são algo atual ou concreto, quer dizer: são compostas.

A composição das coisas há muito que se conhece e os pensadores gregos chamaram a seus componentes de *hilé* (possibilidade cósmica universal) e *morfos* (atualização da possibilidade cósmica).[1] Assim, a água seria uma possibilidade cósmica atual ou concreta e o réptil (jararaca, jibóia,...) seria, ao igual, uma possibilidade cósmica existente atualmente.

Pois bem, no caso do *ser humano*, encontramo-nos perante uma criatura diferenciada, pois composta de espírito. O componente existencial que atualiza possibilidades cósmicas *(morfos)* não é, por sua vez, cósmico. Dito de forma simples e corriqueira: o ser humano é composto de corpo e alma – em sua composição intervém a alma espiritual. Numa palavra: o *morfos* do ser humano não é cósmico, mas espiritual.

Este fato, a animação espiritual, está na origem das faculdades superiores do ser humano que lhe permitem formar seu mundo interior: a *intimidade* racional, a *intimidade* amorosa, a *privacidade*. O ser humano constrói um seu mundo interior absolutamente peculiar, próprio e original, do qual dimanam inclusive seus atos externos. Os outros animais, pelo fato

---

[1] Na cosmologia e clássicas o *ser* ou, melhor dizendo, o *ato de ser* atualiza o *morfos*, e conseqüentemente o *hilé* (possibilidade cósmica).

de serem compostos de *morfos* cósmico, não são capazes de construir um seu mundo interior, recheado de intimidade e amor.

A expressão *ser humano* designa, pois, uma realidade comum a todos os filhos gerados pelos gametas de homem e mulher – realidade essa que, no tempo e espaço, é concreta, individual, pessoal, com nome e sobrenome. Entretanto, a expressão *ser humano* não se refere às características singulares do homem ou da mulher que for, mas apenas a suas características gerais ou comuns. Uma referência de caráter essencial, portanto, que apanha o âmago da criatura humana, deixando de lado os aspectos que distinguem, por exemplo, um homem de outro – que diferenciam João de Pedro.

Entretanto, essa visão abrangente e essencial do ser humano não basta para o conhecer, porque além de ser, ele também atua ou age. Faz-se mister apanhar simultaneamente essa vertente ativa.

Em outras palavras: a substância mexe-se, atua, vive. O *ser humano* é *natureza humana*. A *natureza* alude à dinâmica ou vida do ser. A *natureza,* dizem os pensadores clássicos, é a mesma substância como princípio de operações. O *ser humano* opera, atua, vive em conformidade com a dinâmica de sua *natureza humana*.

Mais concretamente, integram a *natureza humana* tanto a chamada *vida sensitiva,* de caráter animal ou fisiológico, como ingerir e digerir alimentos, ser um bípede que caminha, que dorme, que possui um coração que pulsa continuamente, olhos com pálpebras que pestanejam, etc., quanto a *vida superior,* de caráter intelectual, como pensar, refletir, falar, criar, amar, julgar, etc. Agora não estamos mais falando do *o que é* o filho do homem e mulher, do *ser humano* em si, mas do *o que faz*, de sua dinâmica ou vida própria – isto é: da *natureza humana*.

Vistos esses conceitos à luz do pensamento clássico, confirmado pelos avanços mais recentes da ciência e da biogenética, deve-se afirmar que o embrião procedente de gametas do homem e mulher, é *ser humano* ainda que lhe faltem órgãos vitais que o levem a morrer logo após o nascimento ou nascendo fique em estado de coma. Fazem parte da *natureza humana* as infinitas maneiras como esta se apresenta. A vida humana não tem um modelo determinado e menos ainda aquele que a cultura queira fixar-lhe. O único modelo da vida é aquele que a própria *natureza* dita, em cada caso, para cada pessoa. A única realidade que a antropologia e, portanto, que o direito conhece é a *natureza humana*, real e concreta, gestada no ventre materno. O resto, se o ser humano é alto ou baixo, com duas mãos ou com uma só, é indiferente – basta que pertença à natureza humana.

Assente na visão realista clássica, pode-se dar um passo adiante e tratar da *pessoa*, sem perder de vista que se continua falando da mesma realidade: do filho de gametas masculino e feminino, que a natureza gesta no útero da mãe. Não se falará aqui da pessoa jurídica, produto de ficção jurídica.

2. Natureza e pessoa

Para alguns pensadores, especialmente da antropologia pós-kantiana, há diferença entre *natureza humana* e *pessoa*. Trata-se de uma diferença que interessa conhecer ao jurista, pois ditos pensadores concebem a *pessoa* a partir do aparecimento da *intimidade*. A *pessoa* só surgiria com o uso da razão, com o surgir da consciência, com a intersubjetividade; quer dizer, não no momento da concepção do ser humano, mas num estágio posterior. A *pessoa* fica assim, para esses pensadores, desconectada da *natureza humana*, sendo uma outra realidade distinta, acrescida à natureza.

Julián Marias que é um dos mais claros mentores dessa visão diz: "Creio que todas as disciplinas relacionadas com o humano (...) exigem uma revisão imperiosamente de seus métodos, uma orientação para sistemas de conceitos que sejam capazes de compreender a forma de realidade humana".[2] Esse pensador insurge-se concretamente contra a tendência, dir-se-ia conservadora, de utilizar os conceitos que no passado serviram para pensar e explicar as *coisas* (pedra, palmeira,...), para pensar também e falar sobre o homem. Ele afirma que "como milenarmente o pensamento se ocupou de coisas e, com isso, conseguiu êxitos, produziu-se uma tendência à confusão de ambas as formas de realidades (coisas e pessoas) e isso levou a uma funesta coisificação (...) e conseqüentemente, a uma adaptação de condutas humanas a essa visão".[3]

Assim sendo, dito autor concebe a *pessoa* à margem da *natureza*, como sendo uma outra realidade. Destarte, quando se refere à origem ou início da *pessoa*, diz que ela surge de improviso. A pessoa não seria o feto nascido e desenvolvido psiquicamente em suas faculdades mentais, mas algo a ele superposto. Diz que "os mecanismos de interpretação psicofísica, genética, não permitem entender a irrupção da pessoa irredutível, radical inova-

---

[2] MARIAS, Julián. "Pessoa e Coisas", em *O Estado de São Paulo,* 31.8.97, p. A2.
[3] MARIAS, Julián. Ibidem.

ção de realidade, que antes não existia e agora se impõe como uma adição ao que havia, e que não se poderia explicar por nenhum processo que depender de coisas.[4]

Continua dizendo sobre o início da *pessoa*, relatando sua própria descoberta, que: "eu me descubro vivendo (...), descubro-me como alguém irredutível, de quem não posso imediatamente dar razão" – e prossegue: "faz-se preciso conhecer o inexplicável aparecimento de cada pessoa, que se acrescente ao que existe, sem possível derivação".[5]

Deve-se dizer que a imensa maioria dos mortais não se descobre num dado momento, depois do uso da razão, e menos ainda como algo distinto, acrescido a seu corpo. A *pessoa* é o desenvolvimento natural do feto, sem que se possa negar que este seja *pessoa*, uma vez que não deixa de ser o feto que foi gestado no ventre materno, dotado de potencialidades que foram desabrochando ao longo de sua vida, sem solução de continuidade.

Em outras palavras: se o zigoto não tivesse já possibilidades de desenvolver a auto-consciência e intimidade não as desenvolveria nunca. O zigoto do chimpanzé, da cobra ou do cordeiro nunca desenvolverão sua auto-consciência ou a intimidade, simplesmente porque estas são exclusivas das pessoas. Assim pessoa é o ser que tem possibilidade de desenvolver ditas capacidades. A pessoa tem essa capacidade em ato ou em potência.

Também se pode responder àqueles que diferenciam a *pessoa* da *natureza humana*, com as palavras de reconhecido antropólogo: "O fato de não realizar ou de não ter exercido ainda as capacidades próprias da pessoa não leva consigo que esta não o seja ou que deixe de o ser, posto que quem não é pessoa nunca poderá atuar como tal, e quem sim pode chegar no futuro a atuar como pessoa tem essa capacidade porque já é pessoa. Os que afirmam – continua dizendo – que só há pessoa uma vez que se atua como tal, reduzem o homem a suas ações, e não explicam de onde procede essa capacidade".[6]

---

[4] MARIAS, Julián. *Persona*, Ed. Alianza, Madrid, 1997, p. 139.
[5] MARIAS, Julián. Ibidem, p. 141.
[6] YEPES STORCK, Ricardo e ARANGUREN ECHEVARIA, Javier. *Fundamentos de Antropologia – Un ideal de excelencia humana*, Eunsa, 5ª ed., Pamplona 2001, p. 70.

Outra coisa distinta é que se possa organizar uma parte da filosofia, separada da metafísica, para tratar do ser humano, da pessoa. O pensamento clássico – já o temos dito – conhece o ser humano como distinto das coisas e dos outros animais, pois reconhece sua alma espiritual como um dos princípios de sua composição. Esse fato inconteste, que diz respeito diretamente a seu *ser*, objeto da metafísica, autoriza a organizar a antropologia metafísica, como parte distinta dos seres exclusiva e totalmente cósmicos, quer dizer: como parte distinta das coisas.

Entretanto, separar a *pessoa* da *natureza* equivale a desconectá-la da Terra, do mundo, do cosmos em que vive e do qual faz parte. O filho dos gametas de homem e mulher não se acresce à natureza, senão que dela faz parte, sendo ele próprio natureza – *natureza humana* – e *pessoa*.

O Direito – e deve ser dito em alto e bom som – nunca diferenciou entre *ser humano, natureza humana* e *pessoa*. São *nomina júris* que se referem à mesma realidade: ao filho gerado dos gametas do pai e mãe. Inclusive quando o direito fala da *personalidade civil,* após o nascimento ou alumbramento do feto, não está dizendo que se esteja perante um sujeito distinto, ainda que o Direito, mediante a *fictio júris*, distancie às vezes a *personalidade civil* da *pessoa*.

"A *personalidade civil* da *pessoa* começa do nascimento com vida, mas a lei põe a salvo, desde a concepção, os direitos do nascituro" (art. 2º do C.C.). Esse texto assenta sobre a base da *natureza humana*, na qual se fundamentam, em primeiro lugar os direitos do nascituro desde a concepção e, nascendo com vida, sua *personalidade civil*.

3. Noções de intimidade e privacidade

Nossa Constituição dedica seu principal capítulo a tratar *Dos Direitos e Deveres Individuais e Coletivos* (Capítulo I do Título II da Constituição de 1988). Nele refere-se à inviolabilidade da *intimidade* e da *vida privada,* com as seguintes palavras: *"são invioláveis a intimidade, a vida privada, a honra e a imagem das pessoas"*... (art. 5º, item X).

Tratar-se-á aqui tão-somente da *intimidade* e da *privacidade,* na tentativa de conceituá-las para distingui-las.

A questão pressupõe um outro tema prévio, que já foi tratado acima: a noção de *pessoa* e, mais especificamente, a de *dignidade da pessoa*. A *pessoa* é o *ser humano*, também designado no direito com o nome de *pessoa física,* que tem início no momento de sua concepção,[7] não em outro momento posterior.

Deve-se reafirmar que sem uma sã antropologia não é possível entender por que o Direito cuida e preserva a *intimidade* e *privacidade* das pessoas. Tornou-se necessário falar algo acerca da *pessoa*, a fim de fundamentar a *intimidade* e a *privacidade* a partir do espírito, que informa a *pessoa*. Sempre que se tenta violar a *intimidade* – de por si, inviolável – ou a *privacidade* atua-se gravemente contra a *pessoa*, contra sua natureza, contra seu constitutivo espiritual.

Mas vamos às duas questões colocadas: o que é *intimidade*? O que é *privacidade*?

A *intimidade* é o âmbito interior da pessoa mais profundo, mais recôndito, secreto ou escondido dentro dela. É, assim, algo inacessível, invisível, que só ela conhece, onde ela só elabora ou constrói livremente seu próprio agir e onde se processa sua vida interior. Na *intimidade*, a *pessoa* constrói-se e descobre-se a si própria.

O direito respeita a *intimidade*, embora seja também para ele desconhecida. A rigor, ainda que se fale do *direito* à *intimidade,* na verdade estamos num estágio pré-jurídico. A *intimidade* é anterior ao Direito, porém, em virtude de seu caráter originário, preliminar ao Direito, este a ela se refere, pois sem *intimidade* não haveria *pessoa*, sujeito de direito. Portanto, o sujeito de direito tem seu mundo íntimo e o Direito protege-o, de maneira parecida como defende o nascituro, antes de nascer.

Entretanto, a *privacidade* situa-se já no âmbito jurídico. Não estamos mais na *intimidade,* mas dela saímos. A pessoa já confeccionou ou praticou atos propriamente humanos, visíveis, tangíveis, cognoscíveis. Falaremos mais adiante sobre isto, todavia convém reter que os atos humanos, quando internos, pertencem à *intimidade,* enquanto que só atos humanos externos, alguns dentre eles, situam-se no mundo da *privacidade*.

---

[7] O nascituro seja como já nascido – *nasciturus tamquam iam natus habeatur* –, proclamava o Direito Romano, reconhecendo assim os direitos do feto, entre os quais destaca o direito à vida junto com a reclusão natural, da vida fetal.

Resumindo: a questão da distinção entre *intimidade* e *privacidade* está relacionada com os *atos humanos*, dos quais se falar adiante e pressupõe distinguir o âmbito interior do exterior da pessoa. E, antes, a *intimidade* e a *privacidade* estão estreitamente relacionadas com a *natureza humana*. Daí que se deva tratar, a fim de adentrar um pouco na questão, da natureza pessoal e dos atos humanos, próprios dessa singular natureza.

Os atos humanos são preparados ou elaborados na *intimidade* e, uma vez elaborados, permanecem no interior ou aparecem externamente, segundo forem atos internos ou externos. A preparação do ato humano e aqueles atos humanos que permanecem dentro de nós, sendo apenas internos, pertencem à *intimidade*. Alguns atos externos, aqueles que a própria natureza reserva ou a pessoa quer reservar e pode reservar para si, por não prejudicarem terceiros, pertencem à *privacidade*.

O homicídio, para pôr um exemplo, inicia-se na *intimidade* da pessoa, a qual decide assassinar outra. Em dado momento delibera assassiná-la e ocupa-se mentalmente em como e quando fazê-lo, inclusive com requintes de maldade. Até aqui tudo ocorre interiormente, onde se processou a decisão de assassinar e aconteceram atos internos – estamos na *intimidade*, inacessível aos outros. Em dado momento, porém, a pessoa apanha um revólver, vai ao encontro da vítima e dispara contra ela – um ato externo visível e cognoscível. O assassino quisera que seu ato criminoso fosse privado; entretanto não é suscetível de *privacidade* jurídica, pois é crime. Só atos lícitos são suscetíveis do direito à privacidade pessoal.

Em resumo: da *intimidade* faz parte tudo quanto faz parte da elaboração dos atos humanos e os atos humanos, ditos internos, que não aparecem no exterior da pessoa. Da *privacidade* fazem parte atos humanos externos, próximos de seu agente, que não saem nem devem sair de seu círculo mais chegado.

4. A INTIMIDADE DA CONSCIÊNCIA E DO CORAÇÃO

A filosofia do direito tem adentrado recentemente na *intimidade* pessoal, buscando pesquisar ou conhecer esse mundo inacessível de toda pessoa, com a finalidade de melhor conhecê-lo. A filosofia chamada personalista, que se iniciou no século passado, antes da primeira guerra mundial, valendo-se da introspecção, foi descobrindo a *intimidade*, encontrando nela um núcleo ou centro da pessoa ao qual, com maior ou menor precisão, fazem referência todas as culturas, que denominam a *consciência* ou *coração*.

A cultura ocidental refere-se, em geral, a dito núcleo central, chamando-o de *consciência*, enquanto que a cultura oriental chama-o de *coração*. A rigor, ambas as culturas, estão se referindo com ditos termos, ao centro da pessoa do qual dimanam sua conduta, seu comportamento, seu agir ou seu querer. Pois bem, na *consciência* ou *coração* radica a *intimidade* da pessoa.

O *coração* é o órgão vital que impulsiona a vida e, por extensão, é também o órgão que impulsiona o agir, a conduta. A *consciência*, entretanto, faz referência a algo exclusivo da pessoa que consiste em saber aquilo que está fazendo; a pessoa não só age, senão que simultaneamente sabe o que faz. A pessoa age *cum scientia* (consciência) ou conscientemente.

Há um texto paradigmático no Novo Testamento, portanto de raiz eminentemente oriental, que se refere a tudo isso, com as seguintes palavras: "é do interior do coração dos homens que procedem aos maus pensamentos, devassidões, roubos, assassinatos, adultérios, cobiças, perversidades, fraudes, desonestidade, inveja, difamação, orgulho, insensatez. Todos esses vícios procedem de dentro e tornam impuro o homem".[8] Aparece aqui claramente o *coração* como sendo fonte de atos humanos internos (maus pensamentos, inveja, cobiça, perversidade) e externos (assassinato, adultério, fraude,...)

As referências contínuas ao *coração* e à *consciência* mostram afinal que o agir humano parte de um centro vital interior (*coração*) e que dito centro vital não é instintivo ou automático, mas autoconsciente de seu agir (*consciência*). Dois aspectos, portanto, desse núcleo interior: de um lado afirma-se que dele dimana todo o agir e, de outro lado, que a pessoa autoconhece e julga seu próprio agir.

Adentrando algo mais na *consciência*, dentro da concepção grega clássica, pode-se afirmar que ela é uma função da chamada *inteligência prática*

---

[8] Mc 7,21-22.

(inteligência para agir), composta por sua vez de três funções: a *sindérese*, a *pré-prudência* e a *consciência moral*.

A *sindérese* é a disposição da inteligência prática que permite captar, em cada situação, o primeiro princípio prático capaz de tornar bom o agir. Dito primeiro princípio prático se enuncia com a expressão elementar de *age bem*.

Simultaneamente, na consciência, atua a chamada *pré-prudência,* formada por juízos e raciocínios prudenciais, fruto da experiência da pessoa. Estamos na gênese do agir, onde a pessoa prepara sua conduta, aquilo que irá fazer. Está gestando ou preparando seu agir. Nessa gestão intervém a *sindérese (age bem)* junto com raciocínios prudenciais. Em dado momento, a *vontade* intervirá determinando o agir: farei isto e não farei aquilo. Aparece, então, o *ato humano* concreto, fora do núcleo íntimo da consciência.

Mas, dito núcleo íntimo (*consciência*) se completa com uma terceira instância, chamada *consciência moral*, que consiste num juízo da *inteligência prática* que pronuncia a bondade ou maldade do ato humano. Em outras palavras: o agir não é anódino, mas bom ou mau, segundo a própria *consciência moral* que o julga e qualifica.

Isto é uma parte importante de quanto se contém, em última análise, na *intimidade* da pessoa: a *consciência ou coração*, em que se prepara o agir. Trata-se de um âmbito ou centro interior inacessível por natureza, em que ninguém pode adentrar, além do interessado. E ainda, na *intimidade,* permanecem os atos humanos interiores (pensamentos, reflexões, lucubrações, imaginação, meditação, fantasia...) que não saem para fora, dos quais se falará em seguida.

Concluindo: na *intimidade* da pessoa encontra-se o *coração* ou a *consciência*, onde se prepara o agir e também se encontram os *atos humanos internos* e os *atos do amor*, dos quais fala-se a seguir.

5. A intimidade amorosa

Mais recentemente, os personalistas falam do *coração* como sendo a fonte do amor enquanto que a *consciência* seria uma função da inteligência, destinada ao agir. Não vamos adentrar aqui nesse tema, para não escapar da questão. Acontece que, na atualidade, além da faculdade da *inteligência*, conhecida desde longa data, aparece a necessidade de uma outra faculdade específica para a pessoa amar: a *amorosidade*. Essa necessidade origina a separação do *coração* da *consciência*, reservando aquele só para amar. O *coração* seria o órgão da amorosidade, enquanto que a *consciência* seria um organismo da inteligência para o agir. Não se pode, todavia, perder de vista que *coração* e *consciência*, tanto identificados quanto separados, são o núcleo e a fonte da *intimidade,* da qual nasce o agir, que umas vezes é atuação ou conduta e outras é amor.

Na esteira, pois, dos avanços personalistas sobre a *amorosidade* – nova faculdade superior – deve-se afirmar que o amor é, principalmente, um agir interior da pessoa que consiste em se relacionar com outrem, pela inabitação[9] e impersonação,[10] todo o qual se prepara também na *consciência*. Assim sendo, todas as vivências interiores de amor pertencem também à *intimidade* da pessoa.

Além disso, o amor tem também sua vertente externa, com manifestações próprias da inter-relação, como o abraço, o beijo, a coabitação, a palavra afetiva, a declaração do mesmo amor, etc. Tudo isso, pelo fato de serem atos externos entre aqueles que se querem, pertence à *privacidade*. O amor é uma das principais fontes que alimentam tanto a *intimidade,* quanto a *privacidade*. O papel do Direito acerca dessa realidade humana íntima e privada é preservá-la ou protegê-la com a *inviolabilidade*.

Finalmente, deve-se dizer que a *amorosidade* não está desconectada da *inteligência prática*, sendo inegável que a *sindérese* (primeira função da *consciência*) fecunda também a *amorosidade*. Em outras palavras: o *age bem,* primeiro princípio do agir, atua na deliberação amorosa. Assim como se fala da *razão reta,* deve-se falar do *reto amor,* isto é: do amor fundamentado ou inspirado pelo *age bem*.

6. Atos humanos internos e externos

Atos do homem são aqueles atos meramente fisiológicos que a natureza humana realiza, sem a intervenção das faculdades superiores. Por exemplo: as batidas do coração, a digestão dos alimentos, o piscar instintivo dos

---

[9] Inabitar significa habitar a pessoa dentro de aquela que a ama ou quer bem. Traduz expressões como: você está em meu coração, mora dentro de mim, etc.
[10] Impersonar significa experimentar ou viver aquilo que experimenta a pessoa querida. Corresponde a expressões como: sofro como você sofre; a tua alegria é a minha alegria, etc.

olhos, os movimentos peristálticos dos intestinos, o sono, etc. Tudo isso são atos que o homem faz à margem de sua *inteligência* e da *vontade*.

Os *atos humanos*, porém, são aqueles que se realizam de maneira consciente, quer dizer: sabendo o que fazemos e fazendo-os porque queremos. Em outras palavras: Os atos humanos são feitos mediante as faculdades superiores; portanto, com pleno conhecimento e vontade.

Atos humanos, por exemplo, são: escrever, cantar, discutir, ver televisão, jogar futebol, estudar, tomar café, caminhar, etc. Entretanto, o caminhar do sonâmbulo ou o cantar do bêbado já não são a*tos humanos*, mas simples *atos do homem*, porque feitos inconscientemente, sem saber o que se faz, e sem voluntariedade.

A diferenciação entre atos *humanos* e atos *do homem* é essencial na ciência jurídica, pois só os *atos humanos* contêm moralidade, por serem obras da *inteligência* e da *vontade,* e conseqüentemente poderão pertencer à esfera jurídica, quando digam respeito a outros. Os *Atos do homem,* embora não tenham relevância para efeitos éticos, entretanto muitos deles (concepção, nascimento, demência, parentesco, morte,...), sim, têm relevância jurídica, por serem fatos jurídicos.

Os *atos humanos* são bons ou maus. Os *Atos* que poderiam ser indiferentes, passam a ser bons ou maus pela intenção do agente. Inclusive, atos em si bons, passam a ser maus, pela má intenção do agente. Dar esmola, por exemplo, passa a ser mau se se dá por vaidade ou arrogância. A dicotomia dos a*tos humanos* entre bom e mau é a mesma que existe no Direito, entre atos lícitos e ilícitos (crimes) ou na religião, entre boas ações e pecados. No fundo, toda essa bipolaridade dos atos no Direito, na Religião, etc., assenta na bipolaridade da ética natural.

Uma vez estabelecida a noção de *ato humano* como resultado da elaboração do agir na *consciência* (organismo da inteligência prática, onde se prepara o ato humano), após a determinação da vontade, torna-se imprescindível reparar que alguns desses atos não sairão do interior da pessoa, enquanto que outros passarão a existir fora dela. Os primeiros são os *atos humanos internos*, como reflexões, maquinações, projetos, idéias, etc., enquanto que os segundos são os denominados *atos humanos externos*, como cantar, caminhar, contratar, escrever, falar, etc.

Os *atos humanos internos* – já se tem dito – pertencem à *intimidade* da pessoa. São inalcançáveis pelo Direito, que só trata diretamente dos *atos humanos externos* que implicam relação com outrem (alteridade).

A chamada *privacidade*, por outro lado, é própria dos atos humanos externos e jurídicos que o Direito preserva, não se imiscuindo neles nem normatizando-os. Sabe, pois, de sua existência e de sua alteridade, mas respeita sua *privacidade*, em virtude de sua função, natureza, significado ou excelência humana.

7. O SER HUMANO É SOCIAL

Ubi homo ibi societas – onde há homem há sociedade –, afirma o conhecido ditado. Qualquer pessoa implica, pelo menos, três pessoas ou, em outras palavras: qualquer pessoa tem, pelo menos, pai e mãe. Melhor dizendo, poder-se-ia afirmar *homo quia societas familiaris* – há homem porque há família. O homem é um ser social por natureza: procede de um casal, vive entre outros e com eles se relaciona.

A antropologia salienta o fato de que o *eu* procede do *tu*, não apenas no sentido genético de que a pessoa procede de seus progenitores, mas no sentido de que ela deriva do conhecimento do você – isto é, do outro. "Não há *eu* se não existir um *tu*. Uma pessoa só não existiria como pessoa, porque sequer chegaria a se reconhecer a si própria como tal. O conhecimento da própria identidade, a consciência de si mesmo, só se alcança mediante a intersubjetividade. O processo de intercâmbio constitui a formação da pessoa humana".[11]

A vida em sociedade suscita uma série de relações interpessoais como a propriedade, a partilha dos bens, a submissão à autoridade, a solidariedade, os direitos humanos, etc., que exigem uma resposta ético-jurídica de quantos, em determinada situação, estejam envolvidos com os outros. Em outras palavras: as relações sociais de família, de coleguismo, de cidadania, etc. não são inócuas, antes ao contrário, essas relações criam vínculos e ditam direitos concretos.

---

[11] YEPES STORCK, Ricardo e ARANGUREN ECHEVARIA, Javier. *Fundamentos de Antropologia – Un ideal de excelência humana*, Eunsa, 5ª ed., Pamplona, 2001, p. 68.

Mas, a vida social pressupõe *intimidade* e implica também a *vida privada*. Mais ainda, o ser humano e social surge da intimidade amorosa do casal progenitor, de sua vida privada, de sua coabitação, gerando o filho, ao qual acariciam e com o qual dialogam, contribuindo para aprimorar a pessoa que ele é.

Tudo isso significa que o fato incontestável de o ser humano ser social é compatível e pressupõe o fato de possuir *intimidade*, completamente inacessível aos outros e, ainda, significa que tem a possibilidade de preservar do acesso de terceiros alguns de seus atos externos e portanto tangíveis, visíveis, porque não lhes dizem respeito. Ditos atos privados por natureza ou por expressa vontade do agente subsistem sob o manto do direito à *privacidade*.

Deve-se dizer que o ser humano é social porque procede da família, isto é, da sociedade feita de *intimidade* e da *privacidade* do casal. O autêntico contrato social é o matrimônio, base da família – não o contrato social imaginado por Jean Jacques Rousseau, como um pacto ou convenção feita em épocas remotas por homens isolados, que trocaram liberdade pela segurança social.

O único pacto histórico real, base da sociedade, é a união do primeiro casal humano, na origem da humanidade. Pacto matrimonial esse que subsiste ao longo do tempo e continua sendo o fundamento e sustento da sociabilidade da pessoa e de toda sociedade humana. Não há outro pacto social originário, constitutivo da sociedade, além do matrimônio.

Repita-se que não haveria um primeiro matrimônio se homem e mulher, além de serem de diferente gênero, não tivessem *intimidade* pessoal e não criassem naturalmente o âmbito próprio de *privacidade* familiar.

Vida privada é a confidência, a amizade, a reserva, e todo ato humano externo, social, lícito que as pessoas queiram preservar de sua divulgação ou conhecimento de terceiros. A *vida privada* não é *intimidade*, mas também não é vida social aberta pública. A *vida privada* é o círculo próximo da pessoa, situado entre a *intimidade* e a vida social aberta, onde se situam como em seu habitat próprio os atos jurídicos privados.

8. Vida privada e vida social

Antes de falar da vida privada e social, mister se faz falar da vida.

"Todos são iguais perante a lei (...), garantindo aos brasileiros e aos estrangeiros residentes no País a inviolabilidade do direito à vida" (art. 5º, caput da Const.).

A vida é um valor absoluto que deve ser preservado. Se o Direito não preservar a vida torna-se imprestável, pois seria inútil salvaguardar outros direitos, sem antes salvar a vida e, o que é pior, tornar-se-ia o Direito uma arma poderosa contra o ser humano.

A rigor, a vida não é algo que nos autodoamos, mas um dom que recebemos, que nos é doado. A pessoa não é dona exclusiva de si, mas ela é antes um ser da sociedade à qual pertence: da família, da nação, da sociedade de trabalho, da comunidade humana.

Tudo isso faz que seja "defeso o ato de disposição do próprio corpo, quando importar diminuição permanente de integridade física ou contrariar os bons costumes" (art. 13 do C.C.).[12] Em síntese, não cabe mutilar o próprio corpo e menos homicídio, como o aborto ou a eutanásia. O Direito deve zelar pela natureza humana, ciente de que nela e só nela se esconde a vida, o surto vital que nos anima, sem o qual o resto se desvanece.

O Código Civil diz que "a vida privada da pessoa natural é inviolável, e o juiz, a requerimento do interessado, adotará as providências necessárias para impedir ou fazer cessar ato contrário a esta norma" (art. 21). Trata-se de artigo sem precedentes no anterior Código de 1916.

Ainda, o Código refere-se, por outro lado, a uma série de atos externos da pessoa, que são de caráter privado. "A divulgação de escritos, a transmissão da palavra, ou a publicação, a exposição ou a utilização da imagem de uma pessoa poderão ser proibidas a seu requerimento" (art. 20).

O novo Código enumera, sem pretender esgotá-los, alguns objetos visíveis, externos – escritos, palavra, imagem – de caráter privado. São manifestações todas elas diretamente ligadas à *pessoa*: sua fisionomia, sua voz, sua escrita.

A *vida privada* da pessoa situa-se já no campo dos atos humanos externos como falar ou escrever. Porém, trata-se de atos que a pessoa não quer publicar ou divulgar, mas quer que permaneçam no círculo restrito de sua vida privada – é o diário pessoal ou a carta de família, a palavra confidencial ou o conselho amigo, etc.

Alguns dos atos da *vida privada* são de caráter social, no sentido de que implicam uma relação com outrem, como é o caso da carta ao parente ou

---

[12] A Lei excepciona no caso de retirada de órgão para fins de transplante, conforme lei especial (§ único do art. 13 do C.C.)

o conselho ao filho. Todavia, embora esses atos hipoteticamente pudessem situar-se no mundo jurídico, em virtude de sua alteridade, falta-lhes juridicidade pública. São atos personalíssimos que, a rigor, não saem da esfera privada de poucas pessoas, as duas, três ou seis envolvidas. Daí que o direito reconheça o espaço privado das pessoas.

No âmago da *vida privada*, como na raiz da *intimidade*, encontra-se a *pessoa*, cuja natureza impulsiona-a a viver, a agir para fora em círculos: privados os mais próximos e sociais ou públicos os mais afastados. Daí que toda pessoa tenha essas duas dimensões – a privada e a social – a partir de sua *intimidade*, única e irredutível.

9. Intimidade e transcendência

Não se poderiam terminar estas linhas sem mencionar os últimos aprofundamentos sobre a *pessoa*, levados a cabo por Leonardo Pólo, em sua Antropologia Transcendental.

Pólo observa, com singular acerto, que o ser da pessoa, seu ato de ser (*actus essendi*) define ou constrói completamente a *pessoa*. Se nas coisas isso já acontece de forma elementar, no caso do ser humano tal construção é plena. Mas, há mais: a *intimidade* constitui a *pessoa*; a *pessoa* é *intimidade*.

Para Pólo a pessoa não participa do *ser*, como de seu princípio. A *pessoa* não parte do *ser*, conhecido pela metafísica. Pólo cria como um outro setor, um outro âmbito filosófico específico para o homem, exclusivo dele, que é a *antropologia transcendental* – segundo ele o denomina – à margem da metafísica clássica. No novo setor da antropologia situa o *actus essendi* – digamos novo, mais potente, especialíssimo e constitutivo da pessoa.

"A pessoa – afirma – não é princípio, mas um outro sentido do *ser*". "O estudo do ser não é só incumbência da metafísica, que estuda o ser apenas como princípio. Mas, convém estudar um *ato de ser* distinto desse: a pessoa. O ser como pessoa humana é também radical, mas dita radicalidade não se deve assimilar à noção de princípio".[13]

---

[13] Pólo, Leonardo, *Antropologia Transcendental*, Eunsa, 1999, p. 88-89.

A pessoa, por assim dizer, em vez de se fundamentar no ser (*actus essendi*) da metafísica, fundamentar-se-ia em sua inter-relação e distinção dos outros – em outras palavras: na coexistência íntima com outras pessoas e, inclusive, até em sua *irredutibilidade* a qualquer outra pessoa.

Tornando plástica essa visão de Pólo, poder-se-ia dizer que a fundamentação da *pessoa*, em lugar de estar na base, ou no pé, estaria dentro dela, em seu centro. "Descobrimos a *pessoa* dentro de nós, num movimento de introspecção, quer dizer, descobrimos a coexistência (*pessoa*) conosco e sem quebra de nossa unidade." Trata-se, portanto, de nosso *actus essendi* metafísico, que coexiste conosco, em estreita unidade.

"O ser pessoal – diz Pólo – é o *quem* ou *cada quem*. Entretanto, a natureza do homem é, por assim dizer, comum. Todos os homens temos a mesma natureza (...). A pessoa como cada *quem* se distingue das demais, pois irredutível (...). Ninguém é a pessoa do outro, porque de ser assim as pessoas não coexistiriam: as pessoas coexistem porque são distintas. O ser pessoal humano (...) ante tudo significa irredutibilidade, quer dizer: *quem*. *Quem* equivale a irredutível coexistir".[14]

Mas, vamos à *intimidade*. Diz o autor: "definirei a *intimidade* como o modo de ser que não necessita assimilar elementos externos, nem possuí-los para se manter. Mais ainda, manter-se não é o ser da *intimidade* pessoal, pois a *intimidade* exclui a consumação".[15] Em outras palavras: a *intimidade* se constrói de dentro, sem necessidade de elementos externos e nisso consiste a *pessoa*.

Alhures insiste: "*pessoa* é a *intimidade* de um *quem*. E isso é mais do que o chamado *eu*. Por assim dizer, o *eu* é a primeira pessoa, mas não é o primeiro *na* pessoa, senão mais bem a porta apenas de sua *intimidade*. Por isso – segue dizendo – a expressão *eu sei quem sou* é incorreta, inclusive ridícula. Quem sou eu só Deus sabe (...). Deus significa *Eu sou*. Portanto, um quem humano sabe-se só em Deus. Isso é o que se reclama" (quem sou?).[16]

---

[14] PÓLO, Leonardo. Ibidem, p. 89. A visão de Pólo é audaciosa, identificando a *pessoa* com o ser (*actus essendi*) e falando do co-existir. Todavia, embora pareça aludir a dois seres que co-existem, entretanto, insiste em que o co-existir não quebra a unidade. Destaca a *pessoa* da *natureza,* sem apará-las. A rigor, Pólo prioriza ou antepõe a *pessoa* ao restante da estrutura humana.
[15] PÓLO, Leonardo. *La persona humana y su crecimiento,* Eunsa, 1996, p. 156-157.
[16] PÓLO, Leonardo. Ibidem, p. 156.

Nada a objetar, sendo realmente uma contribuição para o conhecimento da *pessoa* a identificação com seu *ato de ser* e com sua *intimidade,* e isso ainda que não se aceite a identificação de Pólo. Isso justificaria, sem dúvida alguma, o tratamento separado da metafísica tradicional de *ato de ser* tão singular, diferenciado e poderoso como é o da *pessoa*. Justificaria a Antropologia Transcendental.

10. Intimidade e Direito

Chega-se à conclusão de que a *intimidade* da pessoa, do cidadão é a realidade que mais importa cuidar, especialmente ao Direito, pois dela depende não só a mesma pessoa como um todo íntimo, senão que por extensão da *intimidade* depende, em primeiro lugar, a *privacidade,* e em seguida a sociedade em que se vive.

Intimidade essa em que o Direito não se imiscui, nem poderia fazê-lo, mas que não pode ignorar. O Direito, como todas as ciências humanas, sabe perfeitamente que da boa qualidade da *intimidade* de seus cidadãos dependem o bem comum, a dignidade pessoal e, em geral, a boa marcha da nação e o bem-estar de todos.

Cabe perguntar: o que pode fazer o Direito em prol da *intimidade* de seus cidadãos? O que pode fazer o Estado?

Em primeiro lugar, para melhorar a *intimidade,* deve-se cuidar da família, que é a sociedade primeira e fundamental que alimenta e forma a *intimidade* de seus filhos, isto é: dos cidadãos que nela nascem.

Em segundo lugar, para melhorar a *intimidade* pessoal, deve-se cuidar de tudo quanto diz respeito à intersubjetividade e, concretamente, da educação dos cidadãos (colégios, escolas, faculdades, universidades, centros culturais,...), de sua instrução e formação.

Em terceiro lugar, deve-se cuidar da *liberdade,* de maneira que os cidadãos possam efetivamente usufruir dela, de forma tranqüila, sem as coações ou pressões habituais da mídia e, em geral, dos meios de comunicação ou grupos de pressão.

Também deve-se promover todo tipo de *diálogo,* na certeza de que da inter-relação e intercâmbio de idéias entre as pessoas surge a luz. O mal não sobrevive no espaço aberto, arejado, mas só em espaços fechados, rarefeitos, onde se escondem as reais intenções ou finalidades das ações. Nos espaços abertos advêm a luz, a solução justa, bem fundamentada, eticamente correta. Mister se faz argumentar, dar a conhecer aos outros as razões, os porquês de nosso agir.

Tudo isso, em princípio previsto está em nossa Constituição. "A família, base da sociedade, tem especial proteção do estado" (art. 226 da Const.).

O cuidado das crianças e adolescentes é um dever não só da família, senão também da sociedade e, em último termo, do Estado. "É dever da família, da sociedade e do Estado assegurar à criança e ao adolescente, com absoluta prioridade, o direito à vida, à saúde, à alimentação, à educação, ao lazer, à profissionalização, à cultura, à dignidade, ao respeito, à liberdade e à convivência familiar e comunitária" (art. 227 da Const.).

O direito à educação, ao igual, está previsto na Constituição. "A educação, direito de todos e dever do Estado e da família, será promovida e incentivada com a colaboração da sociedade, visando ao pleno desenvolvimento da pessoa, seu preparo para o exercício da cidadania e sua qualificação para o trabalho" (art. 205 da Const.).

Todas as liberdades estão previstas também na Constituição brasileira, que começa dizendo: "A República Federativa do Brasil (...) tem como fundamentos: (...) III – a dignidade da pessoa humana; IV – os valores sociais do trabalho e da livre iniciativa" (art. 1º).

Por outro lado, reconhece-se a liberdade das consciências. "É inviolável – diz o item VI do art. 5º – a liberdade de consciência e de crença, sendo assegurado o livre exercício dos cultos religiosos"...

Ainda, "é plena a liberdade de associação para fins lícitos" (art. 5º, XVII da Const.).

Sem pretender ser exaustivo, deve-se dizer que o campo de ação das pessoas, no país, está aberto, cabendo a elas o agir. Talvez, a contribuição destas linhas esteja em salientar a importância da *intimidade pessoal*, a partir da afirmação de que a pessoa depende diretamente de sua *intimidade* e, portanto, o agir está em função da *intimidade*.

Não é a *intimidade* algo recôndito, à margem da sociedade ou do mundo prático, antes ao contrário: o desenvolvimento da pessoa e da sociedade depende do grau de *intimidade* que se alcançar efetivamente.

Além disso, a cultura social influencia, sem dúvida, a intimidade dos cidadãos. Há uma interação, em duas direções: da intimidade para a sociedade e desta para aquela. Daí que a melhor maneira de aprimorar a intimidade dos cidadãos seja cuidar da família, do ensino e, em geral, da comunicação social livre.

A guisa de conclusões

1. Entende-se por *ser humano* ou *natureza humana* o filho gerado pelo homem e a mulher, a partir do espermatozóide e óvulo, que no início de sua vida é embrião e depois feto até ser dado à luz e, uma vez fora do útero materno, vive sua própria vida e se desenvolve até morrer.

2. A expressão *ser humano* alude, em primeiro lugar, ao fato de estarmos perante uma criatura que existe, quer dizer que *é*, tem *ser*. A expressão alude ainda à substância, no sentido de que não é um ser qualquer, incognoscível ou abstrato, mas se trata de um ser concreto, real, isto é, do *ser humano*. A expressão, portanto, refere-se precisamente ao homem ou à mulher.

3. O *ser humano* é um composto que, além de *ser*, é *humano*. Não é um ser aquoso, nem um ser oleoso, nem felino ou réptil. Todas as coisas da natureza, além de *ser,* são algo atual ou concreto, quer dizer: *são compostas*.

4. No caso do *ser humano* encontramo-nos perante uma criatura diferenciada, pois composta de espírito. O componente existencial que atualiza possibilidades cósmicas não é cósmico. Dito de forma simples e corriqueira: o ser humano é composto de corpo e alma – em sua composição intervém a alma espiritual. Numa palavra: o principal componente do ser humano não é cósmico, mas espiritual.

5. A animação espiritual está na origem das faculdades superiores do ser humano que lhe permitem formar seu mundo interior: a *intimidade* racional, a *intimidade* amorosa, a *privacidade*.

6. A substância mexe-se, atua, vive. O *ser humano* é *natureza humana*. A *natureza* alude à dinâmica ou vida do ser. A *natureza,* dizem os pensadores

clássicos, é a mesma substância como princípio de operações. O *ser humano* opera, atua, vive em conformidade com a dinâmica de sua *natureza humana*.

7. A vida humana não tem um modelo determinado e menos ainda aquele que a cultura lhe queira fixar. O único modelo da vida é aquele que a própria *natureza* dita, em cada caso, para cada pessoa. A única realidade que a antropologia e, portanto, o direito estuda, trata e conhece é a *natureza humana* real e concreta, gestada no ventre materno. O resto pertence ao campo da ficção.

8. A *pessoa* é o *ser humano*, também designado no direito com o nome de *pessoa física*, que tem início no momento de sua concepção, não em outro momento posterior ainda que no primeiro momento não tenha desenvolvido a intimidade. Entretanto, a intimidade já está presente como possibilidade, desde a concepção.

9. O Direito – e deve ser dito em alto e bom som – nunca diferenciou entre *ser humano, natureza humana* e *pessoa*. São *nomina júris* que se referem à mesma realidade: ao filho gerado dos gametas do pai e mãe, que começa sendo embrião, depois feto, nasce e se desenvolve até morrer.

10. *Atos do homem* são aqueles atos meramente fisiológicos que a natureza humana realiza, sem a intervenção das faculdades superiores. Por exemplo: as batidas do coração, a digestão dos alimentos, o piscar instintivo dos olhos, os movimentos peristálticos dos intestinos, o sono, etc. Tudo isso são atos que o homem faz à margem de sua *inteligência* e da *vontade*.

11. Atos humanos são aqueles que se realizam de maneira consciente, quer dizer: sabendo o que fazemos e fazendo-os porque queremos. Em outras palavras: Os atos humanos são feitos mediante as faculdades superiores; portanto, com pleno conhecimento e vontade.

12. A *intimidade* é o âmbito interior da pessoa mais profundo, mais recôndito, secreto ou escondido dentro dela. É, assim, algo inacessível, invisível, que só ela conhece, onde ela só elabora ou constrói livremente seu próprio agir e onde se processa sua vida interior. Na *intimidade*, a *pessoa* constrói-se e descobre-se a si própria.

13. Ainda que se fale do *direito à intimidade,* na verdade estamos num estágio pré-jurídico. A *intimidade* é anterior ao Direito, porém, em virtude de seu caráter originário, preliminar ao Direito, este a ela se refere, pois sem *intimidade* não haveria *pessoa física,* sujeito de direito. Portanto, o sujeito de direito tem seu mundo íntimo antes e à margem do Direito e este protege-o, de maneira parecida como defende o nascituro, antes de nascer.

14. *Os atos humanos são preparados ou elaborados na intimidade* e, uma vez elaborados, permanecem no interior ou aparecem externamente, segundo forem atos internos ou externos. A preparação do ato humano e aqueles atos humanos que permanecem dentro de nós, sendo apenas internos, pertencem à intimidade. Alguns atos externos, aqueles que a própria natureza reserva ou a pessoa quer reservar e pode reservar para si, por não prejudicarem terceiros, pertencem à privacidade.

15. A filosofia chamada personalista foi descobrindo a *intimidade*, encontrando nela um núcleo ou centro da pessoa ao qual, com maior ou menor precisão, fazem referência todas as culturas, que a denominam *consciência* ou *coração*. Pois bem, na *consciência* ou *coração* radica a *intimidade* da pessoa.

16. As referências contínuas ao *coração* e à *consciência* mostram afinal que o agir humano parte de um centro vital interior (*coração*) e que dito centro vital não é instintivo ou automático, mas autoconsciente de seu agir (*consciência*). Dois aspectos, portanto, desse núcleo interior: de um lado afirma-se que dele dimana todo o agir e, de outro lado, que a pessoa autoconhece e julga seu próprio agir.

17. Adentrando algo mais na *consciência*, dentro da concepção grega clássica, pode-se afirmar que ela é uma função da chamada *inteligência prática* (inteligência para agir), composta por sua vez de três funções: a *sindérese,* a *pré-prudência* e a *consciência moral.*

18. A *sindérese* é a disposição da inteligência prática que permite captar, em cada situação, o primeiro princípio prático capaz de tornar bom o agir. Dito primeiro princípio prático se enuncia com a expressão elementar de *age bem.*

19. Na consciência, atua a chamada *pré-prudência*, formada por juízos e raciocínios prudenciais, fruto da experiência da pessoa. Estamos na gênese do agir, onde a pessoa prepara sua conduta, aquilo que irá fazer. Está gestando ou preparando seu agir. Nessa gestão intervém a *sindérese (age bem)* junto com raciocínios prudenciais. Em dado momento, a *vontade* intervirá determinando o agir: farei isto e não farei aquilo. Aparece então, o *ato humano* concreto, fora do núcleo íntimo da consciência.

20. Núcleo íntimo (*consciência*) se completa com uma terceira instância, chamada *consciência moral*, que consiste num juízo da *inteligência prática* que pronuncia a bondade ou maldade do ato humano. Em outras palavras: o agir não é anódino, mas bom ou mau, segundo a própria *consciência moral* que o julga e qualifica.

21. Na *intimidade* da pessoa encontra-se o *coração* ou a *consciência*, onde se prepara o agir e também se encontram os *atos humanos internos* e os *atos do amor*.

22. *Coração* e *consciência*, tanto identificados quanto separados, são o núcleo e a fonte da *intimidade*, da qual nasce o agir, que umas vezes é atuação ou conduta e outras é amor.

23. O amor é, principalmente, um agir interior da pessoa que consiste em se relacionar com outrem, pela inabitação e impersonação.

24. A *amorosidade* não está desconectada da *inteligência prática*, sendo inegável que a *sindérese* (primeira função da *consciência*) fecunda também a *amorosidade*. Em outras palavras: o *age bem*, primeiro princípio do agir, atua na deliberação amorosa. Assim como se fala da *razão reta* deve-se falar do *reto amor*, isto é: do amor fundamentado ou inspirado pelo *age bem*.

25. Estabelecida a noção de *ato humano* como resultado da elaboração do agir na *consciência* (organismo da inteligência prática, onde se prepara o ato humano), após a determinação da vontade, torna-se imprescindível reparar que alguns desses atos não sairão do interior da pessoa, enquanto que outros passarão a existir fora dela. Os primeiros são os *atos humanos*

internos, como reflexões, maquinações, projetos, idéias, etc., enquanto que os segundos são os denominados *atos humanos externos*, como cantar, caminhar, contratar, escrever, falar, etc.

26. A *vida privada* da pessoa situa-se já no campo dos atos humanos externos como falar ou escrever. Porém, trata-se de atos que a pessoa não quer publicar ou divulgar, mas quer que permaneçam no círculo restrito de sua vida privada.

27. A *privacidade* é própria dos *atos humanos externos e jurídicos* que a pessoa preserva e com ela o Direito, não se imiscuindo neles nem normatizando-os. Pode-se saber, pois, de sua existência e de sua alteridade, mas respeita sua *privacidade*, em virtude de sua função, natureza, significado ou excelência humana.

28. A antropologia salienta o fato de que o *eu* procede do *tu*, não apenas no sentido genético de que a pessoa procede do *tu* de seus progenitores, mas no sentido de que ela deriva do conhecimento do *tu* – isto é, do outro. "Não há *eu* se não existir um *tu*. Uma pessoa só não existiria como pessoa, porque sequer chegaria a se reconhecer a si própria como tal. O conhecimento da própria identidade, a consciência de si mesmo, só se alcança mediante a intersubjetividade. O processo de intercâmbio constitui a formação da pessoa humana".

29. A vida social pressupõe *intimidade* e implica também a *vida privada*. Mais ainda, o ser humano e social surge da intimidade amorosa do casal progenitor, de sua vida privada, de sua coabitação, gerando o filho, ao qual acariciam e com o qual dialogam, contribuindo para aprimorar a pessoa que ele é.

30. O único pacto histórico real, base da sociedade, é a união do primeiro casal humano, na origem da humanidade. Pacto matrimonial esse que subsiste ao longo do tempo e continua sendo o fundamento e sustento da sociabilidade da pessoa e de toda sociedade humana. Não há outro pacto social originário, constitutivo da sociedade, além do matrimônio.

31. A *intimidade* da pessoa, do cidadão é a realidade que mais importa cuidar, especialmente ao Direito, pois dela depende não só a mesma pessoa, como um todo íntimo, senão que por extensão da *intimidade* depende, em primeiro lugar, a *privacidade* e, em seguida, a vida social e a *sociedade* em que se vive.

32. O Direito, como todas as ciências humanas, sabe perfeitamente que da boa qualidade da *intimidade* de seus cidadãos dependem a dignidade pessoal, o bem comum e, em geral, a boa marcha da nação e, o bem-estar de todos.

33. A cultura social influencia muito a *intimidade* dos cidadãos. Há uma interação, em duas direções: da *intimidade* para a *sociedade* e desta para aquela. Daí que a melhor maneira de aprimorar a *intimidade* dos cidadãos seja cuidar da família, do ensino e, em geral, da comunicação social livre.

34. A pessoa é sua *intimidade* e, portanto, o agir está em função da *intimidade*. Não é a *intimidade* algo recôndito, à margem da sociedade ou do mundo prático, antes ao contrário: o desenvolvimento da pessoa e da sociedade depende do desenvolvimento da *intimidade* que as pessoas alcançarem efetivamente.

REFLEXÕES A PROPÓSITO DA INVIOLABILIDADE DA VIDA PRIVADA DA PESSOA NATURAL

(Art. 21 do novo CC)

PAULO RESTIFFE NETO[*]

> Sumário: 1. Introdução ao sistema protetivo da dignidade das pessoas. 2. Direitos da personalidade e dignidade da pessoa humana. 3. Vida e família: valores supremos e afetividade. 4. A intervenção jurisdicional integrativo-tutelar específica.

1. Introdução ao sistema protetivo da dignidade das pessoas

Estas reflexões envolvem a temática da privacidade das pessoas, num âmbito mais largo que o do campo estritamente jurídico, começando pela ordem moral, que diz respeito à realização do ser-homem, afetando-o na totalidade de sua natureza racional, consciência e verdade.

A ética se insere no sentir natural do homem, e toda a vida moral consiste no empenho de viver de acordo com a verdade que corresponde

---

[*] Magistrado aposentado. Professor e Advogado em São Paulo. Coordenador do Curso de Pós-graduação do Direito dos Contratos, do CEU. Autor de vários livros, estudos e artigos jurídicos.

ao homem e às coisas, porque todos somos afetados por ela.[1] Há uma metafísica natural inscrita no fundo mais íntimo do ser,[2] que deve ser especialmente levada em conta quando se intenta conquistar a harmonia de viver nas relações intersubjetivas: *"sob a via da justiça se encontra a via da vida"*; ou *"a vida está na vereda da justiça"*.[3]

A ética de que falamos é a clássica, do valor intrínseco da qualidade do agir humano adequado aos princípios e aos padrões do bem que é racionalmente desejável, e não da chamada "ética de resultados" pretendidos, ou ética conseqüencialista (maquiavélica), que privilegia o uso instrumental da razão, sem medir as conseqüências.

É da ordem moral "fazer o bem e evitar o mal", o que, na prática, determina a conformação da liberdade com as exigências naturais da civilização fundamentada na justiça, já que a liberdade tem suas raízes na própria natureza ordenada pelo bem, e a ética não é alheia à liberdade humana e integra o conteúdo do justo. De fato, o vínculo moral não suprime a liberdade, senão que a exalta e indica a necessidade de se tomar tal meio se livremente se quer tal fim (a obrigação), como pondera Narciso Juanola Soler,[4] ou decorre de ditames superiores da ordem pública para o bem comum e paz social, o que já pertence à esfera jurídica.

O vocábulo *moral* (latim, *mos, moris*) significa uso, costume; daí seu significado antigo de "arte dos bons costumes" (e deveres), ou seja, arte de viver como convém a um ser humano; arte, enfim, da conduta humana, guiada pela razão, com liberdade, em seu relacionamento com os outros e com as coisas.[5]

O pressuposto da realização da justiça há de ser sempre um direito; no caso, o objeto da justiça é a inviolabilidade da vida privada, pela natureza nobre da pessoa como ser espiritual, a quem é devido o respeito em grau de reverência (*suum cuique tribuere*). Em grau eminente, o justo, no tema da vida privada, está empapado da moral, que tem como pressuposto natural a fragilidade da vida humana. Registre-se que, sem liberdade, não há falar em moralidade.[6]

---

[1] LORDA, Juan Luis. *Moral, a Arte de Viver*, Ed. Quadrante, 2001, p. 6-8.
[2] MELENDO, Tomás. Coleção Crítica Filosófica, n. 22, de 1978, ao "Ensaio sobre o entendimento humano", de John Locke, Editorial Magistério Espanhol, p. 263.
[3] SALOMÃO, *Provérbios*, 12.
[4] Coleção "Crítica Filosófica", n. 39, de 1983, a "O tema de nosso tempo" e "História como sistema", de José Ortega y Gasset, Editorial Magistério Espanhol, p. 159 a 161.
[5] LORDA, Juan Luis. *op. cit.*, p. 12, 13 e 36.
[6] Ministro Ives Gandra da Silva Martins Filho, em palestra, no Centro de Extensão Universitária, sobre cidadania, em 19.6.04.

Conforme é de nossa tradição republicana, pontifica em nosso ordenamento jurídico a preocupação pela defesa da inviolabilidade dos direitos subjetivos relacionados à dignidade da pessoa humana, tendo em conta a previsibilidade do eventual desvio de uso da liberdade no exercício correto ou regular da cidadania como um dos valores mais sagrados, observa Ives Gandra da Silva Martins Filho, na convivência social. A cidadania comporta, nos sistemas representativos, uma sub-rogação na pessoa dos representantes que, por isso, têm o ônus público de dupla responsabilidade no exercício da liberdade sub-rogada, como agentes de transformações sociais, com preservação absoluta da dignidade da pessoa humana.

Nesse sentido, o *caput* do art. 5.º, em nossa Constituição de 1988, privilegia, como *Estado Democrático de Direito*, as chamadas garantias individuais, ao assegurar *"a inviolabilidade do direito à vida, à liberdade..."*, destacando, no inciso X, o princípio da defesa de nossa estrutura jurídico-social sob organização republicana (art. 1.º, III) fundada na *dignidade da pessoa humana*: *"são invioláveis a intimidade, a vida privada, a honra e a imagem das pessoas, assegurado o direito a indenização pelo dano material ou moral decorrente de sua violação"*.

E o novo Código Civil, na rubrica *"Dos Direitos da Personalidade"*, fazendo eco daqueles princípios constitucionais, enfatiza, aliás, em norma sem precedente em nosso Direito, no nível infraconstitucional (art. 21), a privacidade da vida pessoal, da vida íntima das pessoas naturais, verbis: *"A vida privada da pessoa natural*[7] *é inviolável, e o juiz, a requerimento do interessado, adotará as providências necessárias para impedir ou fazer cessar ato contrário a esta norma"*.[8]

As normas da inviolabilidade, por evidente, não têm características de leis físicas, que exprimiriam serem as pessoas impassíveis ou insuscetíveis de violação, mas são regras de comportamento que têm como pressuposto o reconhecimento, precisamente, da violabilidade a que por debilidade

---

[7] Tanto o texto do Anteprojeto (Mensagem n. 160/75), na Câmara (Projeto 634/75, Casa de origem), quanto o texto do Projeto 118/84 aprovado em decorrência do Parecer final n. 749/97 na Câmara, referiam-se à *pessoa "física"*, no art. 21 do que viria a tornar-se o novo Código Civil Brasileiro, em vigor desde janeiro de 2003.

[8] Renan Lotufo, em seus excelentes Comentários, vol. 1, ao novo CC, Editora Saraiva, 2003, por entender que o campo da privacidade é mais amplo que o da intimidade, o que implica em proteção constitucional e legal (p. 82), anota em rodapé que norma eqüivalente à do art. 21 já estava antes presente no Código Português, art. 80 e no Código de Quebec, art. 35.

genérica estão expostas as pessoas naturais em sua vida privada, com o sentido de coibir conduta contrária às referidas normas tutelares de direitos subjetivos fundamentais.

No âmbito civil, o valor protegido pela norma do art. 21 enquadra-se, em princípio, na categoria dos direitos disponíveis, como se infere do texto: o juiz só atuará "*a requerimento do interessado*". Não existe contradição, mas sintonia, com o disposto na parte final do art. 11 do novo Código Civil, segundo o qual o exercício dos direitos da personalidade não pode sofrer "limitação voluntária", visto que o art. 21 cuida de providências jurisdicionais que pressupõem a violação não consentida *a priori*, mas a qual poderá o ofendido ou interessado relevar ou tolerar *a posteriori* e nada requerer ao juiz, que não poderá agir de ofício nem sem legitimação ativa do próprio interessado. A reação, por vezes, depende exclusivamente do ofendido (*ad modum recipientis recipitur* – o que se recebe toma a forma do recipiente).

Outro dispositivo conexo, de transcendental relevância na vida privada, por enfatizar a magna dimensão do matrimônio, está no art. 1.511: "*o casamento estabelece comunhão plena de vida... dos cônjuges*", nela incluindo-se particularmente a comunhão geradora familiar, que descortina as raízes naturais da mais formosa sociedade que sempre foi o berço da civilização: a família, constituída por pessoas naturais, obviamente.

Seja-nos, por justiça, permitido enaltecer nesse contexto introdutivo a primorosa norma do art. 21, como a mais virtuosa (*ultimum potenciae*[9] = potencialidade extrema), isto é, o máximo possível de tudo de excelente que o legislador pôde oferecer em matéria de Direito da Personalidade. Senão vejamos os horizontes que se abrem.

2. Direitos da Personalidade e Dignidade da Pessoa Humana

Assente-se, de início, que devemos compreender o sentido de existência espiritual e, pois, conhecer que é a espiritualidade humana, pela

---

[9] Expressão cunhada por Santo Tomás de Aquino para designar a virtude humana como o máximo do que a pessoa pode ser (*apud* Josef Pieper, tradução de Luiz Jean Lauand – "Ética e Antropologia", Série Acadêmica, Ed. Mandruvá, 1997, p. 21).

qual o homem tem personalidade, que define e dignifica a pessoa, como observa Narciso Juanola Soler,[10] cujo crítico lembra que o homem é o ser único que não só conhece, senão que também conhece que conhece – e é exclusivamente ele que tem a faculdade de admirar as coisas,[11] a partir da experiência humana individual irrepetível noutro ser.

Sem cogitar de outras relevantes tutelas da inviolabilidade dos direitos da personalidade consagradas em nosso ordenamento jurídico, penetremos nas profundezas do sentido que deve ser apreendido na força no texto:"*é inviolável a vida privada da pessoa natural*". Essa inovação da norma programática do art. 21 (efeito), que nos impele ao esforço de mudanças e aperfeiçoamentos em nossa vida de relação, tem suas necessárias premissas (causa), das quais a maior é a liberdade concernente à dignidade da pessoa, que é a razão de ser da criação e do desenvolvimento solidário da sociedade como ideal para o convívio humano.

O que é a liberdade, para mais além do que a *"eliminação de condicionamentos externos"*, senão *"uma característica da natureza humana"*, pelo reconhecimento da *"dimensão metafísica do homem"*?[12] A verdadeira liberdade, como capacidade distintiva do homem, decorre de sua natureza transcendente de ser espiritual, diz Antonio Cirillo, autor dos pensamentos supra, porque também é indivíduo dotado de corporeidade imprescindível, submetido de forma inexorável às leis cósmicas, étnicas e históricas como fragmento da espécie humana.[13] Mas a liberdade só existe na verdade do conhecimento das coisas (o homem necessita de formação, isto é, de conhecer a verdade, para ser livre), pelo que, embora a verdade seja independente do que se pense ou não das coisas, é ela que marca o sentido da liberdade, observa Narciso Janola Soler, corretamente, até porque o entendimento não é criador da verdade, senão só seu descobridor (*op. cit.*, p. 119). Logo, todos temos o direito inato à verdade, que na lição tomista é a adequação do entendimento à coisa conhecida, sabi-

---

[10] Coleção Crítica Filosófica, n. 39, já citada, p. 102, 103 e 106, Editorial Magistério Espanhol, 1983.

[11] LEJEUNE, Jérôme. "Evolucionismo, Ciência e Fé", Cadernos Prumo, n. 27, edição portuguesa de 1989, p. 56.

[12] CIRILLO, Antonio. *in* Coleção Crítica Filosófica n. 36, da obra *Lições de Sociologia*, de Th. Adorno – M. Horkheimer, Editorial Magistério Espanhol, 1982, p. 56/57, lembra que, para o cristão, a liberdade é, antes de tudo, interior, pela consciência da espiritualidade e imortalidade (dimensão nova, transcendente, da ordem sobrenatural, que constitui sua dignidade de filho de Deus).

[13] Idem. Veja-se, sobre a etimologia de "humano", adiante, nota n. 22.

do que o perigo das sociedades modernas é o enfraquecimento da verdade. Todas as coisas, enfim, têm o direito originário de serem reconhecidas em sua integridade.[14] Daí, como proclama a Igreja, a abertura à plenitude da verdade impõe-se à consciência moral do homem para guiar sua vontade livre, na medida da capacidade de conhecer a verdade.

E por que o legislador codificante investiu o Estado-juiz do poder jurisdicional qualificado incontrastável de adoção de providências necessárias à prestação de tutela da dignidade para impedir ofensa, ou fazer cessar ato em sua noção imaterial contrário à norma da inviolabilidade da vida privada da pessoa natural ofendida, ou na iminência de o ser?

É porque está consciente de uma realidade difusa, potencialmente ofensora (*ubi societas, ibi litis* = onde há sociedade, há litígio): o ambiente social está deteriorado, o corpo social padece de graves desorientações, o que dificulta ou obsta o reinado da paz, como bem supremo do homem sobre a terra. Nesse contexto de atuação de forma potencialmente viciada do binômio "liberdade-verdade" é que se estrutura e desenvolve o mecanismo de efetividade que privilegia os valores inerentes à dignidade da pessoa natural, com a conseqüente eficácia dos meios de sua proteção imediata nos casos em que se sinta ofendida e postule providências tutelares jurisdicionais (*ubi litis, ibi judicis* = onde há litígio, há juízo).

A liberdade de comportamento da criatura é a de mover-se segundo um juízo de consciência, dentro de seus limites ético-vitais na convivência social (de homens livres); donde resulta não ser absoluta, e a violabilidade tem duas mãos de direção: do interior para fora, ou do exterior para dentro do círculo limitador das ações humanas (*ubi homo, ibi jus* = onde há o homem, há o direito), que devem orientar-se pelo sentido da *alteridade* (o direito de um acaba onde começa o direito do outro).

Sabemos pelo poeta e artista Dante Alighieri, autor da Divina Comédia, inspirado no Digesto, que o Direito é *proporção*,[15] liame harmônico

---

[14] HILDEBRAND, Dietrich Von. *Atitudes Éticas Fundamentais*, Círculo de Leitura, n. 30, Edição Quadrante, 1988, p. 32.

[15] É de Dante Alighieri a mais notável definição personalista do Direito: "jus est realis et personalis hominis ad hominem proportio, quae servata servat societatem, corrupta corrumpit" = o Direito é uma proporção, real e pessoal, do homem para o homem, que conservada conserva a sociedade, mas que corrompida corrompe-a (Monarchia, livro II, n.V, § 1º). E aduz Dante, que é necessário que o fim de qualquer direito seja o bem comum, tanto quanto é necessário que as leis liguem os homens uns aos outros, para utilidade comum.

entre as pessoas,[16] que gera o necessário equilíbrio constante da paz social; esse é o verdadeiro reino da Justiça,[17] por vezes coercitiva, valor supremo que está a serviço da pessoa, que se vincula a outras pessoas e coisas. Como registra Del Vecchio ("La Justicia", ed. Depalma, Argentina, 1952), o Direito foi *inventado* por obra das injustiças, que surgiram antes, sem nome, na convivência social. Já se disse que a multiplicidade dos casos injustos faz compreender a multiplicidade das formas de justiça.[18] A injustiça é o pior atentado contra a natureza, adverte Josef Pieper.[19] E Piero Pajardi[20] conclui que "*é preferível a desordem à injustiça*".

No campo da espiritualidade *stricto sensu* – que é uma das manifestações da liberdade de crença religiosa assegurada expressamente pela Constituição[21] – pregava um santo da Igreja, canonizado em 2002,[22] que "*a vida do homem sobre a terra é milícia*", no sentido de luta (ascética) constante, para ser cada vez melhor e justo, isto é, santo. Daí, seu ensinamento inesquecível, de que não nascemos para viver eternamente neste mundo, mas para aqui fazer obras com valor de vida eterna.

Quanto ao desenvolvimento do homem sobre a terra, a realidade se apresenta em forma histórica. A sociedade ocidental conseguiu dar-se a si

---

[16] A tradição romana sedimentou duas espécies de proporção: proportio rei ad rem e proportio rei ad personam, respectivamente, proporcionalidade entre uma coisa e outra que se dá; e proporcionalidade entre a coisa que se dá e a dignidade ou possibilidade daquele a quem se dá: de modo que a primeira proporção (ad rem) denomina-se aequalitas (equação) aritmética e a segunda (ad personam) denomina-se aequalitas (equação) geométrica, ambas, espécies da justiça comutativa, ou sinalagmática (Francesco Olgiati, O Conceito de Juridicidade em São Thomas de Aquino, 2ª ed. italiana, 1944, "Società Editrice Vita e Pensiero", p. 110).

[17] Programa de vida, que é o convite da vocação cristã: "Buscai primeiro, o reino de Deus e sua Justiça; e todo o resto virá por acréscimo; sede perfeitos como vosso Pai celestial é perfeito; e amai-vos uns aos outros, como Eu vos amei" ("o mandamento novo", do amor entre os irmãos – S. João, 15,12).

[18] ARISTÓTELES. Ética.

[19] "Virtudes Fundamentais" – "Justiça", Coleção Éfeso, Lisboa, p. 102.

[20] "Un giurista legge la Bibbia", 2ª ed. Cedan, Padova, 1990, p. 452.

[21] "É inviolável a liberdade de consciência e de crença, sendo assegurado o livre exercício dos cultos religiosos" (Constituição, art. 5º, VI).

[22] São Josemaria Escrivá, fundador do Opus Dei, Prelazia da Igreja, esteve em visita de catequese nas Américas, inclusive no Brasil, em 1974, um ano antes de sua morte em 1975, o qual também costumava dizer com bom humor que "santo é o entrelaçamento do barro com a graça". Explica-se o uso por antonomásia com expressivo vigor literário, aqui, do vocábulo "barro" em lugar de "homem", porque, etimologicamente, humano (ou homem) deriva do termo latino humus; daí, humildade, que é a virtude própria daquele que se inclina para a matéria natural de sua origem, o pó, o lodo, o barro. Aliás, conforme São Jerônimo, o primeiro homem, porque foi criado de um barro avermelhado, de cor adamascada, ficou por isso identificado pelo nome de Adão; e deu origem ao nome do sítio: Damasco.

mesma uma consciência histórica, conforme Toynbee ("Um Estudo da História"). A História aparece ante o cristianismo como o âmbito de seu progresso e refere-se ao crescimento do ser humano em sua própria natureza transcendente espiritual. Nesse crescimento entra em jogo sobretudo a liberdade, com responsabilidade, que não é só individual, senão também coletiva – na medida em que as ações comunitárias são resultado de iniciativas conscientes assumidas com entendimento por cada um. É tão importante essa qualidade do ser humano (liberdade interior, de consciência), que lhe assiste inclusive quando comete a loucura de negar a Deus ou de destruir-se a si mesmo.[23]

Entretanto, a liberdade é uma capacidade de escolhermos os meios adequados para desenvolver nosso fim pessoal, acima dos determinismos dos animais; ou seja, a liberdade se orienta para o desenvolvimento máximo das melhores potências, de não ter de ir à deriva, de não se ver obrigado a ser menos que um ser humano.[24]

É de Jacques Maritain esta conhecida advertência: "*Não é a história que deve fazer a consciência, mas a consciência é que deve fazer a história*". Por isso, é vital que a consciência funcione bem, que descubra a verdade e ponha ordem entre os bens e deveres.[25]

Os direitos à personalidade são fundamentalmente de duas naturezas, a saber: os que dizem respeito à vida, corpo e integridade física, e aqueles que dizem respeito à imagem, honra, dignidade.[26] Os direitos e garantias fundamentais refletem, com efeito, a dignidade da pessoa humana, que já foi apontada como fundamento da República brasileira no art. 1.º, III, lembra um de nossos maiores constitucionalistas.[27]

---

[23] SUAREZ, Luis. *Grandes Interpretações da História*. Eunsa, Pamplona, 5ª ed., 1985, Espanha. Esse mesmo autor, invocando o advogado napolitano Giambattista Vico ("Ciência Nova", edições de 1725, 1730 e 1744) e Bossuet, concluiu que "a razão humana foi criada para entender; sua função, pois, é o entendimento" (p. 91). Renan Lotufo enfatiza, invocando comentário de Rabindranath Capelo de Souza, a propósito da legislação portuguesa, que a dignidade da natureza de cada homem, enquanto sujeito pensante dotado de liberdade e capaz de responsabilidade, outorga-lhe autonomia não apenas física, mas também moral, particularmente, na condução de sua vida (op. loc. cits.).
[24] BURKE, Cormac. *Somos Livres?*, Temas Cristãos, n. 38, Editora Quadrante, 1989, p. 10-12.
[25] LORDA, Juan Luis. Op. cit., p. 79.
[26] MARTINS, Ives Gandra da Silva. *Os Direitos de Personalidade, estudos em homenagem ao Prof. Miguel Reale*, obra coletiva, LTR, ed. 2003, p. 68. Dignidade: vocábulo que indica o que deve ser conhecido, acatado (sua raiz tem origem grega, gignosko; que deu no latim, nosco, noscere).
[27] FERREIRA Filho, Manoel Gonçalves. *Comentários à Constituição Brasileira de 1988*, vol. I, Ed. Saraiva, 2000, 3ª ed., p. 23, citado por Ives Gandra da Silva Martins, op. loc. cits.

Referindo-se especificamente à nobreza da dúplice missão da mulher, São Josemaria Escrivá cunhou esta comovente alegoria da emblemática dignidade feminina: "*dá vida à humanidade, e dá humanidade à vida*". De fato, a partir da vida familiar, a mulher simboliza o amor e a dignidade próprios do ser humano: *sciencia amoris*. Este é um ente substancial e individual, dotado de natureza racional (*persona est rationalis naturae individua substantia*), noção dada por Boécio, aceita e aperfeiçoada por Santo Tomás de Aquino,[28] ou seja, ente dotado de inteligência, livre vontade (e "afetividade", acrescente-se, modernamente), apto a desfrutar da alegria de viver e a alcançar a verdadeira felicidade.

Antonio Cirillo adverte que uma coisa é a vida biológica (geração e existência); outra, a vida de correlação com os demais.[29] Do mesmo autor:[30] a vida da pessoa não se reduz à relação com a sociedade, senão que é uma realidade espiritual com autonomia própria, que tem valor por si mesma, independentemente da correlação com as demais pessoas; enfim, o valor da pessoa se funda em toda a sua realidade substancial (em todas as suas dimensões). De fato, o conceito de pessoa[31] – prossegue o crítico Antonio Cirillo (p. 95) – só amadureceu depois do advento do cristianismo, com raízes nos dogmas cristãos, antes de tudo na alma individual imortal, vez que a definição tomista expressa bem a superioridade do homem-pessoa sobre o mundo físico graças a sua natureza racional, de sua capacidade de entendimento. Toda a potencialidade inovadora do homem provém da adequação que fez, como ser inteligente, do ordenamento social ao direito natural (p. 99), realidade esta presente no direito brasileiro, especialmente nas normas que dão ensejo a estas reflexões.

---

[28] OLGIATI, Francesco. *O Conceito de Juridicidade em S. Thomás de Aquino*, 2ª ed. italiana de "Società Editrice Vita e Pensiero", 1944, p. 100, onde se demonstra que o conceito de pessoa implica o de ente total, completo, "sui juris: persona nominat quid completum", isto é, "distinctum subsistens in intellectuali natura".
[29] Crítica Filosófica de "Lições de Sociologia" (loc. cit.).
[30] Idem, p. 92.
[31] A definição de S. Tomás de Aquino: "pessoa significa o que é mais perfeito em toda a natureza, isto é, o que subsiste dotado de natureza racional" (S.Th. I, q. 29, a.3).

3. Vida e família: valores supremos e afetividade

As normas constitucional e codificada como visto aludem à vida privada, à vida íntima da pessoa natural, estabelecendo sua proteção adequada, com os meios eficazes à plena consecução desse desiderato que rende pleito à dignidade do ente humano, certo que sua personalidade estriba-se em que raciocina, entende, age, é contemplativo e tem afetividade, com todas as conseqüências.

Mas, o que é vida (latim, *vita*)? Responde José Ortega y Gasset, *in* "O Tema de Nosso Tempo", "*a vida é uma torrente, cujo símbolo é Deus, imanente e transcendente a todas as coisas, tudo sai da vida e tudo retorna ao eterno princípio vital*". E o filósofo acrescenta: "*a vida humana é um processo interno em que se cumpre uma lei de desenvolvimento*". Não é aqui e agora a oportunidade própria para crítica a esses conceitos. De todo modo, "*a alma, que é incorruptível e imortal, é o primeiro princípio da vida, pois do contrário todo corpo seria vivente*", conforme Santo Tomás de Aquino ("Suma Teológica", I, a.75, a.1, a.2). Daí, que a alma do homem é um princípio incorpóreo e subsistente, anota Narciso Juanola Soler,[32] fundamentando-se em lição tomista. O maior talento que temos é a própria vida: esse tempo que não é infinito e em que se desenvolve nosso ser sobre a terra, com todos os outros talentos de natureza e de fortuna.[33]

Eis, em algumas acepções, definições apropriadas de dicionaristas clássicos a seguir, sobre a existência humana, a vida.

A vida é propriedade do organismo vivo que o distingue do organismo morto e da matéria inanimada, e mediante a qual o ser que a possui tem metabolismo, crescimento, reprodução, etc.[34]

Também é o tempo que transcorre desde o princípio de um organismo vivo até sua morte; ou o estado de atividade, comum às plantas e aos animais; ou tempo que decorre entre o nascimento e a morte; modo de viver; princípio de existência e de força.[35]

---

[32] Coleção Crítica Filosófica, n. 39, Editorial Magistério Espanhol, 1983, p. 39 e 109.
[33] LORDA, Juan Luis, op. cit., p. 89.
[34] SILVA, Guido Gómez de. *Breve Dicionário Etimológico da Língua Espanhola*. México, 4ª reimpr., 1988, p. 719.
[35] FIGUEIREDO, Cândido de, *Novo Dicionário da Língua Portuguesa*, vol. II, 4ª ed., Lisboa.

O estado de atividade da substância organizada, comum aos animais e aos vegetais; duração ordinária do homem; maneira de viver; o tempo em que se existe; determinada fase da existência de um ser. Vida privada: a vida particular, o viver da pessoa que não toma parte nos negócios públicos.[36]

O fato de viver. Estado de atividade dos animais e das plantas. Existência humana ou tempo que decorre entre o nascimento e a morte. Modo de viver, descrição da vida de alguém.[37]

Finalmente, a definição do dicionarista português Rodrigues Fontinha, de "*atividade interna substancial, por meio da qual atua o ser onde ela* (vida) *existe*". É o estado de atividade dos seres orgânicos; união da alma com o corpo; espaço de tempo que decorre desde que o ser orgânico nasce, até que desaparece pela morte.[38]

"O fato de viver" do ser humano, em razão de sua sociabilidade natural, produz-se em família. Numerosos estudos têm permitido estabelecer com suficiente certeza, como resume o filósofo e historiador Régis Jolivet, citado por Antonio Cirillo (*op. cit.*), "*que a família primitiva se parecia a nossa família individual e monogâmica*".[39] Sempre esteve presente a intuição da dignidade da pessoa humana, podemos concluir, conatural a seu ser ou substrato recebido (só Deus não recebe, porque é o próprio ser perfeito). Com certeza foi a revelação cristã que suscitou uma nova filosofia do homem e do mundo; logo, no curso dos séculos, a filosofia se enriqueceu constantemente sobre a base das especulações dos teólogos. Para Etienne Gilson,[40] a filosofia cristã caracteriza-se pelos doces frutos da liberdade, da alegria e da paz, que se exteriorizam a partir das estruturas naturais e sociais da família, temas presentes nestas reflexões.

---

[36] FREIRE, Laudelino. *Grande e Novo Dicionário da Língua Portuguesa*, vol. V, p. 5. 188/9.
[37] NASCENTES, Antenor. *Dicionário da Língua Portuguesa*, 4º tomo, ed. ABL, 1967.
[38] *Novo Dicionário Etimológico da Língua Portuguesa*, Editorial Domingos Barreira, Porto, p. 1863.
[39] *Trattato di filosofia*, Morceliana, Brescia, 1967, vol. V, parte II, p. 191.
[40] JOLIVET, Regis. "Traité du philosophie", vol. I, Vitte, Pris-Lyon, 1939, citado por Antonio Livi, in "Coleção Crítica Filosófica" (n. 41) à obra de Etienne Gilson, *O espírito da filosofia medieval*, Editorial Magistério Espanhol, 1984, p. 138, 139 e 161.
As novidades das idéias cristãs oferecidas pela metafísica medieval são os conceitos de ser, pessoa, verdade e liberdade; de modo que da noção de criação se chega à da liberdade através da mediação da metafísica da pessoa, que ilumina as relações entre o conhecimento e o amor, que estão na base de toda outra relação entre os seres e o Ser (Antonio Livi, op. cit., p. 74-105, sintetizando a investigação de Gilson).

A família é, aliás, a primeira instituição natural, ainda que não perfeita, cuja necessidade não é só de ordem material, econômica, senão também espiritual, ligada, portanto, aos mais excelsos valores humanos.[41] E pelo fato de ser uma instituição natural, núcleo fundamental da sociedade humana, diz a Igreja Católica, a família está em situação de transmitir valores pessoais, mediante a cotidiana convivência, de um modo muito mais acessível que outras instituições educativas, porque tais valores não podem ser ensinados teoricamente, senão que requerem uma relação pessoal que a família – e só ela, por natureza, como comunidade de amor, afetividade, serviço[42] e sociedade educadora (*educar*, significa formar a consciência pessoal) – está apta a oferecer a seus membros, tornando-os cidadãos, forjando a moral e o caráter de cada um para que encontre o sentido da vida e a motivação para realizá-lo, como ensina Viktor E. Frankl.[43]

A família, base da sociedade (por isso imprescindível à humanidade), tem especial proteção do Estado (art. 226, da Constituição); vale dizer, é reconhecida a precedência e prioridade absoluta da família, célula originária: é a primeira sociedade, fonte e alicerce de todas as outras sociedades, sem a qual nenhuma existiria,[44] porque "*toda e qualquer noção de família passa, necessariamente, pela idéia de uma prole e, pois, de continuidade da vida social..., buscando com ela a constituição de um tecido social capaz de permitir uma convivência cada vez melhor, mais civilizada e harmônica..., o ninho onde deve ser formado o novo cidadão*".[45]

Entra em cena o matrimônio, como fonte natural da família, que é matéria denominada *mista*, eis que por sua extraordinária e inigualável relevância é cuidada não só pelo ordenamento civil do Estado, mas, an-

---

[41] CIRILLO, Antonio, op. cit., p. 123-125.

[42] Este é o selo perene e universal que caracteriza a família por seu sentido original (do latim famel, aquele que habita a domus, a casa; daí, fâmulo, ou servo, no sentido de que presta serviço doméstico): instituição íntima, em que as pessoas não precisam justificar sua presença. ("A recepção do casamento religioso e o novo Código Civil", Paulo Restiffe Neto e Félix Ruiz Alonso, estudo sobre o polissistema matrimonial brasileiro, in RT 817/35-49, de novembro de 2003; nota de rodapé n. 2, p. 40).

[43] *Sede de Sentido*, Editora Quadrante, SP, 1989, p. 14.

[44] Idem, RT 817, p. 39 ("A recepção do casamento religioso...").

[45] Trechos do Voto do Des. Sérgio Fernando de Vasconcelos Chaves, nos Embargos Infringentes n. 70003967676, Acórdão não unânime, do 4º Grupo de Câmaras Cíveis do T.J. do Rio Grande do Sul, j. em 9.5.03, publicado na íntegra na "Revista de Jurisprudência" do TJRGS, n. 230, de maio de 2004, p. 114, 115 e 116.

teriormente até, pelas regras matrimoniais dos credos religiosos que professam seus cidadãos, porque se trata de dois aspectos complementares da única relação, conseqüência do fato inconteste de ser ao mesmo tempo o cidadão, crente, e o crente, cidadão,[46] por isso mesmo ensejadora de recíproca colaboração de interesse público.

Convém recordar que, como base da família, de sua vez, o casamento, por ser união exclusiva e excludente ("uma só carne"), séria e estável em comunhão plena de vida, "doação esponsal" entre um homem e uma mulher como cônjuges em "misteriosa complementaridade", já se disse, para se amarem, procriarem e educarem seus filhos, tornando-os cidadãos que se incorporam à sociedade, à nação, é uma das manifestações mais genuínas da privacidade e do direito humano da liberdade pessoal, situando-se na vida íntima familiar e pessoal, ainda que se estabeleça simultaneamente na vida pública e social.[47] Daí, a tutela especial que lhe defere o Estado brasileiro, que conceitua a família como "o mais importante organismo social", onde se forja o caráter e desenvolve-se a afetividade conatural ao ser humano.

Vale a pena reproduzir umas palavras, na Câmara dos Deputados, do relator-geral do Projeto de Lei 634, que deu origem ao Código Civil que vigora desde 2003: "*Proibimos o Estado de intervir na família, salvo para sua proteção e para propiciar recursos educacionais e científicos (...). Mesmo porque –* continua dizendo –, *o Estado não tem o direito de tutelar os sentimentos e as relações íntimas dos indivíduos. A abordagem legislativa da família tem que ser clara no estabelecimento de princípios e na definição de institutos e seus conteúdos, sem, contudo, apresentar fórmulas herméticas que desconheçam a dinâmica social (...) . Existe uma barreira ética à qual o legislador deve estar atento. Ultrapassá-la pode representar constrangimentos e desagregação do mais importante organismo social*".[48] O legislador civil percebeu claramente que o papel do Estado na sociedade é fomentar o bem comum, com sede específica na família.[49]

---

[46] Idem, RT 817, p. 40, subtítulo "A Constituição e os Credos".

[47] Idem, RT 817, p. 39/40: Os cidadãos pertencem, na imensa maioria, a numerosas sociedades simultaneamente, ou ao menos a três: à família, à nação e à Igreja cuja crença professam (p. 40); razão por que deparamo-nos com os dois casamentos, o civil e o religioso recepcionado, isto é, com efeitos civis por equiparação plena e absoluta, observados os requisitos exigidos pela lei civil, nos termos dos arts. 1.515 e 1.516, do novo Código Civil.

[48] Código Civil, confrontado com o CC/1916, 2ª ed., Método, 2002.

[49] CARVAJAL, Francisco Fernándes. *Falar com Deus*, vol. 3, n. 6, p. 33, Editora Quadrante, São Paulo, 1990.

É pedagógico aquele *non plus ultra*,[50] em que pese seja discutível se a melhor maneira de proteger a família seja mesmo a omissão do Estado, que tem função complementar pelo princípio da subsidiariedade, que leva ao fomento da iniciativa dos entes menores da pirâmide social, orientando a tomada de decisões.

A família é o lugar por antonomásia onde se devem praticar as virtudes da convivência e onde se dá o primeiro e principal relacionamento social; daí sua proteção, não só de ordem moral, e também nos aspectos de ordem pública em todas as suas manifestações multifacetárias.

O homem tem o direito, natural, de nascer na privacidade do lar de uma família estável, e de ter seus pais como *seus*, sendo conhecidas as dramáticas conseqüências psicológicas e sociais de situações aberrantes,[51] com reflexos nocivos em sua pessoa, na família e na sociedade como um todo.

A dinâmica social apresenta hoje, no País, a família em crise, que se agrava cada vez mais por inúmeras causas concorrentes de domínio público, cabendo a cada cidadão o dever e a responsabilidade de contribuir para reverter essa situação anômala que constitui ameaça de desagregação da célula *mater* da Sociedade. O Estado necessita da família; todos sabem que sem ela não há liberdade, nem cidadania, nem nação: "se se quiser destruir a Nação, destrua-se a família".[52]

Como ensina Luis Suarez, o homem encontra-se inserido na história, dependente de sua tradição, isto é, do que recebeu, e por isso o cidadão comporta-se como um ser histórico.[53] Mas, como pondera a seguir esse notável crítico, "*a liberdade do homem é a essência de sua historiedade*", posto que a história da humanidade é uma busca incessante da verdade. Vale dizer, se a família, no País, está em crise, inclusive pela debilitação de seu sentido de autêntica vocação sobrenatural, essa realidade foi o homem, em sua liberdade histórica, que a construiu, a par do

---

[50] Observação feita no estudo de Paulo Restiffe Neto e Félix Ruiz Alonso, op. cit. in RT 817, p. 40, sobre a oportuna manifestação do relator-geral do Projeto 634, referido.
[51] AZEVEDO, Hugo de, "O que os filhos esperam dos pais", Círculo de Leitura, n. 24, Editora Quadrante, p. 14.
[52] Idem, RT 817, p. 39, de novembro de 2003, nota de rodapé n. 1, in fine.
[53] *Grandes Interpretações da História*, 5ª ed., Eunsa, Pamplona, 1985, p. 155, 232-233.

progresso material e do crescimento do ser humano na justiça de suas relações com Deus criador e com seus irmãos, o que também é inegável e auspicioso para o futuro que nos cabe trilhar, colocando (ou recolocando) Cristo no cume de todas as atividades humanas e no seio das famílias em especial, como pregava São Josemaria Escrivá, ao acrescentar a afetividade ao lado da inteligência e da vontade, quando ponderava com doce admoestação cristã: "*quantas pessoas não fazem o bem porque ninguém as ensinou*".

O fato de que a família procura proporcionar aos filhos bens essenciais (começando pela vida), confere aos pais uma prioridade de direitos na educação em relação ao Estado. Os primeiros educadores são precisamente os pais, que não podem delegar seu direito-dever à sociedade e ao Estado. Mas, pelo princípio da subsidiariedade, que expressa uma exigência de direito natural e ao mesmo tempo indica os limites da intervenção estatal na educação, o Estado deve socorrer as sociedades primárias, quando estas não estejam em situação de desenvolver por si sós sua missão de educar conatural afeta à família enquanto sociedade educadora.[54]

4. A INTERVENÇÃO JURISDICIONAL INTEGRATIVO-TUTELAR ESPECÍFICA

Além do que já refletimos sobre a liberdade e a necessidade de conhecimento da verdade, como pressupostos da cidadania, cabe aqui a constatação de uma regra característica, que deve ser vista pelo Estado, sobre essa liberdade, que é muito simples: só se pode (e se deve) proibir o mal; não se pode impedir nenhum bem[55] na opção entre duas ou mais possibilidades[56] disponíveis a cada cidadão livre, que lhe permitam ser ele mesmo. O Estado brasileiro orienta-se e atua nessa direção quando induz a cidadania a influenciar, através do poder de participação ativa dos homens livres, a sociedade para trilhar (ou retomar) seus bons referenciais, pelo bem comum.

---

[54] CIRILLO, Antonio, op. cit., p. 125. Educar, do latim educare e seus cognatos ducere, educere, creare: conduzir, criar (criança).
[55] AZEVEDO, Hugo de, op. cit., p. 30.
[56] BURKE, Cormac, op. cit., p. 15

Como já ficou claro, a cidadania, como *"agente de transformação social,*[57] porque é dinâmica e também solidariedade e colaboração, é um sumo bem, se exercida através da liberdade, com responsabilidade, esta em suas duas acepções: subjetiva, como dever de consciência; e responsabilidade objetiva, no sentido de que o abuso da liberdade, que constitua violação nociva da esfera da liberdade de outrem, ensejará reação eficaz da autoridade, precisamente porque mesmo o violador não perderá sua cidadania,[58] ou ao menos para que não a perca deverá arcar com as conseqüências, inclusive coativamente, segundo os princípios da *restitutio in integrum,* se antes não tenha sido impedido da prática do ato contrário ao direito. A idéia de *violação* implica a de *violência* (da raiz latina *vis* = força, poder, violência), em qualquer de suas manifestações explícitas ou não, notadamente a injúria, que é o dano à personalidade causado na honra de alguém.

Neste ponto, sem prejuízo da proteção que o ordenamento defere às pessoas jurídicas em geral, é oportuno retornar ao texto da inviolabilidade da vida privada da pessoa natural, especificamente prevista no art. 21 do novo Código Civil, em face de sua parte complementar: *"o juiz, a requerimento do interessado,*[59] *adotará as providências necessárias para impedir ou fazer cessar ato contrário a esta norma".* Estamos diante de um comando protetivo da inviolabilidade, de natureza provisional em branco, mandamental e de eficácia executória, por critério objetivo do juiz, cuja função integrativa tem seu limite máximo, nas circunstâncias de cada caso, ao meio que se lhe afigurar mais útil e razoável, observado por analogia o espírito do princípio geral inscrito no art. 620 do Código de Processo Civil,[60] *"pelo modo menos gravoso".*

Poucas vezes se vê a ênfase posta pelo legislador na outorga de uma cláusula geral que ultrapassa os lindes dos arts. 642 e 643 do Código de Processo Civil,[61] na defesa tópica de um direito subjetivo pela autoridade

---

[57] Min. Ives Gandra Filho, palestra citada.
[58] Cidadania, aqui, é a aptidão para o exercício dos direitos civis e políticos.
[58] Diz o art. 2º do CPC: "Nenhum juiz prestará a tutela jurisdicional senão quando a parte ou o interessado a requerer, nos casos e formas legais".
[60] Art. 620, CPC: "Quando por vários meios o credor puder promover a execução, o juiz mandará que se faça pelo modo menos gravoso para o devedor".
[61] Diz o art. 642: "Se o devedor praticou o ato, a cuja abstenção estava obrigado pela lei ou pelo contrato, o credor requererá ao juiz que lhe assine prazo para desfazê-lo". Diz o art. 643: "Havendo recusa ou mora do devedor, o credor requererá ao juiz que mande desfazer o ato a sua custa, respondendo o devedor por perdas e danos. Parágrafo único. Não sendo possível desfazer-se o ato, a obrigação resolve-se em perdas e danos".

extrema da *res judicata* através do Estado-juiz, na própria norma que o erigiu, para adoção das "providências necessárias", proporcionais, é claro, de eficácia plena, que lhe dê efetividade, com potencial de várias conseqüências, em vista do fim absoluto de "impedir ou fazer cessar ato contrário" à (norma da) inviolabilidade da vida privada da pessoa natural, isto é, contra qualquer forma de violação (ou violência) que atinja a vida privada do ser humano, injustamente, inclusive até mesmo "a ameaça" a direito da personalidade, por força do texto do art. 12 do novo Código Civil .

É o *suum cuique tribuere* tomista, de Ulpiano (atribuir a cada um o que é seu), no mais vigoroso grau de eficácia da justiça, com o sentido de paralisação de um contradireito gerador de tensão na prevenção da ofensa, ou no restabelecimento do direito subjetivo referente ao valor da inviolabilidade da vida privada da pessoa humana. É a lei (*lex, legis, lig*) exercendo sua nobre função social de ligar (ou religar) os homens uns aos outros, para o bem comum e utilidade geral. E é o Juiz (não um árbitro) constituído guardião providente do ofendido, vítima da violação/violência em sentido amplo, postulante legitimamente interessado. Aquela tensão provocada pela violação revela-se no processo, a cuja efetividade é confiado o pronto restabelecimento da paz social envolvida no ideário, hoje, não individualista, que todavia não se confunde com a vida privada da pessoa humana, o valor aqui protegido.

Uma das atitudes éticas fundamentais da convivência humana é o *respeito*, valor moral dos mais elevados pela consideração que preside os atos do homem social em relação aos demais semelhantes. É o respeito que, no campo da intimidade, permite orientar a compreensão perfeita da invasão abusiva da vida privada da pessoa natural como uma profanação que degrada o invasor e constrange as vítimas. A inviolabilidade protegida estende-se à "liberdade de consciência e de crença" (art. 5.º, VI, da Constituição), isto é, à liberdade de juízo e também à liberdade religiosa segundo os credos dos cidadãos.

O sentido de vileza do desrespeito à vida privada da pessoa natural suscita a reação de censura na esfera jurídica, como estatuído no cânon do art. 21 do novo Código Civil, a requerimento do ofendido interessado na tutela jurisdicional. A natureza humana da pessoa do ofensor também não pode ser ignorada, e os motivos estarão presentes na mente do julgador, como o grau de cultura, circunstâncias, etc. ("*deixam de odiar os que deixam de ignorar*", Tertuliano, *Ad Nationes*, 1,1).

O vigor da proteção jurisdicional estabelecida não descaracteriza a natureza de direito disponível: a iniciativa a lei reserva ao "interessado", porque pode este relevar tacitamente ou tolerar a violação, e até mesmo perdoar ("*vencer o mal com o bem*", São Paulo, Romanos, 12,21), e abrir mão do uso do direito de tutela correspondente, sem que isso implique desconsideração ao art. 11 do novo Código Civil, que não vai ao extremo de constranger o ofendido a agir em juízo contra sua livre vontade, seu foro íntimo.

É oportuna a conceituação da jurisdicionalidade, como a aptidão jurídica do Estado de intervir para dizer o direito, apurar e depurar a verdade e realizar a justiça entre as partes em conflito de interesses, pelo devido processo legal jurisdicional, que, mediante o acesso ao conhecimento da verdade, transforma os fatos em direito, com autoridade de coisa julgada (*res judicata pro veritate habetur*).

A tutela jurisdicional a ser prestada é, em princípio, restrita a impedir ou a fazer cessar ato[62] exteriorizado, contrário à norma de abstenção absoluta ou do dever de não afetação da vida privada, íntima ou particular da pessoa natural em seu círculo de exercício regular da liberdade, como direito moral sempre inalienável, em todas as suas manifestações lícitas, já que os princípios modernos de convivência em sociedade clamam por solidariedade e colaboração, com lealdade e responsabilidade. A quebra desses princípios atrai a "santa ira" da Justiça.

O que a lei quis dizer com *impedir* ou *fazer cessar* é obstar que tenha início ato molesto de natureza comissiva, ou, se iniciado, não tenha curso. Se já se consumou, com sua exaustão, em princípio nada haveria a tutelar pelo art. 21, salvo se o ato comportar desfazimento, ou sendo continuado ensejar paralisação dos efeitos nocivos futuros ou mesmo dos já produzidos. A interpretação deverá ser sempre no sentido da proteção à inviolabilidade da vida privada da pessoa natural erigida na norma, com a prudência do juiz de não elevá-la

---

[62] Ato comissivo, em qualquer de suas modalidades ou pontos de desenvolvimento, ou de preparação exteriorizada apto objetivamente a molestar a vida privada, constituindo-se por qualquer ação contrária à norma de sua inviolabilidade.

indiscriminadamente ao grau de "censura prévia", quando utilizados na ofensa, por exemplo, os meios de comunicação, para se alcançar a paz justa, no sentido tomista, de tranqüilidade da ordem,[63] como incumbe à função jurisdicional. Nesses casos complexos de segurança jurídica, o legislador confiou a solução às quatro virtudes fundamentais do juiz: prudência, justiça, fortaleza e temperança.

É certo que, embora a justiça signifique "dar o que é devido" (*debitum reddere*), hipóteses de danos há irreparáveis em si mesmos, isto é, em que a justiça plena (*restitutio in integrum*) torna-se irrealizável; é este o caso das relações decorrentes do fundamento no ser humano[64] de sua dignidade de valor transcendente de filho de Deus. Realidade que indica ao julgador o cuidado no dever de dar efetividade preventiva ou restitutória à norma da inviolabilidade sobre a qual estamos refletindo.

No âmbito dos meios de comunicação é estimulante e de grande atualidade a Mensagem do Papa João Paulo II, pelo 38.° Dia Mundial das Comunicações Sociais:[65] "*Os meios de comunicação social têm uma enorme potencialidade positiva para promover valores humanos e familiares sólidos e, desta maneira, contribuir para a renovação da sociedade. Considerando seu grande poder de formar idéias e de influenciar comportamentos, os comunicadores profissionais deveriam reconhecer que têm uma responsabilidade moral não apenas para dar às famílias todo o encorajamento, assistência e apoio possíveis, em vista dessa finalidade, mas também para exercer a sabedoria, o bom juízo e a justiça em sua apresentação das questões que dizem respeito à sexualidade, ao matrimônio e à vida familiar... E que as famílias sejam sempre capazes de encontrar nos meios de comunicação social uma fonte de ajuda, de encorajamento e de inspiração, enquanto lutam para viver como comunidade de vida e amor, para formar os jovens nos valores morais sólidos e para fazer progredir uma cultura de solidariedade, liberdade e paz*".

---

[63] O justo (idéia platônica de Justiça, como primeira das virtudes: "harmonia e paz da alma") deve subministrar a orientação do Direito. E à jurisdição compete proporcionar segurança no justo, diz Recasens Siches; – essa é a essência da função judicial: tutelar os interesses protegidos, para se alcançar a paz.

[64] PIEPER, Josef, *Virtudes Fundamentais – Os Limites da Justiça* (Coleção Éfeso), p. 142, Editora Aster, Lisboa.

[65] Trecho da Mensagem Papal do ano 2004, no folhetim "Povo de Deus", da Arquidiocese de São Paulo, de 23.5.04, que orienta de maneira lúcida no rumo da defesa da família e dos valores que ela representa na vida pública e privada.

O DIREITO À VIDA NO CÓDIGO CIVIL À LUZ DA CONSTITUIÇÃO

IVES GANDRA DA SILVA MARTINS[*]

Reza, o artigo 2º do Código Civil, que:

"A personalidade civil do homem começa do nascimento com vida; **mas a lei põe a salvo desde a concepção os direitos do nascituro**" *(grifos meus).*

A expressão "a lei põe a salvo, desde a concepção, os direitos do nascituro" merece algumas considerações.

De início, o legislador claramente declara que a vida começa **na concepção**, de resto, reproduzindo disposição do Pacto de São José da Costa Rica, do qual o Brasil é signatário e cujo artigo 4º está assim redigido:

"Toda a pessoa tem direito a que se respeite sua vida. Este direito está protegido pela lei e, em geral, a partir do momento da concepção". [1]

---

[*] Professor Emérito da Universidade Mackenzie e da Escola de Comando e Estado Maior do Exército, Presidente do Conselho de Estudos Jurídicos da Federação do Comércio do Estado de São Paulo e do Centro de Extensão Universitária.

[1] O artigo 4º intitulado "Direito à vida", na edição castelhana, está assim redigido: "Artículo : Toda persona tiene derecho a que se respete su vida. Este derecho estará protegido por la ley y, en general, a partir del momento de la concepción. Nadie puede ser privado de la vida arbitrariamente.

2. En los países que no han abolido la pena de muerte, ésta sólo podrá imponerse por los delitos más graves, en cumplimiento de sentencia ejecutoriada de tribunal competente y de

Alguns pretendem ler, na referida disposição e nos vocábulos "em geral", uma relativização do dispositivo.

Tal leitura, sobre ser pobre e literal, não corresponde ao sentido do dispositivo de direito internacional.

Assim é que o referido artigo está dividido em 3 partes, a saber:

1) toda a pessoa humana **tem** (presente do indicativo) direito a que se respeite a sua vida;

2) a lei **protegerá** (futuro) o direito a partir do momento da concepção, podendo fazê-lo de forma expressa (é o mais comum e o geral das vezes), mas, poderá omitir-se a expressa menção;

3) a vida do ser humano (nascido ou nascituro) **não pode ser** (presente do indicativo) **eliminada arbitrariamente**.

Há, pois, dois comandos normativos de caráter essencial; (o respeito ao direito à vida (do nascituro e do nascido) e a vedação a que o ser humano (nascituro ou nascido) seja privado de sua vida **arbitrariamente**. E há um comando, de natureza formal, de que a lei deverá explicitar o princípio da garantia desde a concepção, que é o que ocorre **em geral**.

Em nenhum momento, o dispositivo permite a leitura de que a lei poderá retirar o direito à vida após a concepção, pois, de outra forma, o ser humano (nascituro) estaria sendo privado de sua vida *arbitrariamente*.[2]

Por esta razão, o comando normativo está no presente no que concerne ao respeito ao direito à vida e à vedação a sua retirada arbitrária (de nascituro e do nascido), aconselhando-se, no futuro indicativo, que a lei explicite, em nível de legislação interna, o sentido do pacto de São José, o que de resto já ocorre em geral, com os países signatários.

---

conformidad con una ley que establezca tal pena, dictada con anterioridad a la comisión del delito. Tampoco se extenderá su aplicación a delitos a los cuales no se la aplique actualmente.

3. No se restablecerá la pena de muerte en los Estados que la han abolido.

4. En ningún caso se puede aplicar la pena de muerte por delitos políticos ni comunes conexos con los políticos.

5. No se impondrá la pena de muerte a personas que, en el momento de la comisión del delito, tuvieren menos de dieciocho años de edad o más de setenta, ni se le aplicará a las mujeres en estado de gravidez.

6. Toda persona condenada a muerte tiene derecho a solicitar la amnistía, el indulto o la conmutación de la pena, los cuales podrán ser concedidos en todos los casos. No se puede aplicar la pena de muerte mientras la solicitud esté pendiente de decisión ante autoridad competente" (Textos internacionales de Derechos Humanos, Ed. EUNSA, Pamplona, 1978, p. 597).

[2] Nelson e Rosa Nery, claramente, esclarecem o conteúdo do artigo 2º, dizendo: "Nascituro. É a pessoa por nascer, já concebida no ventre materno (Teixeira de Freitas, Esboço, art.53). Antes de nascer o nascituro não tem personalidade jurídica, mas tem natureza humana (humanidade), razão de ser sua proteção jurídica pelo C.C." (grifos meus) (Código Civil Comentado e Legislação Extravagante, Ed. Revista dos Tribunais, 2ª. ed., 2003, p. 146).

E a prova inequívoca de que esta é a interpretação correta está no fato de que as outras partes do artigo 4º (incisos 2 a 6) cuidam da pena de morte, só a admitindo, nos países que ainda não a aboliram, que não haja arbitrariedade em sua aplicação e proibindo os países que já a aboliram de adotarem-na.[3]

Desta forma, o artigo 4º do Pacto de São José –do qual o Brasil é signatário claramente— impõe o respeito ao direito à vida de nascido e nascituros, proibindo-se que esse direito lhe seja retirado arbitrariamente.

Tendo o Pacto de São José, de que são signatários os países americanos, sido fundado "no respeito aos direitos essenciais do homem" (preâmbulo) é tratado internacional, que se integra a Constituição Brasileira, nos termos do § 2º do art. 5º, assim redigido:

"Os direitos e garantias expressos nesta Constituição não excluem outros decorrentes do regime e dos princípios por ela adotados, ou dos tratados internacionais em que a República Federativa do Brasil seja parte".

pois cuidando de direitos e garantias fundamentais.

---

[3] O artigo 5º, inciso XLVII, letra "a". da C.F. está assim redigido: "Não haverá penas: a) de morte, salvo em caso de guerra declarada, nos termos do art. 84, XIX; b) de caráter perpétuo; c) de trabalhos forçados; d) de banimento; e) cruéis", tendo Celso Bastos assim o comentado: "PENA DE MORTE: A primeira pena a ser afastada é a de morte.
O Brasil-Império conheceu a pena de morte. A partir da Constituição de 1891, inicia em nosso país o que poderia quase ser considera do uma tradição contra a pena de morte, visto que, embora aceita normativamente por dois Textos Constitucionais, o de 1937 e o de 1967, nos termos da Emenda n. 1/69 não chegou a ser aplicada.
De fato, são poderosas e graves as razões que se levantam contra tal espécie de pena privativa da vida. Essas razões vão desde as daqueles que se impressionavam pelo caráter falho da justiça humana, o que ensejaria a ocorrência de possíveis enganos — os denominados erros judiciários bastante famosos de resto-, havendo ainda os que apresentam óbices de ordem filosófica, moral e mesmo religiosa: "Só Deus dá e retira a vida".
De outra parte, a experiência dos Estados que adotaram a pena de morte não parece demonstrar sua eficácia, embora uma comprovação absoluta dessa tese nunca seja possível, porque, mesmo diante de alto índice de criminalidade, aqueles favoráveis à pena capital argúem que ele seria ainda maior sem a sua existência mesmo nos períodos em que prevalece a repulsa à pena privativa da vida, sempre se abriu exceção, como o atual Texto o faz, para a hipótese de encontrar-se o País em estado de guerra declarada.
Com efeito, as situações criadas pelo estado de beligerância exigem uma disciplina férrea. Em muitos casos as penas privativas da liberdade, por mais longas que fossem, não seriam de molde a ter uma força intimidativa.
Uma desobediência em campo de guerra pode conduzir a derrota, com sacrifício de muitas vidas humanas.
A excepcionalidade dessa situação parece justificar plenamente a exceção que se abre para permitir a punição capital nessa circunstância extrema.
O Texto atual é mais restritivo do que o anterior. Exige a "declaração de guerra", que é um ato de natureza jurídico-internacional. Não basta uma guerra de fato, não declarada, ou o estado de preparação para a sua deflagração" (Comentários à Constituição do Brasil, 2º vol., Ed. Saraiva,. 3ª. ed. 2004, p. 262/3).

Tem-se discutido se, no Brasil, o tratado internacional teria eficácia de "sobre-norma", estando o Supremo Tribunal Federal ainda sem uma "doutrina jurisprudencial" conformada antes da E.C. n. 45/04. Há decisões que dão ao Tratado Internacional a eficácia de lei ordinária especial, que pode ser revogada por outra lei ordinária especial ou geral em que haja especial menção à revogação.[4]

Neste sentido, transcrevo trecho de palestra do Ministro Moreira Alves, que declara:

> "Ora, todos nós sabemos que os Tratados, para ingressarem na ordem jurídica interna do País há necessidade de um Decreto legislativo do Congresso Nacional, e depois um Decreto do Presidente da República que promulgue essa ratificação feita por parte do Senado no que diz respeito a esse Decreto legislativo. Aí surge um problema. O Tratado ingressa na ordem jurídica interna sob que qualidade? Ele é uma norma constitucional? Ele ingressa como norma complementar? Ele ingressa como lei ordinária? No STF há pouco tempo tivemos um debate em que essa questão se colocou, e foi justamente a ADIn 1.480, que tratou do problema da Convenção da **OIT,** no que diz respeito principalmente ao problema das dispensas injustificadas. E um dos nossos colegas, o Ministro Carlos Velloso, sustentou que o Tratado ingressa na ordem jurídica interna ora como lei complementar ora como lei ordinária: quando

---

[4] "Na Extradição 662-2/República do Peru, o STF-Pleno, em decisão majoritária de 28.11.1996, o relator, Ministro Celso de Mello consignou na ementa: "O Código Bustamante – que constitui obra fundamental de codificação do direito internacional privado – não mais prevalece, no plano do direito positivo interno brasileiro, no ponto em que exige que o pedido extradicional venha instruído com peças do processo penal que comprovem, ainda que mediante indícios razoáveis, a culpabilidade do súdito estrangeiro reclamado (art. 365, I, in fine) Tratados e convenções internacionais – tendo-se presente o sistema jurídico existente no Brasil (RE 80.004-SE, STF-Pleno – R 83/809) – guardam estrita relação de paridade normativa com as leis ordinárias editadas pelo Estado brasileiro. A normatividade emergente dos tratados internacionais, dentro do sistema jurídico brasileiro, permite situar esses atos de direito internacional público, no que concerne à hierarquia das fontes, no mesmo plano e no mesmo grau de eficácia em que se posicionam as leis internas do Brasil. A eventual precedência dos atos internacionais sobre as normas infraconstitucionais de direito interno brasileiro somente ocorrerá – presente o contexto de eventual situação de antinomia com o ordenamento doméstico–, não em virtude de uma inexistente primazia hierárquica, mas, sempre, em face da aplicação do critério diz cronológico (lex posterior derogat priori) ou, quando cabível, do critério da especialidade, precedentes. (...)" (in RJ/IOB 1/11192).

se exige lei complementar e a matéria é disciplinada em Tratado, esse Tratado entraria na ordem interna como lei complementar; quando se exige lei ordinária, entraria como lei ordinária. Essa opinião, no entanto, ficou praticamente isolada. E a objeção capital que se fez é esta: não é possível que nós tenhamos o Tratado como uma norma jurídica que, ao ingressar na ordem jurídica interna, ele seja bifonte: ora seja uma coisa, ora seja outra. Ou ele entra como lei complementar ou ele entra como norma constitucional, ou ele entra como lei ordinária. E a maioria do STF entendeu que o Tratado ingressa na ordem jurídica interna como lei ordinária, seguindo aliás a orientação que já é antiga no STF.[5]

Mesmo no campo do direito tributário, há choques na doutrina, entendendo alguns que o artigo 98 do Código Tributário Nacional, assim redigido:

"Os tratados e as convenções internacionais revogam ou modificam a legislação tributária interna, e serão observados pela que lhes sobrevenha".

daria aos tratados eficácia superior à lei ordinária, entendendo outros, por exemplo, que tal eficácia normativa, sendo de lei ordinária, não poderia, inclusive, permitir à União firmar tratados sobre tributos da competência impositiva dos Estados, por força do artigo 151, inciso III, da C.F., assim redigido:

"É vedado à União:...... III. instituir isenções de tributos da competência dos Estados, do Distrito Federal ou dos Municípios".

A E.C. n. 45/04 introduziu, por outro lado, o § 3° ao artigo 5°, declarando:
"§ 3° Os tratados e convenções internacionais sobre direitos humanos que forem aprovados, em cada Casa do Congresso Nacional, em dois turnos, por três quintos dos votos dos respectivos membros, serão equivalentes às emendas constitucionais".

Para muitos, antes da E.C. n. 45/04, os tratados anteriores a C.F. de 1988 eram cláusulas pétreas, os posteriores a C.F. tinham apenas eficácia de lei ordinária, que, a partir da E.C. n. 45, poderão ganhar nível de norma constitucional.

---

[5] Pesquisas Tributárias, Nova Série 4, Ed. Revista dos Tribunais, 1998, p.20.

Sem entrar no mérito desta discussão – tenho posição firmada a respeito– neste trabalho, quero, todavia, deixar claro que, no que diz respeito aos tratados sobre direito fundamentais, por estarem incorporados ao art. 5º da C.F., representam sobre norma de nível constitucional e cláusula pétrea, por força do artigo 60, § 4º, inciso IV da lei suprema, assim redigido:

"*§ 4º Não será objeto de deliberação a proposta de emenda tendente a abolir:*
...
IV. os direitos e garantias individuais".

Em outras palavras, somente nesta hipótese o tratado internacional ganha nível constitucional e sobrepõe-se à lei ordinária.[6]

Ora, o que o pacto de São José declara é o que já está na Constituição Brasileira, no "caput" do artigo 5º, assim redigido:

"*Todos são iguais perante a lei, sem distinção de qualquer natureza, garantindo-se aos brasileiros e aos estrangeiros residentes no país a inviolabilidade do* **direito à vida**, *à liberdade, à igualdade, à segurança e à propriedade, nos termos seguintes: ...*" (grifos meus).

É de se lembrar que a Carta Magna faz menção *claramente* ao *direito à vida* e não como a Constituição pretérita, em que se fala *direitos concernentes à vida*.[7]

---

[6] Moreira Alves, todavia, entende "O § 2.º do art. 5.º só se aplica aos Tratados anteriores à CF/88 e ingressam como lei ordinária. Os Tratados posteriores não, senão por meio de Tratados teríamos Emendas constitucionais a alterar a Constituição". Tratado posterior não pode modificar a Constituição nem se torna petrificado por antecipação. Obviamente o problema só diz respeito aos Tratados anteriores, mas não aos posteriores, senão por meio de Tratados nós chegaríamos à emenda constitucional". Com o devido respeito ao mestre e aos que atuaram na ADIN 1480, considero que não há dois tipos de direitos fundamentais rigorosamente iguais, em sua natureza intrínseca, mas cujos tratados a respeito possam e não possam ser normas constitucionais, se foram firmados até ou depois da C.F. de 88. Por mera questão de coerência, parece-me que em matéria de direitos fundamentais, o § 2º cuidou de todo e qualquer direito com este perfil – ou seja fundamental –, que são cláusulas pétreas – por força do § 2º do art.5º da C.F. (Pesquisas Tributárias – Nova Série – 4,Ed. RT, p. 20)

[7] O artigo 153 da E.C nº1/69 estava assim redigido: "A Constituição assegura aos brasileiros e aos estrangeiros residentes no País a inviolabilidade dos direitos concernentes à vida, à liberdade, à segurança e a propriedade nos termos seguintes" (*Constituição Federal Anotada*, Ed. Saraiva, 1984, p.319-320).

Parece-me, pois, que, nitidamente, os tratados internacionais sobre direito fundamentais, a lei suprema e a lei civil – todos, todos, todos - cuidam do direito à vida, como direito essencial e que deve ser salvaguardado desde a concepção.

É de se lembrar que o Código Civil nada mais fez do que reproduzir, em seu artigo 2°, o princípio constitucional, lembrando-se que, no Código anterior, o artigo 4° tinha a redação que se segue:

" *"A personalidade civil do homem começa do nascimento com vida;* **mas a lei põe a salvo desde a concepção os direitos do nascituro"** (grifos meus).

Nada seria tão ilógico, tão irracional, tão incoerente quanto dizer que:

"Todos os direitos do nascituro estão garantidos"
menos *"o direito à vida"*!

O que mais impressiona, todavia, é que esta percepção de garantias jurídicas vem do direito romano[8] para falarmos de um direito em sistema jurídico conformado de forma científica, embora haja inteligência de que era princípio do direito pré-romano, principalmente, no que diz respeito às sucessões dinásticas.

Muito embora, no direito romano, o feto fosse considerado parte da mãe (portio mulieris vel viscerum), seus direitos eram considerados garantidos desde a concepção (nasciturus pro iam nato habetur quoties de eius commodis agitur), como se lê no Digesto, Livro I, Título V, enunciado 7.

---

[8] D' Ors escreveu "Una innovación, *debida en* parte a la Jurisprudencia, em parte a la lex Junia Vellaea (del 28 d. C.3), y ultimada por Juliano, hizo posible evitar la «ruptura» dei testamento mediante la institución o desheredación de los póstumos.
i) La Jurisprudencia republicana ya permitia la mención (para instituir o desheredar) de los hijos y nietos (de hijos premuertos) nacidos después de la muerte del testador «<postumi legitimi»); ii) Aquilio Galo introdujo 10 miamo para los nietos nacidos después de la muerte del testador, pero cuyo padre vivia en el momento del testamento «<p.Aquiliani»): en previsión de que el padre premuriera; iii) la ley Junia Velea, para los nacidos antes de Ia muerte pero después de hecho el testamento «<p.Velleani»); iv) la misma Iey, para Ios nietos ya nacidos, en previsión de la premoriencia del ascendiente intermedio «<p. quasi VelIeani»); v) Juliano, para los nietos nacidos después del testamento, pero que pueden convertirse en qui por la premoriencia del ascendiente intermedio. Igualmente se admitió nombrar tutor para el póstumo.– La ley Junia Velea exigia deshere dación nominatim para los sui póstumos varones, e inter ceteros para Ias póstumas, siempre que se les dejara algo en legado (Gai,2,134) (*Derecho Privado Romano*, Quinta edición, Ediciones Universidad de Navarra, Pamplona, 1983, p.254).

É interessante notar que civilistas admiráveis, como Clóvis e Teixeira, admitiram, com clareza, que o começo da personalidade é anterior ao nascimento, tese que defendi nos comentários aos arts. 11 a 21 do Código Civil.[9]

É de se perceber, portanto, que, no plano do direito internacional, constitucional e penal, o direito à vida é, no Brasil, garantido desde a concepção, tendo eu escrito:

> "Como se percebe, do ponto de vista estritamente internacional, constitucional e civil, a vida começa na concepção e assim é garantida por tratado internacional e pelo texto maior, não havendo, pois, como admitir a possibilidade de legislação válida sobre o aborto, no direito brasileiro.
>
> A tese de que a vida humana começaria no 3º mês de gestação, sendo, antes, uma vida animal não resiste, pois, à lei suprema, como entendo também não resistir às leis biológicas.
>
> Jerome Lejeune, membro da Academia Francesa e que ofertou notável contribuição na detectação da síndrome de Down, certa vez foi perguntado, em programa de televisão inglesa, se considerava correta a lei daquele país que permitia o aborto até o 3º mês de gestação, pois o feto ainda não era um ser humano. Respondeu, o famoso médico, que aquilo era um problema dos ingleses. Se eles entendiam que a Rainha da Inglaterra fora um animal irracional durante 3 meses e somente após 90 dias teria adquirido a conformação de ser humano, preferia não interferir, por uma questão de diplomacia, nas convicções do povo inglês. Ele pessoalmente, entretanto, estava convencido de que sempre fora um ser humano, desde a concepção.
>
> A verdade é que do ponto de vista biológico, todos nós temos, desde a concepção, todas as características que ostentaremos até a morte e, no plano jurídico, a vida é protegida desde a concepção pela Carta Magna brasileira".[10]

---

[9] *O Novo Código Civil estudo em homenagem a Miguel Reale* – coordenação de Gilmar Ferreira Mendes, Domingos Franciulli Neto e Ives Gandra da Silva Martins Filho, LTR Editora, 2003.
[10] Aborto, uma questão constitucional, Folha de SP, Opinião - Tendências/Debates, 05/12/03, p. A-3.

Discute-se hoje se os fetos mal formados deveriam ser ou não sacrificados, como são os animais, a bem de evitar o sofrimento materno e purificar a raça, evitando crianças com deficiências físicas.

O argumento, por exemplo, de que o "anencéfalo pode ser abortado porque está condenado à morte", escancara o caminho para a eutanásia de todos os doentes terminais ou afetados por doenças incuráveis. Possibilita a cultura do eugenismo, no melhor estilo do nacional-socialismo, que propugnava uma raça pura, eliminando os imperfeitos ou socialmente inconvenientes. Fortalece a hipocrisia dos que defendem o aborto de seres humanos, embora considerem crime hediondo provocar o aborto em uma ursa panda ou eliminar baleias. Os animais merecem, de alguns, mais proteção do que o ser humano, no ventre materno. Entender, desta forma, é abrir enorme avenida para os cultores da morte, os homicidas uterinos, os que pretendem transformar o ser humano em lixo hospitalar.

Nos Estados Unidos, a Suprema Corte americana, no caso DRED SCOTT, em 1857, defendeu a escravidão e o direito de matar o escravo negro, à luz dos seguintes argumentos: 1) o negro não é uma pessoa humana e pertence a seu dono; 2) não é pessoa perante a lei, mesmo que seja tido por ser humano; 3) só adquire personalidade perante a lei ao nascer, não havendo qualquer preocupação com sua vida; 4) quem julgar a escravidão um mau, que não tenha escravos, mas não deve impor esta maneira de pensar aos outros, pois a escravidão é legal; 5) o homem tem o direito de fazer o que quiser com o que lhe pertence, inclusive com seu escravo; 6) a escravidão é melhor do que deixar o negro enfrentar o mundo.

Em 1973, no caso Roe y Wae, os argumentos utilizados, naquele país, para hospedar o aborto foram os seguintes: 1) o nascituro não é pessoa e pertence à sua mãe; 2) não é pessoa perante a lei, mesmo que seja tido por ser humano; 3) só adquire personalidade ao nascer; 4) quem julgar o aborto mau, não o faça, mas não deve impor esta maneira de pensar aos outros; 5) toda a mulher tem o direito de fazer o que quiser com o seu corpo; 6) é melhor o aborto, do que deixar uma criança mal formada enfrentar a vida.[11]

---

[11] MARTINS, Roberto, Aborto no direito comparado, in *A Vida dos Direitos Humanos*, Sérgio Antonio Fabris Editor, 1999.

Como se percebe, a Corte americana usou os mesmos argumentos para justificar a escravidão e o aborto.

Por fim, gostaria de acrescentar questão vinculada à bioétioca, em relação ao direito à vida desde a concepção.

Assisti a um programa de televisão em que a obstetra, Dra. Marli Virgínia Lins e Nóbrega, ao falar do sofrimento do feto ou do bebê já formado, durante o abortamento, lembrou que, em alguns países, já se estuda a possibilidade de anestesiá-los, antes da prática do ato, para que não sofram tanto, quando lhes for tirada a vida.

No referido programa da Tribuna Independente, da Rede Vida, os pais de uma criança anencéfala - que não optaram pela antecipação da morte de seu filho, e sim por deixá-lo nascer e viver algumas horas - depuseram relatando que acompanharam o desenvolvimento da criança, por ultra-som, no ventre materno, e que seus gestos demonstravam, ao passar, nos primeiros meses de vida, as mãozinhas pela cabeça, de que sentia a perda gradativa ou a má formação de seu cérebro.[12]

Bernard Nathanson, em seu livro "The hand of God", arrola as técnicas utilizadas para tirar a vida de seres humanos no ventre materno. Como médico, ele próprio dirigiu pessoalmente por volta de 75.000 abortos, nos Estados Unidos. Chegou a provocar o aborto de um filho seu, concebido em relação que mantivera com aluna do 5º ano da Faculdade de Medicina. Começou a repensar o assunto em 1974, percebeu que era um homicida de crianças, arrependeu-se e passou a ser, então, um defensor da vida.

---

[12] O médico João Evangelista dos Santos Alves ensina "Não pretendemos *entrar em considerações filosóficas* em torno da conceituação ou definição de vida humana. Todavia, podemos – d i z e r que a ciência nos informa onde e quando se inicia o ciclo de uma nova vida. É fato cientificamente comprovado e amplamente difundido que a fecundação do óvulo pelo espermatozóide, que normalmente ocorre na trompa, é o estágio em que começa o ciclo de uma nova vida humana. É o início de um processo vital que só terminará com a morte. Assim, o novo ser humano evolui segundo um plano inexorável até a plenitude do desenvolvimento de todo o organismo, cujas características já estavam contidas nos cromossomos da célula única inicial. Com a fusão dos gametas constitui-se uma unidade bem estruturada que, pela transmissão dos caracteres hereditários paternos e maternos, tem suas características futuras essenciais bem determinadas: sexo, grupo sanguíneo, fator Rh, cor dos olhos, da pele, dos cabelos, certas doenças hereditárias, a idade em que deverão surgir as primeiras rugas, etc, e até mesmo o porte, traços psicológicos, de temperamento, etc. Ali está escondido também o que, de certa forma, se tornará a base da inteligência e até mesmo da personalidade. Tanto assim é que – sabem muito bem os psicólogos – profundos distúrbios da personalidade podem ter origem remota, no período pré-natal (*A vida dos Direitos Humanos: Bioética Médica e Jurídica*, Sergio Antonio Fabris Editor, Porto Alegre, 1999, p.213).

No oitavo capítulo de seu livro, refere-se, entre os métodos abortivos, ao sistema de aspiração, introduzido por Bykov, em 1927, e difundido no mundo inteiro, como forma de extermínio em massa de nascituros.

Conta, inclusive, um episódio que acompanhou, por ultra-som, de aplicação do método da aspiração (sugar o feto), por uma equipe médica americana. No momento em que o aspirador foi introduzido no útero materno, o feto procurou desviar-se e seus batimentos cardíacos quase dobraram, quando o aparelho o encontrou. Assim que seus membros foram arrancados, sua boca abriu-se, o que deu origem ao título de um outro estudo seu: "O grito silencioso".

No método de corte, utilizado nas décadas de sessenta e setenta, para interromper a gravidez no início da gestação, um raspador é introduzido para separar o feto e cortá-lo em pedaços, provocando grande hemorragia na mãe. O médico tem que ter o cuidado de verificar se nenhuma parte do nascituro fica no ventre materno, para não provocar uma infecção.

No método da injeção com substância salina, injeta-se o veneno no feto quase sempre com mais de 18 semanas, e este leva mais de uma hora para morrer, expelindo, a mãe, um filho morto por envenenamento, em torno de 24 horas depois.

Nos abortos em que a criança já tem cerca de 1 Kg, o método aconselhado é a cesariana, e depois – como ocorre nos abortários americanos— deixa-se a criança morrer, numa lata de lixo, apesar de ter nascido viva.

Já menos usado é o processo de queimar o nascituro, como se fosse atingido por uma bomba de "napalm".

Nenhum método elimina a dor do feto ou do bebê, razão pela qual, como relatou a Dra. Marli, nos países que permitem o aborto, já se fala em anestesiar os nascituros antes de dar execução à morte programada. Em muitos deles há um forte movimento para eliminar a lei permissiva.[13]

---

[13] O acadêmico Dermival da Silva Brandão, especialista em Obstetrícia lembra que "Biologia Molecular e a Genética ensinam que os antepassados se acham ligados às gerações que lhes

Falar, portanto, em aborto de forma "neutra", sem examinar a dor infligida ao nascituro, é querer, como a avestruz, ignorar a realidade, ou seja, que o aborto é uma forma de pena de morte, com a utilização de métodos sangrentos e desumanos. Tais métodos são até mais violentos que os empregados para a execução de seres humanos já nascidos, como, por exemplo, o fuzilamento, em que o condenado morre de imediato, ao passo que o sofrimento do nascituro, até morrer, é muito maior.

No caso dos anencéfalos, em que a autorização para a realização do aborto pode ser dada até o último dia da gravidez, está-se perante a seguinte absurda situação: matar a criança no ventre materno, em momento anterior ao parto, é permitido, não sendo tal ato de eliminação da vida considerado crime. Já matar o anencéfalo um minuto depois do nascimento é proibido e o ato é considerado criminoso...

José Renato Nalini, Presidente do Tribunal de Alçada Criminal de São Paulo, no programa "Caminhos do Direito e da Economia", promovido pela Academia Internacional de Direito e Economia, mostrou que, nos casos de aborto legal – para ele e para mim a lei penal não foi recepcionada pela Constituição de 1988, que garantiu o direito à vida sem exceções–, a interrupção da gravidez, teoricamente, pode ser realizada a qualquer momento, durante os nove meses de gestação, dependendo, exclusivamente, da decisão da mãe. O que vale dizer, a mãe está, inclusive, autorizada a realizar uma cesariana e a jogar o indesejado

---

sucedem por um material contínuo de ligação, o ADN (ácido desoxirribonucléico), que é o portador das informações vitais dos novos indivíduos, e que são transmitidas dos genitores aos filhos através dos gametas feminino e masculino. Essas informações ficam contidas no genoma, o complexo de cromossomas que contém a carga genética própria do indivíduo e que é formado na concepção. A Embriologia humana demonstra que a nova vida tem início com a fusão dos gametas – espermatozóide e óvulo – duas células germinativas extraordinariamente especializadas e teleologicamente programadas, ordenadas uma à outra. Dois sistemas separados interagem e dão origem a um novo sistema; e este, por sua vez, dá início a uma série de atividades concatenadas, obedecendo a um princípio único, em um encadeamento de mecanismo de extraordinária precisão. Já não são dois sistemas operando independentemente um do outro, mas um único sistema que existe e opera em unidade: é o zigoto, embrião unicelular, que compartilha, não apenas o ácido desoxirribonucléico (ADN), mas todos os cromossomos de sua espécie, a espécie humana, cujo desenvolvimento, então iniciado, não mais se detém até a sua morte. Já está em plena atividade o ácido ribonucléico (ARN) mensageiro, primeiro produto dos gens específicos, sintetizado logo após a constituição do zigoto (E.Davison citado por A. Serra) (*A vida dos Direitos Humanos: Bioética Médica e Jurídica*, Sergio Antonio Fabris Editor, Porto Alegre, 1999, p.22-23)

bebê no lixo, para ali morrer abandonado, tal como ocorre nos abortários americanos.[14]

Um último aspecto é de se realçar. A anencefalia pode ser parcial ou total, de tal maneira que, mesmo com os mais modernos equipamentos, não é possível garantir 100% de precisão diagnóstica o que, de resto, acontece em todos os exames que dependem da habilidade do profissional que os realiza e elabora o laudo médico. Tive, inclusive, brilhante aluna, em relação à qual foi diagnosticada a anencefalia e esse diagnóstico, felizmente, estava errado.

Voltando, todavia, ao Código Civil a questão parece-me posta sem maiores dúvidas, em face da indiscutível interligação do direito internacional (Pacto de São José), direito constitucional (art. 5º) e direito civil (art. 2º), todos falando claramente em *direito à vida*.

Concluo, pois, este breve estudo, mostrando que a interpretação a ser dada, hoje, ao artigo 2º do Código Civil, enriquecida por diplomas superiores de inequívoca clareza, não mais permite a exegese de que os direitos garantidos ao nascituro seriam todos, menos o direito à vida, sob o fundamento de que ainda não adquirira *personalidade* perante a lei civil.

---

[14] José Renato Nalini elenca em defesa de sua exegese da lei suprema opiniões de peso:"José Afonso da Silva menciona a vida como verdadeiro processo vital insuscetível de ser considerado somente "no seu sentido biológico de incessante auto-atividade funcional, peculiar à matéria orgânica, mas na sua acepção biográfica mais compreensiva. Sua riqueza significativa é de difícil apreensão porque é algo dinâmico, que se transforma incessantemente, sem perder sua própria identidade. E mais um processo (processo vital), que se instaura com a concepção (ou germinação vegetal), transforma-se, progride, mantendo sua identidade, até que muda de qualidade, deixando, então, de ser vida para ser morte. Tudo que interfere em prejuízo desse fluir espontâneo e incessante contraria a vida". Tal concepção de vida conduz à inviabilidade constitucional do aborto. Tanto que, em seguida, o constitucionalista bandeirante invoca Jacques Robert:"O respeito à vida humana é a um tempo uma das maiores idéias de nossa civilização e o primeiro princípio da moral médica. É nele que repousa a condenação do aborto, do erro ou da imprudência terapêutica, a não-aceitação do suicídio. Ninguém terá o direito de dispor da própria vida, a fortiori da de outrem e, até o presente, o feto é considerado como um ser humano. Conclui José Afonso da Silva por asseverar que o aborto "parece inadmissível pela Constituição. Pois, no feto já existe uma vida humana que ela assegura. Demais, numa época em que há muitos recursos para evitar a gravidez, parece injustificável a interrupção da vida intra-uterina que se não evitou". Outro constitucionalista a abordar expressamente o aborto é Walter Ceneviva. Após afirmar que "a garantia à vida é plena, irrestrita, posto que dela defluem as demais", reconhece que o conflito fundamental desborda da esfera jurídica para espraiar-se na medicina, ética e política. E depois de indagar-se o aborto interfere com uma pessoa natural ou com duas, observa: "Se afirmo que são seres diversos, cada um com autonomia jurídica, o aborto é apenas um modo de sacrifício da vida". E mais não avança, embora assinalando a complexidade das questões derivadas dessa proteção. Mais explícito é Luiz Augusto Paranhos Sampaio, quanto à preservação da vida humana::" Deve, portanto, o Estado protegê-la, não somente quando de sua manifestação untra-uterina, mas também, após a concepção" (*A Vida dos Direitos Humanos: Bioética Médica e Jurídica*, Sergio Antonio Fabris Editor, Porto Alegre, 1999).

Creio que o primeiro direito assegurado ao nascituro é o direito à vida, todos os demais sendo uma decorrência deste.[15]

Qualquer outra interpretação serviria para resgatar a figura de Hitler, que sempre defendeu a raça pura, aplicou a esterilização em pessoas consideradas de Q.I. insignificante, impôs o aborto e a pena de morte aos deficientes e perseguiu todo um povo para eliminá-lo na busca da valorização da raça ariana, a que pertencia.

As manipulações genéticas por ele sugeridas passariam a estar justificadas e poderíamos vir a ter um "admirável mundo novo huxleyano", com clones e seres perfeitos, todos os imperfeitos devendo ser sacrificados no ventre materno.

Não creio tenha sido essa a visão do constituinte, nem dos elaboradores do Código Civil.

Todos os direitos constitucionais são assegurados ao nascituro, por força do artigo 2º do C.Civil e, principalmente, o direito à vida.[16]

SP., 17/03/2005.

---

[15] No Projeto de Lei de Augusto Teixeira de Freitas, lê-se: "Art. 1-. As pessoas considerão-se como nascidas, apenas formadas no ventre materno; a Lei lhes-conserva seus direitos de successão para o tempo do nascimento (*) Veja-se o direito – 76, p. 610..

(*) Ord. L. 3º T. 18 § 7º, e L. 4º T. 82 § 5º. Generalisei as disposições dos Arts: 199, e 1015.

"Naciturus pro jam. nato habetur", quando de ejus commodo agitur -L. 7, e 26, Dig. de stat. hom.

A Lei lhes conserva seus direitos para o tempo do nascimento, contanto que nasção vivos - L. 129, e 231, Dig. de velb. signif.

Eliminem-se as palavras -de successão-, porque, além deste direito, ha outros que a Lei lhes-conserva.

A posse em nome do ventre, de que falla a Ord. L. 3º T. 18 § 7º, e a Curadoria de pessoas por nascêr – nacituri-, podem tambem têr logar por doação, que se-lhes-tenha feito.

Veja-se o Art. 43 do Cod. Crim.

Póde-se reconhecer filhos naturaes ainda por nascêr, comtanto que já estejam concebidos - Perdigão Comment. à Lei de 2 de Setembro de 1847 Quest. 14, Demolombe - de la paternité – ns. 414, e 415". (Consolidação das Leis Civis, Vol.I, *Direito Civil – História do Direito Brasileiro*, Ed. fac-sim, Brasília, maio/2003).

[16] Maria Helena Diniz explicita "o texto original do Projeto n. 634, tal como redigido pelo Ministro Moreira Alves, consignava que "a personalidade civil do homem começa do nascimento com vida; mas a lei põe a salvo os direitos do nascituro". O texto proposto pelo Senado por meio da Emenda n. 368, também de autoria do Senador Josaphat Marinho, passou a adotar a seguinte redação: "A personalidade civil do ser humano começa do nascimento com vida; mas a lei põe a salvo, desde a concepção, os direitos do nascituro". Ou seja, ressalvou os direitos do nascituro desde a concepção, além de substituir a expressão "ser humano" por "homem". Afirmou na ocasião o nobre Senador Josaphat Marinho que "a emenda restaura, basicamente, o texto do art. 4º do atual Código Civil (leia-se Código anterior). Ressalvar os direitos do nascituro, 'desde a concepção', como hoje assegurado, é fórmula ampla, que deve ser preservada acima de divergências doutrinárias. Num fim de século em que se realça a amplitude dos direitos humanos, bem como a necessidade de defendê-los com energia, suprimir a cláusula "desde a concepção" suscitaria estranheza. E o projeto, mesmo, confirmando essa tendência, alude a filho concebido, como nos arts. 1.602 e 1.606. Lembre-se, ainda, com a lição de Orlando Gomes, que 'o direito de suceder do nascituro depende de já estar concebido no momento da abertura da sucessão' (*Sucessões*, 6. ed., Forense, 1990, p. 30). Aquiesceu, de imediato, na alteração o eminente Professor e Ministro Moreira Alves, autor da Parte Geral do Anteprojeto, na Comissão designada pelo Poder Executivo. Retomando o texto do projeto a nova apreciação da Câmara dos Deputados, promoveu o Relator Fiuza apenas a substituição da expressão 'ser humano' pelo vocábulo 'pessoa', coerentemente com o que havia feito no art. 12 (*Novo Código Civil Comentado*, Ed. Saraiva, 2002, p.4-5).

O IMPACTO DA BIOTECNOLOGIA NO DIREITO À PRIVACIDADE

MARIA HELENA DINIZ[*]

A engenharia genética, ou tecnologia do DNA recombinante, é um conjunto de técnicas que possibilita a identificação, o isolamento e a multiplicação de genes dos mais variados organismos. É uma tecnologia utilizada em nível laboratorial, pela qual o cientista poderá modificar o genoma de uma célula viva para a produção de produtos químicos ou até mesmo de novos seres, ou seja, de organismos geneticamente modificados (OGM) (Lei n. 8.974/95, art. 3º, IV), cujo impacto poderá produzir efeitos em todas as áreas da sociedade.[1]

A biotecnologia é a ciência da engenharia que visa o uso de sistemas e organismos biológicos para aplicações medicinais, científicas, industriais, agrícolas e ambientais.[2]

O Projeto Genoma Humano (PGH), *superstar* da *big science*, constitui um dos mais importantes empreendimentos científicos dos séculos XX e XXI e um dos mais fascinantes estudos que poderiam ter sido

---

[*] Titular de Direito Civil da PUCSP.

[1] FIORILLO, Celso Antonio Pacheco e Marcelo Abelha Rodrigues, *Direito ambiental e patrimônio genético*, Belo Horizonte, Del Rey, 1996, p. 151.

[2] FIORILLO, Celso Antonio Pacheco e Adriana Diaféria, *Biodiversidade e patrimônio genético no direito ambiental brasileiro*, São Paulo, Max Limonad, 1999, p. 54-5.

feitos nesta nova era científica, em virtude de seu potencial para alterar, com profundidade, as bases da biologia, por ser uma revolucionária tecnologia de seqüenciamento genético baseada em marcadores de ADN, que permitem a localização fácil e rápida dos genes. Com isso o genoma humano, que é propriedade inalienável da pessoa e patrimônio comum da humanidade (art. 1º da Declaração Universal sobre o Genoma e Direitos Humanos), passará a ser a base de toda pesquisa genética humana dos próximos anos. Esse projeto, ao descobrir e catalogar o código genético da espécie humana, efetuando um mapeamento completo do genoma humano, possibilitará a cura de graves enfermidades, explorando as diferenças entre uma célula maligna e uma normal para obter diagnósticos de terapias melhores.[3]

O mapeamento e seqüenciamento do genoma humano revelará a informação necessária para o desenvolvimento biológico do ser humano, por possibilitar:

a) *A identificação de genes* por clonagem, como se deu com o gene da fibrose cística, da distrofia miotônica, da doença de Huntington, da retinoblastoma, da síndrome de Kallmann, da doença von Hippel-Lindau, do tumor de Wilms etc.;

b) *O diagnóstico e tratamento de doenças genéticas*, pois o conhecimento dos genes é primordial para o tratamento de doenças oriundas de alterações genéticas, como se dá com diferentes formas de câncer. Deveras, o efeito mais imediato do Projeto Genoma Humano é a disponibilidade de testes genéticos, que possibilitam a confirmação de diagnósticos, evitando a realização de exames dolorosos para o paciente, a identificação dos portadores de um gene patogênico e o fornecimento de informações présintomáticas, incluindo o risco de doenças futuras e morte precoce.

O Projeto Genoma Humano, por sua própria natureza e em razão de ser a herança da humanidade, envolve muitas questões ético-jurídicas, como:

a) *O respeito aos direitos e à dignidade humana*, pois todos têm direito ao reconhecimento desta, independentemente de seus caracteres genéticos. Conseqüentemente, tal dignidade faz com que seja um imperativo não reduzir os indivíduos a suas características e respeitar sua singularidade

---

[3] SIMPSON, Andrew. "Um caminho competitivo para a descoberta de novos genes", *Notícias Fapesp*, 40:1-6; BLAS, Javier. "Genoma humano: el mapa de la vida", *Nuestro Tiempo*, Pamplona, jun. 1997, p. 70-6; FRASER, Claire. "A genômica é uma chave para a caixa-preta da ciência", *Notícias Fapesp*, 44:6-8; JUENGST, Eric T. "The human genome projects and bioethics", *Kennedy Institute of Ethics Journal*, mar. 1991, p. 71.

(art. 2º da declaração Universal do Genoma Humano e dos Direitos Humanos). Além disso, ninguém poderá sujeitar-se à discriminação baseada em características genéticas que visem infringir os direitos humanos, as liberdades fundamentais ou a dignidade humana (art. 6º). Nenhuma pesquisa relativa ao genoma humano poderá prevalecer sobre a dignidade humana e o respeito aos direitos humanos e às liberdades fundamentais.

b) *A preservação da privacidade da informação genética*, pois os resultados dos testes genéticos de uma pessoa não poderão ser comunicados a ninguém sem seu consenso, salvo a familiares com elevado risco genético, falhando os esforços para obtenção da permissão do probando. Isso é assim porque o DNA representa a programação biológica da pessoa em seu passado, presente e futuro. O art. 7º da Declaração Universal do Genoma Humano e dos Direitos Humanos prescreve que quaisquer dados genéticos associados a uma pessoa identificável e armazenados ou processados para fins de pesquisa ou para qualquer outra finalidade deverão ser mantidos em sigilo, e acrescenta o art. 9º que, com o escopo de proteger os direitos humanos e as liberdades fundamentais, as limitações aos princípios do consentimento e do sigilo só poderão ser prescritas por lei, por razões de força maior, dentro dos parâmetros da legislação pública internacional e da lei internacional dos direitos humanos. Como toda informação genética deve ser confidencial, a difusão indevida da composição genética de uma pessoa é, portanto, legalmente vedada. Se a informação decorrente da análise completa do genoma revela os mais recônditos segredos do ser humano, não poderia estar à disposição incondicional de autoridades governamentais. Assim, se porventura desejarem obter tais informações para fins de investigação biomédica ou de política sanitária, somente poderão utilizá-las com reserva absoluta no que atina à identidade do titular do exame. Todavia, se delas precisarem para individuação do autor de um crime ou determinação de paternidade, preciso será obter uma ordem judicial para ter acesso àquelas fontes. Como se poderia garantir a confidencialidade da informação obtida?

c) *A proteção aos princípios da autodeterminação e da intimidade da pessoa examinada*, pois os testes genéticos deverão ser voluntários, após um prévio e esclarecido aconselhamento sobre suas conveniências e os percentuais riscos. Para salvaguardar a intimidade da pessoa, a análise completa do genoma somente poderá dar-se com o expresso e prévio consentimento informado de pessoa maior e capaz.

Se esta não tiver condições de consentir, a autorização deverá ser obtida na forma prevista em lei, atendendo-se a seus interesses, e, além disso, as pesquisas relativas a seu genoma só poderão ser levadas a efeito para beneficiar sua própria saúde.

Em incapazes, menores ou pessoas por nascer a pesquisa no genoma só poderá ser levada a cabo se existir suspeita fundada de sofrimento de origem genética. A informação dada a seu representante legal deverá limitar-se à presença de moléstia grave, ou à tendência de contraí-la, desde que haja terapia para evitar ou atenuar a enfermidade. O restante deverá ficar arquivado à disposição do analisado quando atingir a maioridade ou de seu médico. Urge salientar, ainda, que deve ser respeitado o direito da pessoa de decidir se será ou não informada dos resultados de seus exames.

Poderia haver obrigatoriedade de realização de um exame sobre a completa dotação genética de um indivíduo? Se houver, estaria a população pronta para compreender e realizar tais testes? Na salvaguarda dos direitos humanos dever-se-á tomar atitude contrária ao controle massivo do genoma de uma população ou à imposição da análise genética, pois isso equivaleria a uma discriminação, segregando enfermos e infectados, excluindo-os de empregos ou da contratação de seguros de vida ou de saúde ou instalando barreiras sanitárias. Nos Estados Unidos, uma senhora foi obrigada a realizar teste de DNA, que acusou a presença de um gene recessivo de fibrose cística (doença pulmonar mortal), com isso a companhia excluiu de seu seguro-saúde qualquer cobertura de problemas respiratórios, por haver suscetibilidade congênita a essas moléstias. Seria isso lícito? Ninguém tem direito de exigir a realização de análises genéticas em outrem, pois isso levaria a sua exclusão da cobertura por seguros de vida e de saúde, a sua discriminação por genes e à invasão de sua privacidade pelo uso de informação genética. Não se deveria também acatar a exigência da implementação de tal prova a recém-nascido, alegando prevenção de enfermidades, pois nem mesmo seus pais têm o direito de conhecer todos os dados revelados pela análise de seu genoma e de modificar as tendências nele observadas que não impliquem grave moléstia.

Seria possível efetuar testes genéticos para realizar diagnóstico pré-natal? Parece-nos que admitir isso seria uma porta aberta para o aborto eugênico. Mas lícito é o emprego de técnicas de identificação pessoal, no âmbito judicial, por meio de DNA, para a realização de reconstrução de laços de parentesco. Também é permitida aos serviços periciais a coleta de materiais biológicos para exame de identificação humana, tanto nos locais do crime quanto na pessoa viva ou morta (Resolução SSP n. 194/99), mediante análise do DNA. Vedada, porém, deverá ser qualquer investigação histórico-genética para replicar o DNA ou tentar a reprodução genética de personagens históricos, por desrespeitar sua memória, manipulando geneticamente seus restos cadavéricos para saber se padecia de alguma debilidade ou enfermidade hereditária, pois isso abriria uma potencial caixa de Pandora numa sociedade que não está preparada para enfrentar esses segredos, fazendo com que fique abalada a admiração por aqueles homens e lesada, assim, sua imagem-atributo e *identidade genotípica*, que é uma forma de intimidade, pois o DNA é a imagem científica de sua pessoa e representa um tipo especial de propriedade por conter informações diferentes de todos os outros tipos de informação pessoal. Sua imagem científica não deve ser invadida, por mera curiosidade, pois exame e rastreamento genéticos apenas podem ser realizados por razões terapêuticas e com o consenso da pessoa ou de seus familiares.

d) *A segurança e a eficácia da medicina genética,* visto que o projeto de um mapa genético somente poderá ser efetivado por um médico, sendo vedadas a transmissão, a recopilação, o armazenamento e a valorização dos dados genéticos por parte de organismos estatais ou privados. Assim sendo, as responsabilidades inerentes às atividades dos pesquisadores, incluindo o cuidado, a cautela, a honestidade intelectual e a integridade na realização de suas pesquisas e ainda na apresentação e utilização de suas descobertas, deverão ser objeto de atenção especial no quadro das pesquisas com o genoma humano, devido a suas implicações ético-sociais.

e) *A questão da justiça no uso da informação genética* para garantir e proteger os direitos de todos, inclusive de populações vulneráveis, como crianças, deficientes físicos e mentais, índios etc. Todo indivíduo tem direito, segundo a lei internacional e nacional, à justa reparação por danos morais e patrimoniais sofridos em razão de intervenção que tenha afetado seu genoma (art. 8º da Declaração Universal do Genoma Humano e dos Direitos Humanos).

f) *O respeito ao princípio da igualdade*, permitindo o acesso igual aos testes genéticos, independentemente da nacionalidade, da etnia, da raça e da classe socioeconômica.

g) *A garantia do princípio da qualidade,* assegurando que os testes sejam realizados em laboratórios capacitados com adequada monitoragem profissional e ética, para que haja produção de conhecimento favorecendo seus bons efeitos e limitando os nocivos.

h) *A idéia de que a informação adquirida sobre o genoma humano é de propriedade comum, não podendo ser usada com fins comerciais.*[4]

A *diagnose genética em crianças, adolescentes ou adultos* visa: o tratamento ou o conhecimento do mecanismo fisiopatológico que provoca moléstias hereditárias; a identificação de criminosos; a elucidação da paternidade ou maternidade; conhecer os riscos da transmissão de genes anômalos à eventual prole de portadores de carga genética patogênica; definir o sexo cromossômico em caso de enfermidades sexuais ou síndrome de intersexualidade, a fim de que se possa empregar a terapia mais adequada ou fornecer subsídios para que se possa decidir, por exemplo, sobre a validade ou não do casamento contraído. Mas tal diagnose não poderá ser levada a efeito para: impedir que portador de uma patologia hereditária venha a se casar, se tiver plena consciência do ato nupcial, potência para a prática do ato conjugal e não houver nenhum impedimento matrimonial; esterilizar, ainda que voluntariamente, o portador de moléstia congênita grave e transmissível; ou atender a interesses de seguradoras que pretendam garantir-se contra o surgimento de doença fatal.

---

[4] PENA, Sérgio Danilo J. e Eliane S. Azevedo, "O Projeto Genoma Humano e a medicina preditiva: avanços técnicos e dilemas éticos, in *Iniciação à bioética*, p. 139-43; Grisolia, UNESCO program for The Human Genome Project, *Genomics*, 9:404-5; Knoppers e Chadwick, The Human Genome Project: under an international ethical microscope, *Science*, 265:2035-6; Collins e Galas, A new five-year plan for the U. S. Human Genome Project, *Science*, 262:43-9; J. Bernard, *Da biologia à ética. Bioética: novos poderes da ciência, novos deveres do homem*, Campinas, Ed. Psy, 1994; Dickson, HUGO, Approves ethics code for genomics, *Nature*, 380:279; Caskey, HUGO and gene patents, *Nature*, 375:351. Archer, Genoma e intimidade, *Cadernos de Bioética*, 7:63-9; Sola, Privacidad y datos genéticos: situaciones de conflicto, *Revista de Derecho y Genoma Humano*, 1:179-90; Bergel, El genoma humano y los límites del atenteamiento, *El Derecho*, 21:1-7; Wilkie, *El conocimiento peligroso: el proyecto Genoma humano y sus implicancias*, Madri, Debate, 1994, p. 201; Kishore, El Genoma humano: promesas, preocupaciones y controversias, *Revista del Derecho y del Genoma Humano*, 1997, n. 6, p. 187-97.

Há, portanto, uma relação entre a genética, a ética e o direito, que traz em seu bojo algumas questões polêmicas merecedoras de uma reflexão mais profunda por parte de cientistas, juristas e aplicadores do direito: em que medida se poderia atingir o bem da humanidade por meio do emprego de técnicas da engenharia genética? Como acatar juridicamente experiências genéticas sobre os corpos de pessoas em situação de vulnerabilidade, em nome do "bem-estar" da humanidade? Em que condições a privacidade genética poderia ser violada em benefício da saúde alheia ou da humanidade?

O participante do experimento deverá ser informado quanto aos limites da capacidade do pesquisador em salvaguardar o sigilo e às conseqüências previstas se houver quebra deste. Isso é assim porque o pesquisado tem direito à privacidade e de esperar que todas as informações sejam mantidas em segredo, sendo divulgadas tão-somente a quem delas precisar. Experiências sobre pessoas e grupos podem envolver coleta de dados, cuja divulgação a terceiros poderá causar ansiedade ou dano, por isso, o pesquisador deve omitir informações que possam identificar os participantes individuais ou limitar o acesso àqueles dados.

A técnica de depuração genética para estigmatizar certo grupo populacional estaria fadada ao fracasso científico e careceria de qualquer fundamentação jurídica e ética, nem mesmo seria admissível a seleção de trabalhadores segundo critérios genéticos. As companhias de seguro não têm nenhum direito de exigir a realização de análise genética, antes ou depois de efetivar o contrato com o segurado, nem que lhes sejam comunicados os resultados daquele exame, pois não têm direito de obter informação sobre seus dados genéticos.

É preciso, ainda, tomar consciência de que as empresas de biotecnologia estão investindo muito no Projeto Genoma Humano, pois com ele a medicina preditiva vem abrindo mercados potencialmente enormes, podendo induzir o médico a fazer testes preditivos por elas desenvolvidos ou comercializados, sem fazer qualquer distinção sobre qual é bom ou não para o paciente. Com isso, cai por terra a relação médico-paciente, surgindo o *trinômio médico-paciente-indústria biotecnológica*, constituindo um desafio, que seria o de fazer com que o profissional da saúde e o público tomem consciência da gravidade da situação e procurem estar sempre alertas e bem informados, em busca de uma consciente e prudente alfabetização genética, para que os princípios da não-maleficência, da autodeterminação e da justiça sejam sempre atendidos em prol da dignidade humana.[5]

Como garantir a preservação da privacidade de um patrimônio genético se ele for violado? Quais seriam os problemas ético-jurídicos resultantes do *test e screening* genético para a detecção de portadores de genes deletérios causadores de graves enfermidades, conferindo-lhes o *certificado de predisposição para doenças*, que os excluiria do mercado de trabalho ou dos seguros de saúde e de vida? Quais as conseqüências jurídicas das testagens genéticas compulsórias para a obtenção de "carteira de identidade genética"? Como manter o objetivo da biologia molecular aplicada à genética e do Projeto Genoma Humano de obter informação genética e proteger a vida, colaborando de um modo eficaz para a saúde e o bem-estar da pessoa e da humanidade?[6]

Todas essas indagações provocarão, ante sua complexidade, respostas provisórias, que poderão servir de subsídios para soluções mais precisas que advirão nas próximas décadas com as descobertas cientificas.[7] Deveras, as soluções ética e juridicamente corretas para tais questões constituem exigências que desafiam a humanidade e toda a comunidade médica e científico-jurídica, pois devem pautar-se nos princípios do respeito à dignidade humana, da autonomia e da beneficência. Tanto isso é verdadeiro que atualmente há inúmeras entidades que se ocupam desses temas, dentre elas o Comitê Internacional de Bioética, criado em 1998, e muitos são os documentos voltados à ética e à genética, como: as recomendações *Gene therapy in man: recommendations of european medical research councils*, de 1998; as orientações *Avis sur la thérapie génique*, do Comitê Consultivo Nacional de Ética da França, de 1991; o relatório *Terapia Genica*, do Comitê Nacional de Bioética da Itália, de 1991; a *Declaração sobre o Projeto*

---

[5] PENA Sérgio Danilo J., Conflitos paradigmáticos e a ética do Projeto Genoma Humano, *Revista USP*, 24:68-73.
[6] R. MCCORMICK, *The critical calling*, Washington, Georgetown University Press, 1989, p. 261-72; JUENGST E WALTERS, Gene therapy: ethical and social issues, in *Encyclopedia of bioethics*, New York, 1995, p. 914-22; OLIVEIRA, Fátima, Uma visão feminista sobre os megaprojetos de genética humana (PGH e PDGH), *Bioética*, 5:271.
[7] SUZUKI E KNUDTSON, *Genethics*, Cambridge, 1989.

Genoma Humano, da 44ª Assembléia da Associação Médica Mundial, de 1992; a declaração *On the human genome and its protection in relation to human dignity and human rights*, da UNESCO, de 1995.[8]

A preservação do segredo pelo profissional da saúde é um pilar fundamental para assegurar um relacionamento médico-paciente tranqüilo, baseado na confiança e no respeito mútuos, e um tratamento eficaz, pois a discrição e a reserva de certos fatos evitarão repercussões econômico-sociais que, porventura, possam surgir do estado de saúde pessoal. As informações dadas pelo paciente a seu médico, os resultados de exames realizados com finalidade terapêutica, diagnóstica ou prognóstica, os dados contidos no prontuário, arquivo ou boletim médico são de propriedade daquele paciente; logo, os profissionais da saúde e as instituições que tenham contato direto ou indireto com as informações recebidas ou obtidas são seus depositários, e só podem usá-las para atender a necessidade de ordem profissional e em benefício do paciente.[9] A garantia da preservação do sigilo médico, respeitando a confidencialidade e a privacidade de seu paciente, é um *dever prima facie* imposto por ética (Código de Ética médica, art. 102), civil (CC, art. 229, I) e penalmente (CP, arts. 154, 268, 269; Lei de Contravenções Penais, art. 66), salvo quando houver conflito com outro dever igual ou maior, justa causa, risco de vida, necessidade de obtenção de um benefício social ou autorização de próprio paciente, de seu representante legal ou de seus familiares.

Com o escopo de assegurar o respeito à dignidade humana, a Declaração Universal do Genoma Humano e dos Direitos Humanos, de 1997, estabeleceu no art. 7º que quaisquer dados genéticos associados a uma pessoa identificável e armazenados ou processados para fins de pesquisa ou para qualquer outra finalidade deverão ser mantidos em sigilo, nas condições previstas em lei.

Conseqüentemente, fácil será concluir que ninguém poderá ser discriminado em escolas ou concursos públicos, por exemplo, por força de informação sobre seu código genético, e, principalmente, por parte de

---

[8] DINIZ, Maria Helena, *O estado atual do biodireito*, São Paulo, Saraiva, 2004, p. 422, 426 a 437, 445, 416, 465, 466, 518, 604, 612.

[9] EDWARDS, R. B., *Confidentially and the professions*, in Edwards e Graber, *Bioethics*, San Diego, Harcourt Brace Jovanovich, 1988, p. 74-7; DINIZ, Maria Helena, *O estado*, em p. 624 e 625.

seguradoras, que não poderão negar ou interromper cobertura ou cobrar prêmio maior ao portador de moléstia descoberta precocemente pela manipulação de seu material genético. O uso de informações dos pacientes, por meio de telefone, fax ou rede de computador, poderá dar origem a novas formas de violação da confidencialidade e da privacidade, mesmo que os dados estejam criptografados, requerendo o emprego de sistemas de segurança.[10]

Todas as informações biomédicas são do paciente; os profissionais de saúde e as clínicas ou hospitais constituem tão-somente seus depositários, responsáveis por sua preservação por dever de ofício.

Só o paciente, ou seu representante legal, se incapaz, poderão usar livremente as informações contidas no referido prontuário, porque têm o direito de saber todas as informações registradas sobre suas condições de saúde e se o sistema que mantém seus dados é confiável e seguro. A consulta ao prontuário do paciente necessária para fins de comprovação de realização de procedimentos deverá ser feita no próprio estabelecimento de saúde, pelo médico ou por auditor credenciado. A autoridade policial não terá acesso aos dados constantes do prontuário, mas tais dados poderão ser fornecidos ao magistrado, desde que haja solicitação escrita em documento oficial, mas será preciso esclarecer que os documentos originais contidos no prontuário não serão enviados à autoridade judicial.

Em caso de pesquisa, o pesquisador apenas poderá consultar prontuários se o projeto por ele elaborado foi aprovado pelo Comitê de Ética em Pesquisa e se assinar um Termo de Comprometimento para Uso e Dados, assumindo o dever de preservar as informações biomédicas e o anonimato dos pacientes, garantindo, assim, sua privacidade.[11]

Hodiernamente, tem havido a utilização do recurso do processamento eletrônico de dados biomédicos de pacientes e de exames laboratoriais; logo, o diagnóstico e o prognóstico médicos estão computadorizados, trazendo o risco de serem os pacientes manipulados por interesses dominan-

---

[10] Consulte: VIEIRA, Tereza Rodrigues, *Bioética e direito*, São Paulo, 1999, p. 139; FRANCISCONI, Carlos Fernando e GOLDIM, José Roberto, Aspectos bioéticos da confidencialidade e privacidade, in *Iniciação à bioética*, CFM, 1998, p. 282, 275-6.

[11] FRANCISCONI, Carlos Fernando e GOLDIM, José Roberto, Aspectos bioéticos..., in *Iniciação à bioética*, cit., p. 277-8; DINIZ, Maria Helena, *O estado*, cit., p. 624 e 631. *Vide* Resoluções CFM n. 1.331/89 (art. 1º) e n. 1.605/2000, arts. 3º e 5º.

tes, pois, por mais frias e racionais que sejam as formas de análise e computação das informações biomédicas, elas não são impessoais, colocando em jogo a proteção da confidencialidade e da privacidade, pela possibilidade de quebra do sigilo profissional, cuja preservação se pretende obter. Urge a criação de meios, inclusive previstos em lei, para resguardar o segredo médico diante das situações novas decorrentes da tecnologia.[12]

Isso é assim porque o segredo médico não é um privilégio do profissional da saúde, mas uma conquista social e constitucional de proteção ao direito à privacidade e à confidencialidade, imprescindível na relação médico-paciente. É relevante para essa relação não só a informação que é devida ao paciente para que possa decidir sobre seu destino, mas também a preservação de sua privacidade, que se dá por meio da adoção do sigilo médico, fazendo com que o acesso a seus dados clínicos restrinja-se somente ao círculo da relação profissional, excluindo do conhecimento de terceiros tudo aquilo que só interessa ao paciente.

Para o controle das atividades voltadas à engenharia genética, além dos Comitês de Bioética, imprescindível é a criação não só de instituições que supervisionem o emprego de tais técnicas, concedendo ou suspendendo licença para sua implementação conforme o risco apresentado, pois não podem vulnerar bens valiosos para a comunidade.

Os Comitês de Ética em Pesquisa (CEP)[13] têm por finalidade a avaliação da adequação ética dos projetos e das práticas de experiências científicas ou biomédicas que envolvem seres humanos. São órgãos institucionais, regionais ou nacionais, protetores dos direitos, da dignidade, da integridade e do bem-estar dos indivíduos pesquisados, principalmente se forem pessoas ou grupos sociais biológica ou socialmente vulneráveis, mediante análise do protocolo de pesquisa, que contém o dese-

---

[12] DINIZ, Maria Helena, *O estado*, cit., p. 632-3; FRANÇA, Genival Veloso de, *Direito médico*, São Paulo, 1996, p. 144-7.
[13] Nos Estados Unidos são denominados IRB (*Institutional Review Board*). Consulte: Francisconi, Kipper, Oselka, Clotet e Goldim Jr., Comitês de ética em pesquisa: levantamento de 26 hospitais brasileiros, *Bioética*, 3:61-7; Glaser, Hospital ethics committees: one of many centers of responsibility, *Theoretical Medicine*, 10:275-88; McCarrick, Ethics committees in hospitals, *Kennedy Institute of Ethics Journal*, 2:285-306; Vieira e Hossne, *Experimentação com seres humanos*, São Paulo, Ed. Moderna, 1987, p. 47; Corina Bontempo Duca de Freitas, Os comitês de ética em pesquisa: evolução e regulamentação, *Bioética*, 6:189-95; Veatch, Human experimentation commitees: professional or representative, *The Hastings Center Report*, 5:31-4; Cattorini, Comitati di etica e sperimentazione clinico-farmacologica, in Ghetti e outros, *Ética nelle ricerca biomedica*, Milano, Angeli, 1988.

nho e o desenvolvimento do procedimento experimental. E sincia terão as atribuições de manter a guarda confidencial de todos os dados obtidos na execução de sua tarefa e arquivamento do protocolo completo, que ficará à disposição das autoridades sanitárias.

Os Comitês de Ética Hospitalar são órgãos colegiados e multidisciplinares, formados por médicos de diferentes especialidades, enfermeiros, farmacêuticos, biólogos, filósofos, advogados, juristas, teólogos, psicólogos, assistentes sociais, eticistas, moralistas etc. que exercem com independência seus poderes deliberativo e consultivo, para atingir fins altruísticos. Têm por escopo emitir pareceres sobre problemas éticos, jurídicos e sociais desencadeados pela embriologia, pela investigação e experimentação biológica e pela aplicação de biotecnologias, avaliando seus resultados, benefícios e riscos, tendo por paradigma resguardar a dignidade e os direitos do ser humano. Com isso pretendem: proteger os pacientes de qualquer risco ou de sofrimento excessivo; assegurar a informação diagnóstica e o consentimento livre e esclarecido; evitar que o investigador ultrapasse, em sua pesquisa, os limites do que for jurídica ou moralmente aceitável; prevenir o pesquisador para que sua atenção não gere, na sociedade, desconfiança ética, protegendo-o contra a publicidade negativa e contra eventuais ataques externos.[14]

Além disso, urge a edição de leis não só para regulamentação dos seguros de vida e dos planos de saúde nos casos de doenças genéticas diagnosticadas, vedando, por exemplo, seu cancelamento em razão de resultados de testes preditivos ou o aumento de preços em razão da detecção de mutações genéticas, mas também para evitar discriminação, baseada em testes genéticos, na contratação ou promoção de trabalhadores em empresas, impedindo estas de requisitar informação genética como condição para admissão no emprego ou para limitação das oportunidades de trabalho.[15]

---

[14] BLOIS, Norris e O'Rourke, A *primer for healthcare ethics*. Washington, Georgetown University Press, 1995, p. 151; GOLDIM, José Roberto e FRANCISCONI, Carlos Fernando, Os comitês de ética hospitalar, *Bioética*, 6:149-55; VEATCH Robert M., As comissões de ética hospitalar ainda têm funções? *Bioética*, 6:161-70; Wolff, Ethics commitees and due process: nesting rights in a community of caring, *Maryland Law Review*, 50:798-858; DINIZ, Maria Helena, *O estado*, cit, p. 612.

[15] Page, White House wants ban on genetic bias, *USA Today*, 21-1-1998; Pokorski, Genetic information and life insurance, *Nature*, 376:13-4.

Imprescindível será a edição de normas que tutelem a inviolabilidade da herança genética contra qualquer manipulação artificial, impondo a esta limites para proteger a pessoa humana e sua dignidade contra aplicação não terapêutica de algum ato e para preservar os interesses da saúde pública e o meio ambiente em face de uma possível contaminação causada por experiências biotecnológicas. Conseqüentemente, o diagnóstico genético pré-natal deverá limitar-se a casos em que haja suspeita de enfermidade hereditária grave que coloque em risco a vida, a saúde ou a integridade física do embrião, para corrigi-la e não para proceder ao aborto eugênico. Quando se realizarem exames epidemiológicos sobre lesões genéticas ou diagnósticos genéticos, dever-se-á sempre ter em vista um objetivo terapêutico, sendo que a informação genética obtida terá de ser protegida contra qualquer uso indevido, para garantir o direito à privacidade de seu titular e proibir discriminação ilícita para fins trabalhistas ou secundários. Tal é a gravidade do assunto que a Constituição, no art. 225, § 1º, incumbiu o Poder Público de preservar a diversidade e a integridade do patrimônio genético do País e de fiscalizar as entidades dedicadas à pesquisa e à manipulação de material genético. As implicações éticas dos avanços biotecnológicos são conducentes a um paradigma de racionalidade ética contido no art. 1º, III, da Carta Magna, o respeito à dignidade humana, que deve servir de diretriz a todo aplicador do direito.

Só se poderia admitir juridicamente uma experiência cujos resultados não colocassem em risco o patrimônio genético da humanidade, nem lesassem a integridade física e a privacidade, mas procurassem trazer um benefício para o paciente ou atender a uma finalidade terapêutica. Qualquer dano moral ou patrimonial provocado por manipulação genética deverá dar origem ao direito à indenização em favor do lesado, que, para tanto, deverá intentar ação de responsabilidade civil contra o lesante.

A DIGNIDADE E O ROMPIMENTO DE PRIVACIDADE

GILBERTO HADDAD JABUR[*]

> Sumário: I. Premissa. II. Conteúdo da dignidade humana. III. Privacidade: direito personalíssimo. 1. Privacidade da pessoa jurídica. 2. Desautorizada entrega de produtos ou prestação de serviços pretextando oferta. 3. O direito ao recato da pessoa notória ou pública. 4. Controle de funcionários (e pessoas comuns) mediante monitoramento de hábitos. Bibliografia.

I. Premissa

Múltiplas e freqüentes, multiformes e insondáveis, as agressões ao resguardo pessoal depassam a capacidade imediata de controle. A oferta de tal ou qual mercadoria ou serviço (apresentada por loas e louvaminhas aos atributos pessoais e sociais do destinatário colhido de chofre) endereçada ao domicílio cuja localização não se sabe

---

[*] Mestre e doutorando em Direito pela PUCSP. Advogado e Professor de Direito Civil na PUCSP, no Instituto Internacional de Direito, presidido pela Professora Maria Helena Diniz, no Centro de Extensão Universitária e na Escola Superior de Advocacia da OABSP. Associado efetivo do Instituto dos Advogados de São Paulo.

como ocorreu; a veiculação midiática de aspectos e detalhes que não desabrocham senão no imo do lar da pessoa notória ou pública; o monitoramento exagerado e ostensivo das atividades e dos hábitos de funcionários, sobretudo daqueles aos quais se franqueia o uso de computador, a devassa das particularidades e reservas da vida pessoal, a partir do uso de cartões eletrônicos em plúrimos estabelecimentos que denunciam o comportamento e o perfil do titular, como também, ainda em síntese exemplificativa, o controle da cotidiana rotina do simples usuário de computador com recurso a *softwares* poderosos, que revelam a condução da vida e dos hábitos pessoais, agridem a natural dimensão da privacidade cujo respeito e cuja distância arrefecem em obséquio à bisbilhotice – vez outra mórbida –, antes produzida pelo casuísmo e pela incontinência pessoais, hoje impelida pela desmesurada prevalência mercadológica e pela imponderada marcha dos órgãos de comunicação social.

O ser humano, bem mais que a pessoa coletiva (também portadora de atributos privados e, pois, de direitos da personalidade), não desenvolve, integralmente, suas potencialidades psicofísicas sem apreço e preservação das personalíssimas virtudes ou irrenunciáveis manifestações da personalidade das quais dependem o bem-estar, a inteireza somática e espiritual, como também a consecução plena dos objetivos institucionais vistos e postos, desde o nascimento com vida (pessoa natural) ou do registro dos atos constitutivos (pessoa coletiva), através da honra, privacidade, imagem e de outras manifestações da personalidade que lhe conformam direitos.

Esses direitos, da personalidade ou *de personalidade* como preferem alemães e portugueses – *personalíssimos* para outros, porquanto quem porta direitos é a pessoa, não a personalidade, ossatura que os ampara e à qual, pois, se agregam para formar o conceito de pessoa[1] –, confluem a superlativa razão da proteção e tutela jurídicas, porque se firmam e se apresentam, sempre e sem graduação, quando concernentes à pessoa natural, sob influxo da dignidade.

---

[1] Servindo-se de visão metafísica, Walter Morais exprimiu, em trabalho incomum, que a relação entre a personalidade e a pessoa «é de subsistência e substância» (*Concepção tomista de pessoa – um contributo para a teoria do direito da personalidade*, in RT 590/14 e Revista de Direito Privado. coord. Nelson Nery Junior e Rosa Maria de Andrade Nery. São Paulo, RT, abril-junho, 2000, v. 2, p. 192).

II. Conteúdo da dignidade humana

Dignidade não é norma nem direito, é valor supremo que dita e limita o alcance de qualquer regra ou princípio jurídico. O Direito desconhece o indigno. Indignidade é conceito extrajurídico. Introduzi-la no terreno jurídico excepcionaria a unicidade de tratamento à própria e única medida de todas as coisas ou regras. É o termômetro de que há de se servir o intérprete ou, antes, o exegeta.[2]

A dignidade, por isso, apresenta-se como a raiz irremovível no entorno da qual, por natural extensão, surgem e se fixam como invioláveis os direitos fundamentais e personalíssimos.[3] É, em síntese, a razão do conteúdo encarnado em cada um desses direitos, o tônus que os justifica e suporta.[4]

A dignidade preexiste e transcende, porque pertence à razão pura. Funciona ao direito como a bússola, ao operador cônscio, que investiga e persegue o caminho seguro. Dela deflui o primado do respeito aos direitos personalíssimos, porque a dignidade existe e se manifesta sob o influxo desses especiais e superlativos direitos. Direitos superlativos *em si*, porque carregam valores insubstituíveis ao desenvolvimento necessário da personalidade, mas não *entre si*, porque hierarquia concêntrica entre eles não há: todos ostentam idênticas natureza e finalidade.[5]

---

[2] Dignidade, escreveu Flávia Piovesan, é «referência ética maior a orientar a ordem jurídica interna ou externa» ("Direitos Humanos e o princípio da dignidade humana", in *Revista do Advogado*, São Paulo, AASP, julho/2003, n. 70, p. 34).

[3] É convinhável expressar que os direitos fundamentais, antes rubricados como *humanos* ou *do homem*, distanciam-se dos *personalíssimos* ou *da* (ou *de*) *personalidade* em virtude, sobretudo, da qualidade do agente violador: o direito exercitado contra o estado por desapreço à vida, liberdade, honra, imagem e privacidade, *v.g.*, apresenta-se como *direito público subjetivo* ou fundamental; aqueloutro, que deriva da vulneração pelo particular, conforma *direito privado subjetivo*. Decerto que uns aos outros, no mais, não se equiparam totalmente, porque os direitos personalíssimos são essenciais e indispensáveis ao pleno e saudável desenvolvimento das potencialidades físicopsíquicas ou institucionais da pessoa. Os de índole *fundamental*, desfilados em título e capítulos próprios no texto da Constituição Federal, contêm virtudes que ultrapassam a essencialidade aqui vista, perpassam o *minimum minimorum* sem o qual a personalidade não se desenvolve em plenitude. O direito à irredutibilidade de salário, à nacionalidade e à propriedade são fundamentais, todavia imprescindíveis não são para a inteireza somática e psíquica da pessoa ou para a consecução institucional, como o são, sem rebuço de dúvida, o direito à própria vida ou integridade física, à liberdade, à honra, à imagem, e, entre outros, à privacidade. Sobre esse particular elemento diferenciador, ocupamo-nos em *Liberdade de pensamento e direito à vida privada – conflitos entre direitos da personalidade*. São Paulo, RT, 2000, p. 75 e s.

[4] Discursando em aula magna na septuacentenária Universidade romana *La Sapienza*, em 17.5.2003, João Paulo II, agraciado com mais um doutorado *honoris causa*, reencareceu o tributo que se deve prestar aos direitos humanos "devido a sua relação estreita com dois pontos fundamentais da moral cristã: a dignidade da pessoa e a paz". Deveras, uma missão que não se consumaria "sem recorrer às categorias do Direito" (*Interprensa*, n. 70, julho/2003, p. 2).

[5] Não há direitos absolutos. Nem a vida o é. Já por motivo de ordem biológica (entre a vida da parturiente e a do nascituro, pode haver fatal prejuízo de uma para salvamento da outra), já por razão de conteúdo jurídico (porque é prevista a pena capital em caso de guerra declarada: CF, art. 5º, XLVII, *a*).

O conteúdo da dignidade humana são os direitos da personalidade enxergados em seu mais largo espectro. Se a pessoa humana é qualificada como "*valor-fonte* dos demais valores",[6] a dignidade, que lhe sobrevém à concepção, é, suficientemente por isso e como resultado da conciliação entre substância e razão humanas, valor indisputavelmente supremo.

Com sobra de luzes, e redação modelar em sua concisão, a Lei Fundamental para a República Federal da Alemanha, de 1949 (Constituição de Bonn), assim firmou na primeira alínea de seu artigo inaugural, que recebeu a rubrica *Proteção da dignidade humana, vinculação do pode estatal aos direitos fundamentais:* "A dignidade humana é intangível. Protegê-la e respeitá-la é obrigação de todo poder público". O apreço à dignificação humana é estendido ao art. 2º, cuja primeira alínea encarece que "[t]oda pessoa tem o direito ao desenvolvimento de sua personalidade [...]". Dos mais notáveis também é o registro lido no art. 10 da Constituição Espanhola de 1978 segundo o qual "a dignidade da pessoa, os direitos invioláveis que lhe são inerentes, o livre desenvolvimento da personalidade, o respeito à lei e aos direitos dos demais são fundamento da ordem política e da paz social".

A Constituição Federal brasileira vigente postou a dignidade humana em seu pórtico (art. 1º, III), como princípio da República.

III. Privacidade: direito personalíssimo

Em interessante brochura composta pela *Law Comission (Te Aka Matua O Te Ture)* da Nova Zelândia, cujo título e conteúdo são bastantes para evidenciar incomum preocupação com a reserva pessoal — *Protecting personal information from disclosure (A discussion paper)*[7] —, o leitor depara o seguinte ensaio no segundo item, que se ocupa da resposta à questão *What is privacy?*, após percorrer a conceituação antropológica desse vocábulo colhida em Barrington Moore Jr.:[8] "[a] palavra 'privacy' não é

---

[6] Reale, Miguel, Variações sobre ética e moral. *O Estado de S. Paulo*, 13.10.2001, p. A2.
[7] Capítulo 1: A estrutura do estatuto existente, p. 1.
[8] Privacidade é «o desejo humano de proteção contra intrusões de outros seres humanos, ambos materiais e por imposição de pressões sociais» (*Privacy: Studies in Social and Cultural History.* ME Sharpe Inc, Armonk NY, 1984, p. 72).

uma daquelas à qual a lei atribui significado preciso. Não é o que os juristas chamam de 'termo de arte'. No mais largo sentido, *privacy* admite conceitos como: a) ver-se livre de fiscalização, ainda que decorrente de determinação da lei ou de agentes nacionais de segurança, espreitadores, *paparazzi* ou *voyerus*; b) ver-se livre de intrusão física no próprio corpo, através de vários tipos de pesquisas ou procedimentos para testes de drogas; c) controle da própria identidade; e d) proteção das informações pessoais".

O obséquio à tutela dos aspectos mais recônditos da pessoa, que não pretende dá-los a conhecer, tem expressão multímoda, porque multiformes se apresentam os desejos e sentimentos, as necessidades e exigências humanas sem as quais a personalidade não alcança o pleno e saudável desenvolvimento de suas potencialidades psicossomáticas ou institucionais. Desprovida das virtudes que lhe defere e conforma a privacidade, ou qualquer outro direito personalíssimo, a pessoa não alcança aquela e sua íntegra expansão que decorre da própria natureza das coisas humanas ou institucionais.

Os direitos personalíssimos são, suficiente e sinteticamente por isso, irrecusáveis e inestimáveis. Irrecusáveis porque, originados *ab ovo* — daí inatos —, a renúncia é inválida, não os faz fenecer, como defesa é qualquer abdicação traslativa. A Lei Privada registra a irrenunciabilidade, ladeada da intransmissibilidade (CC, art. 11, *caput*), duas entre diversas manifestações características dos direitos personalíssimos.[9] Inestimáveis, porquanto neles não se encontra ou deles não deflui eqüipolência patrimonial nenhuma, por isso a extrapatrimonialidade que também os marca e distingue."O que quer dizer", como já acudia a San Tiago Dantas, "que eles não têm um equivalente exato em dinheiro".[10-11] Henri, Léon e Jean Mazeaud e François Chabas acentuam que "*os direitos da personalidade não podem*

---

[9] Das características endereçadas aos direitos em apreço, tratamos em *Liberdade de pensamento e direito à vida privada – conflitos entre direitos da personalidade*. São Paulo, RT, 2000, p. 41-74.
[10] *Programa de Direito Civil. Parte Geral*. 2ª tir. Rio de Janeiro, Editora Rio, 1979, p. 194.
[11] A sacrossanta natureza dos direitos da pessoa humana foi afirmada na Declaração francesa de 1789. Em seu *Préambule* "resolveu-se expor, em uma declaração solene, os direitos naturais, inalienáveis e sagrados do homem [...]".

ser destacados da pessoa que os titulariza; eles fazem corpo com ela. Porque constituem um elemento da própria pessoa".[12]

Privacidade é círculo de maior raio no qual deitam existência a *intimidade* e, em círculo menor e mais concêntrico, o *segredo*.[13] Diversidade técnico-protetiva entre esses variados graus de *riservatezza* não há. A Constituição Federal deferiu a mesma tutela à intimidade e à vida privada (art. 5º, X), de sorte a atribuir integral proteção à qualquer forma de reserva pessoal. De maneira que não há valia na distinção vocabular entre *intimidade* e *vida privada*, seqüencialmente alinhados em obséquio à técnica legislativa de todo louvável à vista de variantes doutrinárias (insuficientes para minorar a tutela de um ou outro), motivo por que o texto se socorreu de ambos substantivos para afiançar o valor que endereçou a qualquer aspecto recôndito da pessoa.

A proteção à zona privada pessoal tomou expressão e contorno científicos através de artigo divulgado no final do séc. XIX. Samuel Dennis Warren, próspero advogado em Boston, e Louis Dembitz Brandeis, juiz da Corte Suprema norte-americana, consideraram que o *right to be let alone* também decorreria do respeito ao "valor das sensa-

---

[12] É que, como haviam antes registrado os irmãos Mazeaud e M. Chabas, na seqüência da transcrição que se faz, «a maior parte dos direito são destacáveis da pessoa que os titulariza. Porque essa pessoa não tem outro vínculo com eles senão para os exercer. Assim, o direito de propriedade sobre uma coisa é exterior à pessoa que o titulariza; portanto, ela pode dele estar separada. Ao contrário, os *direitos da personalidade não podem ser destacados* [...]» (*Leçons de droit civil*. 8ª ed. por Florence Laroche-Gisserot. Paris: Montchrestien, 1997, t. 1, v. 2, n. 787, p. 375; itálicos no original).

[13] O art. 9º do *Code Napoléon* (com a redação que lhe forneceu a Lei n. 70-643 de 17.7.1970) estabeleceu que "[t]odos têm direito ao respeito de sua vida privada. Os juízes poderão, sem prejuízo da reparação do dano experimentado, determinar todas as medidas, tais quais seqüestro, apreensão e outras, próprias a impedir ou a fazer cessar um atentado à *intimidade da vida privada*; estas medidas podem, se houver urgência, ser ordenadas liminarmente". Anterior à alteração do art. 9º, como hoje se apresenta e acima se transcreveu, a proteção à privacidade no continente Europeu firmava-se, também e além da Declaração de 1948, pela Convenção para a proteção dos direitos humanos e das liberdades fundamentais (Convenção Européia de Direitos Humanos), aprovada em 04.11.1950. Assim fixou seu art. 8º : «1. Toda pessoa tem direito ao respeito de sua vida privada e familiar, de seu domicílio e de sua correspondência. 2. Não haverá ingerência alguma por parte da autoridade pública no exercício desse direito, salvo quando seja de acordo com a lei ou seja necessária, em uma sociedade democrática, no interesse da segurança nacional, segurança pública ou ao bem-estar econômico do país, à defesa da ordem e da prevenção dos delitos penais, à proteção dos direitos da saúde ou da moral pública ou à proteção dos direitos e liberdades dos demais». Art. 12 da Declaração Universal dos Direitos Humanos (10.12.1948): «Nada será objeto de ingerências arbitrárias em sua vida privada, sua família, seu domicílio ou sua correspondência, nem de ataques a sua honra ou a sua reputação. Toda pessoa tem direito à proteção da lei contra tais ingerências ou ataques».

ções humanas". Embora extraído do direito de propriedade (do qual a moderna doutrina o aparta), que deveria assimilar direitos "tanto tangíveis como intangíveis",[14] a voz precursora do impactante reconhecimento dos atributos da privacidade foi suficiente para impulsionar o rigoroso enfrentamento jurídico-científico da *privacy*. Paul Schwartz e Joel Reidenberg informam que a expressão *the right to be let alone* fora antes utilizada pelo juiz da Suprema Corte Thomas Cooley em seu *Treatise on the law of torts 29* de 1878.[15] No segundo quadrante do séc. XX, a formulação de Cooley, Warren e Brandeis ressonou nas cortes norte-americanas como "o direito de viver a própria vida isoladamente, sem ser submetido à desautorizada e indesejada publicidade. Numa expressão, é o *right to be let alone*".[16] Em 1874, a Corte Superior do Canadá já houvera afiançado o direito ao respeito ao sigilo das correspondências.[17]

Mas foi na segunda metade no século último que o vazio legislativo, através de *standards* inçados do cotidiano forense, foi modelarmente preenchido pela ação fecundante da jurisprudência francesa durante a qual se alterou, para considerar a proteção da *vie privée*, o art. 9° do *Code Napoléon*.[18]

É exemplar, e de largueza atualmente insuperável por codificação diversa, a proteção a direitos personalíssimos inscritos no Código Civil da província canadense de Québec (1994). Conquanto tenha depositado o direito à imagem (e até o direito ao nome) em seu seio, do qual a doutrina prevalente os distancia, posto autônomos,[19] a vida privada recebeu minudente trato do codificador quebequense. O art. 3° preceituou que "[t]oda pessoa é titular de direitos da personalidade, tais o direito à vida, à

---

[14] The right to privacy, *Harvard Law Review*, v. 4, n. 5. Harvard, 1890, p. 153-97.
[15] *Data privacy law.* Charlottesville, Michie, 1996, p. 37.
[16] Kerby v. Hal Roach Studies (1942) 53 Cal. Ap. 207, 127 p., 2d 577, 579.
[17] Cordingly v. Nield (1874) 18 L.C.J. 204 (C.S. Mlt 1874).
[18] Escreveu Raymond Lindon que, "a partir de 1955, sobretudo de 1965, produziu-se uma verdadeira e abundante floração de decisões que [...], por toques sucessivos, determinaram os elementos da via privada e as condições de sua salvaguarda" (*Une création prétorienne: les droits de la personnalité*. Paris, Dalloz, 1974, n. 27, p. 12).
[19] Da autonomia do direito à imagem, cuidamos em Limitações ao direito à própria imagem no novo Código Civil, in *Questões controvertidas no novo Código Civil*, coord. Mário Luiz Delgado e Jones Figueirêdo Alves. SãoPaulo, Método, 2003, p. 11-44.

inviolabilidade e à integridade pessoais, ao respeito de seu nome, de sua reputação e de sua vida privada".[20]

O "Direito à reserva sobre a intimidade da vida privada" é rubrica endereçada pelo codificador português de 1966 ao art. 80º do Código Civil segundo o qual "1. Todos devem guardar reserva quanto à intimidade da vida privada de outrem. 2. A extensão da reserva é definida conforme à natureza do caso e a condição das pessoas".

Em cumprimento ao art. 18 da Constituição espanhola de 1978, que garante o direito "1. [...] à intimidade pessoal e familiar e à própria imagem", do qual cuidou nas três alíneas subseqüentes, a Lei Orgânica 1/1982 acentua a proteção à intimidade nos arts. 2º, 7º a 10, sem perder de vista que a renúncia à "proteção prevista nesta lei é nula" (art. 1º, alínea 3ª).

Privacidade é a zona física e espiritual em que deitam vazão as manifestações cuja ciência alheia não interessa ao titular desse direito. É, na síntese de Adriano de Cupis, "o modo de ser da pessoa que consiste na exclusão do conhecimento pelos outros daquilo que se refere a ela só".[21]

O direito doméstico deferiu sensíveis e esparsas maneiras de resguardo pessoal, também colhidas a partir da Constituição Federal (art. 5º, X, XI, XIV, *v.g.*) cuja importância, tonificada pelo direito penal e processual (CP, arts. 150 a 154, *v.g.*; CPP, arts. 184 e 207, *v.g.*; CPC, arts. 155, 347, II, 363, I, e 406, I, *v.g.*), lia-se e se lê noutros documentos (Lei n. 6.538/78, arts. 6º e 41; Lei n. 7.232/84, art. 43; Lei n. 8.069/90, arts. 17, 18 e 143, *v.g.*; Lei n. 8.394/91, art. 6º; Decreto n. 678/92, arts. 11 e 12, *v.g.*).

---

[20] Em capítulo próprio (*Do respeito da reputação e da vida privada*), registraram-se: «Art. 35. Toda pessoa tem direito ao respeito de sua reputação e de sua via privada. Nenhum atentado pode ser cometido contra a vida privada de uma pessoa sem que com ele a pessoa ou seus herdeiros consintam ou sem que a lei o autorize. Art. 36. Podem ser considerados notadamente como atentatórios à vida privada de uma pessoa os seguintes atos: 1º Penetrar em sua casa ou dali retirar o que seja; 2º Interceptar ou utilizar, voluntariamente, uma comunicação privada; 3º Captar ou utilizar sua imagem ou sua voz quando se encontre em lugar privado; 4º Fiscalizar sua vida privada por qualquer meio; 5º Utilizar seu nome, sua imagem, sua semelhança ou sua voz para qualquer outro fim diverso da informação legítima do público; 6º Utilizar sua correspondência, seus manuscritos ou outros documentos pessoais. Art. 37. Toda pessoa que elaborar um dossiê sobre outra deve ter um interesse sério e legítimo para fazê-lo. Só é permitido recolher informações pertinentes ao objeto declarado do dossiê mas não o é, sem o consentimento do interessado ou autorização legal, comunicá-las a terceiros ou utilizá-las para finalidade incompatível com aquela para a qual o dossiê foi elaborado; não é permitido ainda, para a elaboração ou utilização do dossiê, atentar contra a vida privada do interessado nem contra sua reputação».
[21] *Os direitos da personalidade*, trad. Adriano Vera Jardim e António Miguel Caieiro. Lisboa, Livraria Morais Editora, p. 1961, p. 129.

1. Privacidade da pessoa jurídica

Os art. 21 do Código Civil, sem melhor investigar, dedicou à *pessoa natural* exclusivamente – no que limitou importantíssimas vias ou meios de sucesso da pessoa coletiva – a defesa da privacidade em virtude de cuja lesão ou ameaça de lesão "o juiz, a requerimento do interessado, poderá adotar as providências necessárias para impedir ou fazer cessar ato contrário a esta norma". Essa obsequiosa e especificada proteção já se evidenciaria na cláusula geral protetora e suficiente do art. 12, *caput*, do mesmo Código. Uma e outra também defluentes do comando fincado no art. 5º, XXXV, da Constituição Federal.

A exclusão da proteção civil da reserva da pessoa jurídica, indisputável pela leitura do sobredito art. 21 – a despeito da titularidade de direitos personalíssimos que lhe garantiu o art. 52 do Código Civil –, não se compraz com o sistema jurídico doméstico. Chega a ser anterior à proteção *irrestrita* do art. 5º, X, da Constituição Federal (em cuja dicção não há adjetivação ou limitação adjetivadora), a existência de um plexo de normas, algumas acima referidas, de conformidade com as quais a pessoa coletiva ostenta e frui direito ao resguardo. O art. 150 do Código Penal guarda o domicílio, protegido desde a Lei Suprema (art. 5º, XI). Numa ou noutra regra não se enxerga limitação excludente da pessoa coletiva. Ao revés, o inciso III do art. 150 do Código Penal estende o conceito de *casa* a qualquer local em que se exerce "profissão ou atividade". Idéia similar também se extrai da amplitude do comando constitucional do inciso XI do art. 5º. A proteção ao segredo de correspondências e comunicações de qualquer tipo ou sorte de dados passou a ter registro constitucional (art. 5º, XII), mas já se encontrava prescrita a proteção ao conteúdo de correspondência cuja violação por "sócio ou empregado de estabelecimento *comercial* ou *industrial*" identifica a hipótese do art. 152 do Código Penal. A vulneração de segredo, sem justa causa, também se lê tipificada no Código Penal (CP, art. 153), cuja tutela, note-se e note-se bem, foi alargada para também considerar crime a divulgação da qual "resultar prejuízo para a *Administração Pública*", que pessoa jurídica de direito público interno era e é (CC, art. 41). O "acesso de pessoas não autorizadas a sistema de informações ou banco de dados da Administração Pública", como de qualquer um que revele fato "de que tem ciência em razão do cargo e que deva permanecer em segredo" é crime, contra a Administração Pública, de violação de sigilo funcional (CP, art. 325). De mais a mais, quem revela, sem justa causa, segredo profissional, "em razão de *função, ministério, ofício* ou *profissão*" de que deriva dano a outrem incorre na espécie do art. 154 do Código Penal. O art. 198 do Código Tributário Nacional veda ao sujeito ativo informar ou divulgar dados financeiros ou econômicos do sujeito passivo da obrigação tributária. São tutelas da privacidade da pessoa jurídica, todas irrecusáveis e harmônicas ao texto constitucional, que não estão confinadas, isoladas, tão-só em textos codificados. No Decreto n. 1.355, de 30.12.1994 (*Promulga a Ata Final que Incorpora os Resultados da Rodada Uruguai de Negociações Comerciais Multilaterais do GATT*), lê-se, conforme seu art. 39, § 2º, inserto na Seção 7 (*Proteção de Informação Confidencial*) da Parte II (*Padrões relativos à existência, abrangência e exercício de direitos de propriedade intelectual*): "Pessoas físicas e jurídicas terão a possibilidade de evitar que informações legalmente sob seu controle seja divulgada, adquirida ou usada por terceiros, sem seu consentimento, de maneira contrária a práticas comerciais honestas, (10)[22] desde que tal informação: a) seja secreta, no sentido de que não seja conhecida em geral nem facilmente acessível a pessoas de círculos que normalmente lidam com o tipo de informação em questão, seja como um todo, seja na configuração e montagem específicas de seus componentes; b) tenha valor comercial por ser secreta; e c) tenha sido objeto de precauções razoáveis, nas circunstâncias, pela pessoa legalmente em controle da informação, para mantê-la secreta".

A ausência de um estado d'alma e de atributos espirituais, da dignidade que deles deflui, ou de saúde biológica, além de outras comezinhas manifestações pertencentes, por excelência, ao ser humano, não impede, contudo, que a pessoa jurídica arrogue a titularidade de diversos direitos

---

[22] O sinal "(10)" aparece acima como no texto do qual é transcrito. Eis seu conteúdo: "(10) Para os fins da presente disposição, a expressão 'de maneira contrária a práticas comerciais honestas' significará pelo menos práticas como violação ao contrato, abuso de confiança, indução à infração, e inclui a obtenção de informação confidencial por terceiros que tinham conhecimento, ou desconheciam por grave negligência, que a obtenção dessa informação envolvia tais práticas".

da personalidade, notadamente dos que correspondem à tutela da privacidade, honra, imagem e do nome, cuja existência e direito à adequada — posto necessária — proteção ultrapassam a simples individualidade biológica ou a mera capacidade de sofrer ou se alegrar, de sentir dor ou prazer. Sobejam países em que se lêem documentos protetivos à privacidade da pessoa coletiva. Assim, e exemplificativamente, o fazem Suíça, Áustria, Hungria, EUA, Dinamarca, Islândia, Luxemburgo e, destacadamente, a província canadense de Quebec. O desenvolvimento mais acurado do tema depassaria a premissa e o propósito deste trabalho. Basta, para eivar a exclusão lida, *a contrario sensu*, no art. 21 do Código Civil, a norma supereficaz e irremovível (CF, art. 60, § 4°, IV) do art. 5°, X, da Constituição Federal.[23]

2. Desautorizada entrega de produtos ou prestação de serviços pretextando oferta

Jean Carbonnier escreveu que "[o] respeito à vida privada se traduz, essencialmente, por um dever de abstenção: deixe-me tranqüilo".[24] Deixar tranqüilo quem não procura por produto ou serviço, quem não pretende contratar nem experimentar — tampouco aceitar oferta dissimulada pelo subliminar início de prestação ou fornecimento condicionado à posterior aprovação do consumidor —, é imposição conseqüente do *right to be let alone*.

É freqüente a investida de fornecedores que, firmes em metodologias publicitárias entendidas eficientes, estratégias de comércio propriamente ditas, endereçam, embora não instados a fazê-lo, variada gama de serviços ou produtos. Entre tantas e quantas insondáveis investidas, que perpassam o sentido da oferta, apresentam-se amiúde: cartões de crédito financeiro; cartões de débito em postos de combustíveis, restaurantes, hotéis, supermercados, locais de diversões ou entretenimento; cartões de fidelização; e

---

[23] Sobre particularidades desse direito também cabente à pessoa jurídica, ocupamo-nos in *Liberdade de pensamento e direito à vida privada...*, cit., p. 307-17.
[24] CARBONNIER, Jean, *Droit civil. Les personnes*. Paris, PUF, 1996, p. 141.

assinaturas de periódicos ou revistas, de transmissões televisivas por cabo ou para conexão pela rede mundial.

A proposta comercial é notadamente materializada por cartões de plástico, porque pequenos e cada vez menores. É método que facilita o acesso do produto ou serviço ao domicílio do insciente destinatário, que, ao dele tomar conhecimento ou com ele ter contato, vê-se compelido, não em poucas vezes, a se pronunciar para recusar o que nem sequer solicitou, quanto menos contratou.

É prática que desnuda a zona de isolamento individual do destinatário ignorante, não apenas porquanto rompe o direito que a ele se reserva de não ter identificado seu domicílio ou conhecidos seus dados pessoais, mas também porque a promoção comercial que se serve do envio ou da prestação desavisada impele o pseudoconsumidor cauto a se pôr diligente, a deixar sua a tranqüilidade e a inércia, cuja escolha lhe é privada, para declarar, vez outra com dificuldades inabituais, seu desinteresse ou sua veemente rejeição ao produto ou serviço e sua repugnância ao método de captação invasiva de pretensos interessados, que, demais disso, consumidores não são, porque só o é a "pessoa física ou jurídica que *adquire* ou *utiliza* produto ou serviço como destinatário final" (CDC, art. 2º, *caput*).

Decerto que a *utilização* supre a *aquisição onerosa*, porque a presume *ab initio*; nem sempre todavia.[25] Mas, conquanto revele fenômeno que, *prima facie*, se aperfeiçoaria sem manifestação da *voluntas*, porque ato-fato, a utilização impulsionada mediante cavilosa ou habilidosa conduta do fornecedor, que poderá interpretá-la em curso a partir da inequívoca entrega do produto ou serviço, merece contundentes objeções.

O obséquio à dignidade, que se funda e se pronuncia através do íntegro acatamento do respeito aos direitos personalíssimos, não se revela apenas premissa constitucional, que orienta, como valor supremo, o curso do Estado de Direito (CF, art. 1º, III). É princípio também cravado como um

---

[25] A utilização pode ocorrer (i) sem contrapartida econômica, sem aquisição pecuniária, mas por virtude de alienação ou aquisição gratuita, é dizer, por doação para experimentação por tempo e em condições preestabelecidas ou mediante (ii) proposta ardilosa para impelir a venda e compra. Situação diversa é aquela posta no art. 49 do Código de Defesa do Consumidor, que lhe permite, em sete dias, desistir do produto ou serviço adquirido fora do estabelecimento comercial do fornecedor. É prazo de reflexão que se defere a quem não viu ou não teve contato direto com o produto ou demonstração do serviço no estabelecimento do fornecedor.

dos arrimos da política nacional das relações de consumo. O art. 4º do Código do Consumidor a enaltece em local adequado, ladeada pela importância da "transparência e harmonia das relações de consumo [...]" entre cujos princípios se posta a irremovível *vulnerabilidade* do consumidor (inciso I), sem deixar de reencarecer a "harmonização dos interesses dos participantes das relações de consumo [...] sempre com base na *boa-fé* e no equilíbrio nas relações entre consumidores e fornecedores" (inciso III). De tal sorte a estabelecer, também, proteção contra "[...] métodos comerciais coercitivos ou desleais" (CDC, art. 6º, IV).

É prática declaradamente abusiva "enviar ou entregar ao consumidor, sem solicitação prévia, qualquer produto ou fornecer qualquer serviço" (CDC, art. 39, III), assim como abusiva será essa (invasiva) prática ou qualquer outra que se "prevalecer da fraqueza ou ignorância do consumidor, tendo em vista sua idade, saúde, conhecimento ou condição social, para impingir-lhe seus produtos ou serviços" (CDC, art. 39, IV). Ao fornecedor veda-se igualmente, e com sobra de razões, "executar serviços em prévia elaboração de orçamento e autorização expressa do consumidor, ressalvadas as decorrentes de práticas anteriores entre as partes" (CDC, art. 39, VI).

É regramento que também reclama boa-fé no período pré-contratual e que se completa por diversas preceituações fixadas no art. 51 do mesmo Código, endereçadas à íntegra manutenção da lealdade mútua durante e após a execução contratual.

O fornecedor que se pronuncia a quem não lhe solicita, invadindo-lhe o recato e penetrando seu domicílio através da entrega de produtos ou prestação serviços, que colhe de súbito a reserva alheia, vulnera o direito à privacidade da pessoa natural (CC, art. 21) ou coletiva (CF, art. 5º, X) à qual se endereça. É direito, no entanto, quiçá antes devassado pela desautorizada obtenção dos particulares dados sem os quais o encaminhamento do produto ou serviço inocorreria. De modo que a privacidade é vilipendiada quando e porque (i) recolhidas, ardilosamente, informações pessoais do destinatário e (ii) fornecido produto ou serviço sem solicitação ou contratação.

Quem silencia, porque recusa o produto ou se desinteressa pelo serviço fornecido sem convergência da *voluntas*, não presta aquiescência presumida nem tácita. O silêncio não é ocasião nem maneira através da qual surge o *vinculum juris*, senão "quando as circunstâncias ou os usos o autorizarem, e não for necessária a declaração de vontade expressa" (CC, art. 111). Exemplo, entre poucos, de *silêncio qualificado*, apto à formação do liame negocial, retira-se da omissão do donatário, que, embora "ciente do prazo, não faça, dentre dele, a declaração" de aceitação ou recusa da doação, de modo que, silente, "entender-se-á que aceitou, se a doação não for sujeita a encargo" (CC, art. 539).

A principiologia debaixo da qual se afirma o sistema do Código do Consumidor, que enaltece, ao lado da dignidade, a firme observância da boa-fé — revelada pelo trato ostensivamente honesto e leal (*treu und glauben*), da qual deriva a primazia do dever de transparência, de olhos ainda postos na vulnerabilidade ínsita às relações ali cuidadas — não ergue o silêncio à modalidade de concórdia à qual tampouco, senão excepcionalmente, o erigiu o codificador privado de 2002. As "circunstâncias ou os usos", autorizantes da valoração do silêncio pela Lei Privada, não se conciliam com a inalterável vulnerabilidade do consumidor, tanto menos com a boa-fé ou transparência comercial que não converte prática ardilosa e recente em fenômeno idêntico ou assemelhado aos costumes, hábitos sociais cuja paulatina aceitação social lhes atribuiu força jurígena.

O direito constitucional à livre concorrência, arrimo invergável da ordem econômica nacional (CF, art. 170, V), não abona a obtenção ilícita de dados pessoais nem a entrega de produtos ou serviços que dela ordinariamente decorre sob a invocação de *oferta comercial*. A oferta saudável e revestida de licitude não se serve de subterfúgios que a preparam (obtenção de dados pessoais à revelia ou à sorrelfa) nem de métodos que a introjetam no domicílio ou ambiente alheio. A privacidade é zona de reserva, é santuário que reclama isolamento, é, numa expressão, círculo do qual participam somente aqueles a quem se quer dar a revelar.[26]

Entre os mecanismos repressivos do envio desavisado e invasivo postam-se valiosas, mas pouco tratadas, sanções administrativas de gradações suficientes a inibir a reincidência lesiva da privacidade (CDC, arts. 56 a 60).

---

[26] "Como se sabe, o *direito à intimidade* – que representa importante manifestação dos direitos da personalidade – qualifica-se como expressiva *prerrogativa* de ordem jurídica que consiste em reconhecer, *em favor da pessoa*, a existência de um espaço indevassável destinado a *protegê-la* contra *indevidas* interferências de terceiros na esfera de sua vida privada" (STF, 2ª Turma, MS 23.669-DF, Min. Celso de Mello, decisão liminar de 12.4.2000, DJ 17.4.2000).

3. O direito ao recato da pessoa notória ou pública

A vida pública, defluente do exercício de função pública, ou notória, em virtude do renome ou celebridade adquiridos por qualquer pessoa, de uma ou de outra não retira o direito à manutenção de seu isolamento, de conter ou refrear o conhecimento alheio daquilo que participa de seu universo concêntrico e reservado.

O conhecimento das particulares informações da vida privada da pessoa que adquiriu projeção social reveste-se de liceidade quando reclamado pela divulgação de notícia de *interesse público genuíno* e nos termos e na medida da necessidade de dar a conhecer e desabrochar o mínimo conteúdo da privacidade.

É o critério do *mínimo desnudamento para a compreensão da notícia de interesse público inequívoco*. A revelação dos mínimos aspectos privados da pessoa pública ou notória será lícita se, em atendimento à motivação divulgadora de indisputável interesse público, forem exteriorizados dados da reserva pessoal sem os quais a notícia não oferece a necessária e devida compreensão. Não é lícito divulgar que um governador adoentado gravemente, depois falecido, freqüentava o banheiro com assiduidade tal ou qual por incontinência mictória. Mas é lícito, porque necessário ao esclarecimento do administrado, explicitar que o mesmo e perseverante enfermo ausentou-se do comando executivo porque colhido por grave e incurável moléstia em virtude da qual suas chances de recuperação eram essas ou aqueloutras, continuadamente comunicadas incontinenti a sua variação ou evolução. Nada mais, nada menos.

Interesse público inequívoco é aquele que, pressupondo a *verdade* investigada do que se pretende difundir, deita razão na (i) *necessidade* de divulgar para esclarecer, na (ii) *utilidade* da divulgação, que há de corresponder a interesses legítimos, distantes da curiosidade pura ou mórbida, afastados do mexerico ou do desejo de conhecer o que é dos outros, sem conteúdo ou serventia socialmente justificáveis. Não basta ser verdadeira e necessária, a informação deve se revestir de conteúdo que consulte à fruição de interesse que merece satisfação. À necessidade e à utilidade agrega-se a (iii) *adequação*, que é a medida de ambas. Adequação é o modo pelo qual, presentes necessidade e utilidade, se divulga a notícia. É resultado da acurada mensuração de como a notícia verdadeira, necessária e útil será levada a conhecer, o local onde será veiculada, o tamanho e a extensão da matéria, o destaque e o impacto do título, a ênfase de conteúdo, o modo da grafia, formatação e configuração do texto.[27]

Adequar para não lesar a privacidade dispensa uso de imagens, forma sensível e, vez outra, chocante de exteriorizar a mensagem, que, ao revés do efeito ou impacto produzido pela imagem, há de prover o mínimo e atento desnudamento para a compreensão da notícia de inequívoco interesse público.

Em 1981, a Corte de Cassação francesa considerou atentatório ao respeito à vida privada artigo jornalístico que "não se limitava a mencionar fatos públicos, mas expunha o suposto estado d'alma de uma atriz antes e após seu segundo casamento e fornecia detalhamento sobre o filho que ela gestava".[28] A mesma Corte, em 1990, acentuou que "[t]oda pessoa, qualquer que seja seu nível, seu berço, sua fortuna e suas funções presentes ou por vir, tem direito ao respeito de sua vida privada".[29] Deveras, e porque concernente a uma vítima de devassa privada cuja notoriedade era superlativa, acresceu-se nesse último julgado francês: "A revelação das condições de educação e de escolarização, como também dos métodos educativos de um príncipe configuram atentado a sua vida privada".

O direito de manter incólume o que se quer e por que se quer, sem interferências ou pressões exteriores, que espezinham a dignidade e fulminam a serenidade de espírito, é direito personalíssimo sem cuja tutela, pronta e eficiente, os desideratos ou vocações humanas se comprometem e até fenecem.

Já se afirmou que "[a] metragem privada está virando cada vez mais espaço público, o que dificulta a defesa da intimidade, da honra e da imagem quando violadas".[30]

O recurso à contenção da ameaça ou lesão à privacidade pode se

---

[27] Conforme escrevemos em *Liberdade de pensamento e direito à vida privada...*, cit., p. 339-46.
[28] *Bulletin des arrêts de la Chambre civile de la Cour de cassation II*, n. 152, Civ. 2e, 8.7.1981.
[29] *Bulletin des arrêts de la Chambre civile de la Cour de cassation I*, n. 222, Civ. 1re, 23.10.1990.
[30] Rocco, Maria Thereza F., in Keila Jimenez, *Invasão na era da invasão de privacidade. O Estado de S. Paulo*, Caderno Telejornal, 23.7.2000, p. T10.

servir das ações inibitórias e de remoção de ilícito, que devem preferir à odiosa tutela reparatória, sempre insuficiente e injusta quando em mira lesão a direitos personalíssimos. Porque as virtudes de direito tais não se repristinam. A via reparatória, além de jamais repor bens de natureza personalíssima, utiliza-se de parâmetros, que, conquanto e esforçadamente mensurados, não se prestam a tornar adequada a restituição pelo equivalente em coisa, serviço ou, quanto menos, dinheiro, ordinária maneira de também reparar no foro brasileiro.

Ações inibitórias ou para remoção do ilícito não reclamam dano. Basta o ato desconforme à lei (ilícito propriamente dito) ou ao direito (antijurídico) para legitimar o impulso inibitório ou removedor. Inibe-se um ilícito em curso ou praticado, sem exame do dano, através de comando mandamental ou multa. Removem-se os efeitos do ilícito já consumado, a despeito do dano que possa ter produzido. A inibição de divulgação jornalística sabidamente vulneradora da privacidade, em curso ou não, mediante determinação judicial de abstenção, ou, a remoção, através de apreensão judicial dos periódicos em que se divulgaram aspectos privados sem interesse público inequívoco, são medidas antecipatórias, porque sempre preventivas, e, acaso insuficientes à obstaculização do dano, cuja reparação não perseguem as ações de inibição ou remoção, satisfatoriamente idôneas e preferíveis para, em última e irreparável instância, servir-se o titular do direito violado da ação reparatória.[31]

4. CONTROLE DE FUNCIONÁRIOS (E PESSOAS COMUNS) MEDIANTE MONITORAMENTO DE HÁBITOS

Entre as medidas e os ajustes institucionais vertidos em tributo ao melhor desempenho funcional, apresentam-se crescentes sistemas e vias de controle pessoais que se manifestam, interna e externamente, sobre cotidiano do controlado. O acompanhamento de rotina e atividades de-

---

[31] As tutelas preventivas aqui tratadas mereceram rigoroso e louvável estudo, do qual também nos servimos, de Luiz Guilherme Marinoni, in *Tutela inibitória (individual e coletiva)*. 3ª ed. rev., atual. e ampl. São Paulo, RT, 2003, especialmente p. 152 e 155.

senvolvidas pelo funcionário utiliza-se de potentes recursos tecnológicos e informáticos, que denunciam, além da presença em posto de trabalho, a movimentação da ocupação e indústria do controlado.

A instalação de câmeras de circuito fechado para controle de presença e comportamento entre funcionários não se reveste de ilicitude se feita à mostra. Mini ou microcâmeras espalhadas no ambiente profissional para, à sorrelfa, colher o comportamento do funcionário é ato que espezinha a boa-fé do empregador e malfere a intimidade profissional do empregado, quanto mais se a devassa se plasmar em ambientes de reserva absoluta aos quais só é dado o ingresso individual. O controle aberto, conhecido e à vista é meio idôneo de *surveillance* ao sabor das posturas e finalidades do empregador a que, mediante aquiescência expressa ou tácita, o empregado deve se submeter quando desempenha sua atividade.

Forma diversa de monitoramento é o controle virtual de atividades por intermédio de *softwares* que registram e arquivam, *pari passu*, as movimentações e consultas do utilizador do sistema. É recurso que denuncia uso indevido do equipamento ou imoderado do tempo, que informa as consultas profissionais e as visitas extraprofissionais permitidas ou não pelo empregador. É, enfim, termômetro de produtividade útil, porém devastador da privacidade se de sua instalação estiver insciente o utilizador do equipamento. A imposição de técnicas e métodos de trabalho lícitos é prerrogativa indissociável do empregador a cuja exigência o empregado há de aceder. Mas, do mesmo modo, a licitude do controle em apreço se alcança com a ciência prévia do empregado sem a qual a violação de sua reserva pessoal se evidencia.

O desempenho profissional ou de atividade qualquer sob mando ou diretrizes externas não suprime a individualidade dentro da qual se postam os atributos privados da pessoa. O cumprimento de regras ou métodos de consecução impostos em atenção ao aviamento eleito pelo empregador não retira a reserva do empregado, que, embora atento à rigidez de comportamento que se lhe possa ter sido imposta, alcança metas ou conclui atividades de acordo com seu tino e habilidade cujo modo de implementação também preenche sua privacidade.

Tal o empregador se serve de métodos próprios de gestão, sem perder de vista posturas legais das quais não pode se afastar, qual o empregado, no rigoroso e preciso desempenho pessoal, poderá servir-se de técnicas ou estratégias de consecução, frutos de seu *know-how*, que, atento às regras impostas, individualize e distinga seu trabalho. A mesma razão que tutela segredos e técnicas institucionais diversas protege os métodos e hábitos individuais de quem se desempenha por conta e no interesse daquele que lhe emprega. A proteção da individualidade empresarial ou institucional, sem a qual o desiderato social não se alcançaria, estende-se aos recursos idôneos derivantes da habilidade e da genialidade, do tirocínio e do *savoir-faire* deste ou daquele empregado.[32]

O apreço ao direito de resguardo das vias de sucesso pessoais é fruto diverso da inexcedível primazia da dignidade humana, registrada, por Alexandre Morais, como "valor espiritual e moral, inerente à pessoa, que se manifesta singularmente na autodeterminação consciente e responsável da própria vida e que traz consigo a pretensão ao respeito por parte das demais pessoas, constituindo-se um mínimo invulnerável que todo estatuto jurídico deve assegurar [...]".[33] Deveras, porque "a função do direito é tutelar a dignidade humana".[34]

O monitoramento de hábitos não é método de fiscalização patronal ou profissional tão-só. Em diversificados ambientes, a vigilância, sobretudo informatizada, desponta recorrente. É séria a advertência do jornalista Jean-Sébastien Stehll: "As novas tecnologias transformam numa coisa banal a espionagem dos indivíduos em todos os campos da vida cotidiana. Cada vez mais vaporosas e indistintas, as fronteiras da vida particular parecem encolher-se mais a cada dia com a invasão dos computadores, dos telefones portáteis, das câmeras de vigilância, dos cartões de eletrônicos, que registram cada um de nosso gestos e deslocamentos. [...] O homem do século 21, obrigatoriamente cibernauta, tem ainda um longo combate pela frente".[35] Jean-Sébastian Sthell narra que Scott McNealy, presidente executivo da Sun Microsystems, poderosa empresa de

---

[32] Sobre o *rompimento parcial e assistido da privacidade* ou do isolamento do empregado em virtude da perda de confiança do empregador, cuidamos em *Liberdade de pensamento e direito à vida privada...*, cit., p. 266-7.
[33] MORAIS, Alexandre. *Direito constitucional*. 7ª ed. São Paulo, Atlas, 2000, p. 48.
[34] PELUSO, Antonio Cezar. Palestra proferida no Instituto dos Advogados de São Paulo, em 16.8.2001, sobre o tema *Reparação a lesões a direitos da personalidade*, in *Os direitos da personalidade no cenário jurídico brasileiro*.
[35] *Ameaça a nossa vida privada*, trad. José dos Santos. *O Estado de S. Paulo*, Caderno 2, 18.3.2001, p. D10.

informática, afirmou, com motivação suficiente, que "[é] preciso render-se à evidência: a vida privada não existe mais". *Cookies* (ou biscoitos) enviados por *sites* registram todos os movimentos na rede e transmitem, furtivamente, os dados do usuário. Permanecem instalados no disco rígido e enviam constantes mensagens ao servidor espião. Nos EUA, um CD-Rom educativo lançado pela mesma empresa criadora da boneca mais conhecida no mundo, controlava a movimentação da criança enquanto conectada à rede. Um sensor táctil, preso na entrada de um refeitório de uma escola francesa, controlava as digitais dos freqüentadores, registrando as ausências e permitindo "descobrir e punir os caloteiros e desordeiros". Apesar da anuência de alguns pais, a Comissão Nacional de Informática e das Liberdades (CNIL) impôs a renúncia à espionagem.[36]

No direito brasileiro, a Lei n. 7.232/84, que definiu a Política Nacional de Informática, preceituou que "[m]atérias referentes a programas de computador e documentação técnica associada (software) e aos direitos relativos à privacidade, com direitos da personalidade, por sua abrangência, serão objeto de leis específicas, a serem aprovadas pelo Congresso Nacional" (art. 43).

O obséquio os comandos de direito posto, prestigiados a partir da dignidade humana (CF, art. 1°, III), sob cujo influxo têm assento e vigência dos direitos personalíssimos, é suficiente, pela dimensão constitucional do direito à reserva (art. 5°, X) e de seu conseguinte apreço na Lei Privada (CC, art. 21), à preservação e consagração da privacidade humana e institucional, que, a despeito de vários e inovadores projetos de lei em curso no Congresso Nacional, basta como norma constitucional supereficaz ou de eficácia absoluta. Os direitos posicionados no art. 5° da Constituição são intangíveis porque que contêm "uma força paralisante total de qualquer legislação que, explícita ou implicitamente, vier a contrariá-las".[37]

---

[36] Idem, ibidem, mesma página.
[37] DINIZ, Maria Helena. *Norma constitucional e seus efeitos*. 6ed., atual. São Paulo, Saraiva, 2003, p. 111-2.

BIBLIOGRAFIA

CARBONNIER, Jean. *Droit civil. Les personnes.* Paris, PUF, 1996.

CUPIS, Adriano de. *Os direitos da personalidade*, trad. Adriano Vera Jardim e António Miguel Caieiro. Lisboa, Livraria Moral Editora, p. 1961.

DANTAS, San Tiago. *Programa de Direito Civil. Parte Geral.* 2ª tir., Rio de Janeiro, Editora Rio, 1979.

DINIZ, Maria Helena. *Norma constitucional e seus efeitos.* 6ª ed., atual. São Paulo, Saraiva, 2003.

JABUR, Gilberto Haddad. *Liberdade de pensamento e direito à vida privada – conflitos entre direitos da personalidade.* São Paulo, RT, 2000.

_____. Limitações ao direito à própria imagem no novo Código Civil, in *Questões controvertidas no novo Código Civil*, coord. Mário Luiz Delgado e Jones Figueirêdo Alves. São Paulo, Método, 2003.

JIMENEZ, Keila. *Invasão na era da invasão de privacidade.* O Estado de S. Paulo, Caderno Telejornal, 23.07.2000, p. T10.

LINDON, Raymond. *Une création prétorienne: les droits de la personnalité.* Paris, Dalloz, 1974.

MARINONI, Luiz Guilherme, in *Tutela inibitória (individual e coletiva).* 3ª ed. rev., atual. e ampl. São Paulo, RT, 2003.

MAZEAUD, Henri, Jean e Léon & CHABAS, François. *Leçons de droit civil.* 8ª ed. por Florence Laroche-Gisserot. Paris, Montchrestien, 1997, t. 1, v. 2.

MORAIS, Alexandre de. *Direito constitucional.* 7ª ed. São Paulo, Atlas, 2000.

MORAIS, Walter. *Concepção tomista de pessoa – um contributo para a teoria do direito da personalidade*, in RT 590/14 e Revista de Direito Privado. coord. Nelson Nery Junior e Rosa Maria de Andrade Nery. São Paulo, RT, abril-junho, 2000, v. 2, p. 192.

PELUSO, Antonio Cezar, Palestra proferida no Instituto dos Advogados de São Paulo, em 16.08.2001, sobre o tema *Reparação a lesões a direitos da personalidade*, in *Os direitos da personalidade no cenário jurídico brasileiro.*

PIOVESAN, Flávia. *Revista do Advogado* São Paulo, AASP, julho/2003, n. 70.

REALE, Miguel. Variações sobre ética e moral. *O Estado de S. Paulo*, 13.10.2001, p. A2.

SCHWARTZ, Paulo & REIDENBERG, Joel. *Data privacy law.* Charlottesville, Michie, 1996.

STEHLL, Jean-Sébastien Stehll. *Ameaça à nossa vida privada*, trad. José dos Santos. *O Estado de S. Paulo*, Caderno 2, 18.03.2001, p. D10.

WARREN, Samuel & BRANDEIS, Louis. The right to privacy, *Harvard Law Review*, v. 4, n. 5. Harvard, 1890, p. 153-97.

Bulletin des arrêts de la Chambre civile de la Cour de cassation I e II, n. 152 e 222.

Protecting personal information from disclosure (A discussion paper), Law Comission *(Te Aka Matua O Te Ture)*, New Zealand, in www.lawcom.govt.nz, acessado em 13.10.2004.

O DIREITO À IMAGEM EM LOCAIS PÚBLICOS

DOMINGOS FRANCIULLI NETTO[*]
e
THIAGO LUÍS SANTOS SOMBRA[**]

> Sumário: 1. Histórico e conceito. 2. Limites e abrangência do direito à imagem. 3. Aspectos controversos no âmbito da jurisprudência brasileira. Conclusão.

1. HISTÓRICO E CONCEITO

O direito à imagem,[1] constitucionalmente assegurado como um direito fundamental a partir da promulgação da Constituição Federal de 1988,[2] foi inicialmente concebido como um

---

[*] Ministro do Superior Tribunal de Justiça. Ex-professor da Pontifícia Universidade Católica de Campinas-SP, da Faculdade de Direito de Pinhal-SP e das Faculdades Metropolitanas Unidas-SP. Autor de vários artigos publicados em livros e revistas especializadas. Autor do opúsculo "A prestação jurisdicional – O Ideal Idealíssimo, o ideal realizável e o processo de resultados", Millennium Editora, 2004.

[**] Assessor de Ministro do Superior Tribunal de Justiça. Pós-graduado pela Escola Superior do Ministério Público do Distrito Federal e Territórios. Autor da obra "A eficácia dos direitos fundamentais nas relações jurídico-privadas", Sergio Antonio Fabris Editor, 2004.

[1] O direito à imagem possui uma dupla classificação jurídica no ordenamento jurídico. Ao mesmo tempo em que é considerado um direito da personalidade, também se configura como uma garantia fundamental.

[2] Edilsom Pereira de Farias afirma que *"com a sagração constitucional dos direitos à honra, à intimidade, à vida privada e à imagem, o constituinte brasileiro acompanhou a tendência hodierna de várias constituições contemporâneas que os consagram em seus textos"*. FARIAS, Edilsom Pereira de. *Colisão de direitos: a honra, a intimidade, a vida privada e a imagem versus a liberdade de expressão e informação*. 2ª ed. Porto Alegre, Sergio Antônio Fabris, 2000, p. 128.

direito subjetivo da personalidade, cuja carga eficacial se adstringia ao âmbito privado.

Segundo precisa lição de Edilsom Pereira de Farias, apoiado no ensinamento de Eduardo A. Zannoni e Beatriz Bíscaro, *"o direito à imagem, em linguagem jurídica, 'compreende a faculdade que toda pessoa tem para dispor de sua aparência, autorizando ou não a captação e difusão dela'"*.[3]

Poucos, como o saudoso desembargador Walter Moraes, trataram da matéria com tanta precisão. Dele extrai-se a extensão do conceito de imagem:

> "Toda expressão formal e sensível da personalidade de um homem é imagem para o Direito. A idéia de imagem não se restringe, portanto, à representação do aspecto visual da pessoa pela arte da pintura, da escultura, do desenho, da fotografia, da figuração caricata ou decorativa, da reprodução em manequins e máscaras. Compreende, além, a imagem sonora da fonografia e da radiodifusão, e os gestos, expressões dinâmicas da personalidade. A cinematografia e a televisão são formas de representação integral da figura humana. De uma e de outra pode dizer-se, com De Cupis, que avizinham extraordinariamente o espectador da inteira realidade, constituindo os mais graves modos de representação no que tange à tutela do direito. Não falta quem inclua no rol das modalidades figurativas interessantes para o direito, os 'retratos falados' e os retratos literários, conquanto não sejam elas expressões sensíveis e sim intelectuais da personalidade. Por outro lado, imagem não é só o aspecto físico total do sujeito, nem particularmente o semblante, como o teriam sustentado Schneickert e Koeni. Também as partes destacadas do corpo, desde que por elas se possa reconhecer o indivíduo, são imagem na índole jurídica: certas pessoas ficam famosas por seus olhos, por seus gestos, mesmo pelos seus membros".[4]

Em verdade, o direito à imagem encerra uma garantia desconhecida dos antigos, à medida que a convivência em locais públicos não acarretava signi-

---

[3] *Ibidem*, p. 148.
[4] MORAES, Walter. Direito à própria imagem. *In*: Revista dos Tribunais. São Paulo, RT, ano 61, n. 443, set. de 1972, p. 64-65.

ficativas ingerências na esfera íntima de cada indivíduo. Aliás, a concepção que se idealizava em torno do direito à imagem era altamente primitiva, porquanto os indivíduos ainda não possuíam uma desenvolvida conotação daquilo que pudesse representar uma deturpação ou desonrosa exposição da imagem.

A partir da Revolução Francesa e da conseqüente inovação dos meios de comunicação, a intimidade e a imagem passaram a receber uma significativa proteção. Segundo ensina Edilsom Pereira de Farias, *"parece existir uma comunis opinio de que o direito à intimidade, na acepção atual do termo, teve sua origem doutrinária no direito anglo-americano"*,[5] por meio da doutrina dos brilhantes *justices* Brandeis e Warren, em meados de 1890.

Para o preclaro Uadi Lammêgo Bulos, *"trata-se de uma noção ampla, que inclui os traços característicos da personalidade, fisionomia do sujeito, ar, rosto, boca, partes do corpo, representação do aspecto visual da pessoa pela pintura, pela escultura, pelo desenho, pela fotografia, pela configuração caricata ou decorativa. Envolve, também, a imagem física, a reprodução em manequins e máscaras, por meios televisivos, radiodifusão, revistas, jornais, periódicos, boletins, que reproduzem, indevidamente, gestos, expressões, modos de se trajar, atitudes, traços fisionômicos, sorrisos, aura, fama etc."*.[6]

Este modesto escorço limitar-se-á a tecer considerações levando em conta os denominados "locais públicos", não no sentido restrito da palavra como aqueles pertencentes ao uso comum do povo, tais quais logradouros públicos, vias e praças públicas, praias etc.; aqui se considerarão público não só tais locais como aqueles cujo acesso é franqueado ao público, mediante ingressos ou convites, remunerados ou gratuitos. Basta que ao local afluam ou se encontrem um número pelo menos considerável de pessoas. No particular, escusado lembrar que esse conceito sempre fica na estrita dependência das circunstâncias que o cercam.

2. Limites e abrangência do direito à imagem

Em ótima síntese, o já citado Edilsom Pereira de Farias observa que *"Constituem limites ao direito à própria imagem:* notoriedade *(as pessoas céle-*

---

[5] Moraes, Walter. *Ibidem*, p. 138.
[6] Bulos, Uadi Lammêgo. *Constituição Federal Anotada*. 5ª ed. São Paulo, Saraiva, 2003, p. 146.

bres, em face do interesse que despertam na sociedade, sofrem restrição em seu direito à imagem); acontecimentos de interesse público ou realizados em público *(não se exige o consentimento do sujeito quando a divulgação de sua imagem estiver ligada a fatos, acontecimentos ou cerimônias de interesse público ou realizadas em público);* interesse científico, didático ou cultural *(justifica-se a publicação da imagem de uma pessoa quando se visa a alcançar fins científicos, didáticos ou culturais);* interesse da ordem pública *(diz respeito à necessidade de divulgar a imagem da pessoa para atender 'interesses da administração da justiça e da segurança pública')"*.[7]

Hodiernamente, o direito à imagem pode ser compreendido como a exclusão do conhecimento daquilo que se refere somente ao indivíduo em sua esfera íntima.[8] Embora o conceito inicialmente formulado possa consubstanciar uma tautologia, em verdade, ele abrange o cerne dos elementos primordiais para a definição do conteúdo axiológico do direito à intimidade.

Conhecido, também, a partir da doutrina de De Cupis com a denominação de "direito ao resguardo", possui como uma das mais significativas vertentes o direito à imagem, mediante o qual assegura-se a proteção relativa à arbitrária, desautorizada e desonrosa disposição da efígie alheia.

Engendrado como a necessidade de resguardar os indivíduos contra a arbitrária propagação de sua imagem, esse direito ampara-se em uma concepção notadamente individualista, à medida que o indivíduo *"deve ser o árbitro de consentir ou não na reprodução de suas próprias feições: o sentido cioso da própria individualidade cria uma exigência de circunspecção, de reserva"*.[9]

A partir das incessantes inovações tecnológicas, acirradas com a invenção dos meios de fixação das criações do espírito[10] e apreensão da imagem, sobretudo a fotografia, a necessidade de formular mecanismos de proteção ao indivíduo tornou-se sobremaneira relevante. Ocorre, todavia, que para ser factível a definição de meios de proteção da imagem alheia, impendia fosse delimitado o âmbito cognoscível do direito à imagem.

---

[7] FARIAS, Edilsom Pereira de. *Op. cit.*, p. 195.
[8] DE CUPIS, Adriano. *Os direitos da personalidade.* Trad. Adriano Vera Jardim. Lisboa, Morais, 1961, p. 129.
[9] *Ibidem,* p. 130.
[10] Expressão inclusive abarcada pela Lei n. 9.610/98, que assegura a proteção aos direitos do autor.

Como forma de solucionar tal controvérsia, De Cupis expõe que existiriam duas pretensas formulações, *"ou se atribui ao direito à imagem uma importância geral, que pode ser limitada somente por exceções específicas impostas pelo interesse público; ou o direito à imagem é compreendido na esfera do direito à honra, no sentido de que a tutela jurídica encontra aplicação somente no caso de a difusão da imagem da pessoa ser prejudicial para a honra dela".*[11]

Adverte o referido autor, entrementes, que, acaso se conceda primazia à última das soluções, certamente não será o direito ao resguardo ou à imagem que se estará a preservar, pois a razão impulsionadora da intervenção protetiva será a ofensa ao direito à honra.[12]

Além dessa última modalidade de proteção, é possível visualizar, outrossim, que o ordenamento jurídico não se restrinja a resguardar o indivíduo contra as ingerências ofensivas em relação a sua imagem e ainda exija a presença de uma série de fatores específicos para conferir proteção. Tal assertiva deve ser entendida não apenas como uma simples reprodução da imagem alheia, mas, sobretudo, a partir da reprodução de circunstâncias que reflitam a esfera íntima da vida do indivíduo.

Seguindo esse desate, sempre que a reprodução da imagem tiver como pressuposto a conseqüente captação de elementos inerentes à exclusiva vida íntima do ofendido, além da proteção à imagem, estar-se-ia diante de uma inequívoca modalidade de proteção à honra.[13] A mudança de enfoque em torno da temática também conduz a uma outra percepção, qual seja, a existência de um relevante interesse que a propagação da imagem não ocorra, virtude de sua repercussão na vida privada.

O direito à imagem pode ser identificado, outrossim, a partir do princípio da exclusividade, idealizado por Hannah Arendt, com amparo na doutrina kantiana, mediante o qual o indivíduo tem o direito a se resguardar da indiscrição alheia em relação a sua vida íntima. Esse princípio,

---

[11] DE CUPIS, Adriano. *Op. cit.*, p. 130.
[12] A elucubração de De Cupis ganha relevo à medida que imagem e honra alcançam substancial imbricação e possuem uma significativa interdependência. Somente em alguns casos muito peculiares afigurar-se-á possível identificar a separação entre uma e outra espécie de proteção.
[13] A elucidar tal argumentação, De Cupis salienta que *"a famosa frase 'la vie privée doit être murée',* alude precisamente à exigência de salvaguardar da indiscrição e da curiosidade tudo o que a estas especialmente repugne". O Código Civil italiano, por sinal, já promoveu a devida separação entre a proteção do direito à honra e o direito à imagem, de modo que a imagem é resguardada mesmo que não se constate ofensa ao decoro ou reputação, p. 131.

por sinal, comporta três importantes desdobramentos, consoante ensina Edilsom Pereira de Farias: *"'a solidão (donde o desejo de estar só), o segredo (donde a exigência de sigilo) e a autonomia (donde a liberdade de decidir sobre si mesmo como centro emanador de informações)'"*.[14]

3. Aspectos controversos no âmbito da jurisprudência brasileira

Conquanto enquadrado como um direito da personalidade, o direito à imagem é suscetível de disposição, razão pela qual identificam-se inúmeras situações em que pessoas célebres permitem, mediante uma contraprestação, a exposição de sua efígie em periódicos de grande circulação.

Cumpre distinguir, por oportuno, que as esferas de proteção do direito à imagem possuem expressivas nuanças, as quais variam em conformidade com a notoriedade pública do indivíduo. O primeiro julgado a adotar esse entendimento ocorreu em meados de 1892, no caso *Schuyler vs. Curtis*, no qual o magistrado oportunamente consignou que as pessoas notoriamente públicas, sobretudo as que ocupam cargo público e os artistas, sofrem uma relativa limitação em seu direito de imagem e intimidade.[15]

Sob esse aspecto, é de bom alvitre consignar que a proteção conferida aos cidadãos comuns é mais significativa que aquela assegurada aos homens públicos ou às pessoas célebres, haja vista que essas voluntariamente se submetem à exposição pública, de maneira que abdicam em parte da parcela de intimidade que lhes é resguardada. Vale registrar, à guisa de exemplo, que o egrégio Tribunal de Justiça do Rio de Janeiro notabilizou-se pelo julgamento de inúmeros casos em que o direito à imagem se contrapôs à publicidade do local em que supostamente foi violado.

Um dos precedentes mais salutares, e que, por sua vez, reflete o atual posicionamento jurisprudencial acerca da exposição pretensamente arbitrária da imagem em locais públicos, ocorreu na oportunidade em que

---

[14] FARIAS, Edilsom Pereira de. *Op. cit.*, p. 140.
[15] *Ibidem*, p. 142-143.

uma famosa modelo fora flagrada quando fazia *topless* na piscina de um hotel. A ilustre magistrada de primeiro grau julgou improcedente o pedido de indenização, o que foi corroborado pelo Tribunal *ad quem,* sob o fundamento de que voluntariamente expôs sua efígie em local público. A título de reforço, cumpre trazer à baila a ementa do v. acórdão, *verbis:*

"RESPONSABILIDADE CIVIL. FOTOGRAFIA PUBLICADA EM REVISTA SEMANAL. DANO MORAL. INOCORRÊNCIA.
Modelo flagrada quando fazia topless na piscina de um hotel. Pessoa Pública que voluntariamente expôs sua imagem em local de acesso público. Inexistência de violação a seu direito de intimidade. Indenização descabida. Desprovimento do Recurso. Manutenção da sentença que julgou improcedente o pedido inicial".[16]

O egrégio Superior Tribunal de Justiça, ao julgar caso semelhante,[17] todavia, em relação a uma mulher desconhecida, firmou entendimento no sentido de não ser devida indenização por danos morais em decorrência da prática de *topless* em praia pública. As fotos foram publicadas pelo Jornal Zero Hora, as quais foram tiradas enquanto a fotografada realizava *topless* na Praia Mole, em Santa Catarina. Para o eminente relator, Ministro César Asfor Rocha, *"a própria recorrente optou por revelar sua intimidade, ao expor o peito desnudo em local público de grande movimento, inexistindo qualquer conteúdo pernicioso na veiculação, que se limitou a registrar sobriamente o evento sem sequer citar o nome da autora".*

Em outro julgado paradigmático, cujo relator, por sinal, foi o eminente Desembargador Sérgio Cavalieri, o Egrégio Tribunal de Justiça do Rio de Janeiro apreciou um caso em que o proprietário de um imóvel pugnava por indenização por perdas e danos morais e materiais em razão da divulgação das fotos de sua residência no *stand* de vendas da construtora. Com efeito, por mais que o julgado seja notadamente intrigante, não se há falar em direito da personalidade para coisas, consoante bem assentou o insigne relator nos seguintes termos:

---

[16] Tribunal de Justiça do Rio de Janeiro. Segunda Câmara Cível. APC n. 2000.001.22727. Rel.: Des.ª Leila Mariano. Julgado em 17.4.2001.
[17] Superior Tribunal de Justiça. Quarta Turma. REsp. n. 595.600/SC. Rel: Min. César Asfor Rocha. Julgado em 23.3.2004.

"DANO À IMAGEM. FACHADA DE CASAS. DIVULGAÇÃO DE FOTOS EM *STAND* DE VENDAS, VIOLAÇÃO DOS DIREITOS À IMAGEM E À INTIMIDADE. INOCORRÊNCIA.

O direito à imagem, por ser personalíssimo, exclusivo da pessoa física, não se estende a coisas e animais, pelo que não se pode falar em dano moral pelo simples fato de terem sido divulgadas fotos de casas residenciais no stand de vendas da empresa construtora, sem violação da intimidade nem da vida privada de seus proprietários ou moradores. Inocorre, igualmente, dano material se as fotos divulgadas não acarretaram nenhuma redução patrimonial para os autores, mas, pelo contrário, até valorização do imóvel. Desprovimento do recurso".[18]

Impende seja consignado, ante os inúmeros casos de exposição arbitrária, que o consentimento ou voluntariedade da exposição representam fatores primordiais para a eventual condenação em danos morais e materiais. O consentimento e a voluntariedade da exposição devem ser compreendidos nos estritos limites em que foram concedidos, de modo que restringidos, inclusive, tão-somente às pessoas que os manifestaram, bem como a sua respectiva destinação, consoante bem ponderou o ilustre Ministro Ruy Rosado de Aguiar, *verbis*:

"RESPONSABILIDADE CIVIL. DANO MORAL. FOTOGRAFIAS. REVISTA.

A cessão de fotografias feitas para um determinado fim, mostrando cenas da intimidade da entrevistada, é fato ilícito que enseja indenização se, da publicação desse material, surgir constrangimento à pessoa, não tendo esta concedido entrevista ao veículo que o divulgou. Recurso conhecido e provido".[19]

---

[18] Tribunal de Justiça do Rio de Janeiro. Segunda Câmara Cível. APC n. 2004.001.06005. Rel: Des. Sérgio Cavalieri Filho. Julgado em 20.4.2004.
[19] Superior Tribunal de Justiça. Quarta Turma. Rel: Min. Ruy Rosado de Aguiar. DJ 27.3.2000. Nesse sentido, oportuno conferir, ainda, REsp 270.730/RJ. Terceira Turma. Rel: Min. Carlos Alberto Menezes Direito, Rel. para acórdão Min. Nancy Andrigui. DJ 07.5.2001.

Consoante ensina De Cupis, o consentimento tácito deve ser admitido com substanciais reservas, pois nem sempre será possível averiguar a real intenção do indivíduo que se encontra em locais públicos em se sujeitar à exposição fotográfica, por exemplo.[20] Em relação às pessoas de relevante notoriedade, não restam dúvidas da existência de um consentimento tácito para que sejam fotografadas em locais públicos, uma vez que tal manifestação de vontade decorre da própria natureza da exposição a que se submetem.[21]

Esses indivíduos, oportuno advertir, conservam o direito à intimidade e à imagem em relação a sua esfera íntima, embora recebam uma profunda invasão de privacidade. A eles é concedido, outrossim, o direito de opor-se à propagação da imagem sem seu respectivo consentimento; todavia, tal recusa somente é facultada em face de questões domésticas, familiares e íntimas, diante das quais a divulgação de imagens geralmente é abusiva.

Com o escopo de ilustrar esse entendimento, é forçoso novamente recorrer aos precedentes jurisprudenciais para ilustrar a casuística do tema. O Tribunal de Justiça do Rio de Janeiro, ao apreciar controvérsia pertinente à divulgação de fotos de um renomado médico enquanto ingeria bebidas alcoólicas em local público, considerou não representar qualquer ofensa à honra a mera captação das palavras, bem como dos gestos realizados:

> "CIVIL - IMPRENSA - INDENIZAÇÃO - MÉDICO - OFENSA POR FOTO E PALAVRAS QUE DARIAM IMPRESSÃO DE SE TRATAR DE PESSOA IRRESPONSÁVEL E ALCOÓLATRA DANOS MORAIS E MATERIAIS - IMPROCEDÊNCIA APELAÇÃO DO AUTOR.
>
> 1. Se a foto foi obtida às claras e com aparente anuência do retratado quando estava a bordo de uma lancha parada e com uma lata de cerveja na mão, sua divulgação não constitui ofensa à intimidade do retratado.

---

[20] DE CUPIS, Adriano. *Op. cit.*, p. 136.
[21] Acerca dos critérios a serem utilizados para a escorreita fixação da quantia devida a título de indenização por perdas e danos, mister conferir o REsp. 355.392/RJ. Terceira Turma. Rel: Min. Nancy Andrigui, Rel. para acórdão Min. Castro Filho. DJ 17.6.2002.

2. Se a matéria publicada se limita a repetir quase literalmente as palavras do entrevistado durante a conversa com os repórteres que previamente se identificaram como tal, sem emitir o jornal um juízo de valor sobre a pessoa do autor, a mera divulgação, ainda que em veículo de grande circulação, não constitui ato ilícito e por isso não gera direito à indenização por dano moral ou material.

3. Agravo Retido que a parte agravante não reitera nas razões ou contra-razões da Apelação é considerado renunciado e por isso dele não conhece o órgão Julgador.

4. Agravo Retido de que não se conhece e Apelação a que se nega provimento".[22]

Acerca da possibilidade de divulgação da imagem como forma de coibir determinadas práticas, tais como o consumo de drogas, acidentes de trânsito, campanhas antitabagismo e álcool, é imperioso registrar que a jurisprudência é pacífica no sentido de que a efígie não deve ser utilizada como forma de denegrir a honra ou expor o indivíduo ao ridículo, mas tão-somente subsidiar elementos que demonstrem a finalidade educacional. Nesse sentido, pois, a jurisprudência do Tribunal de Justiça do Rio de Janeiro ressaltou sobre a divulgação de fotos da efígie de uma famosa cantora, vítima de inúmeros insucessos de cirurgias plásticas:

"RESPONSABILIDADE CIVIL. AÇÃO INDENIZATÓRIA POR ALEGADA VIOLAÇÃO AO DIREITO À IMAGEM E À INTIMIDADE, EM DECORRÊNCIA DE MATÉRIA JORNALÍSTICA. AÇÃO PROPOSTA POR CONHECIDA E ATUANTE CANTORA.

Matérias que envolviam os sucessos e insucessos das cirurgias plásticas embelezadoras, alertando para seus riscos. Autora que é então citada como vítima do insucesso. Fotos dela, antes e depois, que ilustram a reportagem. Sentença que acolheu a pre-

---

[22] Tribunal de Justiça do Rio de Janeiro. Décima Sexta Câmara Cível. Rel: Des. Miguel Ângelo Barros. Julgado em 31.10.2002.

tensão tão-somente em relação à alegada violação do direito à imagem. Violação que é tida por inexistente. Direito à imagem que não é absoluto. Imagem divulgada dentro de um contexto jornalístico de inquestionável interesse público. Autora que era pessoa notoriamente conhecida. Posição da melhor doutrina, que entende que, na situação concreta, a imagem pode ser divulgada. Sentença que então se reforma. Provimento do 2º recurso, com o prejuízo do 1º ".[23]

Conclusão

A despeito de possíveis entendimentos ou decisões judiciais em sentido contrário, a regra a prevalecer, a exemplo do que concluiu o desembargador aposentado Milton Fernandes, é a seguinte: a) a ninguém é dado o direito de fixar e reproduzir imagem sem autorização do modelo; b) autorização não se presume, salvo casos particulares; c) autorização é limitada e seu objeto específico.[24]

As exceções foram suso lembradas.

---

[23] Tribunal de Justiça do Rio de Janeiro. Décima Câmara Cível. Rel: Des. José Carlos Varanda. Julgado em 4.11.2003.
[24] MILTON, Fernandes. Proteção civil da intimidade. *In: Revista do Instituto dos Advogados de Minas Gerais*, 1996, p. 268.

O DIREITO À PRIVACIDADE NAS RELAÇÕES FAMILIARES

CLAUDIO LUIZ BUENO DE GODOY[*]

> Sumário: Introdução. 1. Os direitos da personalidade. 2. O direito à privacidade. 3. A família e sua atual compreensão. 4. A privacidade nas relações familiares. Conclusão

Introdução

Firmou-se no sistema jurídico brasileiro, desde a Constituição Federal de 1988, e o que se reforçou pela edição do recente Código Civil, que lhe dedica um capítulo especial (arts. 11-21) – ainda que não sem criar alguns problemas específicos de compreensão, adiante ao menos mencionados, mas de toda a sorte ocupando-se de prever sua genérica tutela (art. 12) –, o entendimento de que à pessoa humana se reconhecem prerrogativas essenciais, que a distinguem e servem a elevar-lhe um valor intrínseco de dignidade, afinal do qual decorrem: são os assim chamados direitos da personalidade.

---

[*] Juiz de Direito. Mestre e Doutor em Direito Civil pela PUCSP. Professor dos Cursos de Pós-Graduação da Universidade Mackenzie e da Fundação Getúlio Vargas. Professor da FAAP (Fundação Armando Álvares Penteado). Professor do Curso Preparatório para Concursos – CPC).

Dentre eles, consagra-se a prerrogativa do ser humano de ver assegurada sua privacidade, de resto tantas vezes violada, subalternizada sobretudo em um tempo de massificação e globalização da informação, em que sobrelevam os meios imediatos de comunicação entre pessoas e povos.

Certo que, como qualquer direito, relativiza-se mesmo essa faculdade essencial diante de tantas outras, corolário até da constatação evidente de que o implica a própria convivência social. Por outra, as relações humanas impõem uma natural tensão aos diversos raios de extensão que pode ter a privacidade. Pense-se, por exemplo, no confronto tão freqüente entre o direito à privacidade e o direito de informação, de resto vocacionados ao conflito, ao mesmo tempo em que derivam, ambos, do mesmo valor fundamental que é a dignidade da pessoa humana.

Pois neste trabalho intenta-se, justamente, analisar o âmbito de proteção da privacidade em relações especialmente próximas, como são as familiares, nas quais avultam deveres que com aquela concorrem. A relação entre marido e mulher, entre companheiros, entre pais e filhos ou entre irmãos provoca, por suas singulares características, e mesmo pela especial compreensão que – de novo por imperativo da dignidade humana, dado axiológico básico do sistema jurídico pátrio – hoje se lhe reserva, e o que se verá, uma natural perplexidade diante da extensão da tutela da esfera reservada do indivíduo. As indagações são múltiplas. Poder-se-á cogitar de uma seara intangível de privacidade na vida em comum que o casamento ou a união estável significam? Posto se admita, como se defenderá, sua existência terá um raio de eficácia menor? Se sim, qual e mediante que critérios esta se estabelecerá? Imagine-se o vínculo entre pais e filhos, marcado pelos deveres de educação, correção e vigilância aos primeiros afetos: haverá aí espaço para a privacidade?

É o que se procurará examinar, nos limites do presente estudo.

1. Os direitos da personalidade

Emanação direta da dignidade humana, os direitos da personalidade constituem prerrogativas essenciais do indivíduo, que garantem e mesmo fomentam a expansão de suas potencialidades, portanto, que asseguram possa a pessoa humana se autodeterminar e se desenvolver enquanto tal. São direitos, na imagem de Adriano De Cupis,[1] que revestem a ossatura em que se consubstancia a personalidade em si, ou seja, aquela aptidão do ser humano para integrar relações jurídicas, mas que, de forma especial, servem justamente à particular tutela de suas irradiações primeiras, como a vida, a liberdade, a integridade física e psíquica e, afinal, a privacidade da pessoa.

Na verdade, antes, vem-se considerando hoje que haja mesmo um direito geral da personalidade, concebido como essa genérica e essencial prerrogativa, esse direito básico do homem ao respeito, em sua feição negativa, mas também à promoção, em seu aspecto positivo, de todos os elementos e expressões de sua personalidade, bem assim de sua unidade físico-psíquica,[2] de que seriam então decorrentes os direitos da personalidade, relativos a específicas áreas parcelares da personalidade humana, de suas projeções ou de manifestações especiais dessas projeções, para usar a expressão de Orlando Gomes,[3] tal qual a honra, a imagem ou, no que aqui interessa, a privacidade. Em diversos termos, na lição de Gustavo Tepedino,[4] ao erigir a dignidade humana como valor social fundamental (art. 1º, III), a Constituição Federal acabou explicitando uma cláusula geral de tutela e promoção da pessoa humana, a que servem, de maneira indissociável, os direitos da personalidade.

Em suma, e a exemplo do que se deu no sistema alemão, com a previsão dos artigos 1º, n. 1, e 2º, n. 1, da Lei Fundamental de 23 de maio de 1949, tem-se que a explicitação da dignidade humana como valor e, também, como princípio fundamental da República, pela Constituição, e em título preambular, logo precedendo os direitos e garantias individuais, acabou mesmo viabilizando a entrevisão de que ali está consagrado um direito geral da personalidade, cujo conteúdo está precisamente na faculdade reconhecida ao ser humano para desenvolver a integralidade de sua

---

[1] DE CUPIS, Adriano. *Os direitos da personalidade*. Trad. Adriano Vera Jardim e António Miguel Caeiro. Lisboa, Morais, 1961, p. 15.
[2] V, a respeito: CAPELO DE SOUZA, Rabindranath V. A. *O direito geral de personalidade*. Coimbra, Coimbra Editora, 1995, p. 93.
[3] GOMES, Orlando. Direitos da personalidade. *Revista Forense*. Rio de Janeiro, n. 216, p. 5-10, 1966.
[4] TEPEDINO, Gustavo. *Temas de direito civil*. Rio de Janeiro, Renovar, 1999. p. 48.

personalidade, de seus elementos globais, e a que se prestam as prerrogativas daí derivadas – derivadas, enfim, desse direito-fonte – que são, a rigor, os direitos da personalidade.[5]

É bem de ver todavia que, a despeito desta possível compreensão, no tecido constitucional, de um direito geral da personalidade, o ordenamento brasileiro, inclusive desde a própria Constituição, como se depreende da redação de seu artigo 5º, optou por elencar específicos direitos da personalidade, laborando no que se convencionou chamar de tipologia dos direitos da personalidade, mas sempre sem pretensão exaustiva, de resto como se fez inserir no parágrafo 2º do mesmo artigo 5º, da CF/88.

Mas, de toda a sorte, são direitos, estes da personalidade, sem os quais não se atende à exigência constitucional de preservação e fomento das virtualidades humanas, portanto condição cuja ausência priva a pessoa do quanto essencial a sua autonomia e desenvolvimento. Se a dignidade humana é valor fundamental do sistema, e se constitui um núcleo do assim chamado direito geral da personalidade, os direitos da personalidade, autonomizados em tipologia exemplificativa, a ele se reconduzem e, destarte, significam, igualmente, fator de preservação e, mais, de expansão do ser humano, assim não se podendo reduzi-los a uma perspectiva negativa, como se fosse a única vertente da dignidade, de imposição de um dever passivo universal de respeito, importando, também, numa função promocional, positiva, de garantia de condições básicas de um mínimo existencial, inclusive diretamente exigível.[6] E o fato é que essa dupla função se cumpre pela força de afirmação da completude física e moral do indivíduo que está nos direitos da personalidade, enfeixados pelo valor eminente da dignidade humana.[7]

A propósito, defendeu-se mesmo que os direitos da personalidade fossem inatos, longe, destarte, de representarem uma mera concessão estatal, embora não se haja de negar o quão conveniente, a sua efetividade, seu

---

[5] Cf. sustentei in *A liberdade de imprensa e os direitos da personalidade*. São Paulo, Atlas, 2001, p. 30.
[6] A todo este respeito, acerca dessa função positiva e promocional da dignidade e dos direitos dela derivados, conferir: PERLINGIERI, Pietro. *La personalità umana nell'ordinamento giuridico*. 2ª ed. Nápolis., ESI, 1982, p. 40 FARIAS, Edilsom Pereira de. *Colisão de direitos*. Porto Alegre, Sérgio Fabris, 1996, p. 45-50. BARCELLOS, Ana Paula de. *A eficácia jurídica dos princípios constitucionais: o princípio da dignidade da pessoa humana*. Rio de Janeiro, Renovar, 2002, p. 305.
[7] Cfr.: CANOTILHO, J. J. Gomes. *Direito constitucional*. 6ª ed. Coimbra, Almedina, 1996, p. 363.

reconhecimento pelo sistema positivo, além da função pedagógica que assim, quando positivados, podem desempenhar na vida em sociedade.[8] Trata-se da tese naturalista acerca da origem dos direitos da personalidade, não infensa a críticas,[9] muito embora, na justa observação de Fábio Konder Comparato,[10] emprestar-lhes índole positivista signifique olvidar a básica característica, com que se assentaram, em sua primeira geração – a que hoje se acrescem, em *gerações* ou *dimensões* subseqüentes, os direitos sociais, econômicos e metaindividuais – de oponibilidade contra o Estado, contra a interferência do corpo estatal que, ademais, e ainda na lembrança do mesmo autor, pode reconhecer mas também pode suprimir prerrogativas contidas no sistema positivo, todavia não do cabedal de direitos que se reputem básicos e coessenciais à pessoa humana, já desta forma tuteláveis. Aliás, nessa esteira, oportuna a advertência de Bobbio[11] no sentido de que, hoje induvidosos em sua existência, mais importante que justificar os direitos fundamentais do homem é protegê-los, torná-los plenos de eficácia, até por faltar plena igualdade entre homens sem mesma potencialidade de exercício de seus direitos básicos.[12]

Quanto à terminologia desses direitos de que ora se cuida, a equivocidade foi sempre a tônica. Ora chamados de direitos inatos, direitos essenciais – aqui bem ao sabor da tese naturalista acerca de sua natureza –, direitos sobre a própria pessoa, direitos personalíssimos, direitos individuais, direitos humanos ou direitos fundamentais, dentre estes últimos diferenciando-os Fábio Konder Comparato[13] de acordo com a doutrina alemã, segundo a qual fundamentais são os direitos humanos positivados nas Constituições, leis ou tratados, optou-se, no novo Código Civil, por se os denominarem direitos da personalidade, mas decerto que humanos e fundamentais, aliás neste ponto tal como nominados no artigo 5º da Constituição Federal de 1988.

---

[8] Neste sentido a lembrança de: COMPARATO, Fábio Konder. *A afirmação histórica dos direitos humanos.* 2ª ed. São Paulo, Saraiva, 2001, p. 56.
[9] Sobre a tese positivista, ver, por todos, DE CUPIS, Adriano. *Op. cit.*, p. 13.
[10] *Op. cit.*, p. 56-57.
[11] BOBBIO, Norberto. *A era dos direitos.* Trad. Carlos Nélson Coutinho. 9ª ed., Rio de Janeiro, Campus, 1992, p. 23.
[12] A propósito, conferir: LAFER, Celso. *A reconstrução dos direitos humanos.* São Paulo, Companhia das Letras, 1988, p. 146-166.
[13] *Op. cit.*, p. 56.

Cabe, todavia, a ressalva de que a novel legislação civil ocupou-se de aludir tão-somente a alguns direitos da personalidade, como o direito ao próprio corpo, vivo (arts. 13 e 15) e morto (art. 14) – criando ou mantendo dúvidas acerca da exata extensão da respectiva disponibilidade, por exemplo quando se examina a questão do constrangimento de alguém à submissão a tratamento cuja falta importe em risco de vida (art. 15) –, direito ao nome (art. 16), direito à imagem (art. 20) – mas no texto vinculando a sua tutela somente diante da publicação, exposição ou utilização, mas não da captação,[14] e sempre que afrontosa à honra, conceito autônomo, ou quando se destinar a fins comerciais, portanto aparentemente reduzindo a sua proteção[15] – e, por fim, o direito à vida privada (art. 21), de que neste estudo se tencionar tratar. Ao menos, porém, fixou o Código Civil de 2002 a genérica tutela de qualquer direito da personalidade (art. 12), estendendo-a para depois da morte (parágrafo único), portanto nem só daqueles tipificados em seu texto normativo, nem mesmo só daqueles tipificados no artigo 5º da Constituição, eis que ali não erigida uma enumeração exaustiva (parágrafo 2º).

Vale, por fim, apenas realçar que a proteção do novo Código aos escritos da pessoa não se coloca no âmbito do direito à imagem, como se poderia depreender da redação do artigo 20, mas sim na seara do direito autoral, se eles possuem valor literário, ou, justamente, no campo do direito à privacidade, se lhes falta aquela característica.

E especificamente da privacidade é que se passa a tratar.

2. O DIREITO À PRIVACIDADE

Também acerca desse específico direito, de resto tal como ocorre com a própria denominação dos direitos da personalidade, em gênero,

---

[14] Ver, a respeito, crítica de: JABUR, Gilberto Haddad. *Liberdade de pensamento e direito à vida privada*. São Paulo, RT, 2000, p. 300.

[15] De novo vale a crítica de Gilberto Haddad Jabur (*op. cit.*, p. 301-302), no sentido de que pode haver afronta à imagem sem simultânea ofensa à honra ou sem que a conduta indevida se volte a fins comerciais. De fato, pense-se em alguém que autoriza a utilização de sua imagem em determinada campanha publicitária e, depois, a veja explorada em campanha outra, mesmo que de fins não comerciais.

conforme o que se vem de examinar, grassa grande divergência terminológica, tanto mais quando, na Constituição Federal, se garante a tutela, no artigo 5°, inciso X, da intimidade e da vida privada, assim induzindo à crença de que sejam conceitos diferentes.

Já o novo Código Civil, de seu turno, no artigo 21 assentou inviolável a vida privada, sem aludir, separadamente, à intimidade, impondo ao juiz a adoção de providências que façam cessar a respectiva vulneração.

Na verdade, quer parecer haja, mesmo se entenda de efetuar uma distinção entre vida privada, intimidade e até mesmo segredo, um traço comum naquilo que, genericamente, se pode chamar de direito à privacidade. É, como diz José Afonso da Silva,[16] a faculdade que se deve garantir à pessoa, forçosa expressão de sua autodeterminação e premissa para desenvolvimento de sua personalidade, de uma reserva sobre dados ou informações que deseje manter sobre seu exclusivo controle, ou, enfim, que tencione manter longe da indiscrição alheia. Com efeito, toda a base da tutela à privacidade, tal qual anota Costa Andrade,[17] está no intuito de evitar a indiscrição sobre dados da pessoa humana, portanto garantindo-se-lhe a prerrogativa de subtrair da observação alheia fatos, eventos de sua vida particular. Isto sobretudo como forma, na arguta observação do mesmo autor, de assegurar ao indivíduo *"uma margem necessária ao cultivo da liberdade e da emotividade, da contra-cultura e da 'desmodernização', cada vez mais reclamada face às exigências crescentes da 'hipermodernização'. E, por vias disso, protege o indivíduo do perigo de sucumbir física e psiquicamente ante a avalanche de ruídos e estímulos da sociedade moderna"*.[18] Bem de ver, então, o quanto a preservação deste espaço de não-devassa importa ao ser humano, em um tempo em que a massificação da informação lhe impõe, incessantemente, valores e condutas padronizadas, foco, sempre, de potencial risco ao pleno exercício do direito – hoje reconhecido como de quarta geração, depois das liberdades individuais, dos direitos econômico-sociais e dos direitos transindividuais – à diferença, do direito a ser diferente.

---

[16] SILVA, José Afonso. *Curso de direito constitucional positivo*. 5ª ed. São Paulo, RT, 1989, p. 183.
[17] ANDRADE, Manuel da Costa. *Liberdade de imprensa e inviolabilidade pessoa*. Coimbra, Coimbra Editora, 1996, p. 104.
[18] *Op. cit.*, p. 89.

Por isso, inclusive, é que, como aponta José Adércio Leite Sampaio,[19] na base do direito à intimidade e à vida privada há um conteúdo principiológico comum, que está na preservação fundamentalmente de um direito de liberdade. Ou seja, a seu ver não há como procurar um conceito ou um conteúdo para a intimidade e a vida privada sem recorrer à idéia de uma *liberdade de não-intromissão e de autonomia*, concernente a aspectos da vida pessoal do indivíduo. Garante-se, pois, com a determinação da inviolabilidade de certos dados da vida da pessoa, sua liberdade de auto-determinação, de tomada de posições ou decisões, sem o que se lhe tolhe a dignidade que está no centro e é o fim de todo o ordenamento.

De maneira geral, costuma-se identificar, como objeto do direito à privacidade, a tutela de dados da pessoa que digam com suas crenças, confidências, pensamentos, hábitos, sua vida afetiva, familiar, negócios particulares, porém necessariamente numa exemplificação não exaustiva – a tanto bastando constatar que por vezes até informações sobre o patrimônio imobiliário de alguém, cadastrados em registro público, conforme o tratamento que recebem, a utilização que lhes seja dada, podem ser móvel de respectiva afronta.[20] Ou seja, qualquer apriorístico elenco de dados cobertos pelo direito à privacidade não esgota o que, afinal, é um conceito aberto, cujo conteúdo deve variar em função do titular da prerrogativa em exame e de sua situação, de sua inserção histórico-cultural. Por outra, não há um domínio fixo e estável em que se possa situar a privacidade, forçosamente relativizada pelas contingências subjetivas e objetivas, de espaço e tempo, que a circundam, ou que moldam a realidade em que ela se projeta. Na análise de Costa Andrade,[21] não é possível, *a priori*, referenciar um universo de eventos ou experiências imutáveis e definitivamente marcantes da vida privada, ou que sejam a ela pertinentes. Haverá sempre uma flutuação material em função de quem seja o titular do direito e do ambiente em que ele se coloca.

---

[19] SAMPAIO, José Adércio Leite. *Direito à intimidade e à vida privada*. Belo Horizonte, Del Rey, 1998, p. 259.
[20] Neste sentido: KAYSER, Pierre. *La protection de la vie privée par le droit*. Paris, Economica, 1995, p. 290-293.
[21] *Op. cit.*, p. 94.

Mas o que importa, antes, é o reconhecimento da existência, sempre, de um espaço residual de não-devassa da vida pessoal e particular do indivíduo, sem o que, como se viu, manca condição própria a seu desenvolvimento como e enquanto pessoa humana, faltando pressuposto básico para autodeterminação e expansão de suas virtualidades, de suas potencialidades, que o distinguem e diferenciam. Não por outro motivo é que já a Declaração Universal dos Direitos do Homem, de 1948, consagrou, textualmente, a tutela da privacidade, da vida privada, da família, do domicílio e da correspondência da pessoa (art. 12.1), afora o que, na mesma senda, previram inúmeras outras convenções internacionais[22] e o que de resto, se levou também à Constituição de diversos dos países signatários, como sucedeu, por exemplo, com a lei maior portuguesa (art. 26) e espanhola (art. 18.1). Nada diferente, afinal, do que acabou constando do inciso X do artigo 5º da Constituição brasileira.

Certo porém que, se em nosso texto maior se entendeu de aludir, separadamente, à vida privada e à intimidade, impende então referir em que medida boa parte da doutrina distingue esses conceitos. E diz-se que parte da doutrina por não faltarem aqueles que defendem uma sinonímia conceitual ou, quando menos, uma indiferença operacional na separada menção aos dois institutos.[23]

Segundo alguns com origem na jurisprudência do Tribunal Constitucional Federal alemão,[24] de toda a sorte seguida por inúmeros autores,[25] foi sempre comum o recurso à chamada teoria dos círculos concêntricos, dos raios, dos três graus ou das três esferas para distinguir vida privada e intimidade. Ou seja, haveria, dentro do conceito de vida privada – encerrando, ela própria, um raio mais extenso –, uma esfera mais restrita, a da intimidade e, depois, ainda um grau menor, em que se conteria o direito ao segredo. Por outra, no âmbito maior da vida privada haveria um núcleo menor de tutela à intimidade, mesmo diante de

---

[22] Sobre este movimento de internacionalização do direito à privacidade, ver: SAMPAIO, José Adércio Leite. *Direito à intimidade e à vida privada*. Belo Horizonte, Del Rey, 1998, p. 73-83.
[23] A respeito, ver, por todos, a exemplificação recolhida por José Adércio Leite Sampaio (*Op. cit.*, p. 265), com especial alusão à doutrina dos países de língua espanhola.
[24] Veja-se, neste sentido, o escorço histórico de: ANDRADE, Manuel da Costa. *Op. cit.*, p. 95.
[25] Cfr. exemplificação que se pode conferir em: DOTTI, René Ariel. *Proteção da vida privada e liberdade de informação*. São Paulo, Revista dos Tribunais, 1980, p. 68.

pessoas das relações privadas do indivíduo e, por fim, um espaço ainda mais indevassável que seria o do segredo, quer da comunicação, da correspondência, quer do domicílio ou de dados profissionais. Portanto, o resguardo se faria a partir de limites mais ou menos extensos, a rigor como se houvesse uma relação de gênero e espécie entre vida privada, intimidade e mesmo o segredo.

Sem embargo das críticas à pretensa artificialidade da teoria dos círculos concêntricos, de raios de extensão cada vez menos extensos, mas com fronteiras pouco definidas,[26] colhe-se afinal da doutrina forte entendimento de que, a rigor, a intimidade envolve sempre uma esfera de maior reserva, porquanto a salvo da intromissão mesmo de pessoas da vida de relações próximas, da vida privada do indivíduo,[27] abrangendo até o direito de estar só (o *right to be alone*, do direito norte-americano, desenvolvido sobretudo após famoso artigo, publicado na *Harvard Law Review*, em 15 de dezembro de 1890, de Samuel Warren e Louis Brandeis, depois juízes da Suprema Corte). Em diversos termos, como sustenta Tércio Sampaio Ferraz Jr.,[28] a vida privada implica na proteção de formas que são, porém, de forçosa convivência, um viver com os outros, ao passo que a intimidade encerra um âmbito exclusivo, sem repercussão social, que alguém delibera excluir mesmo do alcance de sua própria vida privada.

A bem dizer, contudo, parece mais se adequar à própria origem terminológica de ambos os termos a idéia, defendida, por exemplo, por José Adércio Leite Sampaio,[29] no sentido de que a intimidade, do latim *intimus*, a significar íntimo, interior, sigiloso, induza, de toda sorte, em sua raiz, a perspectiva relacional, intersubjetiva, o exame a partir da convivência com outrem, posto que excluídos do conhecimento desses dados íntimos. Já a vida privada, de seu turno, derivada do *privatus*, a designar algo particular, próprio, pessoal, está a indicar o isolamento, a distância. Por isso

---

[26] Sobre essas críticas, verificar as remissões a que procedi em: *A liberdade de imprensa o os direitos da personalidade*, cit. p. 49-50. Ver ainda: SAMPAIO, José Adércio Leite. *Direito à intimidade e à vida privada*. cit. p. 251.
[27] Cfr.: COSTA, Paulo José. *O direito de estar só: tutela penal da intimidade*. São Paulo, Revista dos Tribunais, 1970, p. 32.
[28] FERRAZ JR. Tércio Sampaio, "Sigilo de dados: o direito à privacidade e os limites à função fiscalizadora do Estado". *Cadernos de direito constitucional e ciência política*. São Paulo, v. 1, p. 79, out./dez., 1992.
[29] *Op. cit.*, p. 260.

é que, para o mesmo autor, a vida privada desafia uma compreensão muito mais ligada à autonomia privada e à noção de livre desenvolvimento da personalidade, materializadas na liberdade sexual, da vida e das escolhas familiares, na liberdade ao domicílio, enfim, na liberdade de organizar a própria vida e mesmo a própria morte.[30] A intimidade, de outra parte, impõe a faculdade de controle das informações emitidas e recebidas, a liberdade que se viola com a devassa, com o conhecimento e difusão de dados pessoais do indivíduo, posto que não necessariamente sigilosos, de modo então a afrontar seu espírito de paz e tranqüilidade.[31]

Na mesma senda, sustenta Jean Carnonnier que o direito à vida privada implica no próprio modo de vida da pessoa, suas escolhas, enquanto a intimidade envolve um espaço de resguardo que obriga os demais a deixarem-na tranqüila, em paz.[32]

3. A família e sua atual compreensão

Sem dúvida que, ao longo dos últimos anos do século XX, especialmente com o advento da nova Constituição Federal, mas consolidando passos que, paulatinamente, a legislação esparsa já ensaiava, modificou-se, em sua estrutura e função, o panorama da família no direito brasileiro.[33]

De início assentada exclusivamente sobre o casamento, a família não se constituía, legitimamente, de qualquer outra forma. A par de herança de conteúdo moral, impunha-se, em um sistema econômico, próprio do tempo da elaboração do CC/16, que ocupou o último ano do século XIX,[34] fundado na produção agrária, desenvolvida na propriedade agrícola, que passava de pai a filho, preservar esse patrimônio no mesmo tronco familiar.

Nesse quadro, se afinal não se concebiam relações familiares legítimas

---

[30] Idem, p. 269-342.
[31] Idem, p. 347-359.
[32] CARBONNIER, Jean. *Droit civil: les personnes*. Paris, Presses Universitaires de France, 1992, p. 127-128 (thémis droit privé, 1).
[33] Para um retrato do contexto normativo em que são inseridas as relações familiares e de sua evolução, ver: TEPEDINO, Gustavo. A disciplina civil-constitucional das relações familiares. In: *Temas de direito civil*. Rio de Janeiro, Renovar, 1999, p. 347-366.
[34] Sobre história da elaboração do projeto de CC/16, ver: BEVILAQUA, *Código Civil Comentado*. Rio de Janeiro, Liv. Francisco Alves, 1936, v.1, p. 20-31.

fora do casamento, então era coerente a preocupação de se preservá-lo a qualquer custo, mesmo que ao custo da realização pessoal dos cônjuges. Daí a previsão da indissolubilidade do casamento e mesmo a consagração legal de que um chefe o dirigia, instrumento, é certo, à garantia de sua unidade, posto que formal.

Por conseguinte, a esse poder marital se submetia a mulher casada, originariamente dotada de capacidade relativa, apenas, isto, frise-se, até o Estatuto da Mulher Casada (Lei 4.121/62), tanto quanto se sujeitavam os filhos, longe de exercerem qualquer efetiva e tutelada participação em seu próprio processo educativo.

Assim que ao homem cabiam todas as decisões sobre a vida familiar. A ele tocava desde a deliberação de fixação do domicílio conjugal até a administração dos bens, inclusive os particulares da mulher (art. 233 do CC/16). No concernente aos filhos, igualmente acerca de cuja educação decidia, basicamente, o pai, de toda a sorte mancava qualquer comprometimento maior da anterior legislação com um regramento erigido sob perspectiva que não fosse, no fim, de verdadeira submissão dos infantes, ainda que a pretexto de se os proteger.

Pois foi todo esse eixo da sistemática legal da família que mudou, fundamental e definitivamente, com a Constituição Federal de 1988. Isso a partir, primeiro, do estabelecimento ou, antes, do reconhecimento de que todo o ordenamento se funda num valor básico, que é a dignidade da pessoa humana. O dado axiológico central a que se volta o tecido normativo está no ser humano, em seu valor intrínseco e levado para o texto constitucional ao nível de princípio fundante da República Federativa do Brasil (art 1º, III). Destarte, a ele passou a se conformar, necessariamente, a estrutura normativa também da família e, dentro de seus lindes, do casamento, merecedor de singular tutela desde que enriquecido por um conteúdo imaterial de afetividade, a cuja promoção serve, sendo esta mesmo sua função social – a de promoção do *status* existencial dos cônjuges, ao desenvolvimento de sua personalidade, enfim, de sua dignidade.[35]

Nessa mesma esteira, quando se dedicou a traçar as diretrizes fun-

---

[35] PERLINGIERI, Pietro. *Perfis do direito civil*. Trad. Maria Cristina de Cicco. Rio de Janeiro, Renovar, 1999, p. 252.

damentais da família, a Constituição Federal, depois de reconhecê-la como a base da sociedade, móvel de especial proteção do Estado, admitiu que outras formas de relação humano-afetiva a induzissem, além do casamento, assim identificando entidade verdadeiramente familiar também na união estável e na família monoparental, aquela mantida por qualquer dos ascendentes e seus descendentes (art. 226, parágrafos 3º e 4º). Mais, preocupou-se em reconhecer à criança e ao adolescente direitos básicos com prioridade absoluta, dentre os quais o direito à dignidade, ao respeito e à liberdade (art. 227). Não por outro motivo, de resto, a superveniência do chamado Estatuto da Criança e do Adolescente (Lei n. 8.069/90) veio a confirmá-lo, especificando estas mesmas prerrogativas, fundamentalmente nos artigos 15 a 18, e, destarte, na relação com os pais, *"transformando o filho (antes mero objeto) em protagonista do próprio processo educacional"*.[36]

Especificaram-se, enfim, direitos que, a rigor, são expressão direta da dignidade humana, apenas que projetados às relações familiares. O que portanto se verifica, no que basicamente interessa ao presente estudo, é que as relações familiares alcançaram um estado diferente, conformado antes de tudo à exigência constitucional de valorização da pessoa humana, de acordo com o que se dispõem e se interpretam as normas de regência do direito de família. Abandona-se uma ordenação fulcrada na hierarquia e na maximização do potencial econômico da família, para normatizá-la de modo a pressupor que em suas relações haja um necessário componente existencial, um forçoso prestígio à dignidade de qualquer de seus membros.

Natural, destarte, que esse quadro se tenha refletido na normatização do vínculo entre os cônjuges – o que também se aplica aos companheiros. Sua relação passa a se pautar não mais pelo tom hierárquico, do comando marital, mas sim por uma igualdade de direitos e deveres (art. 226, pr. 5º, da CF/88) que os faz parceiros numa empreitada válida enquanto palco para desenvolvimento de uma relação de afetividade e, assim, de fomento ao desenvolvimento da personalidade dos parceiros. Da mesma forma, já quanto à filiação, compreende-se-a longe de um estado de sujeição da

---

[36] TEPEDINO, Gustavo. *Op. cit.* p. 353.

criança e do adolescente, afinal dotados também de uma dignidade inerente que deve ser preservada e desenvolvida, o que afinal dá novos contornos a suas prerrogativas e mesmo novo desenho ao poder familiar que toca a seus pais.

Pois toda essa nova tábua axiológica que suporta as relações familiares determina, segundo se entende, uma recompreensão, uma releitura mesmo da própria idéia e extensão da privacidade nas relações familiares. Entende-se inclusive que algumas afirmações a propósito sempre repetidas precisem ser revistas, à luz do atual perfil constitucional da relação familiar. É o que agora se passa a analisar.

4. A privacidade nas relações familiares

Decerto que é muito mais comum tratar da privacidade quando se cuida justamente de proteger a vida familiar da devassa, da interferência não desejada, da indiscrição alheia. Porém, insta examinar até que ponto se pode identificar uma privacidade entre os próprios integrantes dessas relações, afinal já marcadas, no núcleo familiar mais restrito, ao menos, por uma proximidade intrínseca, um cotidiano repartido, o que de algum modo torna especial o campo de reserva que uma pessoa pode manter para si, longe do conhecimento de conviventes mais íntimos.

É o que se dá e o que se examinará, mais especificamente, porquanto mais problemáticas, nas relações entre os cônjuges – o que se aplica aos companheiros – e entre os pais e os filhos submetidos, ainda, ao poder familiar. Isso porquanto, mesmo diante de um convívio próximo, menos duvidosos os raios ou lindes de tutela da privacidade certamente existente entre irmãos, só para exemplificar com o caso de relação mantida ainda dentro do núcleo restrito da família.

Evidente que aos **cônjuges e companheiros** se reconhece uma esfera de privacidade, aqui tomada em seu sentido amplo, a respeito valendo remissão ao quanto, a propósito, desenvolvido no item 2. Certo que a união de vida que o casamento implica, e que é mesmo seu conteúdo e objetivo (art. 1.511 do CC/02), não diferente, neste ponto, da união estável (art. 1.723, parte final, do CC/02), não leva ao extremo de se aceitar que a cada qual dos parceiros não se admita uma esfera pessoal indevassável, posto se possa ostentar sempre menos extensa, se enfim vivem aquela comunhão plena de espírito e corpo.

Em outras palavras, não se nega que aos cônjuges, e a qualquer deles – portanto muito menos se podendo atualmente reconhecer que ao homem o caberia, pelo exercício de uma hoje inexistente chefia da sociedade conjugal, em que à mulher casada não se reconhecia mais que uma capacidade jurídica relativa –, seja inviável deferir a possibilidade de irrestrita interferência nos múltiplos aspectos que a privacidade do outro abrange. Assim, não é de se admitir que o cônjuge perca, pelo casamento, ou o companheiro, pela união estável, a completa deliberação sobre suas escolhas pessoais ou o controle das informações que lhe digam respeito, dados que, como se verificou no item 3, integram o conceito amplo de privacidade. Aliás, e na esteira do que lá se identificou, é o que também para Manoel Gonçalves Ferreira Filho[37] constitui as duas faces da privacidade: a liberdade de conduzir a própria vida e o segredo em suas várias projeções.

Contudo, é bem de ver que homem e mulher, quando compartilham uma vida afetiva comum, na formalidade do casamento, que lhe é inerente e lhe dá uma publicidade natural, ou na informalidade da união estável, submetem-se a uma gama de direitos e deveres recíprocos, corolário da comunhão a que se lançam, indutiva de uma necessária especificação da privacidade que lhes é reservada. E aí o ponto diferencial deste direito da personalidade, ou de sua extensão, quando examinado no desenvolvimento da relação familiar conjugal ou do companheirismo. Até porque, como é bom não olvidar, e de novo consoante já enfrentado no item 2, a privacidade envolve um conceito variável em função das circunstâncias do caso e condições das pessoas nele inseridas.[38]

---

[37] FERREIRA FILHO, Manoel Gonçalves. *Aspectos do direito constitucional contemporâneo*. São Paulo, Saraiva, 2003, p. 297-299.
[38] ASCENSÃO, José de Oliveira. A reserva da intimidade da vida privada e familiar. In: *O direito civil no Século XXI*. Coord.: DINIZ, Maria Helena; LISBOA, Roberto Senise. São Paulo, Saraiva, 2003, p. 317-334.

Se no direito à privacidade se compreende a garantia de liberdades básicas de escolha sobre a própria vida, por exemplo como a liberdade sexual ou de fixação de domicílio, havido o casamento ou a união estável, tais prerrogativas se devem compreender, forçosamente, à luz da comunhão de vida que aquelas formas de relação afetiva induzem. Veja-se, por exemplo, que a entrega sexual constitui um dever reconhecido do cônjuge, que se compreende na vida em comum referida pelo artigo 1.566, II, do CC. Verdade que a rigor se trata de resultante de ato expressivo de uma liberdade básica, a do próprio casamento. Porém, mesmo assim, frise-se, a exigência deste direito de coabitação do cônjuge, por certo, não se dá de forma coativa. Recusado o encontro sexual, abre-se a possibilidade da separação, tão somente. O que significa então dizer que até quando se erige, no casamento, o dever de coabitação, reserva-se ainda um espaço de liberdade fundamental, de escolha pessoal, posto convertida numa infração conjugal, cuja sanção, repita-se, não é jamais a submissão forçada do parceiro ao encontro sexual.

Da mesma forma, a liberdade de fixação do próprio domicílio, quando se trata da pessoa casada, não se aprecia sem se considerar, de novo e antes de tudo em virtude do exercício da liberdade de se casar, a necessidade de uma deliberação conjunta. A ambos os cônjuges – e não mais ao marido – cabe a comum escolha do domicílio conjugal (art. 1.569, do CC/02), ainda se permita o recurso ao juiz no caso de divergência (art. 1.567, parágrafo único, do CC/02). E também aí a recusa do cônjuge poderá configurar quebra de dever conjugal, ou mesmo abandono de lar, com as conseqüências de lei, tal qual a possibilidade da separação, a perda da administração dos bens do cônjuge falecido, a vedação à inventariança, mas nunca a sujeição física à permanência no domicílio fixado, mesmo judicialmente. Novamente um espaço indevassável, malgrado reduzido pela voluntária submissão aos deveres institucionais do casamento, portanto mercê dos quais se examinam estes aspectos todos da privacidade dos cônjuges.

Entretanto, talvez o campo mais fértil de divergência esteja na questão do segredo das informações do cônjuge ou companheiro, diante de seu parceiro. E não porque não se o reconheça, em princípio, mas porque se discute se acaso vulnerável ante a verificação justamente da existência da quebra de específico dever conjugal, como é o de fidelidade.

Já na década de setenta alertava Mílton Fernandes,[39] anotando ser tendência do direito civil moderno, que sedimentado, na jurisprudência francesa, o entendimento de que ao marido não era dado devassar a correspondência ou a comunicação telefônica da mulher, mesmo para provar o adultério, salientando que meios outros de prova, que não a escuta clandestina, existiriam de modo menos incompatibilizado com a intimidade de cada qual. Tudo porque, a bem dizer, em que pese a vida em comum conjugal, como lembra Maria Helena Diniz,[40] forte na lição de Enneccerus, Kipp e Wolff, ao marido e à mulher, na co-gestão da sociedade conjugal, não se deferem poderes de intervir na vida do outro a ponto de impingir-lhe uma dada forma de agir, impondo-lhe vestimentas, leituras, impedindo-o de freqüentar, de visitar parentes, por exemplo, e, enfim, de devassar a sua correspondência.

Fato é porém que assim nem sempre se entendeu e nem sempre ainda se entende. Por exemplo acórdão do Tribunal de Justiça do Rio de Janeiro, datado do ano de 1983, da lavra do Desembargador Barbosa Moreira, sustentou, na hipótese fática em julgamento, a legalidade e legitimidade da prova obtida pelo marido por meio da interceptação não consentida da comunicação telefônica de sua mulher, ao argumento de que a proporcionalidade imporia, no caso concreto, um juízo de ponderação dos interesses em jogo, de modo a abstrair a ilegitimidade da obtenção da prova a bem da preservação de valor outro igualmente relevante que, de outra maneira, restaria sacrificado. Mesmo à luz da intimidade, sustentou-se não se lhe poder reconhecer um caráter absoluto, por isso que também ponderável diante do interesse de garantia da fé conjugal. Asseverou-se, enfim, que *"a adoção de medidas de vigilância e fiscalização, por um cônjuge – por qualquer deles, convém salientar – em relação ao outro pode, sem dúvida, revelar-se moralmente reprovável (quando não constitua mero sintoma de estado mental patológico) e até configurar injúria grave ao cônjuge 'espionado' se se resolve em inútil e arbitrária imposição de vexame, que nenhum dado objetivo justifica. Mas a valoração mudará se houver motivos sérios para que se suspeite da prática de atos incompatíveis com o resguardo da fé conjugal. Em casos tais, não*

---

[39] FERNANDES, Mílton. *Proteção civil da intimidade.* São Paulo, Saraiva, 1977, p. 145-146 e 216-217.
[40] DINIZ, Maria Helena. *Curso de direito civil.* 19ª ed. São Paulo, Saraiva, 2004, 5° v., p. 132.

repugna forçosamente à ética a utilização, pelo cônjuge que receia, com algum fundamento, estar sendo ofendido, ou na iminência de o ser, dos expedientes a seu alcance para inteirar-se da verdade e registrá-la".[41]

Dir-se-á que o aresto é vetusto, anterior à Constituição Federal de 1.988. Veja-se, contudo, a uma, que seu próprio texto alude a acórdão ainda anterior, do Supremo Tribunal Federal, datado de 1977, mas já que dera, frise-se, pela inadmissibilidade de gravações clandestinas, feitas pelo marido, de ligações da mulher, ainda que, no caso, ambos não mais residissem juntos, mas lá observando-se, por transcrição do parecer ministerial, que o deslinde não seria outro se ainda convivessem.[42] A duas que, mais recentemente, no Superior Tribunal de Justiça, renovou-se a discussão, votando, vencido embora, e é bom que se diga, o Min. Vicente Cernicchiaro, esposando a tese da possibilidade da gravação feita por qualquer dos cônjuges, para prova da infidelidade conjugal.[43]

Não se nega que os direitos da personalidade, dentre os quais o direito à privacidade, sejam relativos, sujeitos ao princípio da proporcionalidade e, assim, objeto de necessária ponderação, pela técnica do *ad hoc balancing*, quando confrontados com direitos outros, interesses ou valores igualmente relevantes, para solução da real antinomia que a respeito se instaure. Isto, até, alhures já se defendeu.[44] Mais, não se questiona mesmo que, outrora, quando outro era o regramento do casamento, fosse válida a tese da proporcionalidade para confrontar a interceptação referida com a preservação da fé conjugal. O que se crê, todavia, é que, justamente nesta ponderação, hoje não mais se justifique o sacrifício à privacidade para prova e, destarte, efetivo e proveitoso exercício do direito constitucional de ação, mediante adequada administração da Justiça pelo Estado, frente a ilícito conjugal praticado pelo marido ou pela mulher.

Explica-se. Atualmente, como já se disse quando se examinou o tema, no item 3, o casamento não vale por si, como se fosse uma instituição formal, apenas, vazia de conteúdo, mas que precisasse ser preservada a qual-

---

[41] TJ-RJ, Ag. Inst. n. 7.111, 5ª Cam., rel. Des. Barbosa Moreira, j. 7.11.83, pub. na *Revista Brasileira de Direito Processual*, v. 43, 3º trimestre de 1984, p. 137-145.
[42] STF, RE n. 85.439, 2ª t., rel. Min. Xavier de Albuquerque, j. 11.11.77, DJU 2.12.77.
[43] STJ, Rec. Ord. em MS n. 5.352-0-GO, 6ª t., rel. designado Min. Adhemar Maciel, j. 27.5.96.
[44] GODOY, Claudio Luiz Bueno de. *A liberdade de imprensa e os direitos da personalidade*. cit. p. 65-80.

quer custo. Ao contrário, o casamento foi engrandecido pela nova Constituição, porque ela o concebeu como palco ideal para desenvolvimento da relação afetiva entre homem e mulher, com objetivo de constituição de família, a ponto, até, de ter determinado a facilitação a que nele se convertesse a união estável (art. 226, par. 3°) – formação, é sempre bom realçar, não de menor hierarquia, ou móvel de uma família de segunda classe, todavia sem a formalidade e a publicidade por isso intrínseca da união matrimonial, o que importa à segurança das relações com terceiros.

Segue-se então que, aos olhos da lei, o casamento deixou de ser indissolúvel. Ao revés, permitiu-se, na Constituição Federal, o divórcio direto ao vínculo, pelo simples transcurso de dois anos de separação de fato. Ou mesmo o divórcio indireto, por conversão, foi admitido também mediante, apenas, o curso de um ano desde a prévia separação judicial. Tudo isto não porque se tenha tencionado apequenar o casamento; mas, antes, porque se reconheceu que o tempo da separação esvazia o conteúdo material que dá valor jurídico ao casamento, qual seja, o vínculo de afetividade que é o móvel da garantia de fomento da dignidade da pessoa dos cônjuges, de desenvolvimento de sua personalidade.

Ora, neste panorama – e ainda que se tenha mantido, no novo Código Civil, a separação judicial, uma alternativa, é certo, para quem recuse o divórcio, mas, e aí a questão, com possível fundamento, ainda, na discussão de culpa, conceito fluído e que, para o mais, que é o divórcio a vínculo, não se discute, pelo menos para se o conceder – não parece justificar-se o sacrifício da privacidade para prova do descumprimento do dever conjugal. Tal ponderação teria cabimento se não se dissolvesse a sociedade conjugal, como ocorria, senão pela separação, na maior parte dos casos, porque nunca foram freqüentes a separação-falência e a separação-remédio (art. 5°, pars. 2° e 3°, da Lei 6.515/77, e art. 1.572, pars. 1° e 2°, do CC/02), calcada na alegação de culpa, de grave infração a dever conjugal (separação-sanção). Atualmente, com o divórcio, e independentemente de discussão de culpa, tem-se demasiado o sacrifício à privacidade para prova destinada a dar sustento a uma das formas de separação, que, a bem dizer e repetir, mesmo mantida no sistema, apesar do divórcio, deveria, como ele próprio, que remedia uma situação de esvaziamento do conteúdo de afetividade do casamento, se autorizar sempre quando houvesse objetiva impossibilidade de permanência da vida em comum.

Em diversos termos, se se pode dar o término do casamento pela ausência do vínculo material de afetividade, revelado pela separação de fato por mais de dois anos, a autorizar o próprio divórcio, não parece razoável e proporcional – bem a base do juízo da ponderação – subalternizar-se a privacidade para que ceda lugar ao interesse na prova do adultério, ou no exercício mesmo que seja da fiscalização dos deveres conjugais.

Nem nada destas considerações acredita-se alterada pela edição da Lei 9.296/96 que, ao regulamentar o artigo 5°, XII, parte final, da Constituição Federal, afinal deu-se a regrar, na forma do comando da lei maior, a interceptação das comunicações telefônicas para fins somente de investigação criminal ou instrução penal.

Veja-se, porém, que tudo isto se afere em função da quebra da privacidade que, mais comumente, se dá pela interceptação da comunicação telefônica, violação de correspondência, mesmo eletrônica, por isso que igualmente reputando-se não se justificar a devassa não autorizada dos *e-mails* do cônjuge ou do companheiro. Por outra, não se está a referir a gravação, o que já foi e ainda é objeto de enfrentamento pela jurisprudência, da própria conversa que um cônjuge mantém com outro, entendida possível, posto que não sem discussão.[45]

Mas se, como se viu, a proporcionalidade hoje não permite, para justificar a devassa da privacidade de um cônjuge ou companheiro, pelo outro, quando confrontada com a necessidade de verificação de cumprimento dos deveres conjugais, em especial o de fidelidade, e muito embora não se infira daí a inexistência de uma esfera de não-devassa de espaço pessoal e reservado que a marido e mulher se assegura no casamento, tanto quanto na união estável, tudo nos termos já examinados, é bem esta mesma proporcionalidade que, segundo se considera, deve nortear o exame da questão da privacidade entre *pais e filhos* ainda submetidos ao poder familiar.

Em primeiro lugar, é bom sempre realçar, e mesmo repetir, que a privacidade encerra direito da personalidade, inerente à condição huma-

---

[45] Sobre a possibilidade da gravação da própria conversa, ver, com larga remissão doutrinária e jurisprudencial, inclusive das Cortes Superiores: TJ-SP, Ag. Inst. N. 257.223-4/2-00, 2ª Cam. de Direito Privado, rel. Des. Cezar Peluso, j. 15.10.2002. De toda a sorte, a posição não é unânime, em sentido contrário sendo de se conferir: TJ-SP, Ag. Inst. n. 224.648.4/5, 5ª Cam. de Direito Privado, rel. Des. Rodrigues de Carvalho, j. 11.4.2002.

na, independentemente da situação de capacidade ou de aptidão ao exercício dos direitos da cidadania. Significa dizer, por óbvio, que também aos menores se reconhecem direitos essenciais a seu desenvolvimento como pessoa humana, ao desenvolvimento de sua personalidade. Aliás, não por outro motivo já a Convenção Internacional dos Direitos da Criança, assinada em Nova York, em 26 de janeiro de 1990, garantiu, em seu artigo 16.1, que nenhuma criança poderia sofrer interferências arbitrárias e ilegais em sua vida particular, sua família, seu domicílio ou sua correspondência. Nada diverso do que, no direito interno, se fez inserir no artigo 17 do Estatuto da Criança e do Adolescente (Lei 8.069/90), quando assegurou o direito de respeito aos espaços e objetos pessoais do menor, típica caracterização de um seu direito à privacidade.[46]

O problema, todavia, está em que o menor, sujeito ao poder familiar, defronta-se com a prerrogativa, que é antes um dever, aos pais afeto, de lhes dirigir a criação e educação, de tê-los em sua companhia e guarda (art. 1.634, I, do CC/02), o que, sem dúvida, implica num necessário poder-dever de correção, vigilância e fiscalização. Pois é em face deste quadro que sobreleva a questão de se saber então se os pais, a se desincumbirem daqueles misteres, podem ou não, por exemplo, abrir correspondência aos filhos dirigida, devassar suas mensagens eletrônicas, ouvir suas ligações, portanto impondo-se determinar qual, exatamente, o espaço de reserva que a lei quis assegurar ao menor, não diante de terceiros, mas, a rigor, frente a seus próprios genitores.

Decerto que a autoridade parental implica, necessariamente, num elemento de específica conformação do direito à privacidade do menor, sobretudo em sua vertente de garantia ao indivíduo da liberdade de tomar as decisões pessoais sobre sua própria vida, sobre como conduzi-la. De novo cabe a lembrança de que, tal qual explicitado no item 2, ao conceito de privacidade é sempre inerente um *circunstancionalismo do caso concreto*, nas palavras de José de Oliveira Ascensão.[47] Ora, se se trata de alguém tutelado especialmente pela lei, ao que, é bom ressaltar, servem as regras

---

[46] V., neste sentido: CHAVES, Antônio. *Comentários ao Estatuto da Criança e do Adolescente*. São Paulo, LTr, 1994. p. 111.

[47] *Op. cit.* p. 325.

de incapacidade, se se concebe o poder familiar, hoje, muito mais como um dever, um múnus, um ônus ou encargo aos pais afeto em razão da parentalidade, que lhes confere prerrogativas porém exercidas no interesse do menor,[48] então é natural concluir que a este não se reconhecerá, ao menos na mesma extensão, a liberdade básica de autodeterminação, das escolhas pessoais que se reconhecem ao indivíduo capaz. Da mesma forma o direito ao controle das informações, das próprias comunicações do infante. Tem-se, afinal, alguém em formação, em desenvolvimento, por isso que submetido às deliberações dos pais, à autoridade parental.

Nada obstante, nem isto se dá de forma absoluta, porquanto no interesse do menor, e nem, antes de tudo, se há de desconhecer que o exercício do poder familiar não se desprende da forçosa atenção à dignidade do infante e ao respeito que se lhe deve e lhe é constitucionalmente garantido (art. 227). A propósito, e com direta influência no exame que se faça acerca da privacidade do filho, de sua compreensão e extensão, impende rememorar o novo perfil jurídico-constitucional da família e, dentro dela, o papel desempenhado por pais e filhos.

Isto porque se ainda se admitisse uma verdadeira subjugação dos filhos à autoridade do pai, e nem propriamente da mãe, na concepção mais tradicional do pátrio poder, verdadeira potestade, decerto que uma outra particular leitura do direito à privacidade do menor se imporia. Contudo, consoante se obtemperou ao exame da matéria, no item 3, outra é, hoje, a compreensão das relações familiares, dos elementos axiológicos que as permeiam e que, afinal, inspiram o regramento a lhes desenhar o figurino jurídico.

Tal qual se examinou, o menor, atualmente, mercê do reconhecimento, também a ele, de uma dignidade intrínseca, de uma proteção prioritária, participa de seu processo educativo, concorre às decisões sobre sua formação, sempre, é claro, em extensão que se adeqüe a sua idade, sua específica situação pessoal. Mas, de toda a sorte, importa é afastar qualquer reminiscência de um sistema jurídico que o coloque em posição de absoluta sujeição, de subalternização aos desígnios dos genitores, como se ain-

---

[48] A respeito, ver, por todos: NETTO LOBO, Paulo Luiz. Do Poder familiar. In: *Direito de família e o novo Código Civil*. Coord. Maria Berenice Dias e Rodrigo da Cunha Pereira. Belo Horizonte, Del Rey, 2001, p. 143-144.

da a família, ou as relações a ela subjacentes, se desenvolvesse sob o pálio de uma única chefia, ao homem cometida.

Todo o novo quadro axiológico que anima o regramento das relações familiares, é evidente, reflete-se em uma recompreendida visão do que seja o poder familiar e a guarda, que lhe é corolário. Ao resumi-lo, salienta Guilherme Calmon Nogueira da Gama que completamente abandonada a noção do pátrio poder imbuída de absolutismo, de domínio do *pater* sobre seus filhos, admitindo-se, ao revés, uma autoridade parental inspirada no que considera ser uma concepção *filhocentrista*, atrelada "*ao sentido de proteção, de tutela, de resguardo e de respeito aos interesses e direitos das crianças e dos adolescentes, especialmente no âmbito do convívio familiar*".[49]

Pois é justamente diante desta releitura a que se procede no exame da autoridade parental que, segundo se entende, não mais cabe qualquer afirmação, *tout court*, de que os pais possam, em seu exercício, no desempenho de seu dever de formação e educação dos filhos, alijá-los das deliberações sobre seu destino e, muito especialmente, afastar qualquer limite ao controle de suas informações.

A propósito, foi sempre comum defender que os pais pudessem, por exemplo, controlar a correspondência de seus filhos, problema cuja relevância hoje avulta, em época de massificação e de rapidez da informação e da comunicação, cedo acessível ao menor. É comum constatar crianças, às vezes com menos de dez anos, comunicando-se com amigos pela via telemática, mandando e recebendo *e-mails*, para sua geração uma linguagem de todo corriqueira e cotidiana. A indagação é se, aprioristicamente, e em nome do dever de vigilância e de fiscalização, se pode reconhecer aos pais a prerrogativa de, em qualquer circunstância, invadir a privacidade destas comunicações.

Orlando Gomes,[50] por exemplo, sustenta que os pais, no exercício do poder familiar, podem proibir os filhos de freqüentar certos lugares, de praticar certos atos e até de manter correspondência que julguem inconvenientes aos seus interesses. Na mesma senda, defende Gilberto Haddad Jabur[51] que "*aos pais, em posição superior e sob a justificativa do dever de vigilân-*

---

[49] GAMA, Guilherme Calmon Nogueira da. *O biodireito e as relações parentais*. Rio de Janeiro, Renovar, 2003, p. 609.
[50] GOMES, Orlando. *Direito de família*. 14ª ed. Rio de Janeiro, Forense, 2001, p. 395.
[51] JABUR, Gilberto Haddad. *Liberdade de pensamento e direito à vida privada*. São Paulo: Revista dos Tribunais, 2000, p. 265.

cia, é permitido o exame, e até o vasculho, em busca do que lhe possa afligir na educação de seus filhos. O direito à liberdade da prole não fica prejudicado com a atitude dos pais. É dever de cautela primordial o acompanhamento educacional pelos genitores, sendo, por vezes, necessária dita intervenção, embora a contragosto".

Na verdade, porém, crê-se é que tais prerrogativas que aos pais se deve mesmo reconhecer precisem ser ponderadas diante do direito ao respeito e à dignidade do menor e, mais, conforme seja a situação específica deste filho, sua idade, sua maturidade, seu desenvolvimento, as condições de tempo e as circunstâncias do espaço em que vive. É, de novo, a relatividade do conceito de privacidade, variável conforme quem seja seu titular.

Assim é que, na doutrina, despontam, já assentadas, posições de negação, não dela própria, de sua possibilidade, mas do absolutismo da interferência paterna e materna na vida dos filhos, mesmo no que toca a suas comunicações. Waldyr Grisard Filho,[52] para citar um autor, com razão argumenta que o dever de vigilância e fiscalização dos pais se exerce de modo a se lhes deferir a prerrogativa de proibir o filho de freqüentar determinados lugares, manter relações com certas pessoas, de participar de espetáculos inadequados e mesmo de acessar leitura imprópria, de que decorrente até o poder de vigiar a sua correspondência, mas sempre conforme o respeito a ele devido e conforme seu grau de maturidade.

O que para toda esta análise se considera fundamental é admitir que, apesar de sua mesma inimputabilidade, quando muito separada em relativa e absoluta, os menores não são suscetíveis à mesma extensão e intensidade das medidas de fiscalização e vigilância ou, antes, a idênticas providências necessárias a sua educação ou formação. É evidente que muito se diferenciam, para estes fins, crianças com mais ou menos idade, com maior ou menor maturidade, criadas num grande centro ou em pequenas cidades, portanto inseridas em diverso contexto histórico. Não se há de conceber que as mesmas medidas devidas ao desenvolvimento de um recém nascido caibam a um adolescente, quase já maior de idade. Quer-se dizer, então, e no final das contas, que o exercício da autoridade parental

---

[52] GRISARD FILHO, Waldyr. *Guarda compartilhada: um novo modelo de responsabilidade parental.* 2ª ed. São Paulo, Revista dos Tribunais, 2002, p. 42.

precisa ser também contextualizado. As prerrogativas dele decorrentes, que são antes deveres, conformam-se, necessariamente, às condições subjetivas, pessoais, e ainda objetivas, de tempo e espaço, que digam com aquele específico menor. É, ainda aqui, um conceito relativizado, variável, tanto quanto a privacidade.

Exatamente neste sentido, obtempera Pietro Perlingieri,[53] primeiro, que todo o exame das relações familiares, dos deveres e direitos que nelas se envolvem, assume sempre um conteúdo específico, vale dizer, segundo as circunstâncias concretas, o ambiente, a cultura, a mentalidade dos sujeitos interessados. Segundo, com toda a razão adverte o autor que, com vistas à determinação da exata conformação do exercício da autoridade parental, sempre, e de novo, em função do caso concreto, importa superar, porquanto à evidência artificial, uma rígida separação entre menoridade absoluta e relativa, mesmo entre menoridade e maioridade, já que as capacidades de entender, de querer, de escolher, resultam do gradual desenvolvimento da pessoa, e não do simples implemento de uma certa idade, o que se deve considerar em especial quando em jogo a análise de situações subjetivas existenciais, como é a da privacidade do filho.[54] Por isto tudo é que, exemplificativamente na questão do controle das informações dos filhos, conclui o mesmo jurista que não se pode do exercício da autoridade parental "*deduzir 'sic et simpliciter' o direito de interceptar os conteúdos das comunicações dos filhos menores, abrindo cartas a ele destinadas, ainda que a relação familiar – e, em especial, o múnus do pátrio poder dos pais – atenue a inviolabilidade dos direitos fundamentais dos menores. Um tal comportamento justifica-se apenas no interesse objetivo da instrução e da educação do menor, no respeito de sua dignidade e com o uso de formas e de meios que não sejam traumáticos e, portanto, de per si deseducativos*".[55]

Idêntico o problema quando se toma a privacidade em sua acepção ampla, abrangendo as escolhas e espaços do menor, portanto nem só do controle de suas informações. Decerto que não pode ser um só o grau de restrições, que aos pais se concede, para exercício da autoridade parental, sempre no interesse dos filhos, impostas a uma criança ainda de tenra

---
[53] *Op. cit.*, p. 253.
[54] Idem, p. 260.
[55] Idem, p. 185-186.

idade e a outra já madura, ao final da adolescência. Até porque o nível de potencial afetação de seu desenvolvimento será diverso, em função das medidas educativas e corretivas adotadas. Da mesma forma que não se pode imaginar pais impedidos de verificar comunicações virtuais de seu filho de dez anos, que já maneja, hoje, esta técnica – lembrando-se até das mensagens indesejadas lançadas em seu *e-mail* com conteúdo deseducativo, versando temas adultos –, também parece *a priori* desarrazoado supor os pais invadindo, à força, o espaço de um filho de dezessete anos, para tomar e romper a confidencialidade de sua correspondência com uma namorada, porque a desaprovam.

A rigor, a exata definição dos lindes entre o exercício da autoridade parental e a privacidade dos filhos a ele sujeitos implica numa historicidade intrínseca, no permeio necessário dos dados específicos daquela situação familiar, o que deve ser ponderado em verdadeiro juízo de proporcionalidade, de resto tal como se aprecia a própria extensão, em geral, da vida privada das pessoas.[56] Ponderam-se, enfim, de um lado o poder-dever que aos pais incumbe, no exercício do poder familiar, de fiscalizar, controlar, regrar, e por isso até restringir, a conduta dos filhos, mas sempre de modo a alcançar sua melhor formação, e, de outro, a privacidade que, ao mesmo fim de promoção de sua dignidade, a estes menores o ordenamento garante. Portanto, o critério básico para este balanço está na verificação, sempre, do melhor interesse do menor, do devido respeito a sua dignidade, posto que para tanto por vezes se imponham, a seu bem, devidas limitações que, na realidade, definem o conteúdo de sua liberdade de escolha, de autodeterminação.

Apenas não se considera que tais limitações possam ser elencadas aprioristicamente, em um rol fechado e infenso à ponderação das circunstâncias subjetivas e objetivas daquela específica relação entre pais e filho. Do contrário, ademais de uma artificial equiparação de situações fundamentalmente diferentes, envolvendo pessoas com condições diversas, inseridas em ambiente familiar absolutamente díspar, por isso mesmo bem se poderia criar quadro de claro maltrato à exigência valorativa básica, e já examinada, que deve iluminar toda a convivência familiar, assim que for-

---

[56] Cfr.: SAMPAIO, José Adércio Leite. *Op. cit.*, p. 249.

çosamente conforma o conteúdo do poder familiar, funcionalizado ao melhor desenvolvimento da criança e do adolescente, portanto garantia de sua dignidade e da expansão de um vínculo pleno de afeto, destarte desprendido de qualquer fundamento eminentemente patrimonializado.

Conclusão

Todo o exame da tensão que por vezes pode existir entre os direitos fundamentais, da personalidade, incluindo a privacidade, e a formação familiar, não deve indicar uma necessária relação de antagonismo ou de freios, de limites externos recíprocos que entre eles se estabeleçam, como se não os associasse uma fonte unificadora comum. Não se há de conceber a família como uma causa justificativa da subalternização eventual dos direitos individuais, tal qual se houvesse interesses familiares ocasionalmente mais relevantes, em nome dos quais os direitos essenciais do indivíduo pudessem ceder.

Esta compreensão do problema induziria, certamente, uma anacrônica visão da família, hierarquizada, dotada de um valor formal, de per si, uma verdadeira entidade funcionalizada ao atendimento de interesses preordenados, dissociados, no mais das vezes, dos interesses de seus membros. Seria como que o reconhecimento de uma entidade portadora de direitos próprios, opostos, em ocasionais situações, aos direitos de seus integrantes.

Na realidade, o complexo de direitos e deveres que permeiam as relações familiares não podem ser ponderados sob a perspectiva de um interesse familiar aprioristicamente maior, como se a pessoa dos seus membros se sujeitassem a um corpo externo autônomo e superior. Mas, frise-se, também o inverso é verdadeiro. Não se pode compreender a gama de direitos fundamentais como um espaço irredutível ainda que nas relações entre indivíduos de uma mesma família, abstraindo o traço de forçoso solidarismo a marcar estes vínculos.

Impende é não olvidar o valor material que se atribui à família, nas suas diversas formações. A instituição familiar encerra célula social básica que o ordenamento constitucional considera ser o palco primário de fomento de relações de afeto, fundamentais ao desenvolvimento da personalidade de todos os seus membros, por isso em cuja dinâmica tanto se deve preservar uma prerrogativa essencial de liberdade, de autodeterminação atinente às escolhas pessoais, quanto, ao mesmo tempo, uma marca de responsabilidade e de respeito nestas escolhas, a idéia de solidarismo na família.

Como salienta Pietro Perlingieri,[57] não se pode mais admitir a família portadora de interesses autônomos e superiores, supraindividuais, prevalentes em relação ao pleno e livre desenvolvimento de seus membros. Pelo contrário, o valor da família está justamente na tutela e promoção das exigências essenciais de cada um de seus integrantes, a fim de que se expandam suas virtualidades humanas. Por isso é que, a seu ver, *"exprimir a problemática dos direitos fundamentais na família em termos de contraposição entre exigências originariamente irredutíveis, como se a família fosse um corpo autônomo, supraordenado e potencialmente repressivo, corresponde a um enfoque inadequado. O valor central de referência é sempre a pessoa: a sua tutela é voltada a avaliação normativa da família e também o reconhecimento dos direitos fundamentais – que devem ser entendidos como categoria necessariamente aberta, não limitada a previsões legislativas típicas)"*.[58]

Ou seja, o critério inarredável de exame da tensão entre os direitos e deveres titulados pelos membros de uma mesma família deve ordenar-se sempre à procura da solução que melhor reflita, naquele contexto sociocultural, diante das peculiaridades fáticas daquela formação familiar, das condições pessoais de seus integrantes, a escolha valorativa básica do sistema, qual seja, a dignidade da pessoa humana. Não se trata de contrapor direitos individuais a pretensos interesses ou razões de família, mas de buscar definir o papel de cada pessoa que dela faça parte dentro de uma perspectiva de respeito e de solidarismo, centrada no valor intrínseco da pessoa, de modo, assim, a assegurar e mesmo fomentar seu desenvolvimento. Cuida-se, enfim, de ponderar a existência de exigências pessoais na mesma formação social, preservando-se as respectivas individualidades, definindo o conteúdo do direito de cada qual, mas de sorte a que, afinal, cresçam todos, como e enquanto pessoas humanas, porquanto a isto funcionalizada a família.

---

[57] *Op. cit.*, p. 243-244.
[58] Idem, p. 247.

Bibliografia

ANDRADE, Manuel da Costa. *Liberdade de imprensa e inviolabilidade pessoa*. Coimbra, Coimbra Editora, 1996.

ASCENSÃO, José de Oliveira. A reserva da intimidade da vida privada e familiar. In: *O direito civil no Século XXI*. Coord.: DINIZ, Maria Helena; LISBOA, Roberto Senise. São Paulo, Saraiva, 2003. p. 317-334.

BARCELLOS, Ana Paula de. *A eficácia jurídica dos princípios constitucionais: o princípio da dignidade da pessoa humana*. Rio de Janeiro, Renovar, 2002.

BEVILAQUA, Clovis. *Código Civil Comentado*, 5ª ed., Rio de Janeiro, Liv. Francisco Alves, 1936, v.1.

BOBBIO, Norberto. *A era dos direitos*. Trad. Carlos Nélson Coutinho. 9ª ed. Rio de Janeiro, Campus, 1992.

CANOTILHO, J. J. Gomes. *Direito constitucional*. 6ª ed. Coimbra, Almedina, 1996.

CAPELO DE SOUZA, Rabindranath V. A. *O direito geral de personalidade*. Coimbra, Coimbra Editora, 1995.

CARBONNIER, Jean. *Droit civil: les personnes*. Paris, Presses Universitaires de France, 1992. (thémis droit privé, 1).

CHAVES, Antônio. *Comentários ao Estatuto da Criança e do Adolescente*. São Paulo, LTr, 1994.

COMPARATO, Fábio Konder. *A afirmação histórica dos direitos humanos*. 2ª ed. São Paulo, Saraiva, 2001.

COSTA, PAULO JOSÉ. *O direito de estar só: tutela penal da intimidade*. São Paulo, Revista dos Tribunais, 1970.

DE CUPIS, Adriano. *Os direitos da personalidade*. Trad. Adriano Vera Jardim e António Miguel Caeiro. Lisboa, Morais, 1961.

DINIZ, Maria Helena. *Curso de direito civil*. 19ª ed. São Paulo, Saraiva, 2004. 5º v.

DOTTI, René Ariel. *Proteção da vida privada e liberdade de informação*. São Paulo, Revista dos Tribunais, 1980.

FARIAS, Edilsom Pereira de. *Colisão de direitos*. Porto Alegre, Sérgio Fabris, 1996.

FERNANDES, Mílton. *Proteção civil da intimidade*. São Paulo, Saraiva, 1977.

FERRAZ JR. Tércio Sampaio. Sigilo de dados: o direito à privacidade e os limites à função fiscalizadora do Estado. *Cadernos de direito constitucional e ciência política*. São Paulo, v. 1, p. 79, out./dez. 1992.

FERREIRA FILHO, Manoel Gonçalves. *Aspectos do direito constitucional contemporâneo*. São Paulo, Saraiva, 2003.

GAMA, Guilherme Calmon Nogueira da. *O biodireito e as relações parentais*. Rio de Janeiro, Renovar, 2003.

GODOY, Claudio Luiz Bueno de. *A liberdade de imprensa e os direitos da personalidade*. São Paulo, Atlas, 2001.

GOMES, Orlando. Direitos da personalidade. *Revista Forense*. Rio de Janeiro, n. 216, p. 5-10, 1966.

_____. *Direito de família*. 14ª ed. Rio de Janeiro, Forense, 2001.

GRISARD FILHO, Waldyr. *Guarda compartilhada: um novo modelo de responsabilidade parental*. 2ª ed. São Paulo, Revista dos Tribunais, 2002.

JABUR, Gilberto Haddad. *Liberdade de pensamento e direito à vida privada*. São Paulo, RT, 2000.

KAYSER, Pierre. *La protection de la vie privée par le droit*. Paris, Economica, 1995.

LAFER, Celso. *A reconstrução dos direitos humanos*. São Paulo, Companhia das Letras, 1988.

NETTO LÔBO, Paulo Luiz. Do Poder familiar. In: *Direito de família e o novo Código Civil*. Coord. Maria Berenice Dias e Rodrigo da Cunha Pereira. Belo Horizonte, Del Rey, 2001.

PERLINGIERI, Pietro. *La personalità umana nell'ordinamento giuridico*. 2ª ed. Nápoles, ESI, 1982.

_____. *Perfis do direito civil*. Trad. Maria Cristina De Cicco. Rio de Janeiro, Renovar, 1999.

SAMPAIO, José Adércio Leite. *Direito à intimidade e à vida privada*. Belo Horizonte, Del Rey, 1998.

SILVA, José Afonso. *Curso de direito constitucional positivo*. 5ª ed. São Paulo, RT, 1989.

TEPEDINO, Gustavo. *Temas de direito civil*. Rio de Janeiro, Renovar, 1999.

PRIVACIDADE NO GERENCIAMENTO DO PODER FAMILIAR

ANTONIO JORGE PEREIRA JÚNIOR[*]

Sumário: Introdução I. Aspectos sócio-jurídicos: natureza jurídica e conteúdo do poder familiar. 1. Noção de poder familiar. 2. Natureza jurídica do poder familiar. 3. Distinção entre *título* e *exercício*. A legitimação e a legitimidade. 4. Conteúdo mínimo do poder familiar. II. Aspectos sócio-políticos: competências dos círculos sociais com relação ao poder familiar. 1. "Status": a posição do indivíduo perante o Estado e o grupo familiar. 2. Precedência da família dentre os círculos sociais. 3. Estado de Direito e a interferência no exercício do poder familiar. 4. Competência do Estado, da sociedade e da família: em busca de um critério. 5. O princípio da subsidiariedade. 6. Princípio de cooperação. 7. Princípio da autonomia familiar e princípio da prioridade absoluta. 8. Competências extensivas e princípios reguladores. 9. Relacionando os princípios citados. III. Análise de caso: a distribuição de preservativos nas escolas públicas. 1. Política estatal de educação sexual: desprezo dos pais e desconsideração da privacidade familiar. 2. Necessidade de uma política de educação eficaz. Educar com os pais, educar integralmente. IV. Necessidade de revisão do Programa de Prevenção de DST, AIDS e gravidezes indesejadas. 1. Respeito à privacidade familiar. 2. O princípio da proporcionalidade e a necessidade de retificar a campanha. Conclusão. Bibliografia.

---

[*] Mestre e Doutorando em Direito Civil pela Faculdade de Direito da Universidade de São Paulo. Professor universitário.

Introdução

O presente estudo pretende auxiliar na criação de um critério que habilite o jurista a analisar a interferência de políticas públicas na privacidade familiar, de modo a avaliar em que medida essa interferência é legítima ou não. O artigo dedica-se, primeiramente, ao estudo da natureza jurídica do poder familiar, das competências dos círculos sociais, com a apresentação de quatro princípios que fundamentam e orientam a interferência da sociedade civil e do Estado na condução da vida da pessoa não emancipada. Em um segundo momento apresentam-se quatro princípios relacionados à atuação dos círculos sociais: cooperação, subsidiariedade, prioridade absoluta da criança e do adolescente, autonomia familiar. Por fim, convida-se o leitor a julgar se esses princípios estão sendo observados na campanha de prevenção da AIDS, por meio da distribuição de preservativos nas escolas públicas, que afeta diretamente a educação sexual (parte da educação moral), matéria de competência privativa dos pais, tendo o princípio da proporcionalidade como apoio para esse juízo. Apontam-se brevemente, por fim, alguns meios judiciais para que os pais e entidades voltadas à proteção da criança e do adolescente possam proteger-se do abuso do Estado.

I. Aspectos sócio-jurídicos: natureza jurídica e conteúdo do poder familiar

1. Noção de poder familiar

O poder familiar – conforme denominação do Código Civil de 2002 – doravante "CC" – é instituto que legitima a interferência na vida do indivíduo em *"peculiar condição de pessoa em desenvolvimento"* – CF, art. 227, §3º, inciso V. Pode ser entendido como síntese de poderes e deveres que possibilitam a condução dos atos e da vida da pessoa absoluta ou relativamente incapaz por falta de idade (criança e adolescente, nos termos do Estatuto da Criança e do Adolescente – doravante "ECA" –, Lei Federal 8.069, de 13 de julho de 1990), tendo em vista prepará-la para o exercício pleno da liberdade, fato que se consuma, de ordinário, quando se atinge a maioridade e o indivíduo passa a gozar de plena capacidade de exercício.

Na família a pessoa se torna alvo de variados processos de adaptação social. Os processos adaptativos[1] operam-se *"dentro de sistemas relativamente fechados, que são os círculos sociais, uns envolventes, outros internos, uns que permanecem, outros que passam. A família é círculo interior permanente"* (grifos no original).[2] Os diversos processos adaptativos que incidem sobre a personalidade humana também se encontram no macrocosmo da sociedade civil, todavia de forma menos intensiva que na esfera doméstica. Há uma interpenetração entre elas. Pontes de Miranda dizia que *"outra lei sociológica, geral, e que por vezes, no trato dos problemas jurídicos, se tem de aludir, é a lei de crescente dilatação e integração dos círculos sociais, quando se acham eles em evolução"*.[3] Em razão da interdependência entre os círculos sociais, torna-se por vezes difícil diferenciar nitidamente a fronteira entre o público e o privado. É importante, por isso, aprofundar nos princípios relativos ao tema, de modo a evitar abusos da esfera pública na privacidade peculiar da vida familiar.

2. Natureza jurídica do poder familiar

Natureza, filosoficamente, é conceito referido à essência de um ser, de modo que o estudo da *natureza jurídica* deveria levar ao estudo do significado último dos institutos jurídicos. Esse enfoque é levado a termo na Filosofia do Direito. Quando os demais ramos da Ciência Jurídica se perguntam sobre a natureza jurídica de determinado instituto, pretendem identificar, no *âmbito da dogmática*, a categoria jurídica na qual melhor ele

---

[1] Há pelo menos sete processos adaptativos identificados por Pontes de Miranda: o religioso, o moral, o estético, o gnoseológico (ciência), o político, o jurídico e o econômico (além da educação, da moda etc).

[2] MIRANDA, Pontes de, *Tratado de direito privado*, 2ª ed., tomo VII, Rio de Janeiro, Borsoi, 1955, p. 163-164.

[3] Idem, p. 165.

se insere. Essa determinação pode ser feita após a análise de seus efeitos jurídicos e, uma vez fixada, deverá exprimir sinteticamente o regime positivamente estabelecido para o instituto.[4]

A reflexão a respeito do poder familiar divide autores entre as categorias de direito subjetivo,[5] poder-dever[6] (poder funcional) e situação jurídica.[7]

Carlos Alberto da Mota Pinto define o direito subjetivo como *"poder jurídico (reconhecido pela ordem jurídica a uma pessoa) de livremente exigir ou pretender de outrem um comportamento positivo (ação) ou negativo (omissão) ou de por um ato livre de vontade, só de per si ou integrado por um ato de uma autoridade pública, produzir determinados efeitos jurídicos que inevitavelmente se impõem a outra pessoa (contraparte ou adversário)".*[8] Manuel A. Domingues de Andrade entende o direito subjetivo como poder conferido pela ordem jurídica para tutela de um *interesse* do próprio titular.[9]

Ambos têm em comum a compreensão de que o direito subjetivo pressupõe a possibilidade de livre exercício – isto é, sem que exista qualquer dever de exercitá-lo – de um poder do qual se é titular. Em função desse ponto de vista, negam que o poder familiar seja direito subjetivo.

Há muito tempo afirma-se que o poder familiar é poder funcional (poder-dever).

Para Antonio Cicu, o poder familiar é antes de tudo, e sobretudo, um dever dos pais cujo cumprimento se perfaz pelo comportamento deles no exercício da guarda dos filhos.[10] Também Josserand afirma que

---

[4] José de Oliveira ASCENSÃO, "Natureza Jurídica". *Enciclopédia Saraiva de Direito*. LIMONGI FRANÇA, Rubens (Coord.). São Paulo, Saraiva, 1980, vol. 54, , p.95

[5] José Antonio de Paula Santos Neto entende que o poder familiar é direito subjetivo e poder funcional, ao mesmo tempo. Dissertação (Mestrado em Direito), Faculdade de Direito da Universidade de São Paulo, publicada sob o título *Do pátrio poder*, São Paulo, Revista dos Tribunais, 1994. Manifesta idêntica opinião Roberto João Elias em *Pátrio poder, guarda de filhos e direito de visita*, São Paulo, Saraiva, 1999, p. 9.

[6] A maior parte dos autores é partidário desta concepção. Por todos, serão citados neste trabalho alguns autores de prestígio em matéria de teoria geral do direito privado: Manuel A. Domingues de Andrade e Carlos Alberto da Mota Pinto, de Portugal; Louis Josserand, da França; Antonio Cicu e Giuseppe Lumia, da Itália.

[7] VARELA, Antunes, *Direito da família*, Lisboa, Petrony, 1996, vol. I, p.166 ss.

[8] MOTA PINTO, Carlos Alberto da, *Teoria geral do direito civil*, 3ª ed., 5ª reimpr., Coimbra, Coimbra Editora, 1991, p. 169.

[9] ANDRADE, Manuel A. Domingues de, *Teoria geral da relação jurídica*, Coimbra, Almedina, 1966, vol. I, p. 10, texto e nota.

[10] CICU, Antonio, *La filiazione*, 2ª ed., 3ª tir., Torino, UTET, 1969, p. 351.

o poder paternal (*autoridade parental* na França de hoje) tem natureza de poder-dever.[11] Carlos Alberto da Mota Pinto e Manuel A. Domingues de Andrade entendem que o poder familiar tem natureza jurídica de poder funcional.[12]

O poder funcional, ou poder-dever, é poder jurídico (atribuído ou reconhecido como pertencente a um sujeito) vinculado ao *dever* de exercício desse poder. O titular do poder funcional fica sujeito a sanções caso não observe *o dever* que lhe é imputado.

O titular de um direito subjetivo assume *apenas e somente posições jurídicas subjetivas ativas* elementares (faculdade, pretensão, poder formativo, imunidade), que se podem apresentar combinadas de diversas formas, de acordo com o caso concreto.

O resultado de uma combinação de posições jurídicas subjetivas elementares é chamado por Lumia de *"posição jurídica subjetiva complexa"*.

O poder funcional também é uma posição jurídica subjetiva complexa. Todavia, o titular de um poder funcional, à diferença do titular de um direito subjetivo, possui ao lado das posições jurídicas subjetivas *ativas* decorrentes das normas de competência (poder formativo e imunidade) uma posição jurídica subjetiva *passiva* no âmbito das normas de comportamento (normas primárias).

Por isso Lumia afirma que

> (...) dos direitos subjetivos distinguem-se nitidamente os poderes funcionais (*potestà*, no original), que implicam uma outra e diversa categoria de posição jurídica subjetiva complexa. O conceito de poder funcional decorre da conjunção entre um poder formativo e um dever comportamental (*obbligo*, no original). Realmente, nos poderes funcionais, determinadas posições jurídicas são atribuídas a um sujeito para a satisfação de interesses que não são estritamente seus, como, por exemplo, ocorre com o poder funcional conferido ao pai sobre os filhos menores; com os poderes funcionais atribuídos

---

[11] JOSSERAND, Louis, *Cours de droit civil positif français*, 3ª ed., Paris, Sirey, 1963, tomo1, p. 590.
[12] MOTA PINTO, Carlos Alberto da, *Teoria geral do direito civil*, p. 170; Manuel A. Domingues de Andrade, *Teoria geral da relação jurídica*, p. 10, texto e nota.

aos órgãos públicos no interesse da coletividade; com os poderes funcionais que caracterizam a atuação dos órgãos das pessoas jurídicas, etc. As pessoas investidas nesses poderes não são livres de exercitá-los, ou não, de modo que a perseguição daqueles interesses não fica confiada ao mero arbítrio do titular de uma faculdade, mas à prudente discricionariedade vinculada do sujeito investido numa posição jurídica ativa, que ele tem o dever de exercitar, no sentido de modificar a situação jurídica do sujeito passivo.[13]

Como comentário final à breve análise do poder funcional, dois estudos ajudam a esclarecer a noção de *poder funcional*.

Gaillard, após estudo dedicado ao tema do *poder* em Direito Privado, chegando à conclusão de que há duas categorias de prerrogativas jurídicas essencialmente diferentes: os *direitos subjetivos*, que conferem a seu titular plena liberdade de exercício (tendo como limitação ínsita o prejuízo que sua atuação possa causar a terceiros), e os *poderes* (poderes funcionais, entre os quais está o poder familiar), cujo exercício atende, pelo menos parcialmente, a interesses alheios aos do titular, pelo que, em função disso, torna-se ele passível de controle judiciário, diante da possibilidade de prejuízo àquele sujeito, por seu desvio. Afirma, de modo expresso e conclusivo, não ser possível conceber situações mistas de *direito subjetivo* e *poder funcional*: *"não existem direitos mistos"*.[14]

Para Roubier,

---

[13] Trecho traduzido ao português, adaptado e modificado por Alcides Tomasetti Jr., nomeado *"Teoria da relação jurídica"*, em abril de 1999, à disposição dos alunos de graduação da Faculdade de Direito da Universidade de São Paulo, p. 15-16. No original, Giuseppe Lumia, *Lineamenti di teoria e ideologia del diritto*, 3ª ed., Milano, Giuffrè, 1981, p. 120: "Dai diritti soggetttivi vanno nettamente distinte le potestà. Il concetto di potestà scaturisce dal coniugarsi di un potere con un obbligo. Nella potestà, infatti, determinati potere sono attribuiti al singolo per il soddisfacimento di interesse che non sono specificamente suoi: tali, per esempio, la potestà conferita ai genitori sui figli minori, I poteri attribuiti agli organi pubblici nell'interesse della collettività, ecc. Ma coloro che sono investiti di una potestà non sono liberi di esercitare o meno i poteri ad esse conferiti nell'interesse altrui, ma sono obbligati ad esercitarli; e il perseguimento di tali interessi non è affidato al mero arbitrio del titolare della facoltà, ma alla sua prudente discrezionarità. Colui che è investito di una potestà è quindi titolare di poteri, il cui uso discrezionale costituisce per lui un obbligo: ciò si suole indicare coi termini di ufficio o, più frequentemente, di funzione. Correlativamente alla potestà corrispondono dal lato passivo del potere, una soggezione, e dal lato attivo dell'obbligo, una pretesa".

[14] GAILLARD, Emmanuel, *Le pouvoir en droit privé*, Paris, Economica, 1985, p. 232.

o poder, na linguagem do direito, é uma prerrogativa que permite a seu titular intervir na esfera jurídica de outros; ele permite a uma pessoa levar o governo sobre a pessoa de outro, dar-lhe ordens e diretivas (poder sobre a pessoa), ou ainda lhe permite administrar os bens de outrem, gerir seus bens de uma maneira mais ou menos ampla (poder sobre os bens). [...], o titular desse poder não deve agir por interesse pessoal, mas no interesse do agrupamento ou da pessoa no nome de quem age" (tradução livre).[15]

As teorias acerca do desvio do poder abrangem as situações em que o poder paternal é desviado de sua função, seja por abuso, seja por omissão.[16] Nesses casos caberá intervenção do Estado e da sociedade na gestão do poder paternal.

Vê-se, desse modo, que os titulares de um poder funcional estão sob a exigência do correto exercício de tal poder e devem zelar para que sua finalidade seja cumprida. O exercício adequado do poder funcional é um dever de seu titular.

3. DISTINÇÃO ENTRE *TÍTULO* E *EXERCÍCIO*. A LEGITIMAÇÃO E A LEGITIMIDADE

O CC, art. 1.631, e o ECA, art. 21, estabelecem quem pode exercitar, originariamente, o poder familiar: os pais, em igualdade de condições. Gozam ambos de poderes e direitos para exercitar essa função. Todavia, antes de passar ao estudo dos administradores do poder familiar, convém

---

[15] ROUBIER, Paul, *Droits subjectifs et situations juridiques*, Paris, Dalloz, 1963, p. 186. No original, citação completa do parágrafo: *"Le pouvoir, dans la langue du droit, est une prérogative qui permet à son titulaire d'empiéter sur la sphère juridique d'autrui; il permet à une personne de prendre le gouvernement de la personne d'un autre, de lui donner des ordres et des directives (pouvoir sur la personne), ou encore il permet à une personne de prendre l'administration des biens d'autrui, de gérer ses biens d'une manière plus ou moins large (pouvoir sur le biens). On verra bientôt que ce qui caractérise le pouvoir par rapport au droit, c'est que le titulaire de ce pouvoir ne doit pas agir pour son intérêt personnel, mais dans l'intérêt du groupement ou de la personne au nom de qui il agit. C'est la rançon obligatoire du pouvoir; on ne peut empiéter sur la sphère juridique d'autrui que dans l'intérêt d'autrui, et non pas dans son propre intérêt."*

[16] Cf. CC de 2002, art. 1.637, *caput*, que trata dos limites por abuso ou omissão dos deveres paternais.

diferenciar os conceitos de *título* e *exercício* de poderes jurídicos, uma vez que haverá dissociações no poder familiar.

Habitualmente, quem possui o título está legitimado a agir de acordo com os poderes que ele confere, salvo restrição que o titular aplique a si mesmo, alguma limitação que a lei prescreva ou decisão de autoridade competente que provoque a diminuição de poderes. Em algumas situações a ordem jurídica permite o desdobramento do título em relação aos poderes que seriam outorgados por ele.[17] Distingue-se, portanto, *título* de *exercício* dos poderes conferidos ao titular de uma posição jurídica subjetiva ativa.

Em matéria de poder familiar, essa distinção tem uma série de aplicações práticas, como se verá.[18]

Qual o ponto de apoio para a cisão entre *posição jurídica* e *exercício dos poderes* que a posição atribui? O conceito de *legitimidade* pode servir de fundamento técnico-jurídico para a separação do *título* do poder familiar com relação ao *exercício* das prerrogativas que ele confere.[19]

Por meio do conceito de legitimação pode-se melhor compreender as situações em que um sujeito é titular de uma posição, mas um outro se encontra legitimado para exercitar os poderes originariamente de decorrentes.

O conceito de legitimação presta-se a uma dupla função: *identificar o sujeito* na relação (pelo que se garante o título da posição jurídica) e *imputar-lhe um poder configurado* ou um vínculo qualificado, fora do qual ele não está legitimado a agir.[20] Enquanto a *titularidade*, tal qual entendida tradicionalmente, refere-se a um âmbito *estático* das relações jurídicas (as posições), a *legitimidade* se refere à *dinâmica*

---

[17] É o que ocorre na situação do *nu proprietário*. Apesar de ter o título de proprietário, os poderes e o respectivo exercício dos mesmos concentram-se nas mãos de outra pessoa (o usufrutuário, por exemplo). Com isso verifica-se a distinção entre aquele que tem o *título* de uma posição jurídica e aquele que *exercita* os poderes correspondentes a ele.

[18] Caso evidenciado especialmente no CC, art.1.637, que disciplina os casos de suspensão do poder familiar, bem como nos arts. 155 e seguintes do ECA, que abordam os trâmites processuais para a suspensão.

[19] Cf. PEREIRA JÚNIOR, Antonio Jorge, *Conselho tutelar: fundamentos sócio-jurídicos da orientação e fiscalização do poder familiar pela sociedade e pelo Estado*. Dissertação de Mestrado, Faculdade de Direito da Universidade de São Paulo, 2002, p. 28-36.

[20] CASTRO, Torquato, "A Revisão do Código Civil" (1), *A propósito da revisão do código civil: três conferências*, Recife, separata da Revista *Symposium*, da Universidade Católica de Pernambuco, ano XIII, n. 1, 1971, p. 18

das relações, por estar ligada ao exercício das prerrogativas concedidas pelas posições.

Da posição jurídica emanam poderes, naturalmente. Mas, pode ser que a lei, a autoridade competente, ou simples deliberação do titular da posição jurídica, operem a cisão entre *exercício* e *título*. Nesses casos a legitimidade é dada a pessoa diferente do titular originário.

Quando há suspensão do poder familiar, por exemplo, os pais permanecem *titulares da posição* sem, no entanto, terem legitimidade atual para exercitar os poderes decorrentes dessa posição. O exercício, ligado à legitimidade, passa a outra pessoa.[21] Dessa forma surge a guarda, em coexistência com o título de poder familiar.

O titular do poder familiar goza de uma série de poderes que devem ser exercidos em função do bem da pessoa que lhe fica submetida, condenando-se o abuso (CC, art. 1.637). Para a preservação do título e do exercício dos poderes respectivos, deve o titular agir em conformidade com a finalidade do próprio título. Quando não age assim, sofre ingerência nos poderes que lhe foram atribuídos, que podem ser reduzidos temporária ou definitivamente (suspensão e perda do poder familiar, respectivamente).

Os pais têm como prerrogativa, no exercício desse poder-dever, a *exclusividade*.[22] Isso não significa que devam os pais agir isoladamente na formação da personalidade do filho. Significa sim que o título de poder familiar confere poderes-deveres que se exercem, via de regra, com exclusividade, de tal sorte que os titulares podem opor-se a quaisquer outros que pretendam interferir em seu legítimo exercício.

Quando essa *exclusividade* – que se manifesta na liberdade de exercer os poderes conferidos pelo título como bem quiserem, enquanto respeitam os direitos fundamentais da criança e do adolescente – é turbada, podem os pais reagir. Esta prerrogativa é assegurada pela lei (CC art. 1.631). Não se

---

[21] Cf. CC, art. 1.637, combinado com o ECA, arts. 24, 129, inciso X e 155 a 163.
[22] Somente os pais, no Brasil, são titulares do poder familiar, estando dependente, tal título, do título de filiação. Desaparecendo o vínculo de filiação, seja por que motivo for, podem constituir-se títulos sucedâneos, como a guarda ou tutela, que absorvem alguns dos poderes que caberiam aos pais.

trata, todavia, de direito subjetivo, pois compõe o rol de poderes indisponíveis e irrenunciáveis[23] pertencentes aos titulares do poder familiar. Os pais, além de estarem impedidos de renunciar a esse poder-dever, respondem pelo mau exercício – a omissão, neste caso – que façam dele.

Nas palavras de Walter MORAES:

> O direito atual vê no pátrio poder liame que impõe aos pais o dever de suprir deficiências naturais de filhos menores, prestando-lhes a assistência que sua condição exige. Trata-se de dever, cuja **exclu**sividade de exercício a lei assegura aos pais, oponível, por conseguinte, como um direito, a terceiros: é o múnus privado, o ministério, o direito-função, direito-dever, o *poder.* (grifos no original).[24]

Há ainda a tutela fundada no dever geral de respeito às posições jurídicas. Quando alguém interfere ilegitimamente no livre exercício de uma função de outrem, surge, de imediato, o poder jurídico de reação em face daquele que lhe dificulta o agir. O poder de reação, neste passo, funda-se na pertinência de todas as pessoas (entre as quais o titular do poder familiar) ao rol dos cidadãos, titulares de *direitos fundamentais*, protegidos e garantidos pelo ordenamento jurídico positivo. Esses direitos implicam deveres para todos (*erga omnes*), correlativos, recíprocos[25] e genéricos. São irrenunciáveis, juridicamente, ainda que os titulares destruam os bens tutelados ou não reajam em face de ofensa alheia.

Questão que se porá, logo mais, é a de verificar como os pais poderiam reagir em face das políticas públicas que afetam seu exercício exclusivo em matéria de competência privativa, como é a educação moral sexual, sem a oportuna consulta a eles.

---

[23] ELIAS, Roberto João, *Pátrio poder, guarda dos filhos e direito de visita,* p. 30.

[24] MORAES, Walter, *Programa de direito do menor,* São Paulo, Cultural Paulista, 1984, p.189. Convém notar que o autor não classifica o poder familiar como direito subjetivo. Estabelece apenas um termo comparativo ao dizer que o pátrio poder é oponível a terceiros "como um direito".

[25] *Com os conceitos de bilateralidade e reciprocidade procura-se acentuar que das relações jurídicas nascem poderes [em sentido amplo] e deveres [em sentido amplo] correlativos, e em duplo sentido: primeiro, que ao poder de um corresponde o dever de outro (e nisto consiste a BILATERALIDADE); segundo: que um sujeito não pode operar de certo modo, relativamente a um outro sujeito, sem com isso legitimar esse último, nas mesmas condições, a um comportamento análogo em face do primeiro sujeito (nisto consiste a RECIPROCIDADE).* Cf. LUMIA, Giuseppe, *Lineamenti di teoria e ideologia del diritto,* 3ª ed., p.104. Versão de TOMASETTI JR., Alcides., "Teoria da relação jurídica", p.2. Colocou-se entre colchetes o acréscimo feito por ele, com relação ao original.

4. Conteúdo mínimo do poder familiar

O poder familiar tem conteúdo mínimo que pode ser deduzido da CF, do CC e, especialmente, do ECA. Nesse diploma encontram-se as normas que prevêem as situações em que é cabível a interferência dos órgãos públicos encarregados de proteger o menor. A lei regula essa atuação estatal.[26]

Entre as situações que legitimam a intervenção, destacam-se, primeiramente, as previstas no art. 98 do ECA, inciso II. Esse dispositivo fundamenta a interferência quando se constata *"falta, omissão ou abuso dos pais ou responsável"*, prejudicando os direitos dos menores. São situações de inobservância dos limites mínimos (ou seja, *deveres*) exigidos pela Lei, para o exercício livre do poder funcional.

Quando a conduta dos pais ameaçar ou violar direitos resguardados pelo ECA, legitima-se a intervenção da sociedade civil e do Estado.[27] A conduta omissiva ou abusiva dos pais com relação aos filhos implica, necessariamente, desrespeito a algum dos preceitos do poder familiar. Por isso torna-se necessário fazer a conexão entre o conteúdo dos poderes paternais e a intervenção dos agentes incumbidos de proteger a vítima do mau uso do poder familiar.

Para esboçar o conteúdo dos poderes – deveres paternos convém apresentar o arcabouço legal onde se concentram. Alguns dos principais dispositivos relativos a essa matéria podem ser encontrados na CF (art. 229), no CC (art. 1.634 e arts. 1.689 a 1.693) e no ECA (arts. 21, 22, 55 e 129, inciso V).

A CF, art. 229, sintetiza os deveres dos pais nas tarefas de assistir, criar e educar os filhos.

O CC divide a matéria em poderes-deveres quanto à pessoa (art. 1.634) e quanto aos bens dos filhos (arts. 1.689 a 1.693).

O art. 1.634 dispõe que compete aos pais dirigir a criação e a educa-

---

[26] Por exemplo, o art. 98 do ECA diz quando cabe intervir, aplicando-se medidas de proteção descritas no art. 101.

[27] Veja-se a respeito: Edson Sêda, *A a Z do conselho tutelar*, Rio de Janeiro, Adês, 1999. No *site* www.edsonseda.hpg.ig.com.br/aazf.htm, resposta à pergunta n. 15, paginação variável. Acessado em 15/10/2001.

ção dos filhos (inciso I), tê-los em sua guarda e companhia (inciso II). Compete-lhes ainda exercitar poderes relacionados à incapacidade de fato dos filhos: conceder ou negar-lhes consentimento para casarem (III); nomear-lhes tutor em certos casos (IV); representá-los ou assisti-los juridicamente, conforme a idade (V); reclamá-los de quem ilegalmente os detenha (VI); exigir deles obediência, respeito e serviços compatíveis com a idade (VII).

Os arts. 1.689 a 1.693 referem-se aos poderes sobre o patrimônio do filho, que interessam secundariamente neste trabalho.

O art. 22 do ECA fala de quatro deveres dos pais: sustento, guarda, educação do filho e cumprimento das determinações judiciais.

Não há unidade terminológica entre a CF, o CC e o ECA.

A CF, apesar de ser diploma jurídico, também é uma carta política, de maneira que os termos utilizados em sua redação nem sempre retratam os institutos de direito com a melhor técnica. Mas, sendo a CF chave de interpretação de todo o sistema jurídico nacional, deveria servir como primeira referência para a análise dos poderes-deveres que integram o poder familiar.

Dada a conveniência de a tomar como fonte, pode-se notar uma divisão tripartite dos poderes-deveres, enunciados no art.229: assistir, criar e educar. Qual é o conteúdo desses atos? Qual a distinção entre eles? Essas condutas (assistir, criar, educar) justificam-se em função da necessidade que toda pessoa em condição peculiar de desenvolvimento tem de ser acompanhada por outras, já formadas, que a conduzam à maturidade suficiente para o exercício pleno da liberdade. Como não há unidade terminológica entre os três diplomas (CF, CC e ECA), a doutrina qualificada de Walter MORAES pode servir como critério para a organização desses poderes, associando a cada conjunto de deveres, uma das condutas expressas na CF.

Segundo Walter MORAES, os pais devem atender às necessidades dos filhos menores em três âmbitos de assistência: **assistência material** (que pode ser associada ao *criar*), **assistência moral** (relacionada ao *educar*) e a **assistência jurídica** (que pode ser vinculada ao dever de *assistir*).

A **assistência material** será prestada pelos responsáveis mediante o cumprimento de deveres voltados à satisfação das necessidades físicas. Desdobra-se nos deveres de **criação**, **sustento** e **guarda**. Por **criação** entende-se o zelo pelo desenvolvimento físico, incluindo o lazer e a recreação. Numa palavra, a atenção dispensada para seu *crescimento fisiológico*. Esse dever pode ser fundamentado na CF, art. 229 (criar), e no art. 1.634 do CC. O **sustento**, para Walter MORAES, absorve os deveres relacionados às necessidades alimentares e médicas do menor, ou seja, o zelo pela *saúde*. Esse dever está especialmente previsto nos arts. 231, IV do CC e no ECA, art. 22. A **guarda**, por seu turno, inclui habitação e vestuário, restando vinculada à *proteção física*, e está delineada pelo direito positivo estatal nos artigos 231, IV e 1.634, I do CC, e no ECA, art. 22.[28]

A **assistência moral** - chamada de *assistência pessoal não material* - será prestada pelos responsáveis e inclui o dever de **companhia** (CC, art. 1.634, II; ECA, art. 19), pelo qual os pais devem estar próximos do filho dando-lhe a atenção afetiva necessária para que sua constituição emotiva seja equilibrada, e o dever de **educação** (CF, art 229, ECA, art.22), que forja a personalidade do indivíduo nas diversas frentes que compõem a pessoa humana: formação moral, religiosa, intelectual e profissional (CC, art. 1.566, IV e 1.724; 1.634, I; 1.740,I e 1.747, III).

Uma terceira categoria de serviço se concretiza na **assistência jurídica** (CF, art. 229, ECA, art. 22, última parte) prestada pelos responsáveis por meio da representação (CC art. 1.634,V), assistência *stricto sensu* (art. 1.634,V e 1.747, I), consentimento para casamento (CC art. 1.634, III), nomeação de tutor por testamento ou documento similar (CC, art. 1.634, IV); administração dos bens do menor (CC arts. 1.689 a 1.693 e 1.741); usufruto legal (CC art. 1.689, I).

Divisão comum quanto às atribuições do *paterfamilias* é a que se dá entre os poderes relacionados à pessoa, e os poderes relacionados aos bens[29] do filho. Poderes de caráter patrimonial (enquanto administradores dos bens da prole) e pessoal (onde se inclui o dever de zelar pela formação saudável de sua personalidade).

Dentre esses poderes, mais importantes que os relacionados à administração dos bens são os que se referem à pessoa do filho. Nesses deveres

---

[28] Cf. MORAES, Walter, *Programa de direito do menor*, p.128.
[29] Interessante notar que mesmo a localização topográfica, por títulos, deixa patente a distinção entre as categorias de deveres relativos aos filhos. Parte da matéria está no CC, título I: "do direito pessoal"; subtítulo II: "das relações de parentesco"; capítulo V: "do poder familiar"; seção II: "do exercício do poder familiar", e parte está no título II do CC: "do direito patrimonial"; subtítulo II: "do usufruto e da administração dos bens dos filhos menores".

estão os principais fins do poder familiar, pois serão fundamentais para a formação integral da pessoa. Para confirmar essa hierarquia do ponto de vista do Direito positivo estatal, é suficiente analisar o CC em conjunto com o ECA.

II. Aspectos sócio-políticos: competências dos círculos sociais com relação ao poder familiar

1. "Status": a posição do indivíduo perante o Estado e o grupo familiar

Para melhor estudo do grau de relação entre os círculos sociais (família, Estado, sociedade) em matéria de poder familiar, convém tecer considerações sobre o grau de relacionamento dos grupos com os indivíduos que deles façam parte.

Antonio Cicu oferece uma linha de reflexão que esclarece como pode ser compreendida a relação do indivíduo com os agrupamentos humanos.

No estudo que desenvolveu acerca do conceito de *status*, Cicu reexamina as bases da relação do cidadão com o Estado, estabelecendo um parâmetro diferente do que se tinha até então.

Uma vez que o conceito de direito subentende o de sociedade – só há direito quando há pluralidade de pessoas convivendo em mútua relação –, antes de se falar dos direitos, individualmente considerados, deve-se atentar para a relação natural de pertinência do indivíduo a uma dada coletividade. As conseqüências dessa pertinência não poderiam ser lidas simplesmente como redutoras da liberdade pessoal, pois a liberdade individual já vem contornada, envolvida, desde sua gênese, em uma dimensão social. A solidariedade é própria da sociedade.

As exigências da convivência social deveriam ser respeitadas por todos, como decorrência imediata da condição humana, afastando-se a idéia liberal da *individualidade total do homem no estado de natureza*, na perspectiva de um contratualismo social com a idéia subjacente de que o homem seria, por natureza, e de modo originário, um ser exclusivamente individual, restando a sociedade como uma criação artificial e limitadora do ser humano.

A condição social humana teria servido, em certas épocas e locais, para justificar abusos com relação à condição individual, de modo que muitos intelectuais pós-Renascimento fizeram uma leitura negativa da sociabilidade natural, construindo teorias (contratualismo social), nas quais se exaltava a dimensão individual como sendo a única do estado natural do ser humano. Pretendiam recuperar o valor do indivíduo em face da coletividade. Todavia, lograram ir além. Dado o efeito pendular que costuma acompanhar as mudanças históricas, terminou-se por alimentar o individualismo a ponto de, mesmo em nossos dias, ser necessária uma reação retificadora, sob o risco de se abusar da pessoa, novamente, ao desconhecer sua condição social.

Não se deveria atribuir caráter negativo à situação de dependência perante o agrupamento. A pertinência do indivíduo ao corpo social possibilita-lhe o acesso a um universo de possibilidades que complementam substancialmente seu desenvolvimento pessoal. Somente a convivência permite-lhe desenvolver virtudes relacionadas ao serviço e ao interesse sociais. Não significa, assim, redução da condição individual humana, mas seu complemento necessário.

Concluía Cicu que onde se via, sob a óptica privatista, diminuição da personalidade – sujeição à soberania estatal –, dever-se-ia notar a sublimação da personalidade. Onde se vislumbrava simples sujeição do indivíduo, dever-se-ia reconhecer uma *igualdade* de sujeição *de todos*, como um âmbito de solidariedade. Como membros de um organismo, não mais se deveria falar que o indivíduo tem *dependência* perante o Estado, senão que entre eles se estabelece uma relação de *interdependência*.

Nessa perspectiva, a pessoa não se veria tolhida pelo grupo, mas potencializada *ad maiora* em função dele: no âmbito do grupo sua personalidade se expande para atender a fins maiores que ela própria. O processo de educação ilustra bem a necessidade dos demais (vida em sociedade) para a formação do indivíduo.

Mas, para Cicu, esse caráter associativo era personificado no Estado, confundido com a sociedade política, de modo que se tornou defensor do fortalecimento do Estado. Por isso se entende necessário temperar a concepção de Cicu com a visão de Maritain, de modo a se dar o real peso à sociedade civil antes de atribuir ao Estado a força motriz da vida em sociedade.

Quando se confere todo o poder ao Estado, tomando-o como *a fonte* dos poderes públicos, cria-se o risco dos Estados totalitários, os quais se justificam usando do argumento de *serem* a "sociedade civil": reduzem a sociedade civil ao aparato burocrático estatal manipulável por quem detém as chaves do poder em determinado governo. Antes de fazer parte do Estado, o indivíduo faz parte da sociedade civil.

Cicu intuiu que o individualismo não respondia às necessidades autênticas da pessoa, mas não conseguiu restaurar a importância da *sociedade política* como realidade prévia e mais importante que o Estado.[30] Com as idéias desenvolvidas por Maritain, pode-se corrigir a leitura de Cicu, que levaria à exaltação do Estado como organismo que poderia agir por si, sem a necessidade de justificar seus atos à sociedade civil.

Para o civilista italiano o *"status"* é a situação que se estabelece não só por decorrência da relação Estado-cidadão, mas também sempre que o indivíduo se apresenta como membro de um todo superior, que possui um escopo comum. *"Antes de tudo, isso ocorre na família"*.[31] O status é *"a relação ou vínculo jurídico que liga o indivíduo ao agrupamento"*[32] (tradução livre).

Essa relação orgânica do indivíduo com o Estado – na visão de Cicu –, ou com a sociedade política – na concepção de Maritain –, também se verifica com relação à família. No entanto, o vínculo é mais forte no âmbito familiar que no âmbito coletivo estatal, pois *"na família é mais puro o momento do dever, também porque a própria destinação à função é aqui preordenada e individualizada, sendo mais restrito o campo da liberdade e da vontade"*.[33] Assim sendo, a família tem primazia no gerenciamento dos poderes que se referem à formação das gerações, a partir da constituição natural básica dos laços sócio-afetivos.

---

[30] Vale lembrar que o Estado é entidade (artificial) criada pela sociedade política.
[31] CICU, Antonio, *"Il concetto di 'status'"*. *Studi in onore di Vicenzo Simoncelli"*, Napoli, Jovene, 1917, p. 60.
[32] Idem, p. 70. No original: *"Status è pertanto il rapporto o vincolo giuridico che lega il singolo nell'aggregato"*.
[33] Idem, p. 73. No original: *"Più evidente e sicura è invero la necessità che determina e tien fermo l'aggregato famigliare: più puro quindi il momento del dovere, anche perchè la stessa destinazione alle funzioni è qui preordinata ed individualizzata, sicchè molto più ristretto è il campo della libertà e volontà"*. Adiante: *"Ma tutto ciò non impedisce che in confronto dello s.civitatis abbiano qui maggior risalto il concetto di interdipendenza e solidarietà; la caratteristica di diritto-dovere; l'esclusione dell'interesse egoistico, del potere di acquisto, di disposizione e di rinuncia; la subordinazione ad un fine."*

2. Precedência da família dentre os círculos sociais

Ao grau de relacionamento e de intimidade que se partilha com determinado grupo do qual se faz parte, corresponde uma maior *interdependência* sócio-jurídica. Como o indivíduo faz parte de diversos grupos, torna-se titular de direitos e deveres perante eles, proporcionalmente ao grau de interdependência com cada um.

As pessoas são ao mesmo tempo cidadãs (relação perante o Estado), membros (perante a sociedade civil) e parentes (perante a família), guardando com cada um desses círculos deveres e direitos. Essa tríplice pertinência justifica a interferência de um círculo no outro, uma vez que todos eles se unem na função principal do bem comum, e todos eles se constituem em serviço às pessoas que os compõem.

Pode-se imaginar a pessoa envolta por três círculos: mais próximo a ela está a família, seguida pela sociedade (nas diversas entidades em que se possa manifestar e na própria sociedade política) e pelo Estado. O desconforto social do círculo mais íntimo faz-se sentir no meio social seguinte e o desconforto deste, por sua vez, reflete no Estado.

No que se refere ao menor de idade, a atuação insuficiente do primeiro círculo – família – exige de imediato a atuação do meio social seguinte. A insuficiência desse meio leva ao Estado.

No entanto, ante a disfunção dos círculos sociais mais próximos ao indivíduo, o Estado é a entidade a quem primeiro se cobra uma providência. Nada mais razoável, uma vez que o Estado, entidade artificial, tem função instrumental de gerir os interesses da sociedade, e deve assumir, em primeiro lugar, a responsabilidade pelo indivíduo incapaz desatendido pelos pais, em nossos dias.

O Estado assume posição fundamental na rede protetora da pessoa. Mas nem por isso deve manter-se como executor exclusivo da função de zelar pela situação do menor de idade, porque não compete a ele incumbir-se sozinho de tarefas cuja *competência originária* é de outros agrupamentos (família e sociedade civil) ou cuja *competência concorrente* (ou *comum*) deve com eles compartilhar.

A relação entre os três círculos que envolvem o indivíduo pode ser regulada pelos princípios da *subsidiariedade* e da *cooperação*. *Subsidiariedade* do Estado, por exemplo, no que é de *competência exclusiva* ou *privativa* dos demais círculos, e *cooperação* no que é *competência concorrente* deles.

Necessária ainda se faz a intervenção de círculos sociais diferentes da família, em razão da *prioridade absoluta da criança e do adolescente*, princípio que integra nosso sistema jurídico, e do enfraquecimento da instituição familiar, círculo competente originariamente para cuidar dos interesses do menor.

3. Estado de Direito e a interferência no exercício do poder familiar

O que fundamenta a intervenção do Estado em matéria de poder familiar? Na atualidade, essa intervenção se apóia, em último termo e de modo fundamental, no dever do Estado de garantir os direitos fundamentais de todos os seus súditos.[34]

A consolidação do conceito de Estado de Direito, como instrumento ideal a serviço da convivência pacífica e harmônica em sociedade, importou no fortalecimento progressivo dos poderes estatais. Em função disso, o Estado foi dotado de estrutura privilegiada, dispondo de meios apropriados para executar suas atribuições. Um imenso poder foi-lhe conferido para usar no interesse dos cidadãos. Por isso o Estado pode ser constrangido a assumir a responsabilidade de proteger e garantir os direitos fundamentais do indivíduo.[35] Não obstante sua posição central nessa matéria, não conseguirá êxito sem assistência da sociedade civil, sobretudo no contexto da

---

[34] Há competência comum do Estado em relação aos pais, titulares do poder familiar, em face do filho, quanto a alguns poderes-deveres, conforme se analisará adiante, no corpo do texto. Há, também, poderes-deveres que são de competência exclusiva ou privativa dos pais, de modo que somente subsidiariamente o Estado intervirá, como medida extrema diante da impossibilidade de os pais levarem a termo esses deveres.

[35] Mesmo perante documentos como a Declaração Universal dos Direitos do Homem, promulgado pela ONU, em 1948, o Estado é organismo decisivo na proteção dos direitos fundamentais. Assim, no art. 8º do referido diploma, lê-se: *"todo homem tem direito a receber dos tribunais nacionais competentes remédio efetivo para os atos que violem os direitos fundamentais que lhes sejam reconhecidos pela Constituição ou pela lei".* A Constituição é o documento formal que inaugura o Estado. Mas as leis e os tribunais serão administrados pelo Estado. Sem a atuação adequada do Estado, nos órgãos que o representam em cada esfera, não haverá tutela verdadeira dos direitos da pessoa humana. Ao mesmo tempo, vale a pena lembrar que mesmo que a Constituição possa ser apontada como a certidão de nascimento do Estado, *constituído* por ela, a rigor, perante o Direito Constitucional, ela é prévia ao Estado, pois é concebida no seio de uma Assembléia Constituinte, momento em que ainda não existe, formalmente, o Estado que está sendo construído. A Assembléia Constituinte é o exemplo mais patente de organização da sociedade civil na construção do Poder Público.

complexa sociedade de massa contemporânea. Mais: deve respeitar os direitos das entidades menores que ele, pois a serviço delas e das pessoas individualmente consideradas é que foi constituído.

O poder familiar é uma das incumbências do círculo social familiar que sofre ingerência da sociedade civil e do Estado. De modo especial o Estado contemporâneo, no uso do monopólio legislativo, e por meio das instituições públicas, interfere no exercício ou na titularidade do poder familiar, direta ou indiretamente, quando fiscaliza a situação dos menores de idade, para garantir que seus direitos sejam respeitados.

A motivação dessa fiscalização, durante o século XIX e parte do século XX, esteve concentrada no interesse da sociedade em precaver-se da má formação dos futuros cidadãos.[36] Hoje, com o protagonismo da criança e do adolescente pensa-se, primeiro,[37] no interesse deles e, depois, no interesse dos demais membros da sociedade.

O Estado, cingido pelo princípio da legalidade, para intervir em matéria de direito do menor, necessita agir conforme limite fixado em lei. Dessa forma, pode-se acompanhar o histórico da intervenção do Estado brasileiro em matéria de menores por meio da legislação.[38]

As recentes leis relativas aos direitos da criança e do adolescente foram concebidas sob a égide da *proteção integral*. Sob tal conceito pretende-se resguardar a situação de todos os menores, nos vários âmbitos de sua vida, não se limitando à esfera penal. Isso aumentou o poder de interferência do Estado e também sua responsabilidade.

---

[36] RIZZINI, Irene, *O século perdido – raízes históricas das políticas públicas para a infância no Brasil*, Rio de Janeiro, Editora Universitária Santa Úrsula / Amais Livraria e Editora, 1997, p. 34. Na p. 64, pode-se ler: *"Ao se buscar na literatura histórica referências sobre o espaço reservado à criança na sociedade brasileira do século XIX para o XX, percebe-se claramente que "a criança" que mais aparecia era aquela que, aos olhos da elite, carecia da proteção do Estado e precisava ser 'corrigida' ou 'reeducada'. Eram os 'expostos' os 'orphaosinhos', os 'pobres meninos abandonados', as 'crianças criminosas' os 'menores delinqüentes' e assim por diante. Onde constava algo relativo à infância ou à juventude, lá estava implícita a idéia de periculosidade, carregada da ambigüidade anteriormente assinalada: ou a criança personificava o perigo ou ameaça propriamente ditos ('viciosa, pervertida, criminosa...') ou era apresentada como potencialmente perigosa ('em perigo de o ser...')."*

[37] Dever-se-ia pensar, ao menos, por exigência do princípio da prioridade absoluta da criança e do adolescente, esboçado no art. 227 da CF.

[38] Para melhores dados, veja-se PEREIRA JR., Antonio Jorge, *Conselho tutelar: fundamentos sócio-jurídicos da orientação e fiscalização do poder familiar pela sociedade e pelo Estado*. Neste momento, importa enfocar a ampliação dos poderes de intervenção do Estado em matéria de direitos da criança e do adolescente.

Mas a lei, sabiamente, envolveu a sociedade inteira nessa nova ordem normativa.

Sob inspiração da doutrina da proteção integral, o ECA perfilou os direitos dos menores. Como o poder familiar é o principal instrumento para intervenção na vida da pessoa em condição peculiar de desenvolvimento, seu titular é o maior responsável pela garantia dos direitos das crianças e dos adolescentes.

Quando não há laços familiares que fornecem ao menor de idade a atenção conveniente, ou a atenção dos pais é insuficiente ou prejudicial, as demais esferas deverão entrar em ação para socorrê-lo. Cabe estudar como se deve operar a atuação de cada esfera de coletividade nessas situações, para evitar que haja abusos ou omissões.

4. Competência do Estado, da sociedade e da família: em busca de um critério

Convém que a relação da família com a sociedade civil e com o Estado seja pautada por um critério que oriente *quando* e *em que âmbitos* esses agrupamentos poderão interferir na condução da vida do indivíduo não emancipado. Esse critério tem por fundamento a divisão de *competências materiais* ou *formais* entre eles.

Para definir os âmbitos de relacionamento pessoal (vida privada) em que o Estado e a sociedade civil podem (ou devem) intervir, e os momentos em que se justifica essa interferência, é necessário recorrer à filosofia social (principalmente a *Ética social*), matéria que sofreu eclipse com o desenvolvimento da sociologia no século XX, e que tende a recuperar espaço nos meios científicos em face da complexidade pós-moderna, convidando ao desenvolvimento dos princípios e da noção de dever ínsita ao relacionamento social.[39]

Para disciplinar a *ordem social*, o Direito Positivo deve socorrer-se da *filosofia social*, sob risco de afrontar a base das relações que se criam no seio da convivência. A Sociologia tem por objeto constatar o

---

[39] Vale lembrar que também na aplicação do princípio da boa-fé objetiva os deveres surgem de modo inegável, com maior força que os direitos correspondentes. Os direitos seguem, por via reflexa, aos deveres. Ver MARTINS-COSTA Judith, *A boa-fé objetiva no direito privado*, São Paulo, Revista dos Tribunais, 1999.

que ocorre, não diferenciando o *acontecido* do *devido*, de modo que serve à análise, mas não prepara a prevenção e a resolução dos problemas sociais.

Por meio da *filosofia social* pode-se responder, por exemplo, (1) qual grupo tem *competência originária* para tratar da educação dos incapazes por falta de idade, (2) se é possível estabelecer uma hierarquia entre eles e (3) quais princípios poderiam nortear a atuação harmônica dessas *esferas de coletividade* na tutela da pessoa humana e na promoção do bem comum.

Os agrupamentos citados (Estado, sociedade civil, família) dividem competências e ocupam espaços diferenciados, tendo em vista a consecução do bem comum. Cada qual atua em um âmbito da vida social. É difícil estabelecer *regras* que regulem com exatidão o espaço de cada um deles. As competências de cada um são determinadas, em linhas gerais, por meio de *princípios*. Os princípios que orientam o relacionamento dos círculos de coletividade adquirem feição jurídica na medida em que determinam um *dever-ser* que vincula socialmente. Essa força deontológica converte-os em princípios jurídicos.

Na hierarquia entre as entidades que envolvem o menor de idade, a família ocupa a primeira posição numa ordem de precedência, pois é o órgão imediato de sua formação. A sociedade civil ("sociedade política", em Maritain) está em um segundo plano, pois precede o organismo estatal na existência, o qual, por sua vez, é produto dela e a ela deve servir. Em terceiro lugar, coloca-se o Estado, estrutura (instrumental) que tem por função zelar pelos serviços públicos como representante da sociedade política na gestão dos poderes que pertencem a ela.

Os três círculos sociais aparecem relacionados no §1º do artigo 226 da CF, sob o título VIII da Carta Magna que, convém recordar, trata "da ordem social". Lê-se nesse dispositivo da CF que *"a família, base da sociedade civil, terá proteção especial do Estado"* (grifos nossos). Essas palavras expressam, de modo sintético, a relação de interdependência entre eles, segundo a hierarquia acima: a *família* é a base (célula social), sem a qual não se constitui a *sociedade civil* (o tecido social). O Estado, por sua vez, produto que é da sociedade civil organizada, foi incumbido expressamente por ela de proteger a base da sociedade, ou seja, a família.

A família é o agrupamento social que tem maior responsabilidade na formação das novas gerações (formação corporal, espiritual e social). Por isso a sociedade política, reunida em Assembléia Constituinte, quis impor ao Estado a incumbência de protegê-la especialmente, inscrevendo-a no documento que constitui e define as competências estatais.[40]

> A cada círculo social corresponde seu *tipo de direito*, seu sistema. Diante das convicções da ciência, que tanto nos mostram e comprovam explicação extrínseca dos fatos (isto é, dos fatos sociais, objetivamente), o que se não pode pretender é reduzir o direito a simples produto do Estado. O direito é produto dos círculos sociais, é fórmula da coexistência dentro deles. Qualquer círculo, e não só os políticos, tem o direito que lhe corresponde (grifo no original).[41]

Nas palavras de Pontes de Miranda, ter *"o direito que lhe corresponde"* bem poderia ser lido como *ter o poder que lhe compete*, na divisão de funções entre círculos sociais para garantir a saudável convivência humana. Nesse sentido, Johannes Messner dizia que *"o direito consiste em competências garantidas, isto é, em poderes seguros para fazer, ter ou exigir algo perante uma eventual violação de outrem"* (grifo no original),[42] comportamento exigível no seio da vida social. Afirma ainda que *"as competências conferidas pelo direito devem-se às responsabilidades ligadas aos fins existenciais dos homens"*.[43]

É de grande utilidade o uso do conceito de *competência* para que se compreenda o que cabe a cada entidade no jogo de responsabilidades em defesa dos direitos da criança e do adolescente. Nesse caso, em vez

---

[40] LEHMANN, Heinrich, *Derecho de familia. Tratado de derecho civil*, Madrid, Revista de Derecho Privado, 1953, vol.4, p. 273.
[41] MIRANDA, Pontes de, *Tratado de direito privado*, 2ª ed., tomo VII, Rio de Janeiro, Borsoi, 1955, p. 170.
[42] MESSNER, Johannes, *Ética social*, São Paulo, Quadrante, s/d, p. 211.
[43] Idem, p. 211.

de se falar em competência legal (definida pela lei), melhor é falar-se de *competência natural*,[44] pois precede a lei.

As competências naturais da família e da sociedade civil independem de previsão legal estatal para serem reconhecidas e operarem efeitos, apesar de o conhecimento delas ficar condicionado pela cultura[45] e o respeito efetivo a elas ser melhor garantido mediante lei.

As competências estatais, sendo o Estado um ente criado pela sociedade, necessitam de previsão legal, devendo estar enunciadas de modo claro nas constituições ou convenções públicas da sociedade civil, nas quais se deveriam definir, de acordo com uma razão de proporcionalidade e adequação, quais funções poderiam ser transferidas ao Estado quando couber a ele agir em nome da sociedade civil.

Apesar disso, pode ser que algumas competências estatais não estejam positivadas, por imperfeição dos documentos correspondentes, por eventual impossibilidade de previsão quando da elaboração da Carta Política, ou pelo fato de algumas delas não necessitarem de reconhecimento formal, por estarem devidamente assimiladas no contexto sócio-político.

Na CF brasileira pode-se encontrar um repertório imenso de competências estatais. Em quantidade menor, podem ser identificadas competências dos demais círculos sociais, incorporadas ao texto constitucional. Todavia, as competências cabíveis aos grupos diferentes do Estado costumam ser ordinariamente descobertas com o auxílio da filosofia social.

Facilita aos operadores do direito tomar por empréstimo a conceituação de *competência* tal qual desenvolvida no Direito Constitucional para, a partir dela, refletir acerca das competências originárias de cada círculo social.

---

[44] A palavra *natural* tem sua raiz (*nat.*) relacionada ao supino do verbo latino *nasc-or* (*nat-us sum*), que significa *nascer*. Assim também as palavras nato, inato, nativo, natalidade, natureza, nação. Góis, Carlos, *Dicionário de raízes e cognatos da língua portuguêsa*, 3ª ed., Rio de Janeiro, 1945, p. 206-207. Pretende-se usar o qualificativo *natural*, nesse uso específico, como referência a uma realidade que não precisa ser *positivada* para existir, uma vez originada (nascida) *da situação concreta*, sem a necessidade da chancela do Direito Positivo estatal para existir. Portanto, algo nascido com a pessoa ou algo nascido de uma situação relacional onde a declaração de vontade humana, ainda que presente, não é a causa eficiente do fenômeno.

[45] Hervada, Javier, *Crítica introdutória ao direito natural*, Porto, Rés, s/d, p. 131.

Mais útil ao escopo desse trabalho mostra-se o critério que nomeia as competências de acordo com a *extensão* do poder cabível a cada entidade, em determinada matéria. Essa *competência extensiva* subdivide-se em quatro tipos: *exclusiva, privativa, concorrente* e *suplementar*.[46]

Outro critério classificatório diz respeito à sucessão daquele que se investe da competência. Será chamada de *originária* a competência quando exercida pela entidade que foi originariamente investida dela. Será *delegada* a competência quando a entidade que a exerce sucede a uma outra, que lhe tenha delegado tal poder.[47]

As competências dos diversos círculos sociais – família, Estado, sociedade política – em matéria de criança e adolescente, são percebidas especialmente por meio dos princípios que orientam a ordem social.

5. O princípio da subsidiariedade

O *princípio da subsidiariedade*, bastante desenvolvido pela doutrina social católica, apresenta-se como de grande utilidade para promover e evitar abusos no relacionamento entre os círculos sociais (família, sociedade civil – entidades intermediárias – e Estado).

A palavra provém do latim *subsidium*, que significa *"ajuda desde a reserva"*, ou seja, desde uma instância que não é responsável diretamente pelo cometido. Em Roma, as *subsidiarii cohortes* eram as tropas que estavam na retaguarda, dispostas a ajudar as tropas de primeira linha (*prima acies*), quando estivessem em dificuldades e impossibilitadas de sair dessa situação por conta própria.[48] Há referência, portanto, ao auxílio prestado por entida-

---

[46] A *competência exclusiva* é aquela que não admite suplementariedade e nem delegação. Somente uma determinada entidade tem a incumbência de exercê-la. A *competência privativa*, por sua vez, assemelha-se à exclusiva, com o detalhe de admitir delegação. A *competência concorrente* (ou *comum*) é a competência que, originariamente, é atribuída a mais de uma entidade. Pode ser que essa *competência comum* seja dividida, criando-se diferentes graus de participação das entidades que concorrem no exercício de um mesmo poder. Pode ser que haja participação igual das entidades na gestão do poder que lhes compete, ou pode ser que haja primazia de uma com relação à(s) outra(s). Neste caso, quando há reserva de certas incumbências a uma delas, *a priori*, por disposição legal ou por força da normatividade jurídico-social, surge a *competência suplementar*, categoria de competência concorrente. A *competência suplementar* é exercida apenas quando a entidade que tem preferência para exercer a *competência concorrente* não o faz, ou se limita aos aspectos gerais da matéria que administra, restando à outra suplementar o exercício do poder dado a ambas. Cf. José Afonso da Silva, *Curso de direito constitucional positivo*, 18ª ed., São Paulo, Malheiros, 2000, p. 482-483.
[47] Idem, p. 483-484.
[48] Martinell Gifrè, F. "Principio de subsidiariedad", *Gran enciclopedia Rialp*, 6ª ed., reimpressão. Madrid, 1991, tomo XXI, p. 707.

des *superiores*, a entidades *inferiores*, sempre que estas não sejam capazes de atender sozinhas suas necessidades. Costuma ser aplicado na relação entre o Estado e os cidadãos (incluindo as entidades intermediárias).

Deve ser aplicado quando determinada competência de um grupo social não estiver sendo cumprida, e um outro agrupamento, mais perfeito, auxilia ou assume a função respectiva para garantir o bem comum e/ou o bem individual de quem pode estar sendo lesado pela atuação insuficiente do grupo competente originariamente.

Adquiriu forma especialmente grata na encíclica *Quadragesimo anno*, de Pio XI:

> (...) ainda que seja verdade que muitas tarefas que em épocas anteriores podiam realizar também as associações pequenas, hoje somente podem levar-se a cabo por obra de grandes entidades sociais, permanece, contudo, firme e imutável em filosofia social aquele importantíssimo princípio que não se pode alterar nem mudar: da mesma maneira que não se deve privar o indivíduo daquilo que pode obter pela própria iniciativa e por suas próprias forças, nem atribuir-lhe a atividade da sociedade, atenta igualmente contra a justiça outorgar à comunidade superior e mais ampla aquilo que as comunidades menores e subordinadas podem conseguir e levar a bom fim. Toda atividade social deve, por sua natureza, prestar auxílio aos membros do corpo social, nunca absorvê-los nem destruí-los.[49]

Conseqüente ao princípio da solidariedade,[50] o princípio da subsidiariedade deve ser aplicado nas situações em que se relacionam entidades de maior e menor superioridade: Estado e municípios, municípios e associações civis, Estado e família, etc.

De acordo com Rafael Llano Cifuentes,

---

[49] Pio XI, Encíclica *Quadragesimo anno*, n. 79.
[50] *"O princípio da subsidiariedade supõe os princípios de solidariedade e do bem comum, sem com eles identificar-se"*. HÖFFNER Joseph Cardeal, *Doutrina social cristã* (versão de acordo com a 8ª edição alemã), São Paulo, Loyola, 1986, p. 35.

(...) o princípio da subsidiariedade estabelece que o Estado, de um lado, deve permitir sempre ao indivíduo e às sociedades menores ou intermediárias exercitarem seus direitos e cumprirem seus deveres na medida em que são capazes por si mesmos e, de outro, deve ajudar com sua assistência (subsídio) nas coisas necessárias em que estes não são suficientes.[51]

O princípio da subsidiariedade determina que o Estado respeite as *competências exclusivas* e *privativas* das entidades menores. Deverá agir (fornecer subsídio) quando essas entidades não estiverem cumprindo, sozinhas, suas funções (competências), em defesa e proteção daqueles que possam ser prejudicados pela atuação insuficiente delas.

Esse princípio protege, portanto, a *autonomia da família* e de outros grupos sociais menores, da invasão abusiva do Estado. Sempre que intervier, unilateral e impositivamente (ou seja, sem a consulta ou concordância dos pais), em matérias de competência exclusiva ou privativa, da família, salvo em situações que o legitimem a usar do poder jurisdicional, estará atuando de modo abusivo.

Cabe assim ao Estado intervir na medida em que for necessária essa intervenção, de acordo com circunstâncias que a justifiquem; mas sempre permitindo o pleno desenvolvimento das sociedades intermediárias, como a família, o município, a corporação, o sindicato. Todas devem ser respeitadas porque respondem a uma necessidade – e por isso têm direitos e finalidades próprias[52] – ou porque são, no mínimo, produtos da liberdade humana de associação.[53] *"Dupla é a função da autoridade política do Estado: garantir e promover; mas não é de modo algum função do poder político absorver a família e o indivíduo ou sub-rogar-se em seu lugar"*.[54]

---

[51] CIFUENTES, Rafael Llano, *Relações entre a Igreja e o Estado*, 2ª ed., Rio de Janeiro, José Olympio, 1989, p. 52.

[52] Também a *Declaração dos Direitos do Homem*, da ONU (10/12/1948), estabelece esse caráter natural e fundamental da família *"a família é o núcleo natural e fundamental da sociedade e tem direito à proteção da sociedade e do Estado"* (art. 16).

[53] O liberalismo foi um dos fatores responsáveis pela atomização da sociedade mediante a desconsideração dos grupos intermediários que serviam de ponte entre o indivíduo e o Estado: *"subestimando ou debilitando os grêmios e corporações profissionais, a família e o município, conseguiu-se – como apontam muitas correntes de pensamento atual – que o indivíduo se sinta impotente e insignificante, ensinando-lhe a projetar todos os seus poderes humanos na figura do líder, do Estado"*. CIFUENTES, Rafael Llano , p. 53.

[54] PIO XI, Encíclica *Quadragesimo anno*, n. 36.

Dentre as conseqüências do princípio sob exame, apontadas por Llano Cifuentes, destaca-se a afirmação da existência de fins e direitos próprios (competências), inerentes à natureza do indivíduo, da família e das unidades sociais menores, que não resultam de transmissão ou delegação feitas pelo Estado; a consideração de que o desrespeito a esse princípio jurídico implica totalitarismo estatal, uma vez que o Estado se imiscui no âmbito de atuação de outras entidades; e a conclusão de que esse princípio exprime a igualdade dos direitos e deveres dos indivíduos, da família (sociedade natural), da comunidade local (município, por exemplo), profissional (corporações), e religiosa, que devem ser respeitadas em sua autonomia.[55]

Pode-se perceber o princípio da subsidiariedade informando diversos dispositivos constitucionais (principalmente no título VIII da CF, que trata "da ordem social"), e infra-constitucionais. De modo claro, pode-se reconhecer esse princípio nas normas que reconhecem aos pais os poderes inerentes ao poder familiar, de modo originário (*competência originária*), pois são os primeiros responsáveis pela formação dos filhos. Ao mesmo tempo, a sociedade e o Estado devem zelar pelos menores de idade.[56]

6. Princípio de cooperação

O *princípio da solidariedade* antecede o *princípio da subsidiariedade*. A subsidiariedade, por sua vez, pode dividir-se em subsidiariedade *substitutiva* ou subsidiariedade *cooperativa*.

O desenvolvimento científico do princípio da subsidiariedade foi motivado pela necessidade de se corrigir o excesso, a interferência abusiva do Estado, quando chegou a ponto de exaurir as *competências naturais*, exclusivas, privativas ou comuns (preferenciais) das entidades sociais menores.

Ambos os princípios (solidariedade e subsidiariedade) fundam-se na sociabilidade humana. Todavia, enquanto a *solidariedade* se apóia na sociabi-

---

[55] Cifuentes, Rafael Llano, *Relações entre a Igreja e o Estado*, p. 56-55.
[56] A título exemplificativo, podem-se ver CF, arts. 229 e 227; CC, art. 1.634; ECA, art. 22. Enunciado do CC, art. 1.634: "compete aos pais, *quanto à pessoa dos filhos...*"; Enunciado do ECA, art. 22: "aos pais incumbe *o dever de sustento...*".

lidade humana, que impera o dever de auxílio, a *subsidiariedade* tem como nota peculiar o dever de auxílio circunscrito pelo respeito ao uso legítimo da liberdade dos grupos e pessoas, em garantia da saudável autonomia dos círculos sociais menores.[57] Enquanto a solidariedade impulsiona o mútuo serviço, a subsidiariedade regula o grau de auxílio de uma entidade dotada de mais poder, em face de outra, para que esta não se veja tolhida em seu âmbito legítimo de atuação livre.

O princípio de subsidiariedade supõe os princípios da solidariedade e do bem comum, sem com eles identificar-se. A sociedade é obrigada a ajudar os indivíduos. Trata-se de um postulado claro do princípio de solidariedade, que acentua a mútua união e obrigação. Cabe ao princípio de subsidiariedade limitar e distribuir as competências a serem respeitadas nessa ajuda.[58]

Existe também um *princípio de cooperação* desenvolvido pela Doutrina Social da Igreja, de idêntico nome ao que ora se concebe, e que serve de orientação para a atuação conjunta do Estado e da Igreja em tarefas comuns a ambos. A cooperação se refere à *competência comum* da Igreja e do Estado em prol do bem comum. O Concílio Vaticano II enuncia da seguinte forma este princípio:

> A comunidade política e a Igreja são independentes entre si e autônomas. Ambas, porém, embora por títulos diferentes, estão a serviço da vocação pessoal e social dos mesmos homens. Tanto mais eficazmente executarão para o bem de todos esses serviços quanto melhor cultivarem entre si a sã cooperação, consideradas também as circunstâncias dos tempos e lugares. O homem, pois, não está restrito apenas à ordem temporal, mas, vivendo na história humana, conserva integralmente sua vocação eterna.[59]

---

[57] HÖFFNER, Joseph Cardeal, *Doutrina social cristã*, p.36.
[58] Idem, p. 35.
[59] Constituição *Gaudium et spes* (Concílio Vaticano II), n. 76.

Analogicamente, em matéria de direito do menor, o princípio referir-se-á a deveres e garantias jurídicas que são incumbência comum do Estado, da sociedade e da família.

O *princípio de cooperação*, sob esse ponto de vista, é norma que fundamenta a atuação conjunta das diversas esferas em prol de matérias cuja competência é comum entre elas, admitindo-se suprimento de uma em relação à outra, sem afetar as competências privativas ou exclusivas de cada uma.

O princípio da cooperação pode ser inferido da CF, art. 227 - "é dever da família, da sociedade e do Estado assegurar à criança e ao adolescente, com prioridade absoluta,...". associado aos artigos. 4° (que praticamente repete o preceito constitucional do art. 227), 86 e 88 do ECA, convocando todas as forças de mobilização social para garantir os direitos da criança e do adolescente na política de atendimento.[60]

O *princípio de cooperação* é apresentado por Mendizábal Oses como necessário para uma autêntica Política de Menores, pois toda a coletividade deve estar comprometida com metas de integração comunitária em vista ao desenvolvimento da personalidade dos menores.[61]

Em matéria de instrução (formação técnica, intelectual e profissional), por exemplo, estabeleceu a Constituição que é dever do Estado e da família (art.205, *caput*), e "será promovida em colaboração da sociedade (...)". Da parte do Estado, garante-se ensino fundamental obrigatório e

---

[60] ECA, art. 86: "a política de atendimento dos direitos da criança e do adolescente far-se-á através de um *conjunto articulado* de ações governamentais e não governamentais, da União, dos Estados, do Distrito Federal e dos Municípios" (grifos nossos). O artigo 88, em seus diversos incisos sobre as diretrizes da política de atendimento dos menores aponta, entre outras: a municipalização do atendimento (I), a criação dos conselhos de direitos nas esferas federal e estadual, bem como do Conselho Tutelar no âmbito municipal, que trabalharão articulados com a sociedade civil na própria composição desses órgãos (II), a descentralização político-administrativa na criação e manutenção de programas de atendimento específicos (III), a previsão de fundos nas três esferas, ligados aos conselhos respectivos (IV), a integração do Judiciário, Ministério Público, Defensoria e Segurança Públicas e da Assistência Social a se dar preferencialmente pela redução desses órgãos a um mesmo recinto, para facilitar o tratamento integral que deve ser dado ao menor (V) e também a mobilização da opinião pública para sensibilizar todos os setores da sociedade a se engajarem nesse movimento (VI). Essas disposições bem podem ser compreendidas como estando sob inspiração do princípio da cooperação.
[61] OSES, L. Mendizábal, *Derecho de Menores. Teoria general*, p. 49. Na p. 225 da referida obra, fala-se expressamente do *princípio de cooperación educativa*, quando o autor desenvolve os efeitos jurídicos comuns à "família funcional" (similar à família substituta do ECA, constituída mediante guarda ou tutela).

gratuito (art. 208, I), e o acesso a ele é reconhecido como "direito público subjetivo" (art. 208, §1º). No entanto, a educação vai além da instrução técnica e há uma dimensão moral que é tarefa primordial dos pais, competência privativa deles.

O princípio da cooperação, portanto, segundo ora se concebe, deveria ser utilizado quando se trata de regular situações em que há competência comum dos círculos sociais, mantendo-se a precedência de um deles com relação aos demais. Nessas matérias, de competência concorrente, poderá o Estado atuar mediante órgãos não jurisdicionais. Isto se verificará, por exemplo, na atuação do Conselho Tutelar,[62] órgão não-jurisdicional que interfere na administração do poder familiar para garantir que os direitos da criança e do adolescente sejam respeitados, sem envolver-se em matérias que são de competência exclusiva ou privativa dos pais. Quando for caso de interferir em âmbitos de competência exclusiva ou privativa dos pais, será necessário recorrer aos órgãos jurisdicionais. O Conselho Tutelar, nesse sentido, deverá aproximar do Judiciário as situações que ensejam sua atuação.

7. Princípio da autonomia familiar e princípio da prioridade absoluta

Enquanto os pais respeitam os direitos fundamentais dos filhos, o princípio da *autonomia familiar* garante-lhes liberdade de exercício dos poderes inerentes ao poder familiar. Nesse caso, devem o Estado e a sociedade auxiliar no que for necessário para o bom desempenho na execução de suas funções.

O *princípio da autonomia familiar* pode ser reconhecido como integrante do sistema normativo brasileiro, analisando-se os dispositivos que reconhecem aos pais o direito de exercer o poder familiar sobre a prole, e perpassa todas as normas que tratam da competência dos pais em sua gestão (especialmente: CF, art. 229; CC, arts.1.630, 1.634, 1.689; ECA, arts.19, 21 e 22).

---

[62] Para melhor estudo do Conselho Tutelar, ver Pereira Júnior, Antonio Jorge, *Conselho tutelar: fundamentos sócio-jurídicos da orientação e fiscalização do poder familiar pela sociedade e pelo Estado.* Dissertação de Mestrado, Faculdade de Direito da Universidade de São Paulo, 2002.

Os genitores têm *precedência* na ordem de entidades responsáveis pelo bem-estar do menor, e não mais uma *presença imune* a qualquer interferência. A *autonomia familiar* não é um princípio absoluto.[62] Evita-se, dessa forma, que tal princípio possa servir como argumento para encobrir abusos no exercício do poder familiar, sendo invocado em detrimento da criança ou adolescente a ele sujeito.

Sendo a *absoluta prioridade* da criança e do adolescente um princípio básico de todo o sistema jurídico, a autonomia familiar prevalece enquanto se respeitam, no seio do lar, os direitos fundamentais da criança e do adolescente. Reforça essa atuação o dispositivo do art. 226, § 8º da CF, pelo qual se garante proteção à família na pessoa de cada um de seus membros.

8. COMPETÊNCIAS EXTENSIVAS E PRINCÍPIOS REGULADORES

A partir dos conceitos apresentados, pode-se progredir na descrição de princípios orientadores da ordem social que estabelecem as competências de cada círculo social no conjunto da vida.

Quando há competência *exclusiva* de um círculo social, com relação a determinada finalidade, a falta do respectivo círculo nunca será compensada pela atuação de outro. Haverá uma lacuna que não será preenchida pela entidade que o sucede, por mais que se trabalhe para suprir essa carência.

Quando se trata de competência *privativa*, a ausência da entidade originariamente competente também causará prejuízo, pelo menos até que outra entidade venha a assumir sua função. A entidade substituta, por outro lado, não costuma alcançar, idealmente, o nível de atendimento dispensado pela originária, de modo que o exercício de competência delegada (pela sociedade, pela lei ou pelas autoridades) de modo habitual será qualitativamente pior. Todavia, pelo fato de os poderes serem delegáveis, o prejuízo será menor, quando comparado à ausência das entidades encarregadas de competências exclusivas.

---

[63] A atenuação do princípio da autonomia familiar, tido como dogma que protegia o exercício absoluto do poder familiar, é obra da segunda metade do século XX, como afirma Paolo Zatti, em *"Rapporto educativo e intervento del giudice"*, *L'autonomia dei minori tra famiglia e società*. Milano, Giuffrè, 1980, p. 185-317.

As competências *comuns,* ou *concorrentes,* são as que podem ser assumidas com menor perda por grupos diferentes, de modo que a ausência de um círculo social pode ser suprida pela atuação de um outro círculo.

De acordo com a categoria de competência que é afetada, haverá maior ou menor perda.[64]

Em matéria de gerenciamento do poder familiar, as competências concorrentes, quando as houver, terão a forma de competência preferencial e suplementar, segundo se deva dar primazia àquela em detrimento desta, resguardando-se a precedência da família no cumprimento dos encargos relativos aos filhos. Como a família é o principal círculo social responsável pela formação da pessoa, os pais terão competência preferencial; a sociedade civil e o Estado, competência suplementar.

O princípio da subsidiariedade é invocado quando uma entidade interfere em área de competência de outra, nos casos de esta não estar conseguindo, por suas próprias forças, cumprir seu papel. Essa interferência se faz necessária à medida que o descumprimento da função em questão gera (ou possa gerar) um mal social ou individual, em desacordo com a dignidade da pessoa.

A subsidiariedade com efeito substitutivo caracteriza uma interferência *extraordinária,* e está associada às competências exclusivas ou privativas. Não se operará esse efeito substitutivo quando houver competências concorrentes, pois neste caso há paridade entre as sociedades encarregadas de cumpri-las ordinariamente, de modo que o dever se impõe a todos os círculos, respeitando-se a ordem de precedência da entidade que goza de competência preferencial.

---

[64] Talvez se possa ilustrar os efeitos da ausência das entidades competentes originariamente, em cada um dos tipos de competência, por meio da imagem do corpo humano com dificuldades em seus órgãos. O exemplo é limitado, como toda analogia; mas, pode auxiliar na compreensão geral das distinções que serão apontadas.

A falta de entidade com competência exclusiva poderia ser comparada a uma lesão no sistema nervoso: não há reconstituição que recoloque a pessoa no estado anterior: as células nervosas não se reconstituem. O mesmo se poderia dizer da insuficiência em matéria de competência exclusiva de um círculo social. A falta com relação à competência privativa, poderia ser comparada à falta de órgão substituível, com perdas grandes. Seria o caso, por exemplo, do coração humano. Por mais que um transplante garanta a funcionalidade principal do órgão, o paciente muito dificilmente alcançará desempenho similar ao que alcançaria se estivesse com o coração original e saudável. A competência comum seria aquela que pode ser exercida por órgãos múltiplos, como os membros, pulmões, rins, olhos. Mas, a ausência de um desses órgãos gera perdas ao corpo. Além disso, para estender o exemplo à competência suplementar, pode-se pensar no caso das mãos. Um destro tem maior necessidade de sua mão direita que da esquerda. A mão direita, por mais que seja da mesma natureza que a esquerda, tem preferência, pelo fato de ter maior habilidade e servir melhor às funções requeridas para as mãos.

Nos casos em que há competência concorrente, deve-se invocar um segundo princípio, intimamente relacionado ao princípio da subsidiariedade. Trata-se do *princípio da cooperação* que, em último termo, poderia ser reduzido àquele. Nesse sentido, poder-se-ia falar em *subsidiariedade substitutiva* e *subsidiariedade cooperativa*. A título de facilitação da nomenclatura, fala-se simplesmente de subsidiariedade e cooperação.

O princípio da subsidiariedade seria invocado, portanto, quando não houvesse igualdade de competência (casos de *competência exclusiva* ou *privativa* da família, por exemplo) entre os círculos sociais, e um deles precisasse intervir em socorro da pessoa que não é atendida convenientemente pelo grupo social *originariamente competente*, substituindo alguém ou alguma função particular.

Aplicando esse raciocínio ao dever de educar, vê-se que a educação abrange as áreas de formação moral, religiosa, intelectual e profissional. Cada um desses âmbitos pode ser classificado como de competência exclusiva ou privativa dos pais ou, ainda, como competência comum dos pais, da sociedade civil e do Estado. Essa última categoria de competência, por sua vez, pode apresentar-se dividida entre competência preferencial (ou geral) e suplementar, quando se atribui maior responsabilidade a um grupo que a outro, apesar de ambos serem encarregados da mesma função.

A educação moral do incapaz, por exemplo, é competência *privativa* dos pais. O Estado não *concorre* com eles, e não pode usurpar deles tal competência. Quanto à formação profissional, por sua vez, há competência preferencial (ou geral) da família, e competência suplementar do Estado. Quando essa competência estatal é atualizada, está-se aplicando o *princípio da cooperação*.

No primeiro caso (educação moral), havendo insuficiência dos pais, o Estado deverá intervir, de acordo com o *princípio da subsidiariedade*, dando suporte aos pais para que ela se efetive, ou substituindo-os quando este suporte não for suficiente para garantir aos filhos a educação moral a que têm direito. Não se pode, todavia, fazer tábua rasa do direito dos pais em educar os filhos conforme lhes pareça mais oportuno, em matéria de educação moral. Se não for comprovada atuação prejudicial, deverão respeitar o conteúdo valorativo pretendido pelos genitores.

De modo geral, a educação do menor é *competência originária* e *privativa* (apesar de *não* ser *exclusiva*) da família. Assim, algumas das aplicações recomendáveis de respeito ao princípio da subsidiariedade, seriam: o reconhecimento jurídico do ensino dado em casa (que poderia ser aferido oficialmente por exames públicos de participação livre), a possibilidade de os pais escolherem o tipo de educação que desejam para os filhos (indo-se além da escolha da escola) e a possibilidade de interferirem ativamente nos currículos escolares das escolas públicas e particulares.[65]

Ainda nesse sentido, diz Fernando Pimentel CINTRA que "a educação não pode ser atribuída ao Estado da mesma forma com que se atribui à família e à sociedade. O Estado, como sociedade maior e mais perfeita, aparece nesse quadro com a função subsidiária de promoção e proteção".[66] A educação compete *privativa* mas *não exclusivamente* aos pais, de modo que deve o Estado respeitar a precedência dos pais e auxiliá-los na função, se for necessário (*subsídio*). Mas não pode arrogar a si, em concorrência com os pais (respeitando-se os direitos fundamentais do filho), o direito de educar.

9. RELACIONANDO OS PRINCÍPIOS CITADOS

Quando houver desrespeito aos direitos da criança e do adolescente, por atos dos pais, em desrespeito à *absoluta prioridade dos direitos fundamentais da criança e do adolescente*, o princípio da *autonomia familiar* perde força, conjunturalmente, e o Estado e a sociedade civil devem tomar providências, de acordo com o princípio da *subsidiariedade*. A aplicação desse princípio pode resultar em colaboração com os pais em matérias de sua competência exclusiva, ou privativa, quando tal colaboração for suficiente para corrigir o desvio, ou pode chegar até mesmo à inibição total do poder familiar (decretando-se sua perda), com a finalidade de garantir os direitos e a formação da criança ou adolescente.

---

[65] CINTRA, Fernando Pimentel, *O princípio da subsidiariedade e as formas de parceria aplicáveis ao ensino público de nível básico*, p. 72.
[66] Idem, p. 74.

Em matéria de direitos da criança e do adolescente, quatro princípios basilares (todos sob a égide do princípio maior da dignidade humana) orientam a relação entre os círculos sociais, no que tange ao exercício de poder sobre o menor. São eles: *princípio da prioridade absoluta dos direitos da criança e do adolescente, princípio da autonomia familiar, princípio da cooperação* e *princípio da subsidiariedade.*

São dois princípios de ordem material, isto é, visando à tutela dos direitos fundamentais dos filhos (*prioridade absoluta*) ou dos pais no exercício do poder familiar (*autonomia familiar*), e dois princípios de ordem procedimental, que têm por escopo determinar o grau de intervenção das demais esferas de coletividade no âmbito familiar, para proteger a criança e o adolescente (*subsidiariedade e cooperação*).

Para lançar mão do uso desses princípios deve-se analisar cada caso, verificando, em primeiro lugar, se os direitos fundamentais dos menores estão sendo ameaçados ou desrespeitados, para que haja legitimidade de auxílio dos poderes públicos e de entidades não-governamentais. De acordo com a situação concreta, será caso de aplicar-se o princípio da subsidiariedade ou o princípio de cooperação.[67]

Em situações relacionadas à falta de atenção moral da criança, de acordo com o potencial danoso da ação ou omissão dos pais à personalidade do filho, pode-se chegar à decretação da suspensão ou perda do poder familiar, respaldadas no princípio de *subsidiariedade*, que leva à substituição da autoridade legitimada inicialmente para administrá-lo. Nesse caso, o princípio da subsidiariedade e o da prioridade absoluta estarão fundamentando a decisão judicial remotamente.

III. Análise de caso: a distribuição de preservativos nas escolas públicas

A educação sexual é tema de interesse público, na medida em que importam à sociedade a saúde e a conduta ética das pessoas. Ao mesmo tempo, o

---

[67] Aplicação do princípio da cooperação pode ser percebida, por exemplo, no dispositivo do ECA que estabelece (art. 23, § único) que em caso de carência de recursos, sendo este o único motivo que ameaça ou impede que seja regular o exercício do poder familiar, a família *"deverá obrigatoriamente ser incluída em programas oficiais de auxílio"*. Trata-se aqui de *competência comum suplementar* do Estado e sociedade civil.

Estado deve proteger a população das conseqüências graves – físicas, psíquicas e morais – decorrentes da falta de formação nesse campo. Todavia, sendo parte da educação moral, a educação sexual dos filhos é de competência privativa dos pais, enquanto perdura o poder familiar. Nesse sentido, a autonomia familiar deve ser respeitada e o Estado somente poderia interferir cooperativamente e/ou subsidiariamente, respeitando a competência da família.

Os titulares do poder familiar têm direito de conduzir a formação dos filhos, segundo a concepção valorativa que tenham, sempre e enquanto tais concepções não colidam com os direitos fundamentais de quem está a eles sujeito. Dessa forma, ao criar políticas de educação sexual, o Estado não pode agir substitutivamente aos pais mas, sim, dar-lhes suporte para que possam exercer sua função. Jamais poderá substituí-los nessa matéria, ou atropelar a educação moral que julguem adequada para os filhos, no legítimo exercício do poder familiar.

1. Política estatal de educação sexual: desprezo dos pais e desconsideração da privacidade familiar

Em 2003, o Governo Federal, por meio do Ministério da Saúde, deu mais um passo em uma política pública voltada à contenção da Aids, das DST (Doenças Sexualmente Transmissíveis) e da gravidez indesejada, por meio da distribuição gratuita de preservativos. "Anualmente, o Ministério da Saúde repassará às Unidades Federadas 300 milhões de preservativos masculinos", a diferentes grupos da população.[68] Boa parte da campanha é voltada a jovens de 15 a 19 anos de idade. O Ministério da Saúde e o Ministério da Educação uniram-se nessa tarefa. Pretende-se fazer a distribuição de preservativos nas escolas de ensino fundamental da rede pública. Nesse âmbito, "a meta do Programa Nacional de DST e Aids é atingir 205 municípios até dezembro de 2004. O Ministério da Saúde fará a disponibilização dos preservativos, o cálculo utilizado como referência é de 8 preservativos/pessoa/mês".[69]

---

[68] Cf. http://www.aids.gov.br/, extraído em 12.11.2004.
[69] Cf. http://www.aids.gov.br/, extraído em 12.11.2004. Insumos – preservativos masculinos.

Ao lado dessa medida, há outras, como a promoção do homossexualismo e a oferta de informações por meio do *site*, oferecendo aos jovens um canal de aconselhamento sobre condutas sexuais e um "teste de sexualidade", denominado "Quizz sexualidade".

A bandeira ostensiva da campanha, junto aos jovens, é a distribuição de preservativos. O próprio Ministério, no entanto, reconhece que a prevenção decorrerá de uma educação para valores, como se lê no ato normativo que trata da política de distribuição de preservativos:

> O principal instrumento dessa estratégia é *o processo educativo continuado*. Sabemos que não é possível transformar comportamentos em curto espaço de tempo. Desta forma, *entendemos que a educação para a saúde enquanto processo de interação e formação de sujeitos* passa necessariamente pela inclusão de temas como cidadania, gênero, sexualidade, raça/etnia, direitos humanos, entre outros, *buscando a construção de valores e atitudes saudáveis que promovam o desenvolvimento da autonomia e do senso de responsabilidade individual e coletivo* (grifos nossos).[70]

Se se trata de educar, os pais devem participar dessa tarefa.

Até os 18 anos a pessoa é considerada adolescente, nos termos do Estatuto da Criança e do Adolescente, e está sob a incidência do poder familiar. Todavia, a campanha desconsidera qualquer importância dos pais, atropelando totalmente o poder familiar no que se refere à educação sexual.

São louváveis a preocupação e a iniciativa do Ministério, enquanto cumpre dever de zelar pela saúde da população. Entretanto, em matéria que afete a formação moral de pessoa não emancipada, deve trabalhar com os pais.

Não há como fugir de uma determinada concepção valorativa

---

[70] Cf. Portaria N. 2314, de 20 de dezembro de 2002, ANEXO 05 da Norma Técnica – Incentivo HIV/Aids e outras DST – N. 01/2002. Extraído de http://www.aids.gov.br/, em 12.11.2004.

de "pessoa humana" ao se tratar da sexualidade. Examinando o *site* do Ministério da Saúde,[71] pode-se ter uma idéia da carga valorativa que é transmitida aos adolescentes acerca de temas de sexualidade, em total revelia dos pais. Quais pais foram consultados sobre o conteúdo das campanhas do Ministério, no que afetam crianças e adolescentes?

Constata-se, nas diversas opções do *site*, o ensino de técnicas para aferir maior prazer da vida sexual, sem qualquer padrão moral ou concepção ética que não a do "faça o máximo para obter prazer; mas faça usando camisinha", o que já demonstra uma opção axiológica, uma concepção de pessoa e de dignidade humana. Em nenhum momento o material orientado aos adolescentes apresenta a abstinência sexual, a fidelidade ao parceiro, e a conveniência de preservar-se para as relações após o casamento como meios de evitar as doenças sexuais, que são métodos adequados em uma política de educação sexual. Incita, sempre, a prática do sexo, sem qualquer baliza que não o uso da camisinha. Há, repita-se, uma visão de mundo e de condição humana sendo passada em meio à campanha. Ao mesmo tempo, em momento algum o *site* convida os jovens a conversarem com os pais sobre o tema.

Entre outros serviços, o Ministério oferece ao jovem o *Quizz sexualidade*. Trata-se de um "Teste de Sexualidade" de múltipla escolha, com três opções de respostas para cada pergunta. Vale a pena examinar o conteúdo de algumas perguntas do teste.

Primeira pergunta: *O que é sexo?* Dão-se como alternativas de respostas: *a) o sexo é uma necessidade humana; b) é uma manifestação íntima de afeto entre duas pessoas; c) todas as alternativas acima.* Quem responder "b" será advertido de que errou, pois "c" seria a resposta certa. Ou seja, segundo o Ministério da Saúde, o jovem deve entender o sexo como uma "necessidade humana", pelo que se pode concluir que sem a atividade sexual a pessoa está fadada à infelicidade. É diferente dizer que o sexo é uma necessidade humana, **en-**

---

[71] http://portal.saude.gov.br/saude/area.cfm?id_area=241, visitado em 7 de novembro de 2004. Há informações que parecem orientações de revistas pornográficas, chamando os valores relativos à atividade sexual de "tabus, preconceitos" e sugerindo que o jovem experimente as mais diferentes posições e situações sexuais. E isso sendo um canal público, com dever de zelar pela formação do cidadão e pelo respeito aos valores da família!

quanto condição de perpetuação da espécie (mas não uma necessidade da cada pessoa, como condicionante para ser feliz), e dizer que é uma necessidade individual pela fonte de prazer que proporciona. Essa última idéia denota uma determinada concepção da natureza humana mais afeita a uma educação hedonista. E, ao corrigir quem responde que o sexo é manifestação íntima de carinho, mas não uma necessidade individual, o Ministério da Saúde afirma: *o sexo é* **uma necessidade humana** *que acompanha a pessoa* **do início** *ao fim de sua vida. É uma das coisas que proporcionam prazer e satisfação. É uma forma íntima de afeto entre duas pessoas. O sexo é algo natural e muito bom e não há nada de errado em sentir prazer e ter uma relação sexual* (grifos nossos).

Ao apresentar o sexo como uma necessidade humana desde "o início ao fim da vida", o teste parece adotar uma concepção freudiana da sexualidade, com a qual muitos pais discordam. Tal informação é transmitida assim à população jovem em geral, fora de um contexto mais amplo, sem referência ética e antropológica, à revelia do que entendam os pais, sem qualquer explicação a mais, como se o sexo fosse um fim em si mesmo.

Em momento algum se fala da associação natural do sexo com a procriação.

A segunda pergunta diz: *Quando se inicia a sexualidade? a) na adolescência; b) na infância; c) na velhice.* Primeira dificuldade se dá em saber exatamente o que o Ministério da Saúde deseja saber com essa questão: quer saber quando se está maduro para uma relação? Quer saber quando os hormônios sexuais são mais atuantes? O que pergunta exatamente? Após ter respondido "a", fui advertido de que errei, pois, segundo o Ministério da Saúde, a resposta certa é "infância". E nenhuma palavra a mais de explicação (!). Mais uma vez, "Freud explica".

Lê-se na terceira: *O que é preciso para ter uma relação sexual? a) tesão* [linguagem vulgar: poderia dizer "excitação", "desejo"]; *b) vontade); c) preservativo.* E responde: *As três respostas estão corretas.* Complementa: *É preciso ter tesão e é* **imprescindível usar a camisinha**, *mas principalmente é preciso se ter vontade de ter uma relação sexual para que ela aconteça de forma agradável e prazerosa.(...)* **Não faça sexo** *por pressão ou* **sem ter certeza de que está pronto para isso** (grifos nossos). Faz-se apoteose da imprescindibilidade da camisinha, sem advertir o aprendiz que a camisinha tem finalidade contraceptiva e não somente profilática. Ou seja, o Ministério visa ao controle de natalidade, não apenas a evitar a transmissão de DST ou Aids, sem advertir sobre o planejamento familiar.

Quando um adolescente terá certeza de se está pronto para a prática sexual? O Ministério não dá nenhuma pista acerca dessa "prontidão", salvo a realização do teste: ao fim, se a pessoa houver acertado mais de 13, das 21 questões, estará habilitada a praticar sexo, segundo o Ministério da Saúde.

Por que não se busca orientar os filhos a conversarem com os pais? Por que o plano do Ministério da Saúde despreza a formação dos pais, sem se importar com passar conteúdo a eles, para, depois, aconselharem os filhos os procurarem? Se os pais não podem, a juízo do Ministério da Saúde, orientar os filhos sobre essa "prontidão", por que o Ministério da Saúde se sente apto a tanto?

Quarta pergunta: *Qual a idade certa para começar a vida sexual? a) 15 anos; b) 18 anos; c) não tem idade certa.* Resposta: "*Não existe uma idade certa (...). Cada pessoa tem seu tempo. (...). Além de ser um processo biológico, ainda* **existem a pressão dos amigos e a massificação da mídia sobre o assunto** [e não fala mais desse assunto: a mídia e a pressão dos amigos]. *O* **importante mesmo é que você queira de verdade** *ter uma relação sexual e saiba como se cuidar, usando a camisinha para se prevenir contra doenças e a gravidez(...)*". Ora, a pressão da mídia e dos amigos gera um "querer" no adolescente, artificialmente alimentado. Por que o Ministério reconhece o efeito de pressão, e se nega a trabalhar para reduzir a pressão da mídia, em colaboração com o Ministério das Comunicações? Por que não auxilia a juventude a resistir a essas pressões, de modo a não ser manipulada pelos que se enriquecem com o consumismo sexual?

Na realidade, a campanha inteira do Ministério da Saúde parece ir ao encontro da massificação da mídia, e terminar por servir, sem mais, a tal pressão, induzindo o querer do adolescente, como se percebe ao longo de todo o "teste". Em nenhum momento sugere ao jovem que se aconselhe com uma pessoa madura em quem confie; não fala dos benefícios de ter a relação em fase posterior ao namoro, como o casamento, por exemplo; em nenhum momento apresenta a gravidez como conseqüência natural da relação sexual, induzindo-se a pensar que a gravidez é um mal a ser evitado a todo custo.

Sétima pergunta: *Qual é* **o único método** *contraceptivo que previne a gravidez, as DSTs e a Aids ao mesmo tempo? a) coito interrompido; b) diafragma; c) camisinha* (grifos nossos). O Ministério da Saúde responde que o certo seria "c" (camisinha), esclarecendo: *"A camisinha **é o único método contraceptivo que previne contra todas as doenças sexualmente transmissíveis e também contra a gravidez"** (grifos nossos)*. Ora, nenhum desses métodos previne contra todas as DST e com 100% de segurança. O próprio Ministério vai dizer, por outras palavras, na resposta à pergunta 20. Além disso, há DST que se transmite pelo simples contato das regiões pélvicas dos parceiros, sem necessidade sequer de contato entre os órgãos genitais (casos das verrugas genitais). Ou seja, mesmo com preservativos não se evita o contágio de todas as DST, como diz o Ministério. O único método que previne, autenticamente, a gravidez, as DST e a Aids é a abstinência sexual e a fidelidade ao parceiro, estando os dois não infectados. Isso não é informado ao internauta. Por quê?

A oitava pergunta, sobre *o que é masturbação,* é respondida[72] com estimulante convite ao ato, tirando inclusive o peso moral de toques mútuos de pessoas do mesmo sexo (!!!), sem explicar eventuais efeitos e riscos psíquicos e morais daí decorrentes. Mais uma vez, a concepção dos pais sequer é considerada. E o Ministério passa determinada concepção de pessoa humana.

Prosseguindo, na pergunta 11 o Ministério da Saúde estimula a prática do sexo oral, exaltando-o como "natural" e "normal", como se a fisiologia humana e a pessoalidade de uma relação face a face (a postura adequada da relação natural), não ensinasse nada acerca da autêntica normalidade de uma relação.[73]

Na pergunta 20, sobre o percentual de segurança da camisinha, o Ministério afirma que ***a eficiência da camisinha é de 95% nas marcas que são aprovadas pelo Inmetro***. Mais: diz que *"**esse valor só é válido se** (1) a camisinha estiver dentro do prazo de validade, (2) se sua embalagem não estiver danificada, (3) se ela tiver sido bem guardada e (4) quando é colocada de modo correto* (grifos nossos)". Isso contraria o comentário feito na pergunta sete. Na resposta à

---

[72] "(...) Masturbar-se permite que você conheça melhor seu corpo e isso contribui para ter uma vida sexual sadia e prazerosa. A masturbação assim como o sexo é normal e natural. Ela só não é boa quando existe algum sentimento de culpa ao fazê-la. Crianças e adolescentes se masturbam no intuito de se conhecerem e descobrirem seus corpos e sua sexualidade. A masturbação entre adolescentes do mesmo sexo não significa que eles sejam ou se tornem homossexuais."

[73] "Não existe nada de errado no sexo oral, desde que você goste e esteja com vontade de fazê-lo. Ele é mais uma forma de prazer sexual."

pergunta número sete (7), dizia-se que a camisinha protegeria contra **todas** as DST, o que é falso. Mesmo com relação ao HIV é falso: basta pensar na falha de 5% admitida pelo Ministério da Saúde, índice que é maior se os demais 4 requisitos não forem observados – sabe-se que o mau uso pode ampliar a 30 % o índice, sem considerar eventual falha no látex, deteriorado em razão da temperatura e armazenagem.[74] Todavia, na campanha veiculada no Carnaval de 2004, o Ministério usou o mote *pela camisinha não passa nada; use e confie*, induzindo a pensar em 100% de eficiência da camisinha, sem qualquer outra explicação adicional relativa aos índices de falha por motivo do látex, da validade e dos modos inadequados de uso que aumentam a probabilidade de fracasso no uso do preservativo.

Ao fim do "teste de sexualidade", o Ministério da Saúde classifica a pessoa de acordo com seus "erros" e "acertos" e dá-lhe conselho, no mínimo, chulo. A quem foi "reprovado" (acertou de 1 a 6 questões) diz-se: *pode ir assistir a desenho animado que não chegou sua hora!* A quem acertou de 6 a 13: *Você precisa se informar um pouco mais, mas não é um caso perdido (ainda).* A quem acertou de 14 a 21: *Vá para a prática que a teoria você já provou que conhece!* Como se vê, conselhos pouco educativos, em estímulo à prática sexual sem qualquer outra explicação de caráter integrativo da personalidade humana: novamente, em nenhum desses "conselhos" faz menção à dimensão integral da pessoa e ao valor ético da vida sexual, no contexto da antropologia. E permanece um profundo silêncio com relação aos pais.

Além desse teste, no *site* há um canal de respostas a perguntas de jovens, disponíveis a quem quiser que, arriscaria dizer, de conteúdo pornográfico. Faz-se apologia do sexo como pura fonte de prazer: ensina técnicas para uso do corpo próprio e alheio como objetos de prazer. Mais:

---

[74] "Davis e Welle, entre outros, chegam a uma clara conclusão: o uso de preservativos não é confiável. As percentagens de ineficácia variam muito de acordo com o tipo de parceiro – pessoas casadas, homossexuais, relações promíscuas, etc. – e o modo de comportar-se na própria relação. Em alguns casos a ineficácia chega a mais de 30%. A média poderia considerar-se, contudo, de uns 10% de falhas. Pesquisa realizada com Richard Smith, um especialista norte-americano na transmissão da Aids, apresenta seis grandes falhas do preservativo entre as quais menciona, por exemplo, a deterioração do látex ocasionada pelas condições de transporte e armazenagem. Tomadas, porém, todas as precauções e conseguindo-se que os preservativos cheguem em perfeitas condições aos usuários, seriam ainda seguros para prevenir a Aids? pergunta o autor. Sua resposta é esta: "absolutamente não. O tamanho do vírus HIV da Aids é 450 vezes menor que o espermatozóide. Esses pequenos vírus podem passar entre os poros do látex tão facilmente em um bom preservativo como em um defeituoso". Cf. "Conjuntura Social e Documentação Eclesial" - Encarte do Boletim Semanal da CNBB N. 698, de 18/9/2003 - www.cnbb.org.br. Extraído de: http://www.portaldafamilia.org/artigos/artigo176.shtml, em 5 de nov. de 2004.

critica quem defende que a atividade sexual saudável deva estar pautada por valores e circunscrita a certos âmbitos. E assim por diante.

Com esse conteúdo ideológico, o Ministério da Saúde está induzindo à permissividade e fazendo eco da pressão da mídia e da indústria do sexo.

A intenção de preservar a saúde física da população jovem é boa. O meio para atingi-la é equivocado. Será que tal política, além dos riscos que gera – que serão comentados adiante –, não fere a privacidade da família? Está-se respeitando o exercício legítimo do poder familiar?

2. Necessidade de uma política de educação eficaz. Educar com os pais, educar integralmente

São faltas graves da atual política sexual do Ministério da Saúde: promover a desinformação (omitir informação necessária para se decidir bem); atender ao interesse do consumismo sexual, servindo à indústria do sexo e se servindo da força econômica de seu *lobby*; ampliar a ideologia hedonista e permissiva compartilhada pelos detentores do poder, que impõem à sociedade uma visão peculiar da natureza humana, sem respeito ao autêntico espírito democrático; total desconsideração dos pais no processo educativo. Além das críticas cabíveis com referência ao desrespeito aos pais, no exercício legítimo de suas competências, a campanha se equivoca, ainda, pelos resultados que pretende. Não educará sexualmente. Pelo contrário, incentivará maior promiscuidade.

Percorrendo a literatura mundial, em busca de resultados de campanhas similares, não disponibilizadas pelo *site* do Ministério da Saúde, vê-se que na Inglaterra e nos EUA, para citar dois países desenvolvidos, a política de distribuição de preservativos incitou a prática de mais sexo e não diminuiu os índices de DST e de gravidezes de adolescentes. Com o aumento da excitação em face dos instrumentos entregues pelo Estado, as pessoas, sem formação ética e sem o amadurecimento integral no que se refere à sexualidade, tornam-se mais vulneráveis e mais *sexodependentes*.

Além disso, na conferência mundial sobre Aids, realizada em Bangkok em julho de 2004, constatou-se a pouca eficácia das campanhas baseadas prioritariamente na distribuição de preservativos, sem uma educação para a abstinência sexual e a fidelidade. Em

Bangkok (11 a 16 de julho de 2004) constatou-se o desenvolvimento da epidemia e examinaram-se estratégias seguidas em países onde se conseguiu freá-la. O caso mais patente é o de Uganda, onde a proporção de infectados passou de 15% a 5% na última década, baseada sobretudo na promoção da abstinência sexual e da fidelidade. Enquanto isso, há estagnação ou pouca melhoria nos índices, nos países em que a estratégia tenha se baseado nos preservativos prioritariamente.[75]

Há algumas políticas públicas nos EUA e no Canadá que orientam os jovens a se protegerem segundo a seguinte hierarquia: 1º) valorização e convite à abstenção sexual até o matrimônio; 2º) convite de fidelidade ao parceiro; 3º) estímulo ao uso de preservativos como meio contraceptivo e de profilaxia com relação a algumas doenças. Além disso, multiplicam-se programas de educação sexual que visam formar o jovem na visão global do sexo, inserindo-o na realidade total da vida humana, não como um fim em si mesmo ou uma pura fonte de prazer.

Índices na Inglaterra, por exemplo, denunciam a pouca eficácia de política similar à que ora se está implementando no Brasil, que pretende também reduzir o número de gravidezes em adolescentes. Também nesse campo a política de abstinência e fidelidade mostra-se mais eficaz.

De 1992 a 2000 o governo britânico usou a repartição de contraceptivos (incluindo a pílula do dia seguinte, de efeito abortivo) como estratégia visando diminuir os índices de gravidez nas adolescentes. Todavia, em informe publicado no *British Medical Journal* (321; 1520, 2000), o Dr. Trevor Stammers comentava que, na Inglaterra, em 1997, quase 90.000 adolescentes ficaram grávidas, metade delas terminando por abortar. Além disso, com relação às DSTs, o panorama também era crítico: "Entre 1995 e 1997 o crescimento da gonorréia nas adolescentes entre 16 e 19 anos, foi de 45%. A incidência de clamidíase alcançou 53% e as verrugas genitais em 25%". "Mais de 80 % das gravidezes não desejadas deveram-se a falhas nos métodos de contracepção".[76] O mesmo médico salientava que a abs-

---

[75] Cf. "Sida: Los países que han frenado la epidemia dieron prioridad a la promoción de la abstinencia y la fidelidad. Ningún país ha parado la epidemia principalmente por medio de la promoción del preservativo". Boletim ACEPRENSA, W17/04, de 28.7.2004.

[76] Cf. AZNAR, Justo. "La educación sexual centrada en la abstinencia consigue prevenir mejor los embarazos de adolescentes. En el Reino Unido los programas basados en el uso de preservativos no han tenido éxito. Boletim ACEPRENSA. n. 20/01, de 7.2.2001.

tinência surtiria melhor efeito. Na matéria citada ele recolhia diversos estudos de programas destinados a educar na abstinência, mostrando uma sensível redução no número de gravidezes, chegando a ser 15 vezes menos o índice que nos casos de usos de preservativos.[77]

No Canadá e nos Estados Unidos, programas de educação promovendo a abstenção e envolvendo os pais na formação dos filhos estão sendo mais eficientes.

Um programa de educação sexual com a mensagem "a castidade é o melhor e mais saudável estilo de vida para viver a sexualidade", desenvolvido em algumas regiões dos EUA e do Canadá, foi levado à Colômbia e aplicado a alunos de 11 a 18 anos de idade. Esse programa sublinhava aos jovens a liberdade que se tem ao aguardar a vida matrimonial para manter relações sexuais e apresentava as conseqüências negativas de outras escolhas. E para ensinar a viver a castidade, explicava aos jovens matérias relativas à antropologia: condição humana, afetos, emoções, fertilidade. Ensinava ainda como resistir à pressão do ambiente e da Mídia, educando para uma postura crítica em face dos meios de comunicação (*pressão da mídia* é fato que o Ministério da Saúde do Brasil admite existir, abstendo-se de educar os jovens a reagir em face dela). Por fim, informa acerca das DST, da Aids e esclarece que o método mais seguro de prevenção é a continência.[78]

Para mudar de conduta sexual não basta simplesmente contar com mais informação. Dados de pesquisa na Escócia, entre jovens que receberam educação sexual mais explícita e jovens que receberam educação nos modos convencionais, demonstram que foi maior o índice de atitudes sexuais de risco e de gravidez entre adolescentes mais "instruídos" que entre os menos "instruídos".[79]

Um estudo inglês reforça isso:

---

[77] Cf. AZNAR, Justo, op. cit.

[78] Cf. Programa "Teen-Aid", educación sexual para rebeldes. El programa ha sido aplicado con éxito en Canadá, Estados Unidos y Colombia. ACEPRENSA, n. 43/97, de 19.3.1997.

[79] "8.430 jovens de 13 a 15 anos participaram de um programa de educação sexual chamado *Share*, que oferecia uma informação mais ampla e explícita que os de outro grupo de controle. Dois anos depois, 4% das moças participantes no programa *Share* haviam ficado grávidas, em comparação com 3,8% do outro grupo de controle. Cerca de 1/3 dos adolescentes havia tido sua primeira relação sexual, sem que houvesse diferença entre os de ambos os grupos. A conclusão do estudo é que, por si só, a educação sexual não basta para mudar a conduta. Cf. "La Administración Bush financia programas a favor de la continencia entre adolescentes. En Gran Bretaña las enfermerías escolares distribuirán gratis anticonceptivos." Boletim ACEPRENSA, 99/2002, de 10.7.2002. A pesquisa citada foi publicada no *The Daily Telegraph*, 14-VI-2002".

O British Medical Journal (324: 1426; 2002) publicou um estudo sobre a incidência das campanhas e programas escolares implementados nos últimos trinta anos, visando a alcançar o atraso da atividade sexual, o aumento do uso de anticoncepcionais e a redução de gravidez entre adolescentes. Foi realizado por quatro professores do Departamento de Epidemiologia Clínica e Bioestatística da Universidade McMaster (Ontário). Os autores concluíram que a educação sexual que se deu desde 1970 não conseguiu nenhum desses três objetivos.[80]

O mesmo estudo afirma que a prevenção melhora muito quando há acompanhamento personalizado dos jovens, sessões individuais, atividades alternativas, lições para elevar a auto-estima e melhorar as relações com os pais, informações claras sobre as DST, insistência na responsabilidade sexual. Ao mesmo tempo, os programas que seguem tais procedimentos, sendo mais sérios, costumam falar da abstinência como estratégia muito mais eficaz que as demais.[81]

Também é ilustrativa a conclusão de que entre filhos de mães solteiras é mais comum a gravidez de adolescentes. Nesse momento, os pesquisadores afirmam: "**sem uma educação sexual dada por pais e mães**, a taxa de gravidez em adolescentes britânicas continuará sendo alta ainda que melhore o acesso aos anticoncepcionais" (grifos nossos).[82]

Entidades que trabalham a dimensão integral da pessoa ao lidarem com o tema da sexualidade tratam, explicitamente, de questões de valores, liberdade, responsabilidade, e contam com os pais nessa tarefa. Omitir esse conteúdo querendo passar imagem de "neutralidade" é um modo subliminar de incutir determinada visão de mundo sem dar chances à criança e ao adolescente de desenvolver uma postura crítica diante das informações.

Na Espanha, uma dessas entidades é a Fundação Solidariedade Hu-

---

[80] Cf. "La educación sexual de los últimos treinta años no previene el embarazo de adolescentes. Un macroestudio revisa la incidencia de los programas preventivos en el mundo desarrollado". Boletim ACEPRENSA, n. 162/02, de 4.12.2002.
[81] Idem.
[82] Idem

mana (FSH), que dá cursos intensivos há mais de 10 anos em mais de 100 escolas, atingindo 13 mil estudantes de 12 a 18 anos de idade.

Segundo Fernando del Castillo, presidente da FSH,

> (...) ainda não existe nenhum método que nos previna das conseqüências psicológicas e emocionais do 'sexo seguro' [sexo à vontade, desde que com camisinha]. Não se inventou uma pílula para os efeitos que produzem as relações sexuais precoces. Uma gravidez não é a única seqüela da qual proteger-se após uma relação sexual precoce.[83]

Entre outras práticas, alertam os pais quanto à importância de dar educação sexual aos filhos. Pretendem ainda que a formação seja dada antes das experiências sexuais, para evitar os males psicológicos e morais advindos da prática sexual fora de seu adequado contexto. Fornecem subsídios para que o jovem possa avaliar qual o melhor momento para a prática e com que pessoa, ciente de que há forte pressão da Mídia para a atividade sexual. Também trabalham com os pais, em sessões exclusivas para eles, visando auxiliá-los a melhorar a comunicação com os filhos na adolescência, de modo que possam aconselhá-los. Essas preocupações parecem estar longe do horizonte do Ministério da Saúde do Brasil.

Na pesquisa feita dentre os jovens atendidos pela FSH, nota-se que o início da vida sexual entre os 14 e 18 anos é mais comum entre filhos de pais separados (25%) que entre filhos de pais casados que vivem juntos (9%).[84] Isso mostra como a conduta e a presença dos pais afeta a vida dos filhos. Outro dado levantado pelo FSH, entre os participantes de seus programas, demonstra que os adolescentes têm boa capacidade de mudança de conduta, após as sessões de trabalho: muitos passam a optar por esperar para ter relações em momentos que encontrem pessoa adequada, o que ocorre em grau mais perfeito quando se espera o matrimônio. Passam da preocupação com o "sexo seguro" para preocupação com o "sexo inteligente".[85] Não há uma

---

[83] Cf. ZABALA Ignacio F. "Alternativas a una educación sexual fracasada". Boletim ACEPRENSA, 016/02, de 6.2.2002.
[84] Idem.
[85] Idem.

linha no programa do Ministério da Saúde do Brasil que trate dessa perspectiva de educar a esperar uma maturidade de juízo, maior garantia de proteção da saúde do jovem.

Outro dado (talvez) ignorado pelo Ministério da Saúde do Brasil: já em 1989, a principal instância para o Controle e Prevenção das enfermidades nos Estados Unidos, os chamados *Centers for Disease Control and Prevention* (CDC) declaravam:

> As únicas estratégias de prevenção totalmente efetivas são a abstinência e a relação sexual com uma parceira mutuamente fiel e não infectada. O uso adequado do preservativo em cada ato sexual pode reduzir, mas não eliminar o risco de DST. Os indivíduos que tenham probabilidade de contagiar-se ou já estejam infectados com o HIV, deveriam ser conscientes de que o uso do preservativo não pode eliminar por completo o risco de contagiar-se ou de contagiar a outros.[86]

A campanha do Ministério parece desconhecer, na prática (pois na teoria admite), que *sexualidade não é mera genitalidade, nem mero instinto*,[87] mas exige levar em conta os aspectos mais pessoais – afetivos e intelectuais – suficientemente integrados e submetidos à reta razão. Os pais têm direito de transmitir essa formação aos filhos junto à educação sexual, que "não é simplesmente saber como usar a sexualidade, mas sim como usá-la retamente".[88]

Quando os adolescentes vêem as próprias autoridades sanitárias difundindo o uso amplo e distribuindo preservativos – além da distribuição de preservativos nas escolas, recorde-se a campanha no Carnaval de 2004, *pela camisinha não passa nada, use e confie* – interpretam a aprovação tácita de um comportamento promíscuo e, nesse ato, o órgão estatal está afetando diretamente área de competência dos pais.

Por mais que o Ministério da Saúde informe, em seu *site*, que "diversos

---

[86] Cf. AZNAR, Justo, "La educación sexual centrada en la abstinencia consigue prevenir mejor los embarazos de adolescentes. En el Reino Unido los programas basados en el uso de preservativos no han tenido éxito". Boletim ACEPRENSA, n. 016/02, de 06.02.2002
[87] Idem.
[88] Cf. "Bases para uma política de educación sexual". Fundación Chile Unido, agosto 2002, n. 71, p. 1.

estudos confirmam a eficiência do preservativo na prevenção da Aids e de outras doenças sexualmente transmissíveis" e diga que "um estudo recentemente realizado na Universidade de Wisconsin (EUA), Pinkerton e colaboradores demonstraram que **o uso correto e sistemático de preservativos em todas as relações sexuais** apresenta uma **efetividade estimada de 90-95% na prevenção da transmissão do HIV**"[89] (o que significa, diga-se de passagem que o uso perfeito e eterno do preservativo não garante 100% de eficácia preventiva, como prometia o Ministério na campanha do Carnaval de 2004!), ele insiste em trabalhar pela promoção do preservativo sem molduras educativas alicerçadas em valores que os pais julgam oportunos. Os efeitos dessa política são, a médio e longo prazo, perniciosos, pois rebaixarão cada vez mais a idade da iniciação sexual e a prática desorientada do sexo. É muito provável que fracasse, se não retificar seus procedimentos.[90]

IV. Necessidade de revisão do Programa de Prevenção de DST, Aids e gravidezes indesejadas

Pelo exposto, vê-se como necessário apresentar fundamentos jurídicos que resguardem o direito dos pais de educarem os filhos segundo pauta de valores que tenham. Ao princípio da autonomia familiar, nesse passo, somam-se os direitos fundamentais de privacidade e intimidade vivenciados pelos pais enquanto educadores no ambiente doméstico. Sendo necessária uma política de prevenção e educação sexual promo-

---

[89] Cf. www.aids.gov.br, Insumos/ preservativo masculino/ Eficácia do preservativo. Extraído em 12.11.2004.
[90] Há diversas razões para o fracasso de políticas como a implementada no Reino Unido durante o governo Tony Blair, em muito assemelhada à que se implementa no Brasil. Copiamos algumas: 1- Restringir as políticas apenas à entrega de informação sobre a contracepção e os preservativos; 2- a visão parcial e ideológica do sexo, subjacente nela, que leva a querer passar aos jovens informações sem considerar a necessidade de *formá-los* para o bem pessoal integral; 3- fixação nos aspectos físicos, social e congoscitivo dos jovens, e desprezo pela dimensão espiritual, afetiva, além de se ignorar a tendência de arriscar-se, própria da juventude; 4- relegar a família e sua primazia neste tema, justificando tal afastamento por meio da "confidencialidade" na informação, fazendo, inclusive, a distribuição de meios anticoncepcionais e preservativos aos menores, à revelia dos pais; 5-não divulgação dos percentuais de falha dos preservativos e anticoncepcionais, ocultando dados importantes que os jovens deveriam conhecer; 6-fixação no aspecto físico da relação sexual, e desatenção à necessária formação da vontade de quem exerce o ato, com o grau de envolvimento que o mesmo comporta, fomentando-se, assim, a promiscuidade. Cf. "Bases para uma política de educación sexual". Fundación Chile Unido, agosto 2002, n. 71, p.5.

vida pelo ente estatal, ela deve ser realizada com medidas razoáveis, aptas a alcançar a prevenção de DST, Aids e gravidezes indesejadas, sem afetar a pauta de valores que os pais julgam oportunas para o amadurecimento integral dos filhos.

1. Respeito à privacidade familiar

A privacidade de que fala a Constituição Brasileira de 1988, garantida como direito fundamental da pessoa, ao lado da intimidade, bastante desenvolvidas nos diversos artigos dessa publicação, envolve a privacidade familiar: os pais, no exercício de suas funções, têm o dever e o direito de dar a formação sexual que julgam mais oportuna aos filhos, com a carga valorativa que entendam adequada. Não pode o Estado invadir esse âmbito, com seu poder de leão, e usurpar o poder parental de conformar moralmente os filhos, salvo em momentos em que a conduta dos pais põe em risco os direitos fundamentais da prole.

Em se tratando de uma campanha com a magnitude da atual, é necessário ouvir profissionais que entendam de educação integral, contar com os pais e respeitar a visão da sociedade civil, por meio de pesquisa feita por órgão diferente daquele que pretende implementar a política de prevenção, sob risco de tal estudo ser direcionado, tendencioso, levando à aprovação de um conteúdo freudiano e utilitarista, como é fácil identificar na campanha atual, ao sabor dos que detêm o poder e o usam para conformar os jovens, massivamente, a partir de uma visão particular da condição humana.

Não vivemos sob o Estado platônico, onde os filhos são tirados dos genitores e criados pela Cidade-Estado. Na civilização ocidental os filhos são formados pelos pais. O Estado deve ajudá-los, em face das dificuldades próprias da tarefa educativa, sem atropelar-lhes. Mesmo que estejam em escolas públicas, antes da soberania estatal os filhos estão submetidos ao poder familiar. Se em algum momento há necessidade de o Estado trabalhar âmbito que afete o poder familiar, deverá fazê-lo de acordo com a Constituição Federal, salvaguardando os direitos fundamentais dos pais, ao lado dos direitos fundamentais das pessoas não emancipadas.

Em nosso sistema jurídico têm-se como prioridade absoluta o zelo pelos direitos fundamentais da criança e do adolescente e o empenho harmônico do Estado, da sociedade civil e da família para que seja assim (art. 227 da CF). A política pública ora executada, não garante eficácia plena na defesa de tais direitos, que ultrapassam o básico direito à vida, pois afetam a personalidade do indivíduo como um todo. Isso já é percebido em outros países, antecessores nossos, que hoje percebem ser necessários a promoção da abstinência sexual e o auxílio dos pais para melhor resultado dessas iniciativas públicas.[91]

> Alguns pensam que distribuir preservativos é muito mais eficaz. Todavia, numerosas iniciativas demonstram que promover a abstinência sexual funciona. "Best Friends" é um programa desse tipo desenvolvido em Washington D.C., do qual participam 4.000 moças jovens. Entre as participantes, os casos de gravidez são cerca de 1% (no Distrito, dão-se gravidezes em 26% das estudantes do ensino médio) e somente 5% das participantes têm relações sexuais antes de chegar ao fim desse período (no Distrito são 63%).
> Segundo um estudo realizado nos dez maiores condados de Tennessee, os três que contam com programas que favorecem a abstinência sexual experimentaram uma redução de gravidezes de adolescentes de 14% a 38%, de 1991 a 1996. Enquanto isso, os que ensinam "sexo seguro", ou não têm um programa claro de educação sexual, registraram uma diminuição máxima de apenas 7%. Nesse mesmo período, o Estado do Michigan pôs em andamento a campanha chamada "The Michigan Abstinence Partnership", com a idéia de fazer da continência sexual uma norma culturalmente aceita. O resultado foi que de 1991 a 1996 se passou dos 58,7 aos 47,5 nascimentos de cada 1.000 mulheres de 15 a 19 anos: 19,1% menos que os anos anteriores.

---

[91] Como citado anteriormente, não contar com os pais é razão de fracasso de muitas campanhas nessas matérias. Cf. "Bases para una política de educación sexual". Fundación Chile Unido, agosto 2002, n. 71, p. 5.

Enquanto isso, a porcentagem nacional baixou apenas 11,9% durante esse período.[92]

A educação moral não se confunde com a educação técnica, de instrução escolar básica, que deve ser garantida a cada cidadão pelo Estado, em cooperação com os pais. Falar de conduta sexual é falar de formação moral. Os pais não podem, de modo algum, ser excluídos dessa tarefa. No Brasil, a campanha de prevenção da Aids, DST e gravidezes de adolescentes pretende reconfigurar hábitos sexuais dos jovens, todavia, sem contar com os pais, e sem uma visão ampla do sexo no contexto da realização pessoal.

No ano de 2001 o Governo escocês publicou quatro documentos para a elaboração de programas de educação sexual nas escolas que as obrigam a consultar os conteúdos com os pais e fomentam o valor das relações familiares estáveis.

> O governo diz nos guias que os professores promoverão as "relações estáveis" ou o valor do matrimônio, se o colégio estiver de acordo. Insistir-se-á na responsabilidade derivada da paternidade e no valor do compromisso nas relações (incluído o compromisso matrimonial). **Os pais serão consultados individualmente sobre os conteúdos das aulas** e terão direito a que seus filhos não assistam às lições que considerem inapropriadas. Explicar-se-á a sexualidade humana no contexto das relações baseadas no amor e no respeito, e se advertirá do risco da sexualidade sem compromisso. **A seleção de materiais se fará tendo em conta a idade, as circunstâncias familiares e as crenças dos alunos** (grifos nossos).[93]

---

[92] Cf. "Estados Unidos: más fondos federales para promover la continencia en las escuelas. Los programas de ese tipo han logrado disminuir más los embarazos de adolescentes". Boletim ACEPRENSA, n. 063/01, de 2-5-2001.

[93] Cf. "El gobierno escocés reforma la educación sexual en las escuelas. Se insistirá en el valor del matrimonio y será obligatorio consultar a los padres." Cf. Boletim ACEPRENSA, n. 055/01, de 18-4-2001.

Esses esclarecimentos devem ser levados em consideração para que "os pais, individualmente ou associados com outros, tenham o direito e o dever de promover o bem-estar de seus filhos e exigir que as autoridades previnam e reprimam a exploração da sensibilidade das crianças e dos adolescentes."[94]

2. O PRINCÍPIO DA PROPORCIONALIDADE E A NECESSIDADE DE RETIFICAR A CAMPANHA

O princípio da proporcionalidade é instrumento técnico-jurídico a serviço do juízo de constitucionalidade de uma norma que afeta preceitos fundamentais. Ele é invocado quando há situações de aparente colisão de direitos. Chega-se a um juízo completo após passar pela análise de três subprincípios: *adequação, necessidade,* e *proporcionalidade stricto sensu.*

A proporcionalidade é usada como teste da constitucionalidade das intervenções legislativas nos direitos fundamentais para encontrar saída ao presumível conflito que nesses supostos se dariam entre fins públicos e direitos fundamentais; enquanto isso, um de seus subprincípios, o de proporcionalidade stricto sensu, é aplicado para resolver os conflitos entre direitos.[95]

Podemos analisar a política pública do Ministério da Saúde, que afeta direitos fundamentais, perpassando os três subprincípios, na medida em que sua política de prevenção das DSTs e de gravidez indesejada possa estar desrespeitando direitos fundamentais da criança, do adolescente e dos pais. Esse princípio é invocado quando há colisão de direitos.[96]

---

[94] Cf. "Conjuntura Social e Documentação Eclesial" – Encarte do Boletim Semanal da CNBB N. 698, de 18/9/2003 – www.cnbb.org.br. Extraído de: http://www.portaldafamilia.org/artigos/artigo176.shtml, em 5 de nov. de 2004.
[95] Cf. CIANCIARDO, Juan. *El principio de razonabilidad. Del debido proceso sustantivo al moderno juicio de proporcionalidad.* Buenos Aires, Editorial Ábaco de Rodolfo Depalma, 2004, p. 23.
[96] Cf. CIANCIARDO, Juan. *El principio de razonabilidad. Del debido proceso sustantivo al moderno juicio de proporcionalidad.* Buenos Aires, Editorial Ábaco de Rodolfo Depalma, 2004.

Quanto à adequação, exige-se idoneidade entre a medida e a finalidade pretendida por meio dela. O juízo de adequação exige analisar se o meio eleito é apto a produzir a finalidade pretendida pela autoridade pública. Nesse caso há, de um lado, o interesse do Governo Federal de prevenir as DST, a Aids e a gravidez de adolescentes. Do outro, o meio eleito é campanha de distribuição de preservativos nas escolas públicas e de informação sexual no *site*, com visão subjacente do que seja a pessoa humana e quais os seus valores, à revelia do juízo dos pais.

A estatística não é suficiente para demonstrar sucesso de uma autêntica educação sexual. Apesar disso, os índices costumam ser apontados como indicadores de acerto ou erro de algumas políticas públicas. Ainda não há dados numéricos comparativos disponíveis no Brasil para uma avaliação quantitativa da adequação da campanha à finalidade pretendida. Todavia, examinando dados de outros países (citados acima), parece conclusivo que a campanha, tal como se vem realizando, aumenta a freqüência da atividade sexual sem que haja, necessariamente, proporcional incremento no uso habitual e permanente de preservativos (vide estudos na Escócia e no Reino Unido) e, portanto, parece não ser adequada para promover a finalidade invocada.

A campanha brasileira aumentará a freqüência da atividade sexual e diminuirá a idade da iniciação sexual. A diminuição do *debute* sexual é esperada em razão da distribuição de preservativos nas escolas a rapazes de 14 anos, idade já inferior à média de iniciação sexual no Brasil, que é de 14,38 anos entre rapazes, segundo dados do Ministério da Saúde. Via reflexa, garotos de 13 e 12 anos, que estão nas escolas e convivem com os rapazes de 14 anos, quererão participar de tais experiências, sentindo nisso um meio de promoção individual, como costuma acontecer entre adolescentes.

A idade de iniciação sexual vai diminuir, o que gerará, dentro em breve, uma alteração grande quanto à compreensão da pedofilia e a presunção penal de violência associada à relação sexual com menores de idade.

Além disso, convém lembrar que *se arriscar* é inerente à juventude, sobretudo se não se apresentam balizas éticas que estimulem a responsabilidade.

Ao propagandear o sexo sem fronteiras éticas, como tem feito o Ministério por meio da distribuição de camisinhas nas escolas, e ao estimular o sexo aos jovens (como no teste *Quizz sexualidade*), o Ministério convida ao risco, sem garantia de proteção adequada.[97] Quando promove o uso de preservativos desde a mais tenra idade e propõe a adolescentes e crianças (que podem acessar o *site* do Ministério da Saúde) técnicas sexuais sem uma adequada educação ética acerca da dimensão ampla da vida sexual, balizada pela campanha amplia o risco de contágios, sem contar nos efeitos psíquicos e morais decorrentes de uma má conduta sexual.

Ou seja, a finalidade parece estar distante dos meios aplicados. Desse modo, poder-se-ia dizer que não há adequação entre a medida e a finalidade.

Mas, supondo que houvesse adequação, partamos para o juízo quanto à necessidade.

O subprincípio da necessidade prescreve que, dentre os meios idôneos para alcançar determinado fim, deve-se procurar aquele que resulta menos restritivo de direitos fundamentais envolvidos com o tema.

Os direitos fundamentais em jogo nesse caso seriam: a vida dos cidadãos não emancipados, o direito que têm a uma educação integral, o direito dos pais de educarem segundo uma pauta de valores.

A política aplicada pelo Ministério da Saúde, segundo se pode observar, não respeita o direito a uma educação integral dos jovens, não respeita a competência dos pais e não garante a saúde da população juvenil, ao aumentar o risco de contágio.

Isso não significa que não possa alcançar algum resultado positivo em matéria de redução numérica do índice de contágio em alguns estratos da população, em determinado período. Mas, não estará o Ministério trabalhando os hábitos que protegeriam a pessoa de contagiar-se mesmo sem o preservativo, por uma adesão interna a uma conduta mais saudável. Sem a adequada educação da vontade e a formação de um quadro de valores que estimule uma vida sexual reta, responsável e equilibrada (o que pressupõe a fidelidade e a abstinência como meios), contribui-se para tornar as pessoas mais *sexodependentes*. Está-se promovendo adictos sexuais e o aumento de

---

[97] *Existem algumas características comuns a todos os adolescentes, uma das quais é a presença de uma conduta exploratória, que os leva a uma busca de novidades e a expor-se a riscos, tanto físicos quanto para sua saúde psíquica. Essa tendência a experimentar condutas às vezes arriscadas explica a elevada mortalidade e morbidade adolescentes por causas violentas; os acidentes de diversas índoles constituem uma das principais causas de morte entre os jovens, seguidos pelo suicídio. A experimentação no plano sexual conduz assim a gravidezes de adolescentes, doenças sexualmente transmissíveis e, por meio da Aids, à morte.* Cf. "Bases para una política de educación sexual". Fundación Chile Unido, agosto 2002, n. 71, *resumen*.

usuários massivos de preservativos e de outros meios contraceptivos e abortivos, que geram lucros maiores à indústria do sexo animal.

Os adictos sexuais, quando não tiverem preservativos, pela razão que seja, não terão forças para controlar-se e evitar a relação, jogando por terra todo o esforço de ocasiões em que tenham usado do meio "profilático". E isso sem falar no uso inadequado do preservativo, fator que mais aumenta o risco de ineficiência, em face das circunstâncias do envolvimento afetivo que antecede a relação.

Mesmo usando o preservativo há possibilidade de infecção do HIV, e muito mais de uma gravidez indesejada, que, consumando-se, levará a consumo de outros "produtos" abortivos.

Para quem tem uma vida promíscua, conduta estimulada pelas campanhas do Ministério da Saúde nos últimos tempos, o uso de preservativo parece diminuir, percentualmente, o risco de contágio. Todavia, dada a variedade de parceiros nas relações sexuais, e o aumento do número de relações, constata-se que se amplia o risco, pelo fato de a pessoa julgar-se protegida para assim continuar agindo, sem necessidade de retificar sua atuação. Aumenta, proporcionalmente, o risco de haver uso inadequado do preservativo, além da possibilidade de látex defeituoso, etc..

A campanha de distribuição de camisinhas e de estímulo a seu uso, divorciada de uma autêntica política de educação integral, vivenciada com os pais, é uma medida de provisoriedade e precariedade permanentes, e multiplica o mal pela raiz, ampliando o risco de contágio e de gravidez indesejada. Enquanto não há educação dos hábitos internos, a vulnerabilidade de um adicto sexual é muito grande, tanto quanto a de um usuário de drogas injetáveis que não se exime de usar a droga compartilhando seringa caso não tenha consigo uma nova seringa, e mesmo quando a tem: há uma curiosa solidariedade ritual entre usuários de drogas injetáveis. O vício afeta sua capacidade de ponderação e de decisão em face do forte desejo e do prazer iminente da droga.

Enquanto isso, do outro lado da campanha, muitas empresas lucram altos rendimentos, à custa do consumismo sexual promovido e acalentado pelo Governo.

Parece, assim, não haver necessidade de ser *como tem sido* a campanha. Poderia ser de outro modo, respeitando-se direitos fundamentais dos pais e filhos, sem descuidar a proteção da vida, conforme modelos de campanhas e programas de educação apresentados acima, que podem ser implementados pelas autoridades competentes, se decidirem tirar o véu ideológico que os impede de educar para uma sexualidade efetivamente humana.

Supondo que houvesse necessidade de a campanha ser como tem sido, passaríamos ao terceiro subprincípio, denominado de razoabilidade *stricto sensu*.

Segundo alguns autores, seria um balanço de custos e benefícios. Todavia, a visão mais moderna desse subprincípio exige que se veja o grau de inalterabilidade dos direitos fundamentais em choque, para que se possa passar a analisar a relação de custos e benefícios, sob o risco de se suplantar, com o poder estatal e a argumentação, qualquer direito fundamental. Assim, há que se analisar, previamente, se a medida respeita o núcleo dos direitos fundamentais.

Caso não respeite o núcleo inalterável dos direitos fundamentais, não se pode levar adiante a medida.[98]

A interpretação teleológica dos direitos fundamentais possibilitará definir o núcleo inalterável de cada um. Aqui, teríamos de definir o núcleo essencial dos direitos fundamentais em jogo. O direito à saúde dos jovens, o direito deles a uma educação integral e o direito dos pais de educar os filhos segundo pauta de valores que julguem adequada.

O direito à saúde sexual (relacionado ao direito à vida) dos jovens será protegido quando se fornecer a eles os meios que os habilitem para uma melhor prevenção das DST e da Aids. A atual política norte-americana de educação sexual se orienta nesse sentido, ao informar acerca dos melhores meios de prevenção, segundo uma hierarquia constatada em resultados práticos. Promovem a abstinência sexual (1º plano), a fidelidade (2º plano) e o uso de preservativos (3º plano), visando preservar-lhes a saúde em grau máximo. Tal programa foi denominado de método *ABC*, das iniciais inglesas de *Abstinence, Be faithful, and use Condoms*. Nessa hierarquia se colocam os meios mais seguros para proteger a vida dos jovens, em ordem do mais ao menos eficaz.[99]

---

[98] Cf. CIANCIARDO, Juan. "Máxima de razonabilidad y respeto de los derechos fundamentales", *Persona y Derecho*. Pamplona, Universidad de Navarra, vol. 41-1999, p. 55

[99] Também um grupo de seis expertos capitaneado por James D. Shelton se atreveu a publicar no dia 10 de abril de 2004, no British Medical Journal um artigo (Partner reduction is crucial for balanced "ABC" approach to HIV prevention) no qual afirmavam que as mesmas conclusões são válidas para Tailândia, Camboja, Etiópia e a República Dominicana: "El cambio de conducta sexual es a chave para prevenir a expansão do HIV". Cf. "Sida: Los países que han frenado la epidemia dieron prioridad a la promoción de la abstinencia y la fidelidad. Ningún país ha parado la epidemia principalmente por medio de la promoción del preservativo". Boletim ACEPRENSA, W17/04, de 28.7.2004.

O núcleo, portanto, é a máxima e efetiva proteção da vida. Nesse sentido, a política do Ministério da Saúde brasileiro, ao negar-se a promover a abstinência sexual e a fidelidade, e concentrar campanha na distribuição de preservativos (afirmando consciente e erroneamente que *pela camisinha não passa nada; use e confie*), não está garantindo a vida e, logo, desrespeita o núcleo da garantia fundamental.

O direito do jovem a uma educação integral exige que se cuide de assisti-lo material, moral e juridicamente (conforme se viu no item I.4 desse trabalho). A assistência moral implica zelar pela formação da personalidade do indivíduo nas diversas frentes que compõem a pessoa humana: formação moral, religiosa, intelectual e profissional. Cuidar apenas do direito à educação sexual para preservar a saúde, em separado da dimensão de moralidade relacionada à conduta sexual, é desatender à formação integral, pois a educação sexual tem vertente moral indissociável. A moral ensinada pelo Ministério não está orientada ao amadurecimento integral da personalidade, pelos motivos já apresentados à exaustão (sexo seguro sendo definido como sexo à vontade, desde que com camisinha; vale-tudo sexual; ensinamento de posições e incentivos a experimentações; omissão de qualquer referência aos pais; omissão à importância da conduta sexual para o amadurecimento da personalidade; omissão quanto à finalidade de procriação; apresentação negativa da gravidez, etc.).

O direito da criança e do adolescente a uma formação integral implica o direito dos pais de educar os filhos segundo pauta de valores que lhes pareça mais adequada. Têm o direito (que é dever) de participar do conteúdo moral ministrado aos filhos nas escolas. O princípio da autonomia familiar e a competência do círculo social familiar esclarecem (pontos II.7 e II.8) o poder dos pais nessa tarefa. O exercício do poder familiar deve ser respeitado por sua nota de exclusividade e por ser direito fundamental dos pais exercer esse poder-dever (ponto I.3). O Ministério deve respeitar esse núcleo da necessidade da família ao trabalhar para a educação sexual da infância e da adolescência. Isso não está sendo feito.

Visto que o núcleo de três direitos fundamentais é afetado substancialmente, não é necessário passar a um juízo de proporcionalidade *stricto sensu*, pois os pressupostos para avançar no juízo já estão viciados na base: já se nota afetação do núcleo essencial de direitos fundamentais, que não poderiam sofrer tal prejuízo.

Examinando com cuidado, percebe-se que o Ministério poderia aplicar política não colidente com o direito dos pais e mesmo dos filhos. A campanha é necessária, mas não está adequada: não há por que se realizar da forma como se tem feito. Pelos dados aqui apresentados, pode-se inferir isso: ineficácia, aumento de gravidezes, de contágio de DST e de Aids e a imaturidade integral da pessoa, dada a força de arraste negativo que a vida sexual possui quando desgovernada pelas virtudes. A corrupção do ótimo é o péssimo, como diz o adágio antigo.

Conclusão

Em face das políticas de educação sexual e prevenção de DST, Aids e gravidez indesejada, do Ministério da Saúde, dirigidas ao público juvenil cabe à sociedade civil, por meio de seus representantes legais, políticos e lideranças populares, reagir, exigindo sua retificação.

Caso o diálogo simples não seja suficiente para as alterações, pode-se cogitar de alguns meios. Por exemplo:

1) Representação do Ministério Público Federal em face do órgão do Executivo para que retire, de imediato, as orientações de caráter convidativo ao sexo promíscuo e à pornografia, contidas no site, por afrontarem dispositivos do ECA que tutelam a intimidade e a educação moral dos menores.

2) Tutela inibitória (obrigação de não fazer), que contenha o abuso do Estado no gerenciamento da educação moral sexual, competência privativa dos pais;

3) Ação civil pública, promovida por entidades legitimadas pela lei;

4) Ação civil pública promovida pelas famílias, quando se entender estendível à entidade familiar a legitimidade processual.[100]

A família é base da vida em sociedade (art. 226 da Constituição Federal) e os pais são os geradores dos cidadãos, em tarefa que nunca serão

---

[100] Cf. Piva, Rui Carvalho. "A legitimidade da família para tutelar interesses difusos". In: *O Código Civil e sua interdisciplinariedade*. Filomeno, José Geraldo Brito et all (coord.). Belo Horizonte, Del Rey, 2004, p. 455-476.

substituíveis.Vale a pena trabalhar para que seus direitos sejam respeitados, em benefício de toda a sociedade e de cada pessoa, pois, na educação sexual dos filhos,

> o papel dos pais é insubstituível. São os melhores e primeiros educadores em todos os temas, e especialmente neste. Sua efetividade é muito superior à dos serviços sanitários e têm o direito irrenunciável à educação de seus filhos. Seria um erro impedir a atuação dos pais ou agir completamente à margem deles (...)".[100]

BIBLIOGRAFIA

ANDRADE, Manuel A. Domingues de. *Teoria geral da relação jurídica*, Coimbra, Almedina, 1966, vol. I.

ASCENSÃO, José de Oliveira. "Natureza Jurídica", *Enciclopédia Saraiva de Direito*. LIMONGI FRANÇA, Rubens (Coord.). São Paulo, Saraiva, 1980, vol. 54, p. 95-96

AZNAR, Justo. "La educación sexual centrada en la abstinencia consigue prevenir mejor los embarazos de adolescentes. En el Reino Unido los programas basados en el uso de preservativos no han tenido éxito. Boletim ACEPRENSA. n. 20/01, de 7.2.2001.

CASTRO, Torquato. "A Revisão do Código Civil" (1), *A propósito da revisão do código civil: três conferências*, Recife, separata da Revista *Symposium*, da Universidade Católica de Pernambuco, ano XIII, n. 1, 1971

CIANCIARDO, Juan. *El principio de razonabilidad. Del debido proceso sustantivo al moderno juicio de proporcionalidad*. Buenos Aires, Editorial Ábaco de Rodolfo Depalma, 2004.

_____ Máxima de razonabilidad y respeto de los derechos fundamentales", *Persona y Derecho*. Pamplona, Universidad de Navarra, vol.41, 1999.

---

[101] Cf. AZNAR, Justo, "La educación sexual centrada en la abstinencia consigue prevenir mejor los embarazos de adolescentes. En el Reino Unido los programas basados en el uso de preservativos no han tenido éxito". Boletim ACEPRENSA, n. 016/02, de 6.2.2002.

Cicu, Antonio. *La filiazione*, 2ª ed., 3ª tir., Torino, UTET, 1969

_____ "Il concetto di 'status'". *Studi in onore di Vicenzo Simoncelli*". Napoli, Jovene, 1917.

Cintra, Fernando Pimentel. *O princípio da subsidiariedade e as formas de parceria aplicáveis ao ensino público de nível básico*. Tese de doutoramento. Faculdade de Direito da Universidade de São Paulo. São Paulo, 1999.

Elias, Roberto João. *Pátrio poder, guarda de filhos e direito de visita*, São Paulo, Saraiva, 1999.

Gaillard, Emmanuel. *Le pouvoir en droit privé*, Paris, Economica, 1985.

Gifrè, Martinell F. "Principio de subsidiariedad", *Gran enciclopedia Rialp*, 6ª ed., reimpressão. Madrid, 1991, tomo XXI.

Góis, Carlos. *Dicionário de raízes e cognatos da língua portuguêsa*, 3ª ed., Rio de Janeiro, 1945.

Hervada, Javier. *Crítica introdutória ao direito natural*, Porto, Rés, s/d.

Höffner, Joseph Cardeal. *Doutrina social cristã* (versão de acordo com a 8ª edição alemã), São Paulo, Loyola, 1986.

Josserand, Louis *Cours de droit civil positif français*, 3ª ed., Paris, Sirey, 1963, tomo 1.

Lehmann, Heinrich. *Derecho de familia. Tratado de derecho civil*, Madrid, Revista de Derecho Privado, 1953, vol. 4.

Llano Cifuentes, Rafael. *Relações entre a Igreja e o Estado*, 2ª ed., Rio de Janeiro, José Olympio, 1989.

Lumia, Giuseppe. *Lineamenti di teoria e ideologia del diritto*, 3ª ed., Milano, Giuffrè, 1981.

Martins-Costa, Judith. *A boa-fé objetiva no direito privado*, São Paulo, Revista dos Tribunais, 1999.

Mendizábal Oses, L. *Derecho de Menores. Teoria general*.

Messner, Johannes. *Ética social*. São Paulo, Quadrante, s/d.

Moraes, Walter. *Programa de direito do menor*. São Paulo, Cultural Paulista, 1984.

Mota Pinto, Carlos Alberto da. *Teoria geral do direito civil*, 3ª ed., 5ª reimpr., Coimbra, Coimbra Editora, 1991.

Pereira Júnior, Antonio Jorge. *Conselho tutelar: fundamentos sócio-jurídicos da orientação e fiscalização do poder familiar pela sociedade e pelo Estado*. Dissertação de Mestrado, Faculdade de Direito da Universidade de São Paulo, 2002.

Pio XI, Encíclica *Quadragesimo anno*.

Piva, Rui Carvalho. "A legitimidade da família para tutelar interesses difusos". In: *O Código Civil e sua interdisciplinaridade*. José Geraldo Brito Filomeno et all (coord.). Belo Horizonte, Del Rey, 2004, p.455-476.

Pontes de Miranda, *Tratado de direito privado*, 2ª ed., tomo VII, Rio de Janeiro, Borsoi, 1955.

Rizzini, Irene. *O século perdido – raízes históricas das políticas públicas para a infância no Brasil*, Rio de Janeiro, Editora Universitária Santa Úrsula / Amais Livraria e Editora, 1997.

Roubier, Paul. *Droits subjectifs et situations juridiques*, Paris, Dalloz, 1963.

Santos Neto, José Antonio de Paula. *Do pátrio poder*, São Paulo, Revista dos Tribunais, 1994.

Sêda; Edson. *A a Z do conselho tutelar*, Rio de Janeiro, Adês, 1999.

Silva, José Afonso da. *Curso de direito constitucional positivo*, 18ª ed., São Paulo, Malheiros, 2000.

Tomasetti Jr., Alcides. "Teoria da relação jurídica". Versão em português de capítulo do livro de Giuseppe Lumia, *Lineamenti di teoria e ideologia del diritto*, 3ª ed., Milano, Giuffrè, 1981, adaptado e modificado. *"Teoria da relação jurídica"*, à disposição dos alunos de graduação da Faculdade de Direito da Universidade de São Paulo. São Paulo, abril de 1999.

Varela, Antunes. *Direito da família*, Lisboa, Petrony, 1996.

Zabala, Ignacio F. "Alternativas a una educación sexual fracasada". ACEPRENSA, 016/02, de 6.2.2002.

Zatti, Paolo. em *"Rapporto educativo e intervento del giudice"*, *L'autonomia dei minori tra famiglia e società*. Milano, Giuffrè, 1980, p. 185-317.

Artigos pesquisados em boletins:

"Sida: Los países que han frenado la epidemia dieron prioridad a la promoción de la abstinencia y la fidelidad. Ningún país ha parado la epidemia principalmente por medio de la promoción del preservativo" Boletim ACEPRENSA, W17/04, de 28.7.2004.

"La educación sexual de los últimos treinta años no previene el embarazo de adolescentes. Un macroestudio revisa la incidencia de los programas preventivos en el mundo desarrollado".ACEPRENSA. Madri. n. 162/02, de de 4.12.2002;

"La Administración Bush financia programas a favor de la continencia entre adolescentes. En Gran Bretaña las enfermerías escolares distribuirán gratis anticonceptivos." ACEPRENSA, n. 099/02, de 10.7.2002;

"Estados Unidos: más fondos federales para promover la continencia en las escuelas. Los programas de ese tipo han logrado disminuir más los embarazos de adolescentes". Boletim ACEPRENSA n. 063/01, de 2-5-2001.

"El gobierno escocés reforma la educación sexual en las escuelas. Se insistirá en el valor del matrimonio y será obligatorio consultar a los padres." Cf. Boletim ACEPRENSA, n. 055/01, de 18-4-2001.

Programa "Teen-Aid", educación sexual para rebeldes. El programa ha sido aplicado con éxito en Canadá, Estados Unidos y Colombia. ACEPRENSA n. 043/97, de 19.3.1997;

"Bases para una política de educación sexual". Fundación Chile Unido, agosto 2002, n. 71.

Documentos consultados na internet:

"Conjuntura Social e Documentação Eclesial" - Encarte do Boletim Semanal da CNBB N. 698, de 18/9/2003. Extraído de: *Portal da Família,* em 5/11/2004:
http://www.portaldafamilia.org/artigos/artigo176.shtml
Portal da Saúde, 7/11/2004:
http://portal.saude.gov.br/saude/area.cfm?id_area=241

LIBERDADE DE EXPRESSÃO-COMUNICAÇÃO EM FACE DO DIREITO À PRIVACIDADE

ANDRÉ RAMOS TAVARES[*]

> Sumário: Linhas introdutórias. I. Do conceito de liberdade. II. Da liberdade de expressão. 1. Dimensões substantiva e instrumental. 2. Dimensões individual e coletiva. 3. Liberdade de expressão: meio ou fim? 4. Propósitos da liberdade de expressão. 5. Limitações ao exercício da liberdade de expressão. 6. Possibilidade de se regulamentar a liberdade de expressão: convivência com os outros direitos fundamentais. III. Direitos da personalidade: berço da privacidade. 1. Direitos da personalidade e dignidade humana: imbricações necessárias. 2. Direito constitucional à privacidade: sua violação e conseqüências pelo uso indevido dos elementos assim obtidos. 3. O interesse público como limite à privacidade?

LINHAS INTRODUTÓRIAS

Direitos fundamentais. Não seria absurdo afirmar que, dentre os temas de Direito Constitucional, um dos que mais clama por estudos e análises é o dos direitos fundamentais. A atração hipnótica

---

[*] Mestre e Doutor Constitucional pela PUC/SP; Livre-docente em Direito Constitucional pela USP; Professor dos Programas de Mestrado e Doutorado em Direito da PUC/SP; Coordenador do Curso de Especialização em Direito Constitucional do CEU/SP; Presidente do Instituto Brasileiro de Estudos Constitucionais – IBEC.

exercida por essa temática certamente decorre de sua importância para o homem. Afinal, foi a classe dos direitos fundamentais a responsável pela superação do Estado absolutista, em que os súditos viviam *para o* e *pelo* rei. Sob a égide desses direitos, impõe-se o respeito do Estado (que surgira recentemente) ao homem, respeito este que passou a ser o norte, o porquê de o Estado existir, posto que, nas palavras de Menezes Direito, "o homem é o centro da ordem social, e sua vivência plena, isto é, o desenvolvimento em plenitude de sua natureza, dá razão ao complexo sistema de relações que se projetam socialmente".[1] Nesse sentido, Ataliba Nogueira: "O Estado não é fim do homem; sua missão é ajudar o homem a conseguir seu fim. É um meio, visa à ordem externa para a prosperidade comum dos homens".[2]

Com o transcorrer dos tempos, o rol dos direitos fundamentais aumentou. Inúmeras gerações (dimensões) surgiram.[3] Se, por um lado, há um fator seguramente positivo nessa majoração quantitativa de direitos fundamentais, por outro, torna-se usual a existência de conflitos entre estes, na medida em que alguns findam por ser, em algum momento, antagônicos. Isto porque os direitos fundamentais apresentam natureza principiológica, ou seja, são deveras abstratos e, ao contrário das regras, não possuem diretrizes pré-estabelecidas de resolução conflitual.

O que se pode dizer, então, é que os direitos fundamentais encontram-se em permanente estado potencial de conflito, na medida em que "é natural que, em face de determinado caso concreto, mais de um princípio [direito fundamental] possa ser aplicado, e que os princípios [direitos fundamentais] implicados sejam contrários".[4]

O direito à privacidade, de natureza fundamental, não fugirá dessa problemática, posto que do outro lado da moeda aparecerá a liberdade de expres-

---

[1] DIREITO, Carlos Alberto Menezes. *O Estado Moderno e a Proteção dos Direitos do Homem*. Rio de Janeiro, Freitas Bastos, 1968, p. 7.

[2] NOGUEIRA, J. C. Ataliba. *O Estado é um meio e não um fim*. São Paulo, Revista dos Tribunais, 1940, p. 113.

[3] O uso do verbo surgir talvez não seja adequado, afinal não são poucos os autores que clamam que os direitos fundamentais são atemporais, ou seja, sempre existiram. Nesse sentido, então, quiçá afigura-se mais correto dizer que foi a percepção humana acerca dos direitos fundamentais que evoluiu e se tornou capaz de vislumbrar "novos" direitos fundamentais: "De rigor, trata-se de uma consolidação [Declaração Universal dos Direitos Humanos] daqueles direitos que foram sendo detectados, no curso da história, como inerentes à dignidade do homem, ao ponto de René Cassin, um dos idealizadores da declaração, ter afirmado que tais direitos são-lhe inatos, cabendo ao Estado apenas reconhecê-los" (MARTINS, Ives Gandra da Silva. *Violência e direitos fundamentais*. In. Folha de São Paulo, 16/06/2004, p. A2).

[4] TAVARES, André Ramos. *Elementos para uma Teoria Geral dos Princípios na Perspectiva Constitucional*. In. LEITE, George Salomão (org.). *Dos Princípios Constitucionais*. São Paulo, Malheiros, 2003b.

são e seu sem-número de direitos conexos, como a liberdade de comunicação e de informação. A conflituosidade existente entre ambos invade diariamente as portas do Judiciário, clamando por uma conciliação/resolução.

O presente estudo tem como fito delinear alguns dos limites de cada um desses direitos mencionados, e mais particularmente a liberdade de expressão, com o objetivo de facilitar a solução de conflitos que possam surgir, e surgem, da coexistência com a privacidade.

I. Do conceito de liberdade

Pode surpreender como paradoxal ou temeroso que haja aqui um estudo preliminar acerca do conceito de liberdade, e isso especialmente tendo em vista a aceitação de certo esgotamento teórico e conceitual a seu respeito. E, de fato, assim deveria ser, afinal, presente na Grécia antiga, há mais de dois mil anos, tornou-se, posteriormente, uma das preocupações centrais dos movimentos burguês-revolucionários do século XVIII, na Europa e nos EUA.

"Mas as definições das liberdades não são fáceis (...)",[5] advertiu Pontes de Miranda, ciente de que a largueza temporal e a relevância material não foram suficientes para oferecer um conceito seguro àquilo que se denomina *liberdade*. Nos Estados Unidos da América, Lincoln já havia sido certeiro ao afirmar que "(...) o mundo nunca teve uma boa definição para a palavra liberdade".[6]

Com efeito, inúmeras foram e são as definições emprestadas à palavra aqui em cotejo. Para uns, é "entendida como exacerbação do princípio autonomístico da determinação individual",[7] sendo, para outros, "a ausência de oposição – quando digo oposição, quero dizer impedimentos externos à ação".[8]

Tão complexa é sua definição que invocá-la pode tornar-se inadequado ou não inteiramente justificada: "Liberdade, ora é direito do próprio homem, (...), ora é outorga de um ditador".[9]

---

[5] MIRANDA, Pontes de. *Democracia, Liberdade e Igualdade (os três caminhos)*. São Paulo, Saraiva, 1979, p. 288.
[6] *Apud* LEAHY, James E. *Liberty, Justice and Equality*, Jefferson, McFarland, 1992, p. 2, tradução livre.
[7] BASTOS, Celso Ribeiro; MARTINS, Ives Gandra da Silva. *Comentários à Constituição do Brasil*, v. 2. São Paulo, Saraiva, 2001, p. 17
[8] HOBBES, Thomas. *Of the liberty of Subjects*, In. STEWART, Michael M. *Readings in Social & Political Philosophy*. Oxford, Oxford University Press, 1996, p. 88, tradução livre.
[9] DÓRIA, A. de Sampaio. *Os Direitos do Homem*. São Paulo, Companhia Editora Nacional, 1942, p. 8.

Hobbes, desnecessário dizer, caminhava por essa última vereda, ao afirmar que "A liberdade de um indivíduo reside tão-só naquelas coisas em que, ao regular suas ações, o soberano tenha permitido". [10]

Para não haver maiores digressões, atente-se para a Constituição de 1988, que em seu artigo 5º, inciso II, conceitua a liberdade em sua relação com a lei: "ninguém será obrigado a fazer ou deixar de fazer alguma coisa senão em virtude de lei".

A Carta Máxima brasileira seguiu os ensinamentos de Montesquieu, para quem "A liberdade é o direito de fazer tudo o que as leis permitem (...)", pois, "(...) se um cidadão pudesse fazer tudo o que elas proíbem ele já não teria liberdade, porque os outros também teriam esse poder". [11]

Não se pode ignorar que a liberdade seja a exacerbação do princípio autonomístico, pois denota que "(...) sobre si mesmo, sobre seu próprio corpo e espírito, o indivíduo é soberano (...)". [12]

Porém, a liberdade também é o agir balizado por limites legais, visto que o indivíduo deve, ainda que mestre de seu domínio, atuar em conformidade com as leis, veículos introdutores da vontade do soberano (seja ele o povo, a nação, como em Sieyès, o monarca, como na Idade Média, o rei-filósofo de Platão ou qualquer deidade adotada por determinada civilização).

Mas não é apenas isso. A definição de John Stuart Mill apresenta algo a mais, uma definição mais completa da liberdade, qual seja, de que a única liberdade merecedora desse nome é a de buscar nosso próprio bem, da forma que cada um o conceba, *desde que não se tente privar terceiros dos seus, ou impedir suas tentativas de o obterem* (original não grifado). [13]

Depreende-se da simples leitura de seus ensinamentos que, para o autor, a liberdade é a possibilidade de tudo fazer, desde que não se prejudiquem terceiros. Esse entendimento encontra-se estampado na Declaração dos Direitos de 1789, art. 4º: *"A liberdade consiste em poder fazer tudo o que não prejudique a outrem*: assim, o exercício dos direitos naturais de cada homem não tem por limites senão aqueles que asseguram aos outros membros da sociedade o gozo desses mesmos direitos".

---

[10] HOBBES, Thomas. *Op. cit.* p. 88, tradução livre.
[11] MONTESQUIEU, Charles de Secondat, Baron de. *O Espírito das Leis*, 2ª ed., 2ª tir. São Paulo, Martins Fontes, 2000, p. 166
[12] MILL, John Stuart. *Sobre a Liberdade*. São Paulo, Companhia Editora Nacional, 1942, p. 34.
[13] Cfr. *Idem, ibidem*, p. 38.

Pode-se verificar que tal conceito é mais amplo que os demais. Nele, a liberdade não fica reduzida à mera permissão ou ausência de proibição legal. Tem como sustentáculo o (i) *respeito* e (ii) a *responsabilidade*, diferenciando-se da liberdade individual ilimitada, referida por Pontes de Miranda,[14] que é, segundo Sampaio Dória, "o poder de fazer tudo o que se deseje",[15] e que pode ser melhor conceituada como *arbitrariedade*. Esta, como é imediatamente verificável, não pode ser inserida nos quadrantes de um Estado Constitucional de Direito.

O que se está aqui a declarar não é, em absoluto, uma construção meramente filosófica ou utópica. Sua incidência é admitida, *v.g.*, nos Estados Unidos, onde, conforme bem lembra Scheinowitz: "(...) para o americano, a responsabilidade é o substrato da liberdade (...)".[16]

Frise-se, pois, esse salutar aspecto da liberdade: a *responsabilidade*. Essa a definição que deverá nortear todo e qualquer ato, praticado sob a suposta égide da liberdade, quer seja de locomoção, de culto e de religião, de opinião ou, igualmente, o de *expressão*.

Em síntese, liberdade de expressão e responsabilidade caminham impreterivelmente jungidas.

Assim, um determinado ato somente poderá ser considerado como concretização da liberdade de expressão se não ultrapassar o limite imposto pelo conceito de liberdade, qual seja, ao respeito (responsabilidade) que deve haver no uso da liberdade. Conforme se verificará mais adiante, a liberdade de expressão implica a necessidade de harmonização e consideração dos demais direitos, como a privacidade, honra e imagem, sob o risco de perder a característica *liberdade* e, por conseguinte, passar a ser uma *"arbitrariedade"* de expressão.

II. Da liberdade de expressão

Há na doutrina brasileira uma patente imprecisão acerca do real significado e abrangência da locução liberdade de expressão. Parcela dessa

---

[14] Miranda, Pontes de. *Democracia, Liberdade e Igualdade (os três caminhos)*. São Paulo, Saraiva, 1979, p. 291.
[15] Dória, A. de Sampaio. *Op. cit.*, p. 10.
[16] Scheinowitz, A. S. *A Descentralização do Estado*. Brasília, Brasília Jurídica, 1993, p. 405.

responsabilidade, porém, pode muito bem ser atribuída ao legislador constituinte que, de maneira consciente ou não, pulverizou manifestações diversas, consagrando em momentos distintos facetas de uma mesma e possível liberdade de expressão (diversos incisos do art. 5º, da Constituição Federal de 1988). Serve para agravar o problema o uso da locução *liberdade de expressão* no inciso IX desse mesmo artigo, "é livre a expressão da atividade intelectual, artística, científica e de comunicação, independentemente de censura ou licença", o que deixa transparecer que a liberdade de expressão seria direito de natureza diversa, *v.g.*, do direito à manifestação do pensamento.[17]

Acompanha essa tese, dentre outros, Vidal Serrano Nunes, ao afirmar que o direito de expressão volta-se "para a exteriorização de sensações, tais como a música, a pintura, a manifestação teatral, a fotografia etc.",[18] algo que repete mais adiante em sua obra: "Ou seja, por intermédio dela [expressão] o indivíduo exterioriza suas sensações, seus sentimentos ou sua criatividade, independentemente da formulação de convicções, juízos de valor ou conceitos".[19] Essa argumentação decorre de uma inafastável inserção da atividade intelectual na liberdade de pensamento e de sua manifestação, a qual, nos dizeres de José Afonso da Silva, "trata-se de liberdade de conteúdo intelectual e supõe o contato do indivíduo com seus semelhantes",[20] e numa suposta primazia desse direito na seara das liberdades.[21]

No entanto, o certo é que o termo *liberdade de expressão* não se reduz ao externar sensações e sentimentos. Ele abarca tanto a liberdade de pensamento, que se restringe aos juízos intelectivos, como também o externar sensações. O acerto dessa afirmação pode ser verificado na inteligência do próprio art. 5º, inc. IX, da Constituição Federal, em que há menção clara e expressa à atividade intelectual: "é livre a expressão da *atividade intelectual, artística, científica e de comunicação, independentemente de censura ou*

---

[17] BASTOS e MARTINS (2001: 47), ao contrário, o usam como termos sinônimos, na medida em que se valem da locução "liberdade de expressão do pensamento".

[18] NUNES JR, Vidal Serrano. *A Proteção Constitucional da Informação e o Direito à Crítica Jornalística*. São Paulo, FTD, 1997, p. 28.

[19] Idem, ibidem 28-29.

[20] SILVA, José Afonso da Silva. *Curso de Direito Constitucional Positivo*, 20ª ed., São Paulo, Malheiros, 2002, 240.

[21] Nesse sentido, JOSÉ AFONSO DA SILVA (2002: 240).

licença". Nesse sentido, também, Archibald Cox, ao comentar o primeiro artigo da *Bill of Rights* americana, acerca da liberdade de expressão: "O homem ou mulher *pensante*, de sensações, o novelista, o poeta ou dramaturgo, o artista, e especialmente o religioso certamente consideram a negação à liberdade de expressão como a maior afronta que pode ser impingida à condição destes como seres humanos" (original não grifado).[22]

Para deixar clara a extensão da liberdade de expressão, cumpre trazer entendimento ventilado pela Suprema Corte americana, quando da decisão do case *Cohen v. California*, por meio do *Justice* Harlan: "(...) [a expressão] não denota apenas idéias de relativa precisão, explicações imparciais, mas também emoções inexpressíveis".[23] Há aí, sem margem de dúvida, uma menção tanto à atividade intelectual, encerrada nas "explicações imparciais", quanto às sensações, presentes nas "emoções inexpressíveis".

Em síntese, depreende-se que a liberdade de expressão é direito genérico que finda por abarcar um sem-número de formas e direitos conexos e que não pode ser restringido a um singelo externar sensações ou intuições, com a ausência da elementar atividade intelectual, na medida em que a compreende. Dentre os direitos conexos presentes no gênero *liberdade de expressão* podem ser mencionados, aqui, os seguintes: liberdade de manifestação de pensamento; de comunicação; de informação; de acesso à informação; de opinião; de imprensa, de mídia, de divulgação e de radiodifusão. Essa situação faz com que, na advertência de Jónatas Machado: "(...) uma construção conceitual das liberdades comunicativas que consiga circunscrevê-las de modo geometricamente perfeito, parece-nos, no estado atual da teorização, impossível, se é que não o será de todo".[24]

Nesse mesmo sentido, o respeitado constitucionalista norte-americano Laurence H. Tribe anota: "Qualquer conceituação adequada da liberdade de expressão deve, ao invés, passar por diversas modalidades de teorias para que se possa proteger a rica variedade de formas de expressão".[25]

---

[22] COX, Archibald. *Freedom of Expression*. Cambridge, Harvard University Press, 1980, p. 1.
[23] *Apud* TRIBE, Laurence H. *American Constitutional Law*, 2ª ed., Mineola, The Foundation Press, 1988, p. 787, tradução livre.
[24] MACHADO, Jónatas E. M. *Liberdade de Expressão, dimensões constitucionais da esfera pública no sistema social*. Coimbra, Coimbra Editora, 2002, p. 372.
[25] TRIBE, Laurence H. *Op. cit.*, p. 789, tradução livre.

Ajudará a delimitar o conteúdo da liberdade sob comento a análise de suas múltiplas dimensões, que se fará a seguir, bem como da finalidade/propósito desse direito, o que se fará um pouco mais adiante.

1. Dimensões substantiva e instrumental

A liberdade de expressão é composta tanto de uma dimensão *substantiva*, como de uma *instrumental*: "A *dimensão substantiva* compreende a atividade de pensar, formar a própria opinião e exteriorizá-la. A *dimensão instrumental* traduz a possibilidade de utilizar os mais diversos meios adequados à divulgação do pensamento".[26]

A idéia de uma *dimensão substantiva*, etimologicamente falando, por si só, é capaz de exteriorizar sua importância, já que ventila o ideário da *essencialidade* de algo.

Dessa feita, é essa dimensão que formará a pedra angular daquilo que se denomina liberdade de expressão. Em outras palavras, a liberdade de expressão, e sua conseqüente importância e proteção, surgiu, aprioristicamente, em razão da presente dimensão.

Pode-se verificar, portanto, que a presente dimensão diz respeito à autodeterminação do indivíduo, sensivelmente conectada com a dignidade da pessoa humana. Isso porque ao permitir que o indivíduo exteriorize "suas sensações, seus sentimentos ou sua criatividade",[27] bem como suas emoções, ou que, ainda, capte experiências, idéias e opiniões emitidas por outrem, estar-se-á possibilitando que obtenha, que forme sua autonomia, que seja um ente único na coletividade, alcançando, dessa forma, um sentido em sua vida, o que perfaz, inexoravelmente, uma "tarefa eminentemente pessoal"[28] – em conformidade com a máxima protagórica de que o Homem, atomisticamente, é a medida de todas as coisas.

Quanto à *dimensão instrumental* da liberdade de expressão, conforme já foi mencionado acima, de forma sintética, "(...) compreende a possibilidade de escolher livremente o suporte físico ou técnico que se considere adequado à *comunicação* que se pretende realizar"(original não grifado).[29]

---

[26] Machado, Jónatas E. M. *Op. cit.*, p. 417.
[27] Nunes Jr, Vidal Serrano. *Op. cit.*, 28.
[28] Bastos, Celso Ribeiro; Martins, Ives Gandra da Silva. *Comentários à Constituição do Brasil*, v. 1. São Paulo, Saraiva, 1988, p. 425.
[29] Machado, Jónatas E. M. *Op. cit.*, p. 429.

Em outras palavras, é a possibilidade de eleger o meio mais adequado para veicular, transmitir as opiniões e idéias emitidas pelo indivíduo, com a finalidade de que se atinja certo número de receptores o que, aliás, está ínsito à própria idéia de expressão.

A dimensão instrumental, ainda que cronológica e logicamente subseqüente à substantiva, complementa-a, podendo ser considerada, por assim dizer, como o reverso da moeda em termos de liberdade de expressão. Afinal: "O homem não se contenta com o mero fato de poder ter as opiniões que quiser, vale dizer: ele necessita antes de mais nada saber que não será apenado em função de suas crenças e opiniões. É de sua natureza no entanto o ir mais longe: o procurar convencer os outros; o fazer proselitismo".[30]

É em decorrência dessa dimensão que surgem as liberdades de comunicação, imprensa, de radiodifusão, de informar, dentre outras coadunadas com a idéia de "veicular informações" e que constituem um dos objetos centrais de análise no presente estudo.

2. Dimensões individual e coletiva

Além da dupla dimensão analisada anteriormente, outra surge, enfocada no aspecto subjetivo da liberdade de expressão.

Conforme foi verificado, quando da análise da dimensão substantiva, a liberdade de expressão surge para garantir ao indivíduo a possibilidade de se formar, de ser sem ter de se adequar a um modelo previamente determinado.[31]

---

[30] BASTOS, Celso Ribeiro; MARTINS, Ives Gandra da Silva. *Comentários à Constituição do Brasil*, v. 2. São Paulo, Saraiva, 2001, p. 44.

[31] Na senda desta dimensão, cumpre contradizer BASTOS, Celso Ribeiro; MARTINS, Ives Gandra da Silva. *Comentários à Constituição do Brasil*, v. 2. São Paulo, Saraiva, 2001, p. 47 e SILVA, José Afonso da. *Curso de Direito Constitucional Positivo*, 20ª ed., São Paulo, Malheiros, 2002, p. 240, os quais, apoiando-se no magistério de PIMENTA BUENO, afirmam que o pensamento enquanto não externado, é dizer, em seu foro íntimo, não possui relevância para o Direito. Muito pelo contrário. O foro íntimo do pensamento do indivíduo importa sim para o Direito e há de ser protegido por este. Exemplo clássico de influência externa no foro íntimo do indivíduo encontra-se presente, por exemplo, no livro *1984*, de GEORGE ORWELL, em que se tortura o personagem com vistas a obter sua adesão à certa ideologia dominante e, também, no que diz respeito a certos sentimentos nutridos por este mesmo personagem. Outros exemplos, menos extremados, de influência no foro íntimo do homem e merecedoras de proteção legal, porquanto cerceadores da capacidade auto-formativa do homem, são as mensagens subliminares presentes na mídia e que visam a trabalhar no sub-consciente humano, influenciando-o em suas condutas e pensamentos. O que se pode, seguramente, afirmar que não diz respeito ao direito é o pensamento do homem, por ele elaborado, e mantido preso nos mais velados rincões da mente humana. Já aquele que decorre de manipulação exterior ganhará relevância jurídica, na medida em que ninguém pode, em nome da dignidade humana, ser um fantoche de outrem, independente de externar ou não o pensamento que lhe foi inculcado na mente.

Nesse exato sentido tem-se a dimensão individual da liberdade de expressão. Porém, não se pode esquecer de sua conseqüente dimensão coletiva, em vista de a liberdade de expressão abarcar, também, terceiros. Palmilhando esse caminho, John Stuart Mill, ao tratar da liberdade sob comento, logo advertiu: "A liberdade de exprimir e de comunicar opiniões pode parecer que cai sob um princípio diferente, uma vez que pertence àquela parte da conduta do indivíduo que concerne a outras pessoas".[32]

Com efeito, correto é o magistério de Nuno e Souza, para quem "A liberdade de informação possui uma dimensão jurídico-coletiva, ligada à opinião pública e ao funcionamento do Estado democrático, e um componente jurídico-individual; protege-se o legítimo interesse do indivíduo de se informar a fim de desenvolver sua personalidade; não só o princípio democrático explica tal liberdade, também releva o princípio da dignidade humana".[33]

Cumpre ressaltar que essa dimensão coletiva da liberdade de expressão, adotada por alguns autores, atrela-se àquela outra liberdade, qual seja, a de comunicação.

Em síntese, pois, estar-se-á, neste estudo, buscando alcançar o significado e os limites da liberdade de expressão, especialmente em sua vertente instrumental (liberdade de comunicação) e em sua dimensão coletiva (estreitamente ligada à liberdade de comunicação), quando do cotejo com o direito à privacidade, honra e imagem.

3. Liberdade de expressão: meio ou fim?

Muitos dos equívocos nos quais se incide quando da abordagem do tema da liberdade de comunicação decorrem de sua inadequada colocação como pauta constitucional. É nesse sentido que se deve compreender a indagação de Tribe: "Seria a liberdade de expressão considerada, tão-só, como um meio a alguma finalidade posterior – como, por exemplo, um bem sucedido auto-governo, ou estabilidade social, ou (de certa forma menos instrumental) a descoberta e disseminação da verdade – ou seria a

---

[32] MILL, John Stuart. *Sobre a Liberdade*. São Paulo, Companhia Editora Nacional, 1942, p. 38.
[33] SOUZA, Nuno e. *Liberdade de Imprensa*. Dissertação para exame de Curso de pós-graduação em Ciências Jurídico-Política da Faculdade de Direito de Coimbra, 1984, p. 151.

liberdade de expressão, em parte, também um fim em si mesma, uma expressão do tipo de sociedade que almejamos tornar-nos e do tipo de pessoa que queremos ser?".[34]

Jónatas E. M. Machado é categórico ao anotar que "(...) a liberdade de expressão não é vista como um fim em si mesma".[35]

Parece ser correto o entendimento ventilado pelo jurista luso de que a liberdade de expressão é um meio e não um fim. Em parte, a razão disso reside no individualismo que norteia a vida do ser humano. Com efeito, o homem é a medida e o fim de todas as coisas. Isso é o que a locução *dignidade da pessoa humana* prega. Esse antropocentrismo faz com que todo o contexto que envolva o Homem (incluída a categoria aqui analisada) exista apenas e exclusivamente em virtude do Homem, conforme aduzido por Menezes Direito[36] previamente transcrito.

A natureza existe para ser o berço do ser humano, satisfazer (com prudência), com seus bens naturais, suas necessidades e vontades. E assim ocorre com os elementos artificiais, resultado da convenção humana, como é o caso do próprio *Direito* e, por conseguinte, da *liberdade de expressão*.

A liberdade de expressão não existe para si mesma. Ainda que se defende sua condição de Direito natural, tal somente existiria no mundo fenomênico em sua necessária relação com o Homem. Não haveria que se falar em liberdade de expressão se este, único ser racional e capaz de se expressar, não subsistisse. Daí ser um meio e não um fim em si mesma.

Foi o Homem quem a criou, primeiramente para assegurar que a ele fosse possível se auto-formar e delimitar seus próprios gostos, desgostos, opiniões e convicções. Depois, como conseqüência, estendeu-se a proteção dada à liberdade de expressão, em seu cunho individual, a sua esfera exterior, tornando-se possível e impassível de obstrução o externar idéias.

Desta feita, a razão não reside naqueles que alegam que a liberdade de expressão é um fim em si mesma. Nunca o será. Mencionada liberdade, assim como todas as outras, somente existirão em virtude da *mens* humana, a qual estabelecerá seus limites e contornos. Do contrário, como fim

---

[34] TRIBE, Laurence H. *American Constitutional Law*, 2ª ed., Mineola, The Foundation Press, 1988, p. 785, tradução livre.
[35] MACHADO, Jónatas E. M. *Op. cit.*, p. 238.
[36] DIREITO, Carlos Alberto Menezes. *O Estado Moderno e a Proteção dos Direitos do Homem*. Rio de Janeiro, Freitas Bastos, 1968, p. 7.

em si mesma, os limites seriam inadmissíveis, porque impróprios àquilo que, por sua natureza, seria absoluto. Mas, para além desse aspecto, a liberdade de expressão (incluída a liberdade de comunicação) encontra-se encartada na Constituição para atender a determinada finalidade, e não como um valor a ser preservado como pauta máxima, subsistente por si mesma. É o que se passará a verificar.

4. Propósitos da liberdade de expressão

Após ter sido demonstrado acima que a liberdade de expressão é um meio, com finalidades determinadas ou a serem determinadas pelo homem, faz-se necessário explicitar as principais finalidades da liberdade ora sob estudo, ainda que tais possam ser inferidas da própria verificação da *dimensão substantiva* e *instrumental* da liberdade de expressão (anteriormente analisadas). Este estudo de "propósitos" bem demonstra a retidão da tese anterior, já que enquanto um fim em si mesma o único propósito, lógica e teleologicamente admissível, seria a própria liberdade de expressão. Não foi essa, contudo, a tese constitucionalmente incorporada.

Jónatas E. M. Machado observa, especificamente quanto à liberdade de expressão, que "a doutrina constitucional costuma debruçar-se sobre alguns objetivos fundamentais, como sejam, entre outros, a procura da verdade, a garantia de um mercado livre das idéias, a participação no processo de auto-determinação democrática, a proteção da diversidade de opiniões, a estabilidade social e a transformação pacífica da sociedade e a expressão da personalidade individual". [37]

Dentre essa ampla gama de finalidades, analisar-se-ão, tão-apenas, a diversidade de opiniões e a expressão da personalidade individual, que poderão ser alocadas em um único item: *formação da autonomia individual*. O porquê de analisar, tão-só, essa finalidade decorre de sua proeminência quanto às outras e de ser a razão de existir da liberdade de expressão.

Mencionou-se anteriormente, quase à exaustão, que o elemento ensejador da liberdade de expressão é a intenção de se conceder ao ho-

---

[37] MACHADO, Jónatas E.M. *Op. cit*, p. 237.

mem a prerrogativa de ser soberano sobre si mesmo, de ser um ente autônomo, condição esta essencial à realização pessoal, à expressão da personalidade individual, ainda que este seja um ser gregário – na conhecida concepção aristotélica de que o homem é um animal político.

E com essa finalidade formativa em vista, a liberdade de expressão passou a ser "(...) um pressuposto essencial da autenticidade do sujeito".[38]

Tal essencialidade fez com que a liberdade de expressão se mesclasse com essa sua finalidade, tendo, assim, sua importância atrelada ao *desenvolvimento do âmbito privatístico do homem*, em todos os seus sentidos.

Pode-se comprovar essa afirmação pelo fato de as liberdades decorrentes da liberdade de expressão, tais como a liberdade de comunicação, de informação e de imprensa, acabarem por ser exercidas, via de regra, como baluartes da busca do Homem por seu espaço próprio, ainda que cada um desses direitos apresente dessemelhanças entre si.

Essa mesma finalidade formativa será encontrada nos demais objetivos assinalados anteriormente para a liberdade de expressão. Assim ocorrerá, pois, com a mencionada busca da diversidade de opiniões. Para Jónatas E. M. Machado: "(...) a diversidade de opiniões significa um leque mais vasto de possibilidades e alternativas, e conseqüentemente, uma maior liberdade na formação de preferências e convicções e na tomada de opções".[39]

Tem-se, assim, uma maior e mais apropriada possibilidade de se autodeterminar. Ora, a liberdade de expressão e, nela, a liberdade de comunicação, há de se prestar à realização pessoal, à formação individual, à livre opção de cada um. Com efeito, não pode ser ela instrumento contrário à realização pessoal. Seria mesmo contraditório que um fato pudesse, ao mesmo tempo, apoiar-se na liberdade de expressão e violá-la, enquanto categoria constitucional, em determinado caso concreto. Esse aspecto, contudo, será melhor explorado adiante.

Apesar da conceituação e desenvolvimento até aqui realizados acerca da liberdade de expressão, cumpre, para se dimensionar satisfatoriamente a liberdade sob comento, a verificação dos *limites impostos a seu exercício*.

---

[38] *Idem, ibidem*, p. 286.
[39] *Idem, ibidem*, p. 279.

5. LIMITAÇÕES AO EXERCÍCIO DA LIBERDADE DE EXPRESSÃO

Razão paira nas palavras de Nuno e Souza quando este enfatiza: "Toda a liberdade tem limites lógicos, isto é, consubstanciais ao próprio conceito de liberdade".[40]

Conforme foi acentuado no início, o conceito de liberdade, baseado no firme magistério de John Stuart Mill, é a possibilidade de tudo fazer, desde que em respeito a terceiros, é dizer, sem os prejudicar. Olvidar isso é deixar de trilhar o caminho da liberdade e passar para a tortuosa vereda da *arbitrariedade*.

Com efeito, para que determinada ação encontre guarida no seguro porto da liberdade de expressão, tem-se como requisito que o exercício desta não prejudique ninguém, em nenhum de seus direitos.

Não há, conforme se depreende da leitura da melhor doutrina, nenhuma precedência pré-estabelecida entre os diversos princípios (que ensejam direitos), o que, em parte, equivale a afirmar que não se admite nenhum direito como absoluto. Nesse sentido é o magistério de Robert Alexy,[41] referência obrigatória na matéria, ao demonstrar com toda propriedade que se um princípio for considerado absoluto, o direito nele fundamentado também o será.

O problema para o jurista alemão reside na dimensão *individual* de algum direito supostamente absoluto. Quer-se dizer, se todo *indivíduo* tivesse a prerrogativa de exercício de um direito absoluto, como se daria sua relação com outros indivíduos também detentores de um mesmo direito absoluto? Cederiam todos, ainda que considerados absolutos, e, assim, impassíveis de cedência? Evidentemente que, pelo paradoxo que provocaria a tese, não se pode aceitá-la.

Archibald Cox, em obra específica acerca do tema *liberdade de expressão*, professor que "a liberdade de expressão, apesar de sua fundamentabilidade, não pode nunca ser absoluta. Em tempos de guerra ou de crises similares, certas publicações podem ameaçar até mesmo a sobrevivência da Nação. Em qualquer momento, expressões sem limites podem entrar em conflito com interesses públicos e privados importantes. Publicações difamatórias podem, injustamente, invadir o direito à re-

---

[40] SOUZA, Nuno e. *Liberdade de Imprensa*. Dissertação para exame de Curso de pós-graduação em Ciências Jurídico-Política da Faculdade de Direito de Coimbra, 1984, p. 256.
[41] ALEXY, Robert. *Teoría de los Derechos Fundamentales*. Madrid, Centro de Estudios Políticos y Constitucionales, 2002.

putação. Impugnar a integridade de uma corte pela publicação de evidências, antes do julgamento, pode ameaçar a administração da justiça. Obscenidade pode conflitar com o interesse público pela moralidade. Panfletagem, paradas, e outras formas de demonstração, e até as próprias palavras, se permitidas em determinado tempo e local, podem ameaçar a segurança pública e a ordem, independente da informação, idéia ou emoção expressada".[42]

Com base no que foi dito, Nuno e Souza entende que, como limites imediatos à liberdade de expressão, "(...) podem apontar-se os direitos à imagem, à identidade pessoal, ao bom nome e reputação e à reserva da intimidade da vida privada e familiar (...)".[43]

Finda o autor por concluir, ainda, que: "(...) veda-se a utilização abusiva (mas sem atingir o grau mais grave de violação da dignidade humana), ou contrária à dignidade humana, de informações relativas às pessoas e famílias; portanto, o uso abusivo de informações sobre as pessoas e famílias, mesmo que não contrarie diretamente a dignidade humana, é ilícito"[44].

Também nesse mesmo sentido, de forma mais sintética, pronuncia-se Jónatas Machado, o qual entende que o exercício da liberdade de expressão "(...) deve fazer-se, na medida do possível, no respeito pelos direitos de personalidade do indivíduo".[45]

A existência dessas limitações ao direito à liberdade de expressão se explica tanto (i) pela necessidade de harmonia entre os direitos individuais, como (ii) por uma questão de coerência, posto que seria, no mínimo, contraditório se a liberdade de expressão, que é um direito engendrado pelo homem para assegurar e possibilitar sua auto-determinação individual, estivesse em contradição com essa mesma finalidade, atentando contra o desenvolvimento da personalidade individual e desrespeitando direitos essenciais à própria personalidade.

Em outro giro, se a liberdade de expressão-comunicação encontra-se tutelada para, dentre outras finalidades, assegurar a formação da personalidade individual (ainda que não seja, evidentemente, responsável pela to-

---

[42] Cox, Archibald. *Freedom of Expression*. Cambridge, Harvard University Press, 1980, p. 4.
[43] Souza, Nuno e. *Op. cit.*, p. 268.
[44] *Idem, ibidem*, p. 268.
[45] Machado, Jónatas E. M. *Op. cit.*, p. 360.

talidade dessa formação), seria insuportável que seu exercício engendrasse justamente o desrespeito a direitos da personalidade e, ademais, provocasse com isso aquela formação por meio de divulgações viciadas, gerando uma mensagem implícita de que os direitos podem sempre ser violados. Nesse diapasão, Thomas M. Scanlon: "(...) liberdade de expressão torna-se controversa quando a expressão surge para ameaçar importantes interesses individuais".[46]

Importa, agora, para o escorreito deslinde desse artigo, aprofundar-se o estudo da importante teoria de Thomas Scanlon, que se soma à conclusão aqui já alcançada de que a liberdade de expressão-comunicação não é absoluta, não podendo violentar outros direitos constitucionais, nos quais deve encontrar balizas.

6. Possibilidade de se regulamentar a liberdade de expressão: convivência com outros direitos fundamentais

Thomas M. Scanlon compreende na liberdade de expressão (inclua-se a de comunicação) três interesses: (i) o do emissor; (ii) o da audiência e, derradeiramente, (iii) o de terceiros, alcunhados de *bystanders*.

(i) Os interesses do primeiro grupo podem ser diversos: "(...) um emissor pode estar interessado em aumentar sua reputação ou em diminuir a de outrem, em aumentar as vendas de seu produto, em promover um estilo de vida, em clamar por uma mudança no governo, ou simplesmente em entreter ou chocar pessoas".[47]

E tais interesses ou intenções terão diferentes valorações, devendo ser consideradas em sua própria licitude. De uma maneira geral, como é notoriamente conhecido, o emissor-mídia encontra-se preocupado, invariavelmente, com seu grau de penetração, com o aumento de sua audiência. Daí a especial necessidade de se criarem freios e de parâmetros qualitativos serem impostos ao exercício do direito de comunicação.

(ii) O segundo grupo, qual seja, a audiência, por sua vez, estará interessada

---

[46] SCANLON, Thomas M. *Freedom of Expression and Categories of Expression*. In STEWART, Michel M. *Readings in Social & Political Philosophy*. Oxford, Oxford University Press, 1996, p. 152, tradução livre.
[47] IDEM, IBIDEM, 153, tradução livre.

em "(...) ser entretida, informada sobre tópicos políticos, alertadas acerca dos prós e contras das alternativas disponíveis no mercado, e assim vai".[48]

Ainda nesse segundo grupo (audiência), o mencionado estudioso alerta para três pontos.

(ii.a) O primeiro seria o confronto existente entre os emissores e a audiência, que residiria na ambição daqueles em transmitir, forçosamente, informações não pretendidas pela audiência: "Enquanto emissores, às vezes, objetivam apenas comunicar-se com aqueles que estão de fato interessados em receber o que eles têm a apresentar, em uma escala muito maior seus objetivos são mais extensos: eles querem obter a atenção de pessoas que, de outra maneira, não considerariam suas mensagens".[49]

Essa preocupação em obter um aumento sempre maior de atenção por parte dos possíveis receptores gera, evidentemente, um conflito com os interesses destes, bastando mencionar-se o interesse na obtenção de informações neutras e na auto-formação.

(ii.b) O segundo ponto merecedor de atenção é o fato de que o "(...) controle que exercitamos sobre aquilo que acreditamos e que atitudes tomar é, em inúmeros aspectos, uma proteção incompleta contra os desautorizados efeitos da expressão".[50]

Realmente, apesar de cada indivíduo (tomado como audiência) poder recusar-se a aceitar aquilo que lhe é impingido pelo emissor-comunicador, seu controle e suas reservas muitas vezes não são suficientes, não deixando de ser influenciado e "modificado" pelo que viu ou ouviu em função do exercício da liberdade de expressão por outrem, especialmente por um emissor-comunicador.

(ii.c) Por último, Scanlon alerta para o fato de que "(...) mesmo que não aceite o que me é dito ou mostrado, considerando-o como besteira ou exagero, estarei um pouco alterado pelo fato de tê-lo visto ou escutado".[51]

Ora, bem demonstra, aqui, o estudioso, a irreversibilidade das situações geradas por uma divulgação imprópria acerca da conduta, da imagem, da privacidade, da dignidade, do bom nome ou da honra de determinada pessoa.

---

[48] *Idem, ibidem*, 154, tradução livre.
[49] *Idem, ibidem*, 154, tradução livre.
[50] *Idem, ibidem*, 155, tradução livre.
[51] *Idem, ibidem*, 155, tradução livre.

Não se pode ignorar a força e os efeitos que são causados na sociedade-audiência pelas mensagens divulgadas pelos meios de comunicação em massa, especialmente considerando que os contextos nos quais surge uma divulgação de conversa telefônica são, pela prática diuturna da imprensa, detrimentosos para aqueles valores.

(iii) Voltando à questão dos interesses, apresenta-se por último - o que não significa que seja de menor importância (aliás, é de relevância salutar) - o *interesse de terceiros*. Dois são os interesses destes: (iii.a) "Primeiro estão os interesses em evitar os indesejáveis efeitos colaterais dos atos de expressão: trânsito, o barulho da massa e os resíduos provenientes da folhetagem. (iii.b) Em segundo, e mais importante, estão os interesses acerca dos efeitos que a expressão causa em sua audiência. O interesse de um terceiro pode ser afetado simplesmente pelo fato de a audiência ter adquirido novas opiniões se, por exemplo, tais opiniões dizem respeito ao caráter moral do terceiro. Mais usualmente, terceiros são afetados quando a expressão promove mudanças no subseqüente comportamento da audiência".[52]

Para o autor, a forma de se proteger os interesses dos terceiros (iii) será a regulação da liberdade de expressão, o que pode ocasionar conflito com os interesses dos emissores (i) e da audiência (ii). Scanlon, então, relaciona a regulação com os dois tipos de interesse (iii.a e iii.b) dos *bystanders*, concluindo que protegê-los (iii.a) "(...) dos danosos efeitos colaterais dos atos de expressão demanda por regulação apenas do tempo, do lugar e da forma da expressão. Tal regulação não ameaça necessariamente interesses centrais na expressão".[53]

Apesar de, no que diz respeito ao segundo interesse (iii.b) dos *bystanders*, Scanlon quedar receoso e afirmar que regulação, nesses casos, seria mais perigosa à liberdade de expressão, importa sublinhar que, em sua teoria, ventila-se a possibilidade de se regular a liberdade de expressão, por meio de um controle temporal, espacial e metodológico desta.

Parece ainda que seria possível sim aplicar no segundo caso (iii.b), de especial interesse para o presente estudo, a regulação proposta, por meio da intervenção metodológica. Poder-se-ia evitar, por exemplo, um eventual ataque à honra de um terceiro, quando da divulgação de determinado fato

---

[52] *Idem, ibidem*, 157, tradução livre.
[53] *Idem, ibidem*, 155, tradução livre.

ou ato passível de causar embaraço ou dano, através de uma simples ***distorção da voz*** daqueles que do fato ou do ato participam, permitindo-se, dessa forma, a divulgação do fato ou ato, sem expor ou prejudicar terceiros.

Com isto, poder-se-ia alcançar um precioso equilíbrio "(...) entre as prerrogativas individuais e as necessidades da vida coletiva".[54]

E, por meio dessa almejada harmonia entre as prerrogativas individuais e a necessidade coletiva, possibilitar-se-ia, otimizadamente, o pleno desenvolvimento individual e coletivo. É esse o objetivo que todos hão de ter em mente, ao praticar seus atos.

III. DIREITOS DA PERSONALIDADE: BERÇO DA PRIVACIDADE

Por quase todo este trabalho, palmilharam-se, ainda que indiretamente, os direitos da personalidade, na exata medida em que o tema da auto-determinação do indivíduo inculca os *direitos da personalidade*.

A personalidade é, atualmente, reconhecida como uma emanação individual protegida pelo Direito. Superada a fase em que a personalidade considerava-se pressuposto para o exercício de direitos e, assim, não passível de constituir-se, ela própria, num direito, mister, reconhecendo-lhe essa vertente, extrair-lhe todas as conseqüências jurídicas.

Em outras palavras, é a *personalidade* que faz do Homem *indivíduo*. É ela que permite a auto-determinação do ser e, pois, caracteriza-o por sua individualidade.

O Direito da personalidade abarca uma ampla gama de direitos atinentes ao indivíduo. Podem-se citar como direitos da personalidade, a vida, a integridade física, o direito à honra, à intimidade pessoal e ao nome. Nesse mesmo sentido, tem-se: "Sob a denominação de direitos da personalidade, compreendem-se direitos considerados essenciais à *pessoa humana*, que a doutrina moderna preconiza e disciplina, com a finalidade de preservar sua dignidade".[55]

---

[54] MACHADO, Jónatas E. M. *Op. cit.*, p. 360.
[55] AIETA, Vânia Siciliano. *A garantia da Intimidade como Direito Fundamental*. Rio de Janeiro, Lumen Juris, 1999, p. 89.

Em razão da existência desse sem-número de direitos decorrentes do direito da personalidade, o que finda por dificultar sua delimitação, deu-se início a um embate doutrinário entre duas correntes. Uma defensora de um único direito da personalidade, restrito. Outra, pluralista, aceitando a existência dessa ampla gama de concepções do direito de personalidade: ora relacionada à intimidade, ora à vida privada, ora à imagem, ora à honra, ora ao bom nome, e assim por diante.

Acerca desse ponto, Pérez Luño elucida que "a construção de um direito unitário da personalidade encontrou importantes reservas doutrinárias e teses abertamente críticas, que insistem na necessidade de não se estender a proteção da personalidade mais além dos limites da pluralidade de uns objetos ou bens precisos e individualizáveis. De outro modo, entendem os defensores dessa tese que se corre o risco de ampliar até o infinito as possíveis conseqüências jurídicas dessa tutela abstrata e genérica da personalidade. Esse enfoque (...) desemboca no reconhecimento de uma pluralidade de direitos da personalidade referidos a cada uma de suas manifestações objeto de específica proteção jurídica (...)".[56]

Não obstante a existência dessa celeuma acerca de ser um direito único ou plural, há certeza quanto a um aspecto, a saber, a *relevância* desse complexo chamado "Direito da personalidade".

Ademais, na Constituição brasileira vigente há expressa categorização individualizada de diversas espécies decorrentes, claramente, do Direito da personalidade, o que implica na opção positivada por mais de um direito e suas correspondentes tutelas.

Há de se admitir, portanto, que se inserem no contexto dos direitos da personalidade, dentre outros, a imagem, a honra, a *privacidade* (incluindo aí o *sigilo das comunicações*), além de terem fundamento direto e inquestionável na *dignidade da pessoa* (no caso brasileiro, um dos fundamentos do Estado).

1. Direitos de personalidade e dignidade humana: imbricações necessárias

Classicamente, conforme visto imediatamente acima, a categoria dos direitos de personalidade ocupou posição de destaque na ciência do Di-

---

[56] LUÑO, Antonio E. Pérez. *Derechos Humanos, Estado de Derecho y Constituición*. Madrid, Tecnos, 1995, p. 319-320, tradução livre.

reito. Porém, recentemente, assiste-se a uma maior preocupação com o direito à *dignidade da pessoa humana*, mais abrangente do que o primeiro, englobando-o e disseminando-o.

Pérez Luño já havia identificado esse fenômeno ao discorrer sobre a intimidade:"A honra, a intimidade e a própria imagem têm sido consideradas pela teoria jurídica tradicional como manifestações dos direitos da personalidade, e no sistema atual dos direitos fundamentais como expressões do valor da dignidade humana".[57]

Isso porque a dignidade da pessoa humana "(...) constitui não só a garantia negativa de que a pessoa não vá ser objeto de ofensas e humilhações, senão que entranha também a afirmação positiva do pleno desenvolvimento da personalidade de cada indivíduo".[58]

Assim, o desenvolvimento pleno significa, necessariamente, a liberdade de se relacionar socialmente sem que sua privacidade seja maculada ou exposta publicamente com grave prejuízo para o próprio indivíduo e sua dignidade.

Embora o princípio (constitucional) da dignidade da pessoa humana seja de um conteúdo de difícil, senão impossível, determinação conceitual, a verdade é que em muitas situações sua incidência é impositiva.

2. Direito constitucional à privacidade: sua violação e conseqüências pelo uso indevido dos elementos assim obtidos

Consoante determina a Constituição Federal em seu art. 5º, ou seja, dentro do rol de direitos individuais fundamentais:"X – são invioláveis a intimidade, a vida privada, a honra e a imagem das pessoas, assegurado o direito à indenização pelo dano material ou moral decorrente de sua violação".

Importa, para as finalidades a serem alcançadas no presente artigo, o estudo minucioso do conceito, abrangência e incidência dos direitos à honra, imagem e privacidade, em especial cotejo com a liberdade de expressão.

---

[57] *Idem, ibidem*, p. 317, tradução livre.
[58] *Idem, ibidem*, p. 318, tradução livre.

Como já acentuado alhures, pode-se considerar: "(...) direito à privacidade em sentido amplo, de molde a comportar toda e qualquer forma de manifestação da intimidade, privacidade e, até mesmo, da personalidade da pessoa humana".[59]

Num sentido mais restrito, porém, a privacidade deve ser identificada com a vida privada, significando, assim: "(...) a proibição, dirigida tanto à sociedade quanto ao Poder Público, de imiscuir-se na vida privada ou de divulgar esta ao público. Tal liberdade também impede que se preservem informações obtidas referentes única e exclusivamente à privacidade de cada um, obtidas de forma lícita ou ilícita".[60]

Nesse ponto, torna-se importante realizar uma breve incursão na temática do sigilo das comunicações, elemento essencial do direito à privacidade.

O sigilo das comunicações, assim como as outras formas de sigilo, como decorrência natural do próprio direito à privacidade, encontram-se protegidos no seio constitucional, mais precisamente no artigo 5º, inciso XII, da Constituição de 1988: "é inviolável o sigilo da correspondência e das comunicações telegráficas, de dados e das *comunicações telefônicas*, salvo, no último caso, por ordem judicial, nas hipóteses e na forma que a lei estabelece para fins de investigação criminal ou instrução processual penal".

Depreende-se da mera leitura do dispositivo sob comento que, a não ser que haja uma lei dispondo sobre os termos da quebra do sigilo telefônico e, ainda, com atenção à finalidade constitucionalmente prevista, qual seja, "(...) para fins de investigação criminal ou instrução processual penal", a devassa realizada nas comunicações será ilícita, contrária ao Direito, abusiva e inadmissível.

Tangente à lei necessária à quebra do sigilo telefônico, tal foi promulgada em 24 de julho de 1996 (trata-se da lei n.º 9.296). Cumpre ressaltar que até seu advento, toda e qualquer prática de quebra do sigilo das comunicações, ainda que autorizada judicialmente, foi considerada ilegal pela jurisprudência dominante. Esse foi o entendimento proferido pelo S.T.F., *v.g.*, no *Habeas Corpus* n.º 73.351-4/SP. Isso bem demonstra o correto sentido que o S.T.F. tem conferido a essa importante garantia constitucional.

---

[59] TAVARES, André Ramos. *Curso de Direito Constitucional*. 2. ed. São Paulo, Saraiva, 2003, p. 453.
[60] *Idem, ibidem*, p. 464.

Soma-se, ainda, à necessidade de lei, a imperiosidade de autorização judicial para que toda e qualquer interceptação não esteja eivada do gravíssimo vício da inconstitucionalidade. Aliás, como bem adverte Lenio Luiz Streck,[61] tal autorização há de ser conferida legitimamente apenas pelo magistrado competente para conhecimento da causa principal.

Caso não se preencham esses requisitos, o fruto da devassa íntima não será, nos termos do art. 5º, inciso LVI, da Constituição Federal, admissível como prova em processo criminal instaurado ou a ser instaurado.

O porquê disso encontra-se na finalidade desse dispositivo constitucional. Não pretende criar um escudo de imunidade ao redor de determinadas pessoas, mas sim evitar que haja uma corrida investigatória, quer seja praticada por particulares, quer seja em desrespeito a valores fundamentais como a privacidade e a dignidade da pessoa humana, em busca de um determinado fim, legítimo ou ilegítimo. O pleno desenvolvimento da pessoa e de sua personalidade, sem temores maiores, exige essa aversão a casos como o da devassa da privacidade, em busca de informações ou de provas. Procurou-se evitar, por meio do presente preceptivo constitucional, a realização da "justiça com as próprias mãos", ou, ainda, um desrespeito ao Estado de Direito. É esse o verdadeiro interesse público que se pode vislumbrar na tutela desse direito. A sociedade jamais conseguiria desenvolver-se, e o indivíduo formar-se, sem algumas proteções genéricas. A exceção a um caso concreto destruiria a proteção geral, tornando todos reféns dessa mesma possibilidade.

"Desse modo – diversamente do que sucede nas hipóteses normais de confronto entre a liberdade de informação e os direitos da personalidade – no âmbito de proteção ao sigilo das comunicações, não há como emprestar peso relevante, na ponderação entre os direitos fundamentais colidentes, ao interesse público no conteúdo das mensagens veiculadas, nem à notoriedade ou ao protagonismo político ou social dos interlocutores" (S.T.F., Medida Cautelar em Petição n.º 2.702-7/RJ, Min. Rel. Sepúlveda Pertence, D.J. de 19/09/2003). Há de se respeitar, portanto, a privacidade, independentemente de se tratar, na hipótese, de pessoa pública ou mesmo de ocupante de cargo público.

---

[61] STRECK, Lenio Luiz. *As interceptações telefônicas e os Direitos Fundamentais*. Porto Alegre, Livraria do Advogado, 2001, p. 43.

3. O INTERESSE PÚBLICO COMO LIMITE À PRIVACIDADE?

Vânia Siciliano Aieta alerta, certeiramente, no que tange ao direito à intimidade, para o fato de que "(...) tornam-se mais freqüentes as invasões da intimidade, sob a alegação de se tratarem, sempre, de casos de interesse público".[62]

A autora apresenta como fundamento de tais invasões a própria liberdade de expressão, em sua dimensão coletiva, ao anotar que: "Hodiernamente, observa-se uma subversão do que seja direito à informação. Utilizando-se do argumento da liberdade de imprensa, outros direitos fundamentais têm sido constantemente violados".[63]

Trata-se, aqui, daquilo que se pode alcunhar pejorativamente como *renda do interesse público* (decorrente da suposta *supremacia de um pseudo-interesse público, engendrado em benefício de interesses particulares e comerciais*), a qual permite a perpetração das mais variadas afrontas aos direitos fundamentais e, em especial, aos individuais. Não se deve perder de vista que os estados totalitários do século XX buscavam legitimar seus atos tachando-os de necessários a um suposto interesse público, o qual surgia em trajes de onipotência.

A tese expressa na *renda do interesse público* não pode subsistir. Primeiramente em virtude do fenômeno da publicização do Direito privado e da privatização do Direito público, identificada por Jürgen Habermas,[64] que, nas palavras de Celso Lafer: "(...) leva à identificação e não à diferenciação entre a esfera do público e do privado".[65]

Assim, há uma aproximação do público ao particular, porque aquele não pode desconhecer este, sob pena de legitimarem-se governos totalitários e condutas impróprias. Mas é impositivo que se registre, neste passo, que a sociedade é composta por indivíduos. Ela não existe por si só, mas através da congregação destes, que deverão, dessa feita, formar a base da sociedade e, ainda assim, ter garantida a esfera de seus direitos para que seu convívio não se impossibilite pelo esfacelamento da necessária harmonia, segurança e confiança.

---

[62] AIETA, Vânia Siciliano. *A garantia da Intimidade como Direito Fundamental*. Rio de Janeiro, Lumen Juris, 1999, p. 176.

[63] *Idem, ibidem*, p. 179.

[64] HABERMAS, Jürgen. *Mudança Estrutural da Esfera Pública*. Rio de Janeiro, Tempo Brasileiro, 1984, p. 180.

[65] LAFER, Celso. *A Reconstrução dos Direitos Humanos*, 5ª reimpr. São Paulo, Companhia das Letras, 2003, p. 238.

A não ser dessa forma, corre-se o risco de fazer com que aquilo que entendemos por *indivíduo* desapareça, dando lugar a um outro ente, descaracterizado, coletivizado ou não, mas certamente brutalizado em relação ao parâmetro *indivíduo*.

Em relação ao conflito entre a liberdade de expressão e direitos como o da privacidade, importante, ainda, reverberar aqui o alerta de René Ariel Dotti (1980: 134): "(...) [é] extremamente difícil precisar a fronteira oscilante entre o interesse público à informação e o domínio particular".[66]

Tem-se ainda outra inconsistência no raciocínio que pretende amparar a mídia no conhecido chavão "interesse público", com menoscabo do direito à privacidade. Trata-se da dificuldade (senão impossibilidade) de se distinguir, para fins de liberdade de comunicação, o que, de fato, é o real interesse público, da alcunhada curiosidade coletiva. Desnecessário dizer que ambos são profundamente diversos.

Por fim, deve-se relembrar Scanlon, o qual alerta para o fato de os emissores (órgãos de comunicação) não só oferecerem para a audiência aquilo que, de fato, interessa a esta, mas sim, e quase sempre, divulgam fatos e notícias que são interessantes tão-só ao próprio órgão de imprensa (aspectos comerciais). Haveria, assim, mais um elemento dificultador em se delimitar o que, seguramente, é de interesse do público. Nesse diapasão, fazem-se pertinentes as seguintes perguntas: Como precisar o que é interesse público ou do próprio órgão de comunicação? Será que o órgão de comunicação é o mais confiável para decidir se determinada notícia é, indubitavelmente, de interesse público?

Para a primeira pergunta não há resposta, visto que não há métodos adequados de se verificar o que seja, sem margem de imprecisão, inteiramente, interesse público. Enquanto para a segunda, certamente há uma resposta. E tal há de ser *não*, ainda mais se se considerar a busca pela audiência na concorrência entre emissoras diversas, em detrimento da imparcialidade, verdade e, finalmente, *interesse público*. Eis o verdadeiro interesse público, aquele que merece ser perseguido pelo Estado-juiz.

Auxilia a desacreditar os órgãos de imprensa a vetusta dependência destes

---

[66] DOTTI, René Ariel. *Proteção da Vida Privada e Liberdade de Informação.* São Paulo, Revista dos Tribunais, 1980, p. 134.

para com a renda proveniente da publicidade. Sobre esse aspecto já se mencionou que "(...) as emissoras são quase que reféns de seus patrocinadores".[67]

Em virtude disso, a imprensa passa a agir condicionada a seus patrocinadores/anunciantes, os quais quedam ansiosos, como animais famintos, em alcançar a massa incauta que compõe a audiência. E será esta, ou melhor dizendo, a *quantidade* de audiência que norteará os valores conferidos pelos anunciantes.

Com isso em mente, os órgãos de comunicação passam a se importar, tão-só, com o aspecto numerário. O conteúdo do programa é posto de lado, apesar da preocupação constitucional expressa com ele. Como acentuado anteriormente, um dos propósitos em garantir-se a liberdade de expressão-comunicação está no garantir a formação do próprio indivíduo. Para tanto, as balizas (dentre elas, o interesse público) estão presentes na própria Constituição, de maneira expressa, ao prescrever, em seu art. 221, que a produção e a programação das emissoras de rádio devem ter como princípio (dentre outros) o "respeito aos valores éticos e sociais da pessoa e da família".

Ocupa-se, contudo, a imprensa, mais freqüentemente, em despertar, atrair e prender a atenção do público, do que precisamente com a qualidade e lisura daquilo que é divulgado. Criam-se heróis tão rápido quanto se promovem caças às bruxas. Explora-se, impiedosamente, a tragédia humana ou a privacidade de determinado homem público. Admiti-las como práticas legítimas equivale a permitir que uma negra nuvem assalte o espírito e a evolução da humanidade nesse particular. Os exemplos práticos, infelizmente, multiplicam-se ao infinito. Tudo em nome da busca pela audiência! Nesse caminho, é sempre preciso alertar que: "Em vez de fomentar discussões cada vez mais profundas sobre temas atuais e de grande importância para a sociedade, a televisão [e qualquer outro meio de comunicação], só por si, objetiva apenas disseminar ao máximo sua audiência, com o que rebaixa a programação a patamares inimagináveis, a serviço da vulgaridade e da ignorância. Contribui, assim, para uma completa alienação das grandes questões nacionais, *na mais clara demonstração de desprezo pela dignidade do ser humano*"[68].

---

[67] TAVARES, André Ramos; BASTOS, Celso Ribeiro. *As Tendências do Direito Público no Limiar de um novo Milênio*, São Paulo, Saraiva, 2000, p. 665.
[68] *Idem, ibidem*, p. 668.

Não há, dessa forma, como aceitar que seja o órgão de comunicação o responsável pelo controle das informações (incluindo aquelas *prima facie* privadas) a serem passadas à audiência. Não podem ser eles os delineadores do interesse público.

BIBLIOGRAFIA

AIETA, Vânia Siciliano. *A garantia da Intimidade como Direito Fundamental*. Rio de Janeiro, Lumen Juris, 1999.

ALEXY, Robert. *Teoría de los Derechos Fundamentales*. Madrid, Centro de Estudios Políticos y Constitucionales, 2002.

BASTOS, Celso Ribeiro; MARTINS, Ives Gandra da Silva. *Comentários à Constituição do Brasil*, v. 1. São Paulo, Saraiva, 1988.

_____. *Comentários à Constituição do Brasil*, v. 2. São Paulo, Saraiva, 2001.

COX, Archibald. *Freedom of Expression*. Cambridge, Harvard University Press, 1980.

DIREITO, Carlos Alberto Menezes. *O Estado Moderno e a Proteção dos Direitos do Homem*. Rio de Janeiro, Freitas Bastos, 1968.

DÓRIA, A. de Sampaio. *Os Direitos do Homem*. São Paulo, Companhia Editora Nacional, 1942.

DOTTI, René Ariel. *Proteção da Vida Privada e Liberdade de Informação*. São Paulo, Revista dos Tribunais, 1980.

HABERMAS, Jürgen. *Mudança Estrutural da Esfera Pública*. Rio de Janeiro, Tempo Brasileiro, 1984.

HOBBES, Thomas. *Of the liberty of Subjects*, In. STEWART, Michael M. *Readings in Social & Political Philosophy*. Oxford, Oxford University Press, 1996.

LAFER, Celso. *A Reconstrução dos Direitos Humanos*, 5ª reimpr. São Paulo, Companhia das Letras, 2003.

LEAHY, James E. *Liberty, Justice and Equality*, Jefferson, McFarland, 1992.

LUÑO, Antonio E. Pérez. *Derechos Humanos, Estado de Derecho y Constituición*. Madrid, Tecnos, 1995.

MACHADO, Jónatas E. M. *Liberdade de Expressão, dimensões constitucionais da esfera pública no sistema social*. Coimbra, Coimbra Editora, 2002.

MARTINS, Ives Gandra da Silva. *Violência e direitos fundamentais*. In. Folha de São Paulo, 16/06/2004, p. A2.

MILL, John Stuart. *Sobre a Liberdade*. São Paulo, Companhia Editora Nacional, 1942.

MIRANDA, Pontes de. *Democracia, Liberdade e Igualdade (os três caminhos)*. São Paulo, Saraiva, 1979.

MONTESQUIEU, Charles de Secondat, Baron de. *O Espírito das Leis*, 2ª ed., 2ª tir. São Paulo, Martins Fontes, 2000.

NOGUEIRA, J. C. Ataliba. *O Estado é um meio e não um fim*. São Paulo, Revista dos Tribunais, 1940.

NUNES JR, Vidal Serrano. *A Proteção Constitucional da Informação e o Direito à Crítica Jornalística*. São Paulo, FTD, 1997.

SCANLON, Thomas M. *Freedom of Expression and Categories of Expression*. In STEWART, Michel M. *Readings in Social & Political Philosophy*. Oxford, Oxford University Press, 1996.

SCHEINOWITZ, A. S. *A Descentralização do Estado*. Brasília, Brasília Jurídica, 1993.

SILVA, José Afonso da. *Curso de Direito Constitucional Positivo*, 20ª ed., São Paulo, Malheiros, 2002.

SOUZA, Nuno e. *Liberdade de Imprensa*. Dissertação para exame de Curso de pós-graduação em Ciências Jurídico-Políticas da Faculdade de Direito de Coimbra, 1984.

STRECK, Lenio Luiz. *As interceptações telefônicas e os Direitos Fundamentais*. Porto Alegre, Livraria do Advogado, 2001.

TAVARES, André Ramos; BASTOS, Celso Ribeiro. *As Tendências do Direito Público no Limiar de um novo Milênio*, São Paulo, Saraiva, 2000.

TAVARES, André Ramos. *Curso de Direito Constitucional*. 2ª ed., São Paulo, Saraiva, 2003.

_____. *Elementos para uma Teoria Geral dos Princípios na Perspectiva Constitucional*. In. LEITE, George Salomão (org.). *Dos Princípios Constitucionais*. São Paulo, Malheiros, 2003b.

TRIBE, Laurence H. *American Constitutional Law*, 2ª ed., Mineola, The Foundation Press, 1988.

O CIDADÃO, A SOCIEDADE, A MÍDIA E A JUSTIÇA

CARLOS AURÉLIO MOTA DE SOUZA[*]

> Sumário: Introdução. I. O cidadão, sujeito e fim da comunicação social: a) A educação para a cidadania, b) A ética na comunicação social. II. A mídia: informação, cultura e entretenimento à sociedade: 1. Os meios de comunicação social: a) Empresas privadas com finalidades econômicas, b) As relevantes funções sociais da mídia, c) Empresários, editores e jornalistas; 2. Responsabilidade ética, social e jurídica dos empresários e jornalistas; 3. O Conselho de Comunicação Social. III– Restrições à liberdade de expressão e comunicação: direitos da pessoa, família e sociedade: a) Restrições quanto à intimidade, à vida privada, à honra e à imagem das pessoas (Art. 5°, incs. V e X), b) Restrições frente aos valores éticos e sociais da pessoa e da família – Art. 221-IV, c) Restrições ao respeito à presunção de inocência – Art. 5°, inc. LVII. Conclusões. Bibliografia indicada.

INTRODUÇÃO

In omnibus respice finem. (Da sabedoria romana)

Para um estudo sobre os meios de comunicação, sua influência e seus efeitos no meio social, podemos adotar uma dimensão *teleológica*, da ética aristotélica das virtudes e da ética da responsa-

---

[*] Advogado, livre-docente pela UNESP, Mestre e Doutor pela USP. Professor e orientador em Cursos de Mestrado em São Paulo. Membro do Tribunal de Ética da OAB, Seccional de São Paulo, e do Instituto Jacques Maritain do Brasil. Magistrado aposentado. Autor dos livros *Poderes Éticos do Juiz* (1987), *Segurança Jurídica e Jurisprudência* (1996), *Direitos Humanos, Urgente!* (1998). Traduziu a obra *Políticas da Natureza*, de Bruno Latour (EDUSC, 2003).

bilidade weberiana, pela qual os jornalistas[1] deveriam ter em conta as *conseqüências da notícia*, da informação cultural e do entretenimento que produzem, segundo seus critérios, e fornecem ao público sem consultá-lo; por essa visão, devem agir tendo em vista as conseqüências de seus atos, assumindo-lhes a responsabilidade.

E uma dimensão *deontológica*, inspirada na ética do dever, pela qual a conduta jornalística só pode ser aceita se tiver validade universal, e que a ação do jornalista se apóie em princípios de validade geral para todos os membros de uma sociedade (nacional ou universal).

Entre essas duas há uma terceira visão, conhecida como *regra de ouro*, princípio segundo o qual cada um deve agir em relação aos outros do mesmo modo como gostaria que agissem em relação a si. Releva, aqui, o cuidado, o respeito, a preocupação com o outro, com o próximo (que, no caso da comunicação de massa, é um infinito de pessoas, mas sempre cidadãos semelhantes a nós mesmos).[2]

As notícias (ações jornalísticas) semelham-se a flechas disparadas pelo arqueiro: como Guilherme Tell, apontando para a maçã sobre a cabeça do filho, a mão deve ser firme, consciente, responsável, o gesto deve ser treinado, meditado, ponderado; nenhum soldado, na guerra planejada, dispara seus projéteis sem pontaria certeira (como na situação crítica da única bala na agulha, frente ao inimigo à vista..., em que não pode errar o alvo!).

Será irresponsável o jornalista que semeia flechas envenenadas (notícias, fotos, opiniões, acusações...), para denunciar crimes, negócios ilícitos ou escândalos públicos, envolvendo pessoas (do povo ou de ilibada reputação), negócios de empresas privadas ou setores da administração pública, fundando-se em informações não fidedignas ou inverídicas, não confirmadas.

Faltará às normas éticas do jornalismo responsável, e trará a si e à empresa que o contrata o pesado ônus de responder civil e criminalmente pelas perdas materiais e morais, perante as partes prejudicadas no patrimônio, na honra, na imagem.

Comunicação social é tema multidisciplinar, a ser analisado sob quatro perspectivas convergentes e complementares: as visões do Cidadão, da Sociedade, da própria Mídia e da Justiça.

---

[1] Chamaremos jornalistas a todos os comunicadores sociais, sejam redatores ou fotógrafos de jornais, revistas, cinegrafistas e entrevistadores de rádio ou TV.

[2] Cf. BUCCI, Eugênio, *Sobre Ética e Imprensa*. São Paulo: Companhia das Letras, 2002, p. 21/23.

Como ser associativo, o homem necessita do(s) outro(s) para se comunicar, transmitir e receber idéias, emoções, notícias, conhecimento do mundo, instrumentos para sua educação e desenvolvimento. A dilatação dessa socialidade, que por primeiro se dá entre os membros da família, expande-se às demais, constituintes de uma sociedade ampla, ou de pequenas sociedades, segundo suas funções sociais (econômicas, culturais, esportivas, religiosas, etc.).

É no meio social que o indivíduo se torna cidadão, agregando em si valores aptos à defesa de si próprio, dos demais e mesmo da pátria, com gestos de abertura e solidariedade em vistas ao bem comum.

A sociedade constitui o ambiente natural em que os homens se comunicam, buscando e trocando informações que lhes permitam estreitar os laços afetivos, econômicos, profissionais, políticos, culturais, religiosos, etc., e onde os meios de comunicação mais se desenvolvem, como "veículos" ou pontes, não mais entre indivíduos isolados, mas entre um grupo de pessoas (a empresa que comunica) e a massa da sociedade.

À semelhança do disco de Newton, em que o branco representa o Todo (ou o Geral), e as cores são as Partes (ou o Múltiplo), a comunicação social efetua a conexão da Mídia (a empresa) com os cidadãos (os particulares). É o claro exemplo da emissora de rádio, situada em determinado ponto da cidade, em que *uma pessoa* (o jornalista locutor) transmite notícias que são captadas por milhares ou milhões de outras pessoas (o povo, a sociedade, os cidadãos). O rádio, e hoje mais ainda a TV, fazem o milagre do contato imediato, ao vivo, entre um transmissor e inúmeros receptores.

O fenômeno extraordinário da ligação instantânea, conquanto proporcione informações de várias utilidades a ilimitadas pessoas, unificando o conhecimento sobre um mesmo fato, gera, contudo, conseqüências ou reações diversas, em razão das diferenças culturais, econômicas, políticas, religiosas, das pessoas.

Todo cidadão tem o direito de ser bem informado dos fatos sociais que o circundam e que se refletem em sua vida pessoal, familiar ou comunitária (Constituição Federal, art. 5°- X, e art. 220, § 3°, II); e que influem nas pessoas de modos diversos, negativos ou positivos. Esse direito antecede e deve prevalecer frente ao direito-dever dos órgãos informativos.

É ínsita ao intelecto humano a necessidade de conhecer fatos, receber instruções, conhecimentos, orientações, ao modo cartesiano: *existo, logo quero saber!* A busca do conhecimento vem desde o "sugar" no seio materno, seguido do "pegar" coisas, do "olhar" pessoas, do "balbuciar" palavras, do "abraçar" familiares, do "tropeçar" aos primeiros passos, no "ver" figuras, e no "traçar" as primeiras letras.

Nesta psicogênese das habilidades e intelectualidade do homem, no tempo de uma vida, a necessidade de informação torna-se vital, um fio condutor. Jamais a pessoa deixará de procurar informar-se junto aos outros "quais são as novas", "o que aconteceu", "qual sua opinião...", "o que devemos fazer" etc.

Os meios de comunicação sucedem e complementam a intercomunicação pessoal, familiar ou grupal. Depois da invenção da imprensa, do telefone, do telégrafo Morse, dos cabos submarinos, do rádio, da televisão, dos satélites, do celular, da Internet, nada mais escapa à percepção dos homens, que desenvolveram, paralelamente, capacidades insuspeitadas de acompanhar a velocidade das comunicações, a ponto desse complexo denominar-se "Galáxia Gutenberg".

O direito de informar tornou-se não apenas um dever, mas um *poder de informar*. A mídia (um conjunto de meios de comunicação, falada, escrita, televisionada) monopoliza, em cada setor, as fontes noticiosas, de cultura ou de entretenimento, gerando acirrada concorrência para alcançar a preferência dos receptores (leitores, ouvintes, telespectadores).

Um programa de rádio ou televisão subsiste se alcançar um índice maior no IBOPE ou fontes de medição de audiência. Os jornais vendidos medem sua performance pela tiragem de exemplares, e o mesmo quanto a revistas e livros.

A *liberdade de expressão* adquiriu *status* constitucional há poucos séculos, desde as Revoluções americana e francesa, e se tornou um *poder* tão sagrado quanto os da República ou o econômico, ao qual está intimamente relacionado.

Os meios de comunicação se materializam em empresas jornalísticas (jornal, rádio, TV), visam obter lucros, dependem do mercado, associam-se para crescer ou dominar grandes áreas de influência, tornaram-se globalizadas, sobretudo as TVs, formando *pools* de canais, enfeixados por poderosas redes mundiais.

A comunicação internacional, sobretudo a televisada, ampliou estrategicamente a possibilidade de acesso à cultura, à história, à geografia de todos os países, alargando ao infinito o conhecimento. Canais de TV especializados em descobertas arqueológicas, análises econômicas e científicas, vida dos povos, etc., permitem aos estudantes de todas as idades anteciparem a assimilação de conhecimentos e a inserção no mundo global, despertando-lhes a curiosidade intelectual.

As transmissões ao vivo das últimas guerras do mundo (Afeganistão, Iraque, conflitos Israel-Palestina, p.ex.) nos permitiram conhecer as realidades de povos distantes, sua geografia, seus costumes de vida, suas religiões, as riquezas que construíram como berço das civilizações.

A difusão cultural, englobando valores educacionais, políticos, econômicos, religiosos, é a grande tarefa social dos meios de comunicação, em especial das TVs educativas.

Numa visão teleológica, são os seguintes os escopos dos princípios constitucionais sobre comunicação através do rádio e televisão: *preferência a finalidades educacionais, culturais e informativas; promoção da cultura nacional e regional; regionalização da produção cultural, artística e jornalística* (CF, art. 221-I, II, III).[3]

O ponto crítico da *liberdade de expressão e comunicação* (direito-poder de opinar e informar)[4] surge quando conflita com a *dignidade e inviolabilidade da pessoa humana,* a *presunção de inocência dos acusados* e os *valores éticos e sociais da pessoa e da família,* princípios magnos igualmente inscritos na Constituição.[5]

Neste ensaio buscamos os limites em que se deveriam conduzir os meios de comunicação social, no círculo das fortes pressões externas a que devem atender: o *dever de informar,* o *dever de gerar o lucro para a empresa,* e o *dever de respeitar a pessoa humana,* em sua dignidade e inviolabilidade.

---

[3] Entendemos, todavia, que tais regras cabem extensivamente aos demais meios comunicativos, jornais e revistas, pois os mesmos programas ou assuntos de rádio e TV podem ser reproduzidos por aqueles veículos.

[4] CF, art. 5º-IV: *é livre a manifestação do pensamento...*; IX: *é livre a expressão da atividade intelectual, artística, científica e de comunicação...*

[5] Art. 1º- I: *a dignidade da pessoa humana;* art. 5º - X: *são invioláveis a intimidade, a vida privada, a honra e a imagem das pessoas...*

I. O CIDADÃO, SUJEITO E FIM DA COMUNICAÇÃO SOCIAL

1. A EDUCAÇÃO PARA A CIDADANIA

A natureza do homem implica e impele para a vida em comunidade: o homem é, de fato, essencialmente um ser social, existe com os outros e realiza-se em mútua cooperação: *"Cada pessoa humana tem necessidade dos outros: para vir ao mundo, para crescer, para nutrir-se, para educar-se, para programar-se a si mesma e para realizar seu próprio projeto de humanidade"*.[6]

Ser humano significa comunicar-se, solidarizar-se, e estas são atividades eminentemente sociais. Quando expande seus círculos familiares e sociais, e age visando o bem comum da sociedade, alcança a dimensão política, no sentido amplo de cidadania.

Ensinava Platão que o Homem é uma pátria em pequeno, e que a pátria é um Homem grande. Educar o homem é educar para a cidadania, implica serviço à pátria, como um todo social. É dedicação ao bem comum. E é na família que esse projeto da Paidéia grega se realiza existencialmente.

Dentre os princípios formativos da República, o Constituinte brasileiro elencou a cidadania como fundamento, e sobre a formação do cidadão, em específico, editou regra abrangente de solidariedade e subsidiariedade:

Art. 205. *A educação, direito de todos e dever do Estado e da família, será promovida e incentivada com a colaboração da sociedade, visando ao pleno desenvolvimento da pessoa, seu preparo para o exercício da cidadania e sua qualificação para o trabalho.*

2. A ÉTICA NA COMUNICAÇÃO SOCIAL

Ao tratar da livre manifestação do pensamento, através dos veículos de comunicação social, a Lei Constitucional inscreveu normas sobre *"a produção e a programação das emissoras de rádio e televisão"*, ressalvando o interesse da família com os seguintes princípios, no art. 221:

---

[6] MONDIN, Battista. *Definição filosófica da pessoa humana*. Bauru, EDUSC, 1998, p. 29.

I. *preferência a finalidades educativas, artísticas, culturais e informativas*; ...
IV. *respeito aos valores éticos e sociais da pessoa e da família.*

Novamente adotou-se a expressão **valor**, a demonstrar o renovado apreço pelos princípios morais que devem prevalecer no campo da educação social e familiar. Inegável a forte influência dos meios de comunicação, sobretudo o televisivo, ao interferir na educação das crianças e adolescentes, distraindo-os dos estudos sérios e eficientes, e formação de uma cidadania consciente e não manipulada.

É do senso comum que os meios de comunicação, impulsionados pelos interesses de mercado, induzem fortemente ao consumo do supérfluo, ao hedonismo, à liberação de energias mentais, em detrimento da economia de riquezas e de pensamentos e atitudes.

A influência da comunicação social incide diretamente na educação de crianças e adolescentes, sobretudo, competindo aos pais dirigir-lhes a criação e educação, no exercício do poder familiar (art. 1.634, inc. I, do novo Código Civil).

Se de um lado muitas famílias se deixam influenciar pela atração da mídia, e a sociedade se sente incapaz de adotar medidas restritivas em prol da educação dos filhos, aceitando os meios de comunicação como "educativos", compete ao Estado, pelo dever de *subsidiariedade*, coibir os excessos praticados pelas empresas de comunicação, sob pena de tornar nulos os princípios constitucionais do art. 221.

Significa, portanto, que a sociedade, organizada em associações de bairro, movimentos de igreja, órgãos não governamentais, deve arregimentar-se para pressionar as instituições e coibir as violações à lei, no campo das comunicações, e velar para que não prejudiquem os estudos regulares dos menores.

II. A MÍDIA: INFORMAÇÃO, CULTURA E ENTRETENIMENTO À SOCIEDADE

O tema da informação jornalística vincula-se à Constituição Federal em dois tópicos distintos e correlatos, nos títulos referentes aos *direitos e garantias individuais* – arts. 5º, incs. IV, IX e XIV – e à *comunicação social* – arts. 220 e 221, assim redigidos:

a) Art. 5° (...)

IV – é livre a manifestação do pensamento, sendo vedado o anonimato;

(...)

IX – é livre a expressão da atividade intelectual, artística, científica e de comunicação, independentemente de censura ou licença;

X – são invioláveis a intimidade, a vida privada, a honra e a imagem das pessoas, assegurado o direito à indenização pelo dano material ou moral decorrente de sua violação; (...)

XIV – é assegurado a todos o acesso à informação e resguardado o sigilo da fonte, quando necessário ao exercício profissional.

b) Art. 220. A manifestação do pensamento, a criação, a expressão e a informação, sob qualquer forma, processo ou veículo, não sofrerão qualquer restrição, observado o disposto nesta Constituição.

§ 1° Nenhuma lei conterá dispositivo que possa constituir embaraço à plena liberdade de informação jornalística em qualquer veículo de comunicação social, observado o disposto no art. 5°, IV, V, X, XIII e XIV.

§ 2° É vedada toda e qualquer censura de natureza política, ideológica e artística.

§ 3° Compete à lei federal:

I – regular as diversões e espetáculos públicos, cabendo ao poder público informar sobre a natureza deles, as faixas etárias a que não se recomendem, locais e horários em que sua apresentação se mostre inadequada;

II – estabelecer os meios legais que garantam à pessoa e à família a possibilidade de se defenderem de programas ou programações de rádio e televisão que contrariem o disposto no art. 221, bem como da propaganda de produtos, práticas e serviços que possam ser nocivos à saúde e ao meio ambiente.

§ 4° A propaganda comercial de tabaco, bebidas alcoólicas,

agrotóxicos, medicamentos e terapias estará sujeita a restrições legais, nos termos do inc. II do parágrafo anterior, e conterá, sempre que necessário, advertência sobre os malefícios decorrentes de seu uso.

§ 5º Os meios de comunicação social não podem, direta ou indiretamente, ser objeto de monopólio ou oligopólio.

§ 6º A publicação de veículo impresso de comunicação independe de licença de autoridade.

Art. 221. A produção e a programação das emissoras de rádio e televisão atenderão aos seguintes princípios:

I – preferência a finalidades educativas, artísticas, culturais e informativas;

II – promoção da cultura nacional e regional e estímulo à produção independente que objetive sua divulgação;

III – regionalização da produção cultural, artística e jornalística, conforme percentuais estabelecidos em lei;

IV – respeito aos valores éticos e sociais da pessoa e da família.

1. Os meios de comunicação social

a) Empresas privadas com finalidades econômicas

Antes de ser um negócio, o jornalismo cumpre uma função social, a de investigar a verdade dos fatos que ocorrem em sociedade, com objetividade e equilíbrio; são valores que dão credibilidade às boas reportagens, para boa informação ao público. Os meios de comunicação social incorporam-se, hoje, em grandes empreendimentos privados com finalidades econômicas, sustentados pela publicidade comercial, industrial e dos órgãos públicos, o que os faz dependentes de anunciantes e das regras de mercado.

A influência econômica é ponderável nas decisões da empresa, por isso costumam adotar o método de trabalho "Igreja-Estado", em que isolam o jornalismo ("igreja") do negócio ("estado"); trata-se de medida racional para resguardar tanto a qualidade da informação, quanto a qualidade das relações com publicitários ou financiadores da empresa.[7]

Em um sistema de comunicação constituído principalmente por empresas comerciais, que buscam acima de tudo o lucro, como o brasileiro, é muito difícil a concretização dessas finalidades.[8]

O que sustenta uma revista ou jornal é sua credibilidade e não apenas a publicidade. Têm leitores porque têm credibilidade. Esse sistema estabelece um ambiente ético favorável à informação de melhor qualidade, de resguardo e valorização da independência, para que o objetivo do lucro não atropele a função social da imprensa.[9]

Não obstante, como veículos de comunicação social, *imprensa*, *rádio* e *televisão*, têm capacidade de representar a liberdade coletiva de um povo, na transmissão de pensamentos e idéias múltiplas e divergentes, como expressão das tendências sociais.

Esses veículos continuam sendo os principais e mais importantes meios de comunicação de massa para a formação da cultura de um povo. O cinema, por sua eficácia comunicativa, também deve ser incluído nesse grupo.

B) AS RELEVANTES FUNÇÕES SOCIAIS DA MÍDIA

O reconhecimento constitucional do valor social da livre iniciativa tem importância para toda a sociedade e essa asserção faz parte do ordenamento positivo brasileiro: o art. 170, *caput*, dispondo sobre a ordem econômica, salienta de novo o valor geral da livre iniciativa.

Por disposição expressa da Constituição, as empresas de comunicação atuam por regime de concessão do Poder Público para *prestação de serviços públicos* (art. 175), garantidos *os direitos dos usuários* (inc. II) e a *obrigação de manter serviço adequado* (inc. IV).

A rigor, a concessão pelo Estado de rádio ou televisão a uma empresa, interessa diretamente a ouvintes e telespectadores, como destinatários últimos

---

[7] BUCCI, Eugênio. *Sobre Ética e Imprensa*. São Paulo, Companhia das Letras, 2002, p. 64.
[8] FARIAS, Edilsom. *Liberdade de Expressão e Comunicação. Teoria e proteção constitucional*. São Paulo, Edit. Revista dos Tribunais, 2004, p. 259.
[9] BUCCI, Eugênio. *Op. cit.*, p. 74.

dos serviços de comunicação.Tendo função social, a concessão não é um negócio de caráter exclusivamente privado, mas passa a ser instituição social, de caráter público, que não afeta somente o interesse de concedente e concessionário.

Por sua penetração e influência na formação da opinião pública, os meios de comunicação social estão ordenados ao desenvolvimento da personalidade humana e promoção da convivência social harmônica, através do acesso, recepção e difusão dos pensamentos, idéias, informações e notícias.[10]

Em excelente obra acadêmica e doutrinária, FARIAS distingue três funções sociais dos *mass media*: *funções políticas amplas* (funções do cão de guarda público, subsidiar os cidadãos para a realização de escolhas inteligentes, e de estabelecer a agenda política); *função cultural* e *função de utilidade pública*.[11]

c) Empresários, editores e jornalistas

NASSIF, em completo dossiê sobre *O jornalismo nos anos 90* (2003),[12] elenca reportagens famosas, descrevendo acontecimentos dramáticos, em que a mídia protagonizou episódios controvertidos, quando os jornalistas incendiaram a opinião pública, noticiando fatos criminosos que depois não se confirmaram, passando para o triste rol das acusações falsas, e que exigiram o pagamento de vultosas indenizações por danos morais.

Em casos de responsabilidade civil por publicações caluniosas, quem responde pelo dano moral? Estabelece-se uma solidariedade entre os jornalistas que apresentaram a matéria e os empresários do veículo de comunicação?

A liberdade de expressão pertence, essencialmente, aos órgãos de comunicação de massa, a seus proprietários, que delegam seu exercício aos profissionais da comunicação;[13] portanto, não obstante a independência dos jornalistas e programadores, há uma editoria que fiscaliza e autoriza a edição da notícia, e um proprietário que aprova ou veta a edição.[14]

---

[10] *Idem, ibidem*, p. 33.
[11] FARIAS, Edilsom. *Op. cit.*, p. 112ss.
[12] NASSIF, Luís. *O jornalismo dos anos 90*. São Paulo, Futura, 2003.
[13] FARIAS, Edilsom. *Op. cit.*, p. 184.
[14] No episódio do programa *Domingo Legal*, todos os participantes, o programador, o apresentador e os artistas contratados, se eximiram de culpa com resposta genérica, "eu não sabia", mas estavam comprometidos entre si e foram denunciados solidariamente.

A solução judicial deve pautar-se pela Lei de Imprensa, levando-se em conta o tipo de honra ofendido pelo jornalista: *honra subjetiva* (a valoração que cada um faz de si mesmo e da própria dignidade) ou *honra objetiva* (a estima e a reputação que a pessoa desfruta perante a coletividade). Havendo violação da honra subjetiva ocorrerá o crime de injúria; ocorrendo desrespeito à honra objetiva, os crimes de calúnia e difamação (CP, arts. 138/40).

Entretanto, quando a honra for atingida pelos meios de comunicação, incidirá a Lei de Imprensa, que tipifica calúnia, difamação e injúria como crimes praticados no exercício da liberdade de pensamento e informação (arts. 20/22).[15]

Como trabalhadores intelectuais, os jornalistas vendem seu trabalho e talento para empresas, segundo critérios de mercado. A habilidade técnica profissional não está isolada dos princípios ou valores éticos que devem presidir a atividade de informar.[16]

O dever da verdade continua sendo, portanto, o critério mais relevante e favorável aos jornalistas, empresários e usuários, para cujo interesse devem operar.

2. Responsabilidade ética, social e jurídica dos empresários e jornalistas

Em "*A Montanha dos Sete Abutres*",[17] um jornalista inescrupuloso, que trabalha em modesto jornal do interior, deseja um alto posto em grandes periódicos. Em busca de notícias, fareja uma história que poderá projetá-lo: um mineiro soterrado vivo e que precisa ser salvo. Em conluio com a mulher deste e do xerife que deseja reeleger-se, ao invés de providenciar socorro imediato, procura adiar por alguns dias a tragédia, para adquirir notoriedade com suas reportagens, o que acontece

---

[15] Farias, Edilsom. *Op. cit.*, p. 250.
[16] Bucci, Eugênio. *Op. cit.*, p. 76.
[17] De Billy Wilder (1951, EUA), com Kirk Douglas. Num vilarejo, repórter inescrupuloso aproveita acidente para forjar situação dramática, visando ganhar fama. Denúncia atroz da chamada imprensa marrom, que vive do sensacionalismo. A história acaba afirmando que essa situação dá ao público o que ele quer.

quando um jornal de Nova York o contrata por alto salário para obter exclusividade na cobertura.

A mulher se enriquece com o afluxo de turistas, curiosos e jornalistas que lotam seu pequeno bar e loja de antigüidades indígenas; o xerife aparece em todas as publicidades sobre o fato e na rádio, mas ao fim o jornalista sucumbe diante da fatalidade e é desmascarado: o mineiro morre de pneumonia no fundo da mina.

Na parede do modesto jornal onde trabalhava havia uma pequena placa, sempre enfocada pela câmera: *"Tell the true!"*, diga (sempre) a verdade.

A caça às notícias faz parte, sem dúvida, do jornalismo investigativo, sejam fatos do dia, de pequeno interesse, sejam fatos de alta repercussão social. Alguém que cai em um poço merece consideração imediata, pelo alto espírito de solidariedade humana nas pequenas comunidades; mas fatos ocorridos com personalidades públicas causam impactos nacionais. Administradores, parlamentares, magistrados, que prevaricam em suas altas funções, *v. g.*, abalam as raízes da nacionalidade.[18]

O jornalismo de investigação, como o da película citada, seria altamente democrático se respeitados os limites éticos: lastreado em indícios evidentes e provas irrefutáveis, como se vê nas gravações e filmagens disfarçadas, desvela à sociedade o que estava oculto e leva a denúncia até as autoridades.

Essas notícias chocam e abalam a confiança do povo nas instituições e nos governantes porque, ao denunciarem essas ilicitudes, a mídia se coloca na linha de defesa do bem comum, que são a moralidade o patrimônio público, o imposto que cada um paga à nação.

Luís NASSIF, na obra citada, elenca os aspectos positivos do jornalismo investigativo ou de denúncia (o episódio Chico Lopes, ao qual poderíamos acrescentar os mais recentes, como a Operação Anaconda, Propinoduto, Vampiros etc.), mas também as violações dos princípios éticos à liberdade de imprensa, como nos casos do Bar Bodega, da Escola Base, o acidente no Osasco Plaza Shopping, e outros.

A propósito das zonas críticas da ética jornalística, Cornu aponta a frágil independência dos jornalistas frente aos poderes, as negligências na

---

[18] Explica bem a distinção entre *interesse público* da notícia e notícias de *interesse do público*. Distingue CORNU que o *interesse público* consiste na informação dentro das sociedades democráticas, e *interesses do público* se relaciona à comercialização das notícias (84).

na verificação das informações, a confusão entre liberdade de expressão (patrimônio de todos) e a liberdade de imprensa (própria de alguns), a espetacularização da informação (para manter níveis de audiência e número de leitores) e os danos às pessoas pela exploração da violência, desrespeito à privacidade, violação da presunção de inocência.[19]

Há tempos predominam empresas jornalísticas que, com suas investigações maledicentes, exploram os homens públicos ou simples cidadãos, ameaçando revelar fatos da vida privada (intrigas, boatos, fotos indiscretas), a fim de lhes extorquir dinheiro ou favores: é a horripilante imprensa *marrom*, que ainda existe, como os conhecidos tablóides ingleses.

No Brasil, a Lei de Imprensa incrimina jornalistas e empresários que se pautarem por essa via tortuosa do jornalismo escandaloso e violador da privacidade de pessoas ou homens públicos.[20] Essa intimidade está hoje mais bem preservada pela Constituição Federal (art. 5°, incisos V e X), que a garante como direito inviolável do indivíduo, a partir do conceito da dignidade da pessoa humana.

No entanto, à medida que o jornalismo-denúncia informa aos cidadãos o que lhes era desconhecido, exerce relevante função protetora, investigando e fornecendo provas aos representantes e guardiães da sociedade – Ministério Público, magistrados, políticos, administradores públicos – para coibirem ilícitos e punir responsáveis.

Se a censura, de um lado, está banida expressamente pela Constituição (art. 5°, inc. IX), quanto à atividade intelectual, artística, científica e de *comunicação*, e (art. 220, § 2°), quanto à natureza política, ideológica e artística, de outro não está permitida a liberdade irrestrita de expressão dos meios de comunicação social.

As empresas eticamente responsáveis estão adotando cada vez mais exigências de autocontrole interno, constituindo conselhos de imprensa, *ombudsmen*, códigos de ética.

A independência jornalística é um valor assumido pelas maiores empresas de comunicação. *Manter sua independência* é o primeiro item do Decálogo do Código de Ética da Associação Nacional de Jornais (ANJ) e do Código de Ética da Associação Nacional de Editores de

---

[19] CORNU, Daniel. *Ética da informação*. Bauru, São Paulo, Edusc, 1998, p. 15.
[20] Lei 5.250, de 9.2.1967, regula a liberdade de manifestação de pensamento e de informações.

Revistas (ANER): *Manter a independência editorial, trabalhando exclusivamente para o leitor.*[21]

Essa independência visa garantir a autonomia para apurar, investigar, editar e difundir toda informação que seja de interesse público, sem interferência prejudicial de outros interesses.

Os jornalistas, igualmente, reunidos em Federação Nacional (FENAJ), adotaram em seu Código de Ética, por primeiro, que *O acesso à informação pública é um direito inerente à condição de vida em sociedade, que não pode ser impedido por nenhum tipo de interesse,* pois essa independência participa da honra e do brio profissionais.

Não obstante as associações de classe e empresariais adotarem seus Códigos de Ética, profissionais do jornalismo e da radiodifusão devem cobrar de seus membros maior rigor no cumprimento das regras deontológicas, que se dirigem às diretivas do art. 221 da Constituição, e exigir, inclusive, preparação profissional universitária adequada.[22]

O Caso do *Programa* **Domingo Legal**

No dia 7 se setembro de 2003, em seu Programa Domingo Legal, da SBT, o apresentador Gugu Liberato exibiu uma falsa entrevista com "membros" da facção criminosa PCC, em que ameaçavam personalidades e políticos, chocando os telespectadores e as autoridades. Em razão disso, o apresentador, o repórter, o produtor e os intérpretes dos "bandidos" foram denunciados pelos crimes de ameaça, notícia falsa e transmissão infratora da lei (FSP, 05/11/2003).

Gugu, como comunicador social, portanto radialista, com o fim de obter maior índice de audiência que seu concorrente dominical, transmitiu ao público uma reportagem enganosa, e agiu com manifesta má-fé, abalando sua credibilidade pessoal e da emissora. Desrespeitou a ética jornalística e ofendeu a classe profissional a que pertence. O processo criminal foi exigido pela lei e pela sociedade.

O suicídio do PM, ao vivo na TV

Duas redes nacionais de televisão, sediadas em São Paulo, disputam a audiên-

---

[21] BUCCI, Eugênio. *Op. cit.*, p. 52s.
[22] Qualificação para o exercício da comunicação social: garante a Constituição, em seu art. 5°, inc. XIII, a liberdade de exercício de qualquer profissão, *atendidas as qualificações profissionais que a lei estabelecer.* A legislação quanto às profissões de jornalista e radialista está, portanto, recepcionada pelo texto constitucional: a Lei 6.612, de 7.12.1978, exige diploma de nível superior; o Dec. 83.824, 13.3.1979, para jornalistas; a Lei 6.615, 16.12.1978, para radialistas, etc.

cia de programas vespertinos com notícias policiais ao vivo, a Record e a Band. No dia 10 de abril de 2003, um PM se suicidou diante das câmeras, e a TV Record transmitiu as imagens dele apontando uma arma para a cabeça, sob a tarja "exclusivo". A Band estava lá, mas não exibiu as cenas do trágico desenlace.

As imagens revoltaram os telespectadores. Uma senhora se desesperou quando viu as cenas, pois seus sobrinhos, de 4 e 6 anos, estavam na frente da televisão e não conseguiu evitar que assistissem. Telefonou à emissora pedindo que as imagens fossem tiradas do ar, e foi informada de que "nada podia ser feito".

Uma professora, especialista em linguagem de TV, afirmou que era um absurdo que a concorrência entre as duas redes de televisão disputassem quem coloca mais sangue no ar. OESP, 12/04/03.

3. O Conselho de Comunicação Social

Para supervisão do sistema de comunicação de massa, previsto no art. 224, a Lei 8.389, de 30.12.1991, instituiu o Conselho de Comunicação Social, com a finalidade de auxiliar o Congresso Nacional. A regulamentação infraconstitucional, entretanto, desapontou as expectativas das empresas e do público: o órgão não tem independência, nem funções deliberativas; as competências do Ministério das Comunicações e da Presidência da República continuam centralizadas, revelando, assim, sua inutilidade.[23]

III. Restrições à liberdade de expressão e comunicação: direitos da pessoa, família e sociedade

A ordem constitucional brasileira estabelece direitos ou liberdades, mas nenhuma é absoluta ou irrestrita, seja a liberdade de expressão e comunicação ou a inviolabilidade dos direitos à honra, intimidade, vida privada e imagem.

---

[23] Farias, Edilsom. Op. cit., p. 226.

Os princípios éticos e legais que regem os *direitos e liberdades individuais das pessoas*, de uma parte, e os *direitos e liberdades dos meios de comunicação*, de outra, estão imbricados nos incs. IV, IX, XIV (para os meios de comunicação), e V, X, LVII (para o cidadão e a sociedade), ambos do art. 5°, e nos artigos 220 e 221 da Carta Constitucional.

Inscritos face a face, em verdade esses princípios se contrapõem dialeticamente, como regras do jogo,[24] quando asseguram a todos a *liberdade de expressão e de comunicação* (art. 5°, incs. IV, IX, XIV e 220, § 2°), mas

a) asseguram resposta ao *agravo à imagem* das pessoas, e *indenização* material e moral (inc.V);

b) é limitada pela inviolabilidade da *intimidade, vida privada, honra e imagem das pessoas*, com igual sanção indenizatória (inc. X);

c) sofre restrições por violar outros princípios estabelecidos pelos arts. 220, § 3°, inc. II (*garantia à pessoa e à família de possibilidade de defesa contra programas de rádio e televisão*), e 221, inc. IV, quando violar os *valores éticos e sociais da pessoa e da família*;

d) nas hipóteses em que a *liberdade do jornalismo investigativo-denúncia* desatende ao princípio da *presunção de inocência*, pelo qual *ninguém será considerado culpado até o trânsito em julgado de sentença penal condenatória* (art. 5°, inc. LVII).

O Constituinte de 1988 sabiamente afastou todo e qualquer tipo de censura aos meios de comunicação social (art. 220, § 2°), mas estabeleceu um sistema de *restrições à liberdade de comunicação*, como salvaguardas à pessoa, à família, à sociedade, às instituições sociais e entes públicos, contra toda e qualquer expressão jornalística abusiva; além disso, o ordenamento jurídico possibilita o acesso à Justiça para a reparação de danos materiais e morais, em ofensas cometidas pelos meios de comunicação social.

A relação Justiça-Mídia é historicamente tensional e conflitiva: as duas instituições velam as portas da democracia. Uma *justiça independente* é ne-

---

[24] ABRAMO, Cláudio. *A regra do jogo: o jornalismo e a ética do marceneiro.* S. Paulo, Companhia das Letras, 1999.

cessária para que direitos, liberdade e dignidade de cada um sejam respeitados e assegurados; e *mídias livres* são indispensáveis às pessoas e à sociedade, ao informar sobre fatos políticos, culturais e sociais, para exercício consciente da cidadania.[25]

É sobre os conflitos ou colisões desses direitos e liberdades, em oposição às empresas de comunicação, jornalistas e mesmo publicitários, que se pretende discorrer, ouvindo-se a doutrina mais recente e a jurisprudência aplicada.

1. Restrições quanto à intimidade, à vida privada, à honra e à imagem das pessoas (Art. 5º, incs. V e X)

A explicitação dos direitos à intimidade, à vida privada e à imagem, abreviadamente *direitos à privacidade*, constituem uma novidade introduzida pela Constituição Federal de 1988. Não há no Brasil norma mais aberta e protetiva da intimidade. Entretanto, está havendo uma erosão da privacidade por excesso de comunicação, quando esta deveria ser o melhor exemplo de harmonia entre os homens.

Desde 1948 a Declaração Universal dos Direitos do Homem proclamou em seu artigo XIX o direito à *liberdade de opinião e expressão*, incluindo a *liberdade de procurar, receber e transmitir informações e idéias por quaisquer meios e independentemente de fronteiras*, e a mesma liberdade se refletiu na Constituição brasileira, art. 5º, incs. IX e XIV, que reconhece e proclama a dignidade da pessoa humana como fundamento da democracia, e, dentre os direitos e garantias individuais, a inviolabilidade da intimidade e da privacidade (inc. X).

Há, portanto, pelos incs. IX e X do art. 5º, uma comunicação umbilical entre *liberdade de imprensa e intimidade;* no entanto, entre direito de informar e direito à intimidade o conflito nem poderia existir, se lermos com atenção o disposto no art. 220, § 1º: *Nenhuma lei conterá dispositivo que possa constituir embaraço à plena liberdade de informação jornalística em qualquer veículo de comunicação social, observado o disposto no art. 5º, incs. IV, V, XII e XIV.*

---

[25] LECLERC, Henri; THÉOLLEYRE, Jean-Marc. *Les Médias et la Justice. Liberté de la presse et respect du droit.* Paris, CFPJ, 1996. Obra traduzida pelo autor, sob o título *As Mídias e a Justiça*, a ser publicada pela EDUSC.

A proteção da privacidade atende ao interesse do cidadão em manter inviolável sua própria intimidade e vida privada, preservando-as das indiscrições alheias. Intimidade identifica a integridade pessoal, o modo de ser da pessoa ou de sua personalidade, que não consente chegar ao conhecimento público.

A vida privada abrange um arco de proteção mais amplo do que a própria intimidade, porquanto esta protege aspectos mais secretos da personalidade do que aquela.[26]

No presente, os direitos à intimidade e à vida privada passaram a representar os próprios dados pessoais e o controle sobre sua correta utilização.[27]

A imagem compreende a faculdade subjetiva que tem a pessoa de dispor de sua própria aparência física, que só pode ser exposta ou divulgada com seu consentimento.[28]

Como vimos acima, a *honra subjetiva* consiste na valoração que cada um faz de si mesmo e da própria dignidade; e *honra objetiva* é a estima e a reputação que a pessoa desfruta perante a coletividade. Violada a honra subjetiva haverá crime de injúria; e o desrespeito à honra objetiva é prática de calúnia e difamação (CP, arts. 138 a 140). No exercício da liberdade de pensamento e informação, ocorrendo esses tipos penais, o diploma legal aplicável será a Lei de Imprensa (arts. 20 a 22).

Tratando dessa espécie de colisão de liberdades individuais e de expressão, o Projeto da nova Lei de Imprensa, em seu art. 26 prevê que *Os conflitos entre a liberdade de informação e os direitos de personalidade, entre eles os relativos à intimidade, à vida privada, à honra e à imagem, serão resolvidos em favor do interesse público visado pela informação.*

Farias critica como arbitrário resolver-se essa colisão de princípios tomando o interesse público como único critério. Aponta que a norma cogitada não explicita o significado de *interesse público*, afasta importantes

---

[26] *Direitos personalíssimos* é nomenclatura preferível à locução *direitos da personalidade*, pois "personalidade não titulariza direitos. É pressuposto a sua aquisição. Quem porta direitos é a pessoa. Personalidade é conjunto de atributos individuais" (JABUR, Gilberto Haddad. *Liberdade de pensamento e direito à vida privada: conflitos entre direitos da personalidade.* S. Paulo, Edit. Revista dos Tribunais, 2000, p. 98).
[27] FARIAS, Edilsom. *Op. cit.*, p. 251.
[28] Cf. a prestigiosa obra do ilustre penalista Paulo José da COSTA JR., *O direito de estar só: tutela penal da intimidade.* S. Paulo, Edit. Revista dos Tribunais, 1995.

critérios, como a veracidade da notícia e a continência da exposição, os princípios da concordância prática e da proporcionalidade e, especialmente, o postulado da unidade hierárquico-normativa da Constituição. Ressalva que por motivo de interesse público são igualmente protegidos os direitos personalíssimos, por sua relevância e generalidade.[29]

Para solucionar a colisão desses princípios, FARIAS (252) propõe os seguintes parâmetros: a) *Princípio da concordância prática ou da harmonização*: compatibilizar e harmonizar os direitos colidentes para conseguir a realização de todos em grau ótimo; b) *Princípio do núcleo essencial*: as restrições de direito não podem afetar seu núcleo essencial, de modo a descaracterizá-los e torná-los irreconhecíveis; c) *Regra da proporcionalidade*: deve haver proporcionalidade entre a restrição e o bem jurídico que se protege.[30]

2. Restrições frente aos valores éticos e sociais da pessoa e da família – Art. 221-IV

A liberdade assegurada à imprensa não é absoluta; em razão de sua sujeição ao disposto no inc. IV do art. 5°, não pode atingir a liberdade e a privacidade das pessoas, assim como os programas de rádio e televisão não podem servir à degradação dos valores éticos e sociais da pessoa e da família (art. 221, inc. IV).

Os princípios do art. 221, na verdade, dirigem-se não apenas aos programas audio-televisivos, mas igualmente aos jornais, revistas e demais periódicos: caso contrário, o constituinte estaria permitindo a estes, por omissão, instrumentalizar a corrupção dos costumes. Ademais, hoje, via Internet, qualquer publicação escrita pode ser acessada com a velocidade do rádio ou da televisão.

Há muito que os meios de comunicação, sobretudo no Brasil, vêm afrontando os princípios constitucionais, ao exibirem notícias, novelas, filmes e programas que exaltam a violência, o sexo, ao denegrir o casamento natural entre homem e mulher, e exaltar, ao revés, uniões não naturais, contribuindo para abalar os valores essenciais da sociedade, fundados na organização familiar estável.

---

[29] Farias, Edilsom. *Op. cit.*, p. 254, Nota 37.
[30] *Idem, ibidem*, p. 252.

Esses valores defluem da própria natureza do homem, da dignidade imanente à pessoa, que não foram criados racionalmente em nenhuma época, e são objeto de proteção na Declaração Universal dos Direitos do Homem, e na Constituição brasileira em seu art. 226, assim enunciado:

Art. 226. *A família, base da sociedade, tem especial proteção do Estado. § 1º O casamento é civil e gratuita a celebração. § 2º O casamento religioso tem efeito civil, nos termos da lei. § 3º Para efeito da proteção do Estado, é reconhecida a união estável entre o homem e a mulher como entidade familiar, devendo a lei facilitar sua conversão em casamento. § 4º Entende-se, também, como entidade familiar, a comunidade formada por qualquer dos pais e seus descendentes.*

Graças à vertiginosa expansão dos veículos de informação, em especial a televisão, gerou-se, à evidência, uma sociedade passiva e dependente, que reclama programas com mais violência, escândalos, crimes, sexo, fazendo-os responsáveis diretos pela corrosão dos valores familiares e sociais.

Desmerecida a família e atacada a dignidade da pessoa, ficam privadas dos valores éticos de conduta, causas relevantes da intolerância e da violência, despertando o egoísmo inerente aos indivíduos na busca de poder e realização social a qualquer custo.

Dentre os princípios do artigo 221, interessa-nos diretamente o do inciso IV, que vela pelo *"respeito aos valores éticos e sociais da pessoa e da família"*, por ser dos mais violados da Constituição, desde sua promulgação.

Há aqui uma ofensa *difusa*, porquanto atinge um número indeterminado de pessoas e famílias, isto é, os princípios do artigo 221 são abrangentes das famílias como um todo e das pessoas que as compõem, com reflexos na sociedade.[31]

São palavras do jurista Ives Gandra da Silva Martins: *"Diariamente, hora a hora, em quase todas as emissoras de televisão, em todas as regiões do país, os valores éticos e sociais da pessoa e da família são denegados por uma programação deletéria, que corrói, vilipendia, desagrega, esfacela, desestrutura todos os esforços que pais e educadores não-contaminados fazem para dar um conteúdo ético à pessoa e à família, que é a célula fundamental da sociedade"*.[32]

---

[31] Cf. PODESTÁ, Fábio Henrique, *Interesses difusos, qualidade da comunicação social e controle judicial*. São Paulo, Edit. Revista dos Tribunais, 2002.

[32] *Comentários à Constituição do Brasil*, São Paulo, Saraiva, 2000. 2ª ed., v. 8, arts. 193/232.

É da observação comum que muitas programações vêm desrespeitando os valores éticos e sociais da pessoa e da família, estando a exigir das sociedades organizadas, e dos governantes, coragem política para corrigir tais distorções, sem nenhum receio de desagradar às elites econômicas.

Acrescentem-se as sociedades e instituições de proteção à família, à infância e à juventude. Estas devem posicionar-se e cobrar moralidade das empresas de comunicação e de seus anunciantes.

Se a imprensa ofende uma raça, diz-se que é racismo; se atinge estrangeiros é xenofobismo; se o jornalismo ataca a Igreja, é anticlericalismo; e quando desmerece, desprestigia, agride a família? Ofende um valor objetivo de direito natural, protegido positivamente nas leis e na Constituição.

Está na criança e na juventude o alvo preferencial das mensagens explícitas de rádios e televisões, e na publicidade que veiculam, alimentando o hedonismo consumista, com apelos para uma vida airosa, em que o estudo e o trabalho não constituem valores educativos para o futuro profissional e cidadão.

Esse conflito ou colisão de princípios é de difícil avaliação e solução, porque: a) as próprias famílias, em boa parte, aceitam passivamente que os noticiários e as novelas tragam para sua intimidade a violência ou cenas contrárias à moral familiar; b) as autoridades e órgãos públicos competentes, incumbidos de custodiar as programações das rádios e televisões, observam com neutralidade os costumes que se formam ("ninguém reclamou"); c) são intérpretes pasteurizados (o fiscal não fiscaliza), não querem assumir o papel de moralistas ou anti-sociais; d) porque os usuários (os cidadãos) não reagem mais, hipnotizado pela opinião pública que os rodeia, permitindo a impunidade ("o que podemos fazer?").

No referente à *publicidade de atos, documentos e informações processuais*, pelos veículos de comunicação, referentes a pessoas sujeitas a investigações, não há normas específicas, exceto as restrições administrativas previstas pelo Estatuto da Criança e dos Adolescentes, nos artigos 143: *É vedada a divulgação de atos judiciais, policiais e administrativos que digam respeito a crianças e adolescentes a que se atribua autoria de ato infracional*, e do art. 247: *Divulgar, total ou parcialmente, sem autorização devida, por qualquer meio de comunicação, nome, ato ou documento de procedimento policial, administrativo ou judicial relativo a criança ou adolescente a que se atribua ato infracional*, e seu § 2º: Se a divulgação for através de órgão de imprensa ou emissora de rádio ou televisão, *além da multa, apreensão da publicação ou suspensão da programação da emissora até por 2 (dois) dias, e do periódico até por 2 (dois) números.*[33]

Constata-se, todavia, certa tolerância ou omissão das autoridades públicas, defensoras da infância e da juventude, tutores privilegiados desses pequenos cidadãos, por mandato expresso da Constituição e do Estatuto da Criança e dos Adolescentes, frente à programação excessivamente permissiva, liberada para horários impróprios a menores, não se considerando, até mesmo, a existência de vários fusos horários no território nacional, invalidando a classificação das faixas etárias.[34]

3. Restrições por respeito à presunção de inocência – Art. 5°, inc. LVII

Essa garantia constitucional deve constituir para os jornalistas, radialistas e demais operadores dos meios de comunicação, uma forte advertência a fim de restringir a tendência de transformar um fato ou notícia em sensacionalismo, visando alcançar celebridade, como nos casos do Bar Bodega e da Escola Base ou do suicídio do PM na televisão, e outros, tomados como casos limites.

---

[33] Cabe registrar que o art. 247, § 2°, do ECA foi julgado inconstitucional pelo STF, na expressão *"ou a suspensão da programação da emissora até por dois dias, bem como da publicação do periódico até por dois números"*, que importa em restaurar a censura, colidindo com o art. 220, § 1°, da CF (ADIN n° 869-2, Rel. Min. Ilmar GALVÃO, Ac. de 4.8.1999). Nesta hipótese, a suspensão da programação do *Domingo Legal* por dois dias, aplicada por Juíza de Direito, foi uma censura, e não sanção administrativa.

[34] Atualmente desenvolve-se na Câmara Federal a campanha *"Quem Financia a Baixaria é contra a Cidadania"*, dentro da Comissão de Direitos Humanos, organizada por parlamentares conscientes do problema, e presidida pelo deputado federal Orlando Fantazzini (PT-SP); instituiu-se o dia 17 de outubro como *"Dia Nacional contra a Baixaria na TV"*, com apelo aos telespectadores para desligarem a TV por um tempo, e que congestionem os serviços 0800, ouvidorias públicas, redes de TV e rádio com reclamações sobre a falta de respeito aos direitos humanos na TV (*O Estado de S. Paulo*, 5/7/2004).

Em seqüência, a campanha estabeleceu parceria com o Conselho Federal de Psicologia, para a colaboração de psicólogos no acompanhamento e avaliação dos programas de televisão, levando em conta *"o impacto na forma legal e psicológica da pessoa"*, e denúncia daqueles que não respeitem a dignidade humana. Após um ano de campanha, houve mudanças na postura dos meios de comunicação. Programas citados no *ranking* da baixaria estavam sendo obrigados pelo Ministério Público a modificar a programação ou reclassificar seus horários. (Ag. Câmara, *apud* Revista *Cidade Nova*, maio 2004, p. 47).

No Código de Processo Penal há o sigilo no inquérito policial (art. 20), mas não tem por escopo a proteção do indiciado, apenas preservar a investigação do fato incriminado. Alguns Estados tomaram iniciativas para a proteção da presunção de inocência: no Paraná, o Dec. 465, de 11.06.1991, determina que os órgãos de segurança não permitam a exposição de pessoas a programas sensacionalistas; em Santa Catarina, a Lei 4.596, de 29.11.1991, proíbe que indiciados sejam expostos aos veículos de comunicação social, inclusive a fotos e filmagens; igualmente no Estado do Piauí.[35]

Os órgãos jurisdicionais, em julgamentos *sub iudice*, também podem estabelecer restrições a transmissões de audiências pela televisão, a fim de preservar os direitos à honra e imagem das pessoas envolvidas no processo, e resguardar a independência e imparcialidade do Judiciário (Idem: 274).

O Tribunal de Justiça de São Paulo confirmou decisão de 1ª instância bloqueando os serviços telefônicos conhecidos como disque-sexo, por considerá-los *ofensivos ao direito dos jovens à educação, à dignidade e ao respeito*.[36]

Deferindo tutela preliminar, em pedido de execução de termo de compromisso, Juiz Federal do Piauí determinou às emissoras de televisão restrições salutares para filmagens ou fotografias de pessoas envolvidas em crimes, tanto para adultos como menores, com penas severas de multas.[37]

Nesse choque de princípios e de valores, cabe ao Judiciário controlar a imprensa, sem exercer uma censura explícita do ético e do antiético; mas, ao mesmo tempo, a imprensa tem por missão, no exercício de sua liberdade, controlar o Judiciário, denunciando desvios processuais, para que os fatos denunciados e provados recebam a necessária sanção legal, sob pena de impunidade e descrédito quanto à eficácia das instituições judiciárias.[38]

As mais sérias infringências à presunção de inocência pela crônica policial ocorreram nos casos da Escola Base (1994) e do Bar Bodega (1996), gerando pedidos de indenizações milionárias contra as empresas e o Estado.

---

[35] FARIAS, Edilsom. *Op. cit.*, p. 273.
[36] TJSP, MS 22.738-0, Rel. Ney Almada, v.u. 20.10.94. *Apud* FARIAS, Edilsom, p. 275, n. 84.
[37] Justiça Federal de 1ª Instância, Seção Judiciária do Piauí, Ação civil pública, Proc. 99.1985-0, Juiz Marcelo Carvalho Cavalcante de Oliveira, 11.05.1999. *Apud* FARIAS, Edilsom, p. 278, n. 88.
[38] LECLERC, Henri; THÉOLLEYRE, Jean-Marc. *Les Médias et la Justice. Liberté de la presse et respect du droit.* Paris, CFPJ, 1996.

O Caso da Escola Base

Em março de 1994, a Escola Base, situada no Bairro da Aclimação, em São Paulo, foi fechada após a divulgação pela imprensa de que alunos eram alvo de abusos sexuais. Diante de situação não comprovada, a mídia promoveu a execração pública das pessoas envolvidas. O efeito imediato consistiu no saque e depredação do prédio da escola. A acusação contra a escola era infundada e o inquérito foi arquivado. A imprensa admitiu os erros publicamente. O assunto ainda é discutido nas faculdades de jornalismo, seminários e eventos de comunicação no país.

Os donos da Escola e outros prejudicados promoveram ações por danos morais contra a Folha de S. Paulo, O Estado de S. Paulo, SBT, TV Globo, Veja, TV Record, Rádio e TV Bandeirantes e IstoÉ, pleiteando elevada soma de cada veículo de comunicação, pelo "linchamento moral" que sofreram. A autoridade policial que presidia o inquérito e divulgou as informações, e o Estado de São Paulo, também foram processados pelos ofendidos.[39]

O transcorrer dos fatos revelou o incontestável poder da mídia e sua enorme responsabilidade sobre a maneira como foram noticiados. As seqüelas emocionais nos acusados, com certeza, são insanáveis, passando a ser as verdadeiras vítimas desse erro grave dos veículos de comunicação em todo o país.

O Caso Bar Bodega

Em 10 de agosto de 1996, cinco assaltantes invadem o Bar Bodega, no bairro de Moema, São Paulo (SP), levam R$ 4 mil reais do bar, jóias, dinheiro, documentos dos clientes e matam um dentista de 25 anos e uma estudante de 23, e fogem. Houve forte campanha contra a violência, pela rádio e pela TV. Pressionado pela opinião pública, o delegado responsável prendeu nove suspeitos, rapazes e meninos de uma favela vizinha. Detidos por 60 dias, três "confessaram o crime". Um promotor público suspeitou de confissão sob tortura e pediu a libertação dos presos. Rádios e televisões protestaram. Em novembro, a Divisão de Homicídios prendeu seis acusados e a Justiça condenou cinco, como os verdadeiros culpados pelo crime. Os menores haviam sido torturados na Delegacia e com o conhecimento dos repórteres que cobriam o caso.

---

[39] *Apud* www.ambito-juridico.com.br/aj/cron0068.htm; NASSIF, Luís. *O jornalismo dos anos 90*. São Paulo, Futura, 2003.

A campanha popular conseguiu cegar a opinião pública contra a defesa dos acusados e tornar os jornalistas cúmplices da tortura. O Ministério Público paulista saiu engrandecido. Mas, e as reportagens que condenaram a todos previamente? E a responsabilidade social dos jornalistas e empresas de comunicação?

Houve, também nesse episódio, uma colisão de princípios, envolvendo a livre comunicação em detrimento da presunção de inocência dos primeiros acusados. Havia uma situação de relevância social da informação ou da opinião, referidas a pessoas e à sociedade, mas havia, igualmente, uma exigência quanto à veracidade das informações difundidas, de quaisquer jornalistas verificarem as fontes das informações. A ética na informação jornalística não prescinde de responsabilidade, competência e respeito à dignidade da pessoa humana.

Conclusões

1. Na sociedade democrática organizada, todo cidadão tem o *direito de ser informado* dos fatos relevantes que afetam sua vida pessoal, sua família, sua comunidade próxima ou até a comunidade maior da nação, como meio para agir proativamente no resguardo de sua pessoa ou de seus interesses.

2. O direito de *informação* dos comunicadores é distinto do direito de o cidadão *ser informado*, mas coincidem na necessidade, conveniência ou relevância social da informação.

3. Os princípios constitucionais sobre a informação são *dúplices*: direitos e deveres dos cidadãos e dos meios de comunicação. As pessoas têm direito a saber o que ocorre em sociedade (notícias sobre fatos, acontecimentos, economia, esportes, política, cultura, etc.) e, reciprocamente, têm o direito de se defenderem de notícias que atinjam diretamente sua honra, privacidade, interesses patrimoniais, e têm, também, direito e dever de denunciar os abusos da mídia, que afetem a vida social, para exigir o cumprimento dos preceitos constitucionais que, antes de serem legais, são morais.

4. São, assim, deveres éticos das famílias, da sociedade (comunidades, órgãos de classes, associações, igrejas, etc.) e do Estado, exigirem a adequação e regulamentação da publicidade, de publicações, programas televisivos e outros meios de expressão, para que não atentem aos princípios constitucionais de moralidade desses meios, e cumpre os objetivos sociais dos meios de comunicação.

5. Famílias e associações são as entidades competentes para defesa desses valores morais que sustentam toda a sociedade. Movimentos organizados devem chegar até às fontes legislativas, conclamando os parlamentares, sobretudo dentro das Comissões de Direitos Humanos, a efetivar os princípios programáticos sobre os meios de comunicação social.

6. A construção do bem comum cultural, intelectual e político, obriga todo cidadão consciente a adotar uma postura proativa frente aos produtos de comunicação de massa que agridam a dignidade da pessoa humana. Sendo o cidadão o destinatário final das diversas expressões comunicativas, tem o direito inafastável de exigir qualidade em tudo o que lhe é apresentado ou exposto, individual ou coletivamente. Essa qualidade, essência do jornalismo, funda-se no conteúdo moral de veracidade, segundo os padrões exigíveis pelo senso comum da sociedade.

7. O respeito à pessoa, em seus valores superiores, honra, dignidade, consolidados nas normas das constituições democráticas e nas leis civis, não se constrói apenas com a lei, de alto a baixo, mas, ao contrário, deita raízes no seio das famílias conscientes, e se difunde às comunidades e instituições.

8. A mídia – termo que abrange amplas formas de expressão do pensamento, falada, escrita ou televisionada - é, em sua essência, o mais valioso instrumento de prestação de serviços à sociedade e ao país, como canais de informação, educação e entretenimento, destinados à formação cultural de um povo.

9. Sem exclusão do objetivo econômico, necessário a sua manutenção e desenvolvimento, as empresas de comunicação devem considerar como prioridade os destinatários finais de seus produtos (leitores, ouvintes ou telespectadores), não como meros usuários ou consumidores das

idéias que apregoam, ou das utilidades que promovem, mas respeitá-los em sua dignidade intelectual, moral, e por que não dizer, espiritual, como sociedade pluralista que somos, em que todos devem conviver em harmonia respeitosa e sem preconceitos.

10. A *mídia cultural* representa a expressão mais brilhante da inteligência humana aplicada à comunicação social. Revistas, jornais, livros e programas televisados sobre a história, a natureza, os costumes das sociedades, as investigações científicas etc., constituem marcantes contribuições para aperfeiçoamento dos sistemas educativos, sem lhes retirar o tempo necessário para maturação do aprendizado, na infância e na juventude. Com esse objetivo, a mídia, sobretudo a televisada, caminha lado a lado com a educação convencional, servindo-lhe de ancila ou pedagoga (como o preceptor que, na Grécia antiga, levava e trazia as crianças à escola). Os desvios que causa têm levado à catástrofe do ensino médio.

11. A *mídia-entretenimento*, a sua vez, captando os sentimentos lúdicos dos expectadores, desperta-lhes a imaginação criativa, as sensações de prazer e alegria, que equilibram as emoções humanas. Nesse campo, principalmente, costuma resvalar para o humor barato, chulo, asqueroso às vezes, mas sempre prejudicial à formação moral das pessoas, sobretudo crianças e adolescentes, que se acostumam a tomar como modelo personagens de vida alegre, duvidosa ou equívoca, criando padrões não convencionais de comportamento.

12. Entretanto, está na *mídia jornalística*, do tipo *investigativo* ou de *denúncia*, a face trágica e paradoxal do jornalismo escrito, falado ou televisionado: de um lado, o combate heróico aos escândalos públicos, à corrupção, ou as narrativas de tragédias e crimes infamantes; de outro, negativamente, a invasão da privacidade ou mesmo intimidade de pessoas, lares ou instituições, e a conseqüente exposição pública a julgamentos sumários, muita vez de inocentes.

13. O jornalismo-denúncia gera, freqüentemente, graves conflitos entre a *liberdade de informação* da imprensa e a *presunção de inocência* das pessoas (preceito penal e constitucional); aí se situam os *limites éticos indeterminados*

da liberdade de expressão midiática, reclamando necessariamente a intervenção do Judiciário para defini-los. São os promotores públicos e os juízes que devem mediar a configuração destes dois valores da liberdade: garantir a livre expressão dos meios de comunicação, e resguardar o direito à privacidade e a presunção de inocência.

14. Nesse choque de princípios e de valores, cabe ao Judiciário controlar a imprensa, demarcando os limites do lícito e do ilícito, sem exercer uma censura explícita do ético e do antiético; mas, ao mesmo tempo, a imprensa tem por missão, no exercício de sua liberdade, controlar o Judiciário, denunciando desvios processuais ou de conduta de promotores, juízes ou de órgãos judiciários, para que os fatos denunciados e autenticamente provados recebam a necessária sanção legal, sob pena de impunidade e descrédito do povo quanto à eficácia das instituições judiciárias.

15. A relação Justiça-Mídia é historicamente tensional e conflitiva: as duas instituições velam as portas da democracia. Uma *justiça independente* é necessária para que direitos, liberdade e dignidade de cada um sejam respeitados e assegurados; e *mídias livres* são indispensáveis às pessoas e à sociedade, ao informar sobre fatos políticos, culturais e sociais, para exercício consciente da cidadania.

16. Como agir, nós cidadãos e a sociedade, frente aos excessos e abusos da mídia? Algumas *iniciativas concretas* têm sido propostas para coibir transgressões aos princípios constitucionais, pelos meios de comunicação social:
a) instituições, movimentos e grupos de defesa dos direitos humanos e da cidadania, que realizem campanhas junto aos representantes políticos, pressionando os Ministérios da Educação, Cultura e Justiça, *para serem cumpridos os princípios constitucionais do art. 221 da Constituição Federal*;
b) apoiar os que se empenham na melhoria da qualidade da mídia: campanhas de organizações (coletivas) para pressão sobre indústrias e comércio, patrocinadores de publicidades e programas de TV;
c) ações mais abrangentes: *educação para ver TV*, com maior estímulo à leitura; *códigos de ética* para jornalistas e suas empresas (em geral) e publici-

tários (em especial); *campanhas da cidadania* para pressão popular sobre a indústria e comércio, patrocinadores de publicidade e programas de TV; manifestações escritas aos jornais, por artigos, cartas, e-mails, visando *despertar e formar a opinião pública*; *exercício da cidadania*: desobediência civil, indignar-se, rebelar-se, boicotar, desligar a TV, não adquirir produtos que sustentam programas, etc.

17. Marcha, velozmente, uma *nova invasão dos bárbaros:* forças econômicas controlando os grandes veículos de comunicação; a inércia das autoridades públicas responsáveis pelos meios de comunicação; sobretudo, a cultura hedonista e consumista de grande parte da sociedade; um nível de cultura social que impede o exercício de uma consciência crítica; *last, but not least,* a substituição da pedagogia tradicional do aprendizado escolar pela cultura instantânea da Internet.

18. O direito dos cidadãos à intimidade está diretamente ligado à ética nos meios de comunicação, que significa o respeito à dignidade da pessoa humana. Num país como o Brasil, asfixiado por crônica e impertinente crise educacional, cabe à TV assumir uma responsabilidade social que ultrapasse a frivolidade das novelas, e às revistas, erradicar a desmoralização dos costumes, que atinge a intimidade das pessoas.

19. Há que se promover revolução diuturna para deter o avanço da barbárie. Esta deverá ser, sempre, a sublime missão da família, da escola e dos meios de comunicação social: transmitir às crianças e aos adolescentes o cultivo dos valores humanos essenciais à vida cultural e espiritual, fundados na ética da solidariedade, do respeito mútuo, da verdade, por amor a si mesmos e ao próximo, para a solidificação de uma sociedade melhor.

Bibliografia

Livros

BARBOSA, Rui. *A Imprensa e o Dever da Verdade.* Rio de Janeiro, Simões, 1957.
BASTOS, Celso Ribeiro, MARTINS, Ives Gandra da Silva. *Comentários à*

Constituição do Brasil, vol. 2, arts. 5° a 17, e vol. 8, arts. 193 a 232. 2ª ed. São Paulo, Saraiva, 2000.

BERTOLO, Rubens Geraldi. *Inviolabilidade do Domicílio*. São Paulo, Médodo, 2003.

BERTRAND, Claude-Jean. *A deontologia das mídias*. Bauru, São Paulo, Edusc,1999.

_____. *O arsenal da democracia. Sistemas de responsabilização da mídia.* Bauru, São Paulo, Edusc, 2002.

BUCCI, Eugênio. *Sobre Ética e Imprensa*. São Paulo, Companhia das Letras, 2002.

CHIMELLI, Mannoun. *Família & televisão*. São Paulo, Quadrante, 2002.

CORNU, Daniel. *Ética da informação*. Bauru, São Paulo, Edusc, 1998.

DONNINI, Oduvaldo; DONNINI, Rogério Ferraz. *Imprensa livre, dano moral, dano à imagem, e sua quantificação*. São Paulo, Método, 2002.

FARIAS, Edilsom. *Liberdade de Expressão e Comunicação. Teoria e proteção constitucional*. São Paulo, Edit. Revista dos Tribunais, 2004.

FERNANDES NETO, Guilherme. *Direito da Comunicação Social*. São Paulo, Edit. Revista dos Tribunais, 2004.

FERREIRA, Aluízio. *Direito à informação, direito à comunicação. Direitos fundamentais na Constituição brasileira*. São Paulo, Celso Bastos Editor, 1997.

FREITAG, Bárbara. *Itinerários de Antígona. A questão da moralidade*. Campinas, São Paulo, Papirus, 2002, 3ª ed.

KELLNER, Douglas. *A cultura da mídia*. Bauru, São Paulo, EDUSC, 2001.

LECLERC, Henri; THÉOLLEYRE, Jean-Marc. *Les Médias et la Justice. Liberté de la presse et respect du droit*. Paris, CFPJ, 1996.

MARTINS-COSTA, Judith (Org.). *A reconstrução do Direito Privado: reflexos dos princípios, diretrizes e direitos fundamentais constitucionais no direito privado*. São Paulo, Edit. Rev. dos Tribunais, 2002.

MATTELART, Armand. *A globalização da comunicação*. Bauru, São Paulo, Edusc, 2000.

MONDIN, Battista. *Definição filosófica da pessoa humana*. Bauru, EDUSC, 1998.

MORAES, Alexandre de. *Constituição do Brasil interpretada*. São Paulo, Atlas, 2002.

NALINI, José Renato. *Ética e Justiça*. São Paulo, Oliveira Mendes, 1998.

NASSIF, Luís. *O jornalismo dos anos 90*. São Paulo, Futura, 2003.

PODESTÁ, Fábio Henrique. *Interesses difusos, qualidade da comunicação social e controle judicial*. São Paulo, Revista dos Tribunais, 2002.

RIBEIRO, Alex. *Caso Escola Base – Os abusos da imprensa*. São Paulo, Ática, 1995.

SARTORI, Giovanni. *Homo videns. Televisão e pós-pensamento*. Bauru, EDUSC, 2001.

SILVA, José Afonso da. *Curso de Direito Constitucional Positivo*. 21ª ed. São Paulo, Malheiros, 2002.

SARTORI, Giovanni. *Homo videns. Televisão e pós-pensamento*. Bauru, EDUSC, 2001.

WARNIER, Jean-Pierre. *A mundialização da cultura*. Bauru, EDUSC, 2000.

WERNECK, Vera Rudge. *Cultura e Valor*. Rio de Janeiro/São Paulo, Forense Universitária, 2003.

Artigos

BASTOS, Celso Ribeiro. A liberdade de expressão e a comunicação social. *Revista dos Tribunais*, São Paulo, n. 20, p. 48-52, jul.-set. 1997.

DENARI, Zelmo. A comunicação social perante o Código de Defesa do Consumidor. *Revista de direito do consumidor*. São Paulo, Instituto Brasileiro de Política e Direito do Consumidor, n. 4, p. 132-139, 1992.

GARCIA, Maria. Censura e comunicação social. *Revista de Direito Constitucional e Internacional*. São Paulo, v. 34, p. 99-104, jan.-mar. 2001.

MAGALHÃES, José Luiz Quadros de. A comunicação social e a democracia. *Revista de Direito Administrativo*. Rio de Janeiro, v. 203, p. 115-130, jan.-mar. 1996

MARTINS, Ives Gandra da Silva. Direitos e deveres no mundo da comunicação. Da comunicação clássica à eletrônica. *Revista Forense*. Rio de Janeiro, v. 356, p. 51-64, jul.-ago. 2001.

PELUSO, Vinicius de Toledo Piza. Sociedade, *mass media* e direito penal: uma reflexão. *Revista Brasileira de Ciências Criminais*. São Paulo, v. 39, p. 175-187, jul.-set. 2002.

A PRIVACIDADE E A CRISE DO DIREITO DA COMUNICAÇÃO SOCIAL - O CONTROLE REGULATÓRIO

MARCOS ALBERTO SANT'ANNA BITELLI[*]

> Sumário: 1. A privacidade e o direito de comunicar. 2. Meios de comunicação e comunicação social. 3. A ética na comunicação. 4. A "crise" do direito da comunicação – O movimento para o controle externo pela regulação.

1. A PRIVACIDADE E O DIREITO DE COMUNICAR

Os direitos da personalidade albergados na Constituição Federal[1] são reconhecidamente limitações ao direito de informar e ser informado, ao direito de comunicar e, mais fortemente, ao direito da comunicação social. Os citados direitos certamente são tributários do princípio da dignidade da pessoa humana, basilar do sistema jurídico brasileiro. Ressalve-se, como já tivemos a oportunidade de subli-

---

[*] Advogado e sócio fundador de Bitelli Advogados. Mestre em Direito pela PUC-SP. Autor do livro "O Direito da Comunicação e Comunicação Social", da Editora Revista dos Tribunais, SP. Organizador da "Coletânea de Legislação de Comunicação Social", da mesma editora. Professor dos cursos de pós-graduação do Centro de Extensão Universitária - CEU-SP e do COGEAE da PUC-SP.

[1] CF, art. 5º, X – são invioláveis a intimidade, a vida privada, a honra e a imagem das pessoas (...)".

nhar, que se a dignidade da pessoa humana é elemento fundamental "a permitir que se invoque o controle contra os abusos da comunicação social, certamente na contrapartida também será um valor a impedir a censura, o controle coletivo no interesse de uma casta ou grupo de pessoas, a interferência excessiva do Estado enquanto poder de moderação de atuação dos agentes da comunicação social".[2]

O princípio da dignidade da pessoa humana permeia o texto constitucional e nele encontra "sua implementação concreta", somando-se aos direitos tipificados, "os demais direitos fundamentais, tais como o direito à vida, à liberdade, à intimidade, à vida privada, à honra etc. Percebe-se, portanto, que a própria Constituição está posta na direção da implementação da dignidade no meio social".[3]

Importante anotar, de início, que honra, imagem e vida privada, espécies de direitos da personalidade, são confundidos "principalmente no momento de sua efetiva tutela".[4] De outro lado, o texto constitucional cita quatro elementos utilizando, além de honra e imagem, as expressões *intimidade* e *vida privada,* podendo ter deixado a cargo da doutrina estabelecer uma distinção entre esses dois últimos termos citados, ou "ao não usar uma só das expressões, ser a mais abrangente possível, impedindo, assim, que divisões de conceitos elaborados pela doutrina permitissem que fração ou terreno demarcado da vida das pessoas não fosse abrangido pela proteção constitucional".[5]

A guarida ao direito à privacidade (aqui entendido como gênero de *intimidade* e *vida privada*) no âmbito da legislação ordinária é farta.[6] O Código Civil de 1916 não havia disciplinado o direito à vida privada, ainda que tangenciasse o tema nos artigos 144, 573-576 e 577. O atual Código finalmente positivou no art. 21 que "a vida privada da

---

[2] BITELLI, Marcos Alberto Sant'Anna. *Direito da comunicação e da comunicação social*. São Paulo, RT, 2004, p.194.
[3] NUNES, Luiz Antonio Rizzato. *O princípio constitucional da dignidade da pessoa humana*. São Paulo, Saraiva, 2002, p. 51.
[4] CALDAS, Pedro Frederico. *Vida privada, liberdade de imprensa e dano moral*. São Paulo, Saraiva, 1997, p. 22.
[5] CALDAS, P. F. *Op. cit.*, p. 42-43.
[6] N.A.: Uma relação abrangente de direitos positivados que dão conta do direito à privacidade pode ser lida nas obras: LEYSER, Maria de Fátima Vaquero Ramalho. *Direito à liberdade de imprensa*. São Paulo, Juarez de Oliveira, 1999, p. 36-40; JABUR, Gilberto Haddad. *Liberdade de pensamento e direito à vida privada*. São Paulo, RT, 2000, p. 296-320, entre outras.

pessoa natural é inviolável, e o juiz, a requerimento do interessado, adotará as providências necessárias para impedir ou fazer cessar ato contrário a esta norma".

Contudo, se há um ambiente onde naturalmente exsurge um potencial conflito de interesses com os direitos da personalidade, dentre os quais a *privacidade*, é o da comunicação. O direito de comunicar,[7] decorrente do direito de informar e ser informado, quando exercido abusivamente pelo emissor, em detrimento de interesses individuais protegidos pelos direitos da personalidade, pode causar lesões ao patrimônio de sobre quem se transmite algo, um conteúdo informativo, materializado em linguagem, em qualquer de suas formas e funções de manifestação. O direito de resposta do agravado, bem assim sua indenização, são amplamente garantidos,[8] tal como a obtenção de tutela imediata com o fim de cessação da prática de comunicação de conteúdo que viole a privacidade, se continuada.[9]

O direito de comunicar, quando exercido através de meios de comunicação social, pode igualmente afetar os mesmos direitos da personalidade, em particular a *privacidade*. Tanto a comunicação intersubjetiva de um para um, como de um para vários, determinados ou indeterminados, estão sujeitas evidentemente ao controle individual do prejudicado através dos meios judiciais.[10] Focando apenas no viés da comunicação de massa, Vera Maria de Oliveira Nusdeo[11] comenta que o grande desenvolvimento dos meios de comunicação de massa e a rapidez na obtenção da circulação das notícias e opiniões levaram à percepção de um fenômeno provavelmente sempre existente, porém não nas dimensões adquiridas: a invasão da vida privada e da intimidade dos indivíduos em função do exercício da liberdade de informação e de expressão. Lembra, ainda, que passou a ser preocupação de todos os ordenamentos jurídicos contemporâneos, ao menos os democráticos, a convivência entre estes dois direitos: a liberdade de expressão e informação, incluída – portanto – a liberdade de imprensa, e a tutela da vida privada em seus múltiplos aspectos.

---

[7] CF, art.5º, IV.
[8] CF, art. 5º,V.
[9] CC, art. 21.
[10] CF, art. 5º, XXXV.
[11] LOPES, Vera Maria de Oliveira Nusdeo. *O direito à informação e as concessões de rádio e televisão.* São Paulo, RT, 1997, p. 199-200.

O art. 220 da CF abre o capítulo da *comunicação social* concedendo a qualquer processo ou veículo o impedimento a restrições, "observado o disposto nesta Constituição", expressão esta que denominamos de cláusula de reenvio, de onde "nasce todo um sistema de limitações ao direito da comunicação social. É certo, também, que aí reside perigosa válvula de regulação inconstitucional, sob o manto do reenvio indiscriminado".[12]

Tivemos a oportunidade de dizer que:"Como alerta Pedro Frederico Caldas,[13] "(...) dois direitos fundamentais, ambos sacralizados pela Constituição vigente, parecem contrapostos: a) a inviolabilidade da intimidade e da vida privada (art. 5.º, X); e b) o asseguramento a todos do acesso à informação (inc. XIV), da livre manifestação de pensamento (inc. IV), da livre expressão da atividade de comunicação (inc. IX), com vedação de qualquer restrição à manifestação do pensamento e da informação (art. 220), pelo asseguramento de que nenhuma lei conterá dispositivo que possa constituir embaraço à plena liberdade de informação. A suma do conflito estaria no direito à vida privada face ao direito à informação, aqui focado por sua face mais visível, a liberdade de imprensa, cujo exercício, não raras vezes, faz com que parte da vida da pessoa, normalmente encoberta pelo selo da privacidade, seja levada a público"."De outra parte, vale citar que 'além da proteção positiva, enquanto direitos em si mesmos (CF, art. 5.º, X), os direitos à honra, à intimidade, à vida privada e à imagem estão protegidos também de forma negativa pela Constituição Federal de 1988. Esta, em seu art. 220, § 1.º determina: 'nenhuma lei conterá dispositivo que possa embaraçar a plena liberdade de informação jornalística em qualquer veículo de comunicação social, observado o disposto no art. 5.º, IV,V, X, XXIII e XVI' (grifado). É dizer: aqueles direitos de personalidade estão consagrados também como limites à liberdade de expressão e informação. Nesse passo nossa Constituição segue as Constituições Alemã, Espanhola, dentre outras".[14]

---

[12] BITELLI, M.A. S.. *Op. cit.*, p. 190-191.
[13] CALDAS, P. F. *Op. cit.*, p. 77.
[14] FARIAS, Edilsom Pereira de. Colisão de direitos – *A honra, a intimidade, a vida privada e a imagem versus a liberdade de informação e expressão.* Porto Alegre, Fabris, 1996, p. 127.

Anota Ives Gandra Martins,[16] que "não contente o legislador supremo em dizer que tais manifestações não sofrerão qualquer restrição, reforçou a dicção, ao dizer que as limitações não poderiam ser de qualquer natureza, ou seja, sob qualquer forma, processo ou veículo. À nitidez, o constituinte entendeu que, ao falar em veículo (meio de comunicação social), processo (qualquer tipo de divulgação) ou forma (latitude máxima), eliminaria qualquer atentado sobre a liberdade de imprensa ou a livre manifestação do pensamento. A repetição objetiva tornar a garantia desse direito a mais ampla possível, impondo o constituinte apenas as restrições descritas pela própria Constituição, (...)".

Notório é o conhecimento de que os conteúdos informativos que circulam através dos veículos de comunicação são os que podem carregar em seu bojo potenciais conflitos com os interesses individuais dos titulares de direito da personalidade. "Tão impetuosa quanto arrojada, e não raro lesiva, é a atividade dos órgãos de comunicação – justamente diante do indigitado e constante entrechoque, que poderia ser reduzido à expressão 'informação *versus* privacidade' –, que nosso desejo por um atento exame dos lindes do fomento e desempenho comunicacional – da imprensa principalmente – solidificou-se".[16] O enfrentamento mencionado pode ser considerado como uma colisão de direitos em sentido impróprio, como anota Canotilho,[17] que tem lugar quando o exercício de um direito fundamental colide com outros bens constitucionalmente protegidos. A colisão ou conflito de direitos fundamentais encerra, por vezes, realidades diversas nem sempre diferenciadas.

O exercício da defesa da tutela dos direitos fundamentais da personalidade, em especial o da honra, da imagem e da privacidade há que ser efetivado por seu titular, ainda que sejam considerados inatos, essenciais e vitalícios, irrenunciáveis, intransferíveis e inalienáveis, impenhoráveis, inexpropriáveis e imprescritíveis, uma vez que estes são temporária ou provisoriamente disponíveis (ou relativamente disponíveis). A disponi-

---

[15] MARTINS, Ives Gandra; Celso Ribeiro Bastos. *Comentários à Constituição do Brasil*. 8º Volume. São Paulo, Saraiva, 2ª ed., 2000, p. 873.
[16] JABUR, G. H.. *Op.cit.*, p. 20.
[17] CANOTILHO, J.J. Gomes. *Direito constitucional e teoria da Constituição*. 5ª ed. Coimbra, Almedina, s.d., p. 1253.

bilidade não configuraria um ilícito, como opina Jabur,[18] ao dizer:"Pelo contrário. A imperatividade de alguns interesses jurídicos não convive com o consentimento ou disponibilidade voluntária de determinados bens, ainda que preservada a ordem pública e os hábitos sociais salutares, (...)". "É o caso da utilização e publicação consentida de retrato, da divulgação autorizada de aspectos íntimos e da tolerância da ofensa à honra. O direito permanece intacto. Suas potencialidades são cedidas temporariamente, no que consiste a faculdade máxima de disposição humana".[19] Por esse motivo defendemos, a princípio, que a figura da substituição processual com base da legitimação extraordinária dos entes aos quais a lei ou a CF conferem poderes do exercício da tutela de direitos coletivos ou difusos, não se prestaria ao controle de violação de direito individual da *privacidade*.[20]

Os meios de comunicação estão cotidianamente fornecendo acesso a conteúdos informativos, de entretenimento ou de relacionamento intersubjetivo individual ou múltiplo, que estão a comprovar a dificuldade de não se aceitar a disponibilidade dos direitos da personalidade analisados, especialmente a *privacidade*. Os "reality shows" da radiodifusão e da televisão por assinatura, os "chats" de conversas e os "blogs", os "sites" de voyerismo na Internet certamente vêm comprovar a problemática árida que o tema propõe. As "pegadinhas"[21] e as tais "vídeo-cassetadas" dos programas de variedades são exemplos adicionais de que os veículos se valem da disponibilidade desses direitos relacionados à *intimidade, vida privada ou privacidade*. Difícil também é definir qual o limite dessa possibilidade de disposição pelo titular do direito, enquanto essa disposição não colidir com outros direitos fundamentais ou constitucionais de terceiros, em especial aqueles cujo sistema conferir proteção especial, tais como a criança e o adolescente, o consumidor, o idoso, o deficiente físico ou a

---

[18] JABUR, G. H. *Op.cit.*, p. 54.
[19] JABUR, G. H. *Idem.* p. 55.
[20] BITELLI, M. A. S. *Op. cit.*, p. 197-199.
[21] N.A: Caso contrário, à falta de obtenção de autorização dos retratados, cite-se: Apelação Cível n. 987/2000. 10ª Câm. Cível – TJRJ, v.u., Ementa: Responsabilidade civil. Dano Moral. Programa de televisão. Imagem. Encenação montada.Violação de direito à intimidade. Intromissão indiscreta e descortês na vida privada. Dano moral. Quantificação. Rel. Des. Jayro Ferreira. Jurisprudência colacionada por Sylvio Guerra. GUERRA, S. *Colisão de direitos fundamentais*. Rio de Janeiro, BVZ, 2002, p. 154-158.

valores positivados, como a liberdade de crença, a vedação à discriminação racial entre outros. Os próprios programas jornalísticos que dedicam tempo excessivo à exploração de fatos do cotidiano[22] ligados ao "mundo cão", especialmente de pessoas humildes, mas que assentem e concordam com a divulgação de sua imagem, do ambiente de sua privacidade ou intimidade, apresenta séria dificuldade ao controle externo do próprio indivíduo ou à intimidade objeto da exposição.[23]

Percebe-se, então, que na intersecção entre direito à *privacidade* e *direito de informar e ser informado*, encontram-se duas situações: a potencial invasão pelo agente da comunicação da privacidade do retratado na mensagem informativa *strictu senso* (jornalística), que é uma violação evidente de um direito individual[24] ou a renúncia voluntária de partes da privacidade do(s) indivíduo(s) retratados(s) pelo agente, com o intuito de propiciar entretenimento à massa de receptores ou à coletividade, classe ou grupo de usuários de uma determinada conexão comunicativa, viabilizada por um provedor de acesso e hospedada por um programador ou um ofertante de conteúdo. Nesta segunda hipótese fática o que se tem de analisar são os limites do direito da comunicação e, de

---

[22] "Com efeito, é acintosa e estarrecedora a desenvoltura com que as reportagens e programas intitulados exemplificadamente: 'Na hora'. 'Linha expressa', 'Em flagrante', 'Na mira' e outros, abordam temas sobre a dor, o sofrimento, desgraça, tragédias alheias, servindo-se assim, ao vivo, dos protagonistas reais dos dramas cotidianos, os quais, voluntariamente ou não, são autores de textos, atrizes e atores gratuitos, que nada recebem a título de direitos autorais e artísticos. Como se vê, os poderosos dos meios de comunicação social sabem tirar proveito da ingenuidade e vaidade, conforme o caso, dos infelizes e desventurados protagonistas de infortúnios diários, vali e dizer, duma variedade inesgotável". SOARES, Orlando. *Comentários à Constituição da República Federativa do Brasil*. Rio de Janeiro, Forense, 2002, p. 705.

[23] "Encontra-se em clara e ostensiva contradição com o fundamento constitucional da dignidade da pessoa humana (CF, art. 1°, III), com o direito à honra, à intimidade e à vida privada (CF, art. 5°, X), converter em instrumento de diversão ou entretenimento assuntos de natureza tão íntima quanto falecimentos, padecimentos ou quaisquer desgraças alheias que não demonstrem nenhuma finalidade pública e caráter jornalístico em sua divulgação. Assim, não existe nenhuma dúvida de que a divulgação de fotos, imagens ou notícias apelativas injuriosas, desnecessárias para a informação objetiva e de interesse público (CF, art. 5°, XVI), que acarretem injustificado dano à dignidade humana, autoriza a ocorrência de indenização por danos materiais e morais, além do respectivo direito à resposta". MORAES, Alexandre de. *Constituição brasileira interpretada*. São Paulo, Atlas, 4ª.ed., 2004, p. 224.

[24] Exemplo disso são os programas de câmeras ocultas, que na opinião de Enéas Costa Garcia, "a reprodução desautorizada da imagem torna inegavelmente ilícita a conduta. Cabe à emissora de televisão demonstrar a concordância do titular com a divulgação do material gravado. Essa autorização deve ser expressa. Não devem ser admitidas pretensas autorizações tácitas. O uso diverso do autorizado caracteriza abuso de direito de imprensa". GARCIA, E. C.. *Responsabilidade civil dos meios de comunicação*. São Paulo, Juarez de Oliveira, 2002, p. 214.

outra face, a questão da dignidade da pessoa humana frente ao conteúdo disponibilizado. O balizamento do exercício do direito de renúncia à intimidade e à vida privada está ligado à moral e à própria dignidade pessoal do titular. Nesses tópicos, quanto ao primeiro, há que se lembrar que "não existe na esfera moral a predeterminação formal das regras ou dos órgãos destinados a declarar seu conteúdo rigoroso",[25] portanto incoercível. O segundo, a dignidade, pelo menos quanto à integridade física e psíquica do titular, adicionado do exame da plena capacidade civil do agente.

Todos esses fatos, tanto a violação evidente quanto a *violação consentida*,[26] fazem remontar à questão da ética dos meios de comunicação como fator limitativo. Niceto Blázques defende que "nem o direito à informação nem o direito à vida privada são direitos *absolutos*. Acreditar nisso é uma ingenuidade. O único direito absoluto é a vida. (...) Os critérios éticos nos quais essas determinações estão baseadas podem ser reduzidos àqueles indicados a seguir. Em primeiro lugar, o *interesse público*, que não pode ser confundido com curiosidade pública; (...). Outro limite natural é o *consentimento outorgado* pelas pessoas para que se fale de seus assuntos íntimos e privados. Quem outorga livremente seu consentimento para que se fale de seus assuntos íntimos não tem o direito a queixar-se depois. Na teoria, esse princípio não admite dúvidas. Na prática é preciso sermos cautelosos para não abusarmos dele. Mesmo com o consentimento das pessoas afetadas, o profissional de comunicação responsável deve saber discernir se realmente essas revelações permitidas são de verdadeiro interesse para o público. A experiência ensina que muitas vezes não o são e que o que se pretende é unicamente pôr mais lenha na fogueira do sensacionalismo e da frivolidade, com prejuízo da autêntica informação. (...) Por último, há os limites impostos pelo *caráter público das pessoas*. É óbvio que, à medida que uma pessoa desempenha funções públicas, o círculo de sua vida privada torna-se mais reduzido.(...) Resumindo, digamos que a intimidade e a vida privada constituam um direito natural protetor da dignidade da

---

[25] REALE, Miguel. *Filosofia do direito*. São Paulo, Saraiva, 20ª ed., 2002, p. 709.
[26] N.A.: A conjunção desses termos é imprópria, tendo sido formulada apenas para evidenciar que o titular do direito à privacidade pode dispor de uma parte de sua intimidade ou vida privada, ainda que pareça estranha a situação diante da força dessa garantia Constitucional e Civil.

pessoa humana e que os profissionais de comunicação precisam respeitar. Contudo, esse não é um direito absoluto, mas relativo. Por isso, tem suas próprias limitações(...)".[27]

O enfrentamento da proteção da *privacidade* e o *direito da comunicação* envolvem algumas questões importantes que merecem ser visitadas. A primeira delas diz respeito à própria definição legal de "meios de comunicação" e, a segunda, a quais princípios e regras esses meios se submeterão. A terceira é a dificuldade da exigibilidade do atendimento aos princípios éticos, que, por serem princípios relacionados a valores, carecem de efetividade. Por último, se a regulação será ou não a solução, já que se mostra uma tendência. Evidente que neste pequeno trabalho não se pretenderá responder a nenhuma delas, mas apenas fixá-las como ponto de partida para que se resolva toda a problemática resultante delas.

2. Meios de comunicação e comunicação social

Alexandre de Moraes anota que se pode entender meio de comunicação como toda e qualquer forma de desenvolvimento de uma informação, seja por meio de sons, imagens, impressos e gestos. A Constituição Federal, porém, regulamenta o sentido mais estrito da noção de comunicação: jornal, revistas, rádio e televisão.[28] Explicitamos,[29] todavia, que a CF de 1988 fez a opção de cindir os meios de comunicação em telecomunicações e radiodifusão no art. 21. Reservou, de um lado, o texto maior no capítulo da comunicação social a menção a diversões; espetáculos públicos, programas de rádio, programas de televisão, impressos, que são apenas ambientes físicos ou meios técnicos de difusão. No que diz aos conteúdos, independentemente do veículo, preocupou-se a CF, no mesmo tópico, em afastar da informação jornalística qualquer embaraço que não os limites previstos como di-

---

[27] BLÁZQUES, Niceto. *Ética e meios de comunicação social*. Trad. Rodrigo Contrera. São Paulo, Paulinas, 1999, p. 263-265.
[28] MORAIS, Alexandre de. *Op. cit.*, p. 2041.
[29] BITELLI, M.A.S.. *Op.cit.*, p. 270.

reitos fundamentais; zelou para que a pessoa e a família tivessem meios de se defender de programas radiodifundidos que contrariem ao disposto no art. 221[29] e atentou para os efeitos da propaganda comercial de determinados produtos.

A CF, todavia, não enfrentou com acuidade a necessidade de se positivar o conceito de meio de comunicação social, hodiernamente muito mais afastado do suporte tecnológico que viabiliza a comunicação de "A" para "B" ou de "A" para "n". Agora a comunicação é bidirecional, onde "n" interage com "A", na qual "n" são sujeitos indeterminados, mas determináveis pelo próprio meio, mas próximo à potencialidade de atingir "B" ou "n" por diferentes caminhos tecnológicos e equipamentos de recepção, conexão e transmissão.

Para regular a comunicação social, vimos defendendo o reconhecimento de um sistema denominado direito da comunicação e da comunicação social. Concluímos, em estudo anterior, que : "21. Um direito da comunicação e seu sub-sistema da comunicação social, de forma a atender aos reclamos da convergência tecnológica, não pode prescindir de uma reconformação de seu capítulo respectivo na CF e a costura de um estatuto mínimo sobre a matéria deverá atentar para o atingimento da proteção da dignidade da pessoa humana, quanto aos meios e seus conteúdos, sempre prevendo o jogo do equilíbrio com os demais direitos fundamentais. 22. Um tal ramo que se denominasse direito da comunicação seria numa primeira face, um sistema derivado da Constituição, formado pelos comandos maiores nela contidos que visam assegurar, equilibrar e regular interesses individuais, metaindividuais e transindividuais derivados das possibilidades e liberdades de comunicação e informação. Para atingir essa finalidade, que é regular e assegurar a mensagem com um mínimo de perturbação, esse sistema legal avança para abraçar a regulação dos meios, da infra-estrutura da comunicação, que garante a entrega da mensagem (informação). A ética e o estabeleci-

---

[29] CF, art. 221. A produção e a programação das emissoras de rádio e televisão atenderão aos seguintes princípios: I – preferência a finalidades educativas, artísticas, culturais e informativas; II – promoção da cultura nacional e regional e estímulo à produção independente que objetive sua divulgação; III – regionalização da produção cultural, artística e jornalística, conforme percentuais estabelecidos em lei; IV – respeito aos valores éticos e sociais da pessoa e da família.

mento de meios legais para que as pessoas e a família, por si próprias, se protejam dos excessos são os meios de satisfação plena do direito da comunicação".[30]

Seguindo no mesmo norte, já se estabeleceram alguns princípios básicos da comunicação social (dignidade da pessoa humana, acesso à justiça efetiva, *restitutio in integrum*, legalidade, probidade, proporcionalidade, função social e dever de informação) ao lado de seus princípios extraconstitucionais (confiança, transparência, identificação da mensagem, proibição do abuso do direito, correção do desvio comunicativo).[31]

Todavia, para que se possam argüir a incidência de princípios e regras para os meios ou para os conteúdos que por ele transitam, mister que se definam tipificadamente na CF exatamente quais as atuações de agentes econômicos ou estatais que se configuram especificamente como comunicação social. Em seguida se definam quais as conseqüências dessa configuração. Ao depois, que se identifiquem as possibilidades dessas conseqüências frente às características intrínsecas de cada habilidade tecnológica[32] por ele apresentada e suas funções preponderantes.

Para os estudiosos de comunicação social parece fácil ir expandindo conceitos, definições, atuações, formatos e conteúdos cobertos por essa disciplina. Para os técnicos, fácil também está rapidamente romper barreiras tecnológicas[33] da era da informação, de modo que cada tecnologia vá adquirindo mais *habilidades* de outras, numa falsa (ou verdadeira?) impressão de que todas convergirão para uma só, para um único meio comunicacional, bidirecional, interativo e

---

[30] BITELLI, M. A. S.. *Op. cit.*, p. 380-381.
[31] FERNANDES NETO, Guilherme. *Direito da comunicação social*. São Paulo, RT, 2004, p. 57-99.
[32] "Os *conteúdos* veiculados por novas tecnologias, no que toca às mensagens postas em (ampla) circulação pelas indústrias da cultura vêm suscitando alguma polêmica, sobretudo no que se refere aos meios de comunicação audiovisuais. Por exemplo, fala-se amiúde do 'baixo nível' (moral, cultural e artístico) da programação da televisão de sinal aberto, hoje dominada por *game shows*, 'novelas do real', programas de auditório e algum telejornalismo sensacionalista. A disputa por preciosos pontos, na mensuração de *índices de audiência,* vem proporcionando uma perigosa indiferenciação entre os canais, havendo poucos vestígios do que um dia se chamou de 'padrão de qualidade', associando-o à principal emissora de televisão brasileira". POLISTCHUK, Ilana; RAMOS TRINTA, Aluízio. *Teorias da comunicação*. Rio de Janeiro, Campus, 2003, p. 45.
[33] "A evolução tecnológica torna possível uma devassa da vida íntima das pessoas, insuspeitadas por ocasião das primeiras declarações de direitos". BASTOS, Celso Ribeiro. *Curso de direito constitucional*. São Paulo, Saraiva, 17ª ed., 1996, p. 180.

audiovisual. Contudo, para a ciência jurídica e, mais fortemente, para a positivação e regulação, essas expansões e convergências são desafiadoras ao estabelecimento do piso legal que sustentaria os passos largos dos potenciais comunicativos que vão diariamente sendo disponibilizados como realidade à pessoa humana, à família, à sociedade e às nações.

Portanto, é condição absolutamente necessária que em primeiro lugar a CF viesse a definir para fins de enquadramento legal o que é *meio de comunicação* e *meio de comunicação social* a partir não de sua característica tecnológica, mas de sua *aplicação preponderante*. A substituição do critério tecnológico pelo critério funcional[34] pode ser uma opção interessante se, na continuidade, se estabelecessem os princípios que regerão a atuação desses meios, de acordo com suas *habilidades, capacidades* e *possibilidades técnicas* de sujeição aos princípios eleitos.

3. A ÉTICA NA COMUNICAÇÃO

Pragmaticamente, a alteração dos paradigmas constitucionais permitiria uma melhor adequação e efetividade do que está atualmente esculpido no art. 221, IV da CF, que é a necessidade do "respeito aos valores éticos e sociais das pessoas e da família" pelo conteúdo da radiodifusão. Lembre-se que a Emenda Constitucional n. 36, ao alterar o art. 222, estende a observância dos princípios do art. 221 aos "meios de comunicação social eletrônica, independente da tecnologia utilizada para a prestação do serviço",

---

[34] N.A.: Quando falamos em critério funcional, estamos indicando a *função* como algo ligado à *forma* como a comunicação é efetuada, ao modo como a tecnologia *funciona* e é *preponderantemente percebida* pelo usuário e não à concepção *funcionalista* citada por Cunha Pereira quando analisa a "função social dos meios de comunicação". Segundo ele, "haveria o risco de se cair numa concepção funcionalista da liberdade de expressão, mais especificamente da liberdade dos meios de comunicação, que acabasse negando ou restringindo indevidamente a dimensão de 'liberdade' que é fundamental para subordiná-la aos interesses superiores do Estado ou da coletividade. O risco é real. (...) Algo similar ocorre com o exercício da atividade de comunicação. São muitas, para não dizer infinitas, as possibilidades de comunicação verdadeiramente digna do homem, que promova o bem comum. Qualquer tentativa de definir de antemão qual a comunicação socialmente adequada viria em detrimento do próprio bem comum, empobrecendo a convivência humana. Suporia a pretensão de onisciência, tão própria dos Estados totalitários, ainda que tal definição proviesse não do Estado mas de outra instância social". CUNHA PEREIRA, Guilherme Döring. *Liberdade e responsabilidade dos meios de comunicação*. São Paulo, RT, 2002, p. 38-39.

numa tentativa de última hora[35] de expandir os princípios da radiodifusão, como emblemáticos da *comunicação social*, às outras tecnologias de comunicação além da radiodifusão. Aqui, basta fazer a crítica de que *comunicação social*[36] não é sinônimo de *comunicação de massa*.[37] A confusão terminológica no tema é desanimadora aos operadores do direito que tentam entender e explicar as teorias da comunicação, da comunicação social e da comunicação de massa, bem como relacionar seus respectivos meios.[38] Ora se toma o meio pela mensagem ou conteúdo, e vice-versa; ora se tomam os princípios de um para regular os outros. E, sempre se esquecem da famosa ordem lógica de que as espécies decorrem de seus gêneros.

No tema que nos toca neste pequeno estudo, que é a *privacidade* e a *comunicação*, certamente o inciso IV do art. 221 é o de maior relevância para o enlace de interesses e princípios. Alexandre de Moraes[39] considera que "a extrema generalidade desses princípios, somada à proibição constitucional à censura, torna a presente norma inócua no sentido de

---

[35] N. A.: A EC 36/2002 é um exemplo claro da necessidade de revisão do tema na esfera constitucional. A expressão "meio de comunicação social eletrônica" carece de definição no direito positivo. Encontrar-se-á o termo "serviço de comunicação eletrônica de massa" no jargão das telecomunicações como designador de televisão por assinatura (TVA), o UHF, a televisão a cabo, por Satélite (DTH) e por o MMDS", mas a ANATEL quando cita esta expressão não a reconhece como "comunicação social". De outro lado, fazer incidir todos os incisos do art. 221 ao serviço de comunicação eletrônica de massa faz ferir aos critérios da *habilidade, capacidade* e *possibilidade técnica*. Para uma análise mais aprofundada dos conflitos internos gerados pela EC 36/2002 consultar nosso trabalho *Direito da comunicação e da comunicação social. Op. cit.*, p. 277-281.

[36] Nusdeo Lopes ao analisar comunicação de massa e comunicação social diz que: "Há certa aproximação entre essa expressão e a precedente. Porém, há um entendimento segundo o qual comunicação social refere-se mais a pessoas de um grupo determinado, não representando – assim – um fenômeno de massa e, portanto, inconfundível com o MCM. Inicialmente, a expressão foi cunhada pelo Vaticano, e empregada no Brasil para designar a comunicação entre determinadas fontes organizadas de informação e a comunidade". NUSDEO LOPES, Vera Maria de Oliveira. *Op. cit.*, p. 31. Em sentido contrário PODESTÁ, Fábio Henrique. *Interesses difusos, qualidade da comunicação e controle judicial*. São Paulo, RT, p. 73, quando diz que: "'comunicação de massa' é a locução mais aceita entre os teóricos, nada obstante os vários sinônimos, 'comunicação coletiva', 'comunicação cultural' e 'comunicação social', denotando-se em todas essas expressões uma inerente e existente amplitude de receptores como idéia geral de audiência. Razoável por isso afirmar que todo processo de comunicação massiva pressupõe um direcionamento de industrialização em torno da mensagem que é divulgada".

[37] N. A.: Sobre as características dos meios de comunicação de massa consultar: RABAÇA, Carlos Alberto; BARBOSA Gustavo. *Dicionário de comunicação*. 2ª ed. Rio de Janeiro, Campus, 2001, p. 172; F. PODESTÁ H.. *Op. cit.*, p. 60-84; BITELLI M. A. S.. *Op. cit.*, p. 101-105; POLISTICHUK I.; TRINTA A. R.. *Op. cit.*, p. 79; Vera Maria de Oliveira Nusdeo. *Op. cit.*, p. 30, entre outros autores.

[38] N.A.: A relação dos meios seria sempre exemplificativa e baseada nas *aplicações preponderantes* que eles apresentam em relação a como são *percebidos* pelos usuários.

[39] MORAES, Alexandre de. *Op. cit.*, p. 2047.

prevenção da qualidade do material exibido por rádios e televisões, devendo, porém, ser utilizada na avaliação posterior de eventual responsabilidade civil por danos materiais e morais causados", sem atentar no comentário à ampliação feita pelo §3º do art. 222 da CF desse princípio (como os demais do art. 221) para outros meios de comunicação (ainda que sem precisão do texto constitucional sobre quais são esses meios). Ives Gandra Martins[40] adverte que "o dispositivo impõe o respeito aos valores éticos e sociais da família e da pessoa humana. As programações diárias desrespeitam todos os valores éticos – nem sabem seus produtores o que é ético nas programações – e sociais, tanto da pessoa quanto da família. Portanto, tentar corrigir tal distorção exige coragem cívica por parte dos governantes, visto que o receio de ficar mal com a mídia dificulta a defesa dos valores sociais e familiares". Manoel Gonçalves Ferreira Filho[41] também considera que "a recomendação (...) inócua", percebendo que somente as radiodifusoras e, "só por elas", esses princípios, em especial a observância aos "valores éticos", devem ser observados. Nota ele, ainda, que a expressão utilizada pelo texto constitucional equivale ao que se designava antigamente por "moral e bons costumes".

O que resulta de tentativa de se fazer impor a observância do contido no inciso IV do art. 221 da CF é que ao se referir aos "valores éticos", certamente está referindo a norma à "moral" e, como se sabe "não existe, na esfera moral, a predeterminação formal das regras ou dos órgãos destinados a declarar seu conteúdo rigoroso, como se verifica no mundo jurídico, (...)".[42] Não havendo o antecedente não haverá o conseqüente que é a sanção.

4. A "CRISE" DO DIREITO DA COMUNICAÇÃO
– O MOVIMENTO PARA O CONTROLE EXTERNO PELA REGULAÇÃO

Diante da constatação da não adequação do texto constitucional vigente no Brasil percebem-se iniciativas de uma tentativa de se impor a

---

[40] MARTINS, I. G.; BASTOS, C. R.. *Op. cit.*, p. 924-925.
[41] FERREIRA FILHO, Manoel Gonçalves. *Comentários à Constituição brasileira de 1988*. São Paulo, Saraiva, 1995, vol. 4, p. 97.
[42] REALE, M.. *Op. cit.*, p. 709.

qualquer custo e atabalhoadamente certo controle aos meios de comunicação. Algumas focadas ainda exclusivamente na radiodifusão e outras já ousando frente às novíssimas tecnologias de comunicação.[43] Os padrões de controle existentes em outros países oscilam entre leis e regulamentos postos e auto-regulamentação. Alguns países elegem entes externos de controle. Percebe-se que algumas normas de regulação se ligam mais ao conteúdo jornalístico e outras abrangem ainda a *qualidade do conteúdo*, que é um conceito subjetivo, mutável e de difícil poder atributivo.

A dificuldade do movimento de controle liga-se ao fato de que os agentes de comunicação se pautam em dois modelos de viabilidade econômica para sua auto-sustentabilidade. A propaganda comercial, que é mais valiosa quanto mais audiência tiver a programação ou, o aumento do "air time" ou da intensidade de tráfego de sinais telecomunicacionais e "bits". Portanto, o veículo precisa de audiência, de elevação de seu ARPU,[44] de aumento da base de assinantes da televisão por assinatura ou dos serviços de provedores de acesso. Daí por que da luta pelo espectador, pelo assinante, pelo usuário, pelo cliente, nasce a velha dúvida se os veículos dão ao público aquilo que o público quer ou se os veículos acabam dando aquilo que eles (*media*) querem, da maneira mais fácil, menos custosa, explorando as fraquezas humanas, inerente a nossa própria e complexa natureza. Quanto menos difusa for a comunicação, mais valerá a desculpa para o veículo de que o usuário só acessa, vê, conecta e é atingido pelo que lhe interessa, pelo que ele escolhe. Assim, o paradigma da *radiodifusão* como meio de comunicação e como objeto de controle pode ir se mitigando aos poucos, na mesma proporção que se processar a inclusão digital.

---

[43] "(...) a nova mídia não é apenas uma extensão linear da antiga. A mídia clássica e a nova mídia oferecem uma extensão linear da antiga. A mídia clássica e a nova mídia oferecem recursos de informação e entretenimento para grandes públicos, de maneira conveniente e preços competitivos. A diferença é que a nova mídia está expandindo dramaticamente a gama de recursos disponíveis para os consumidores através da Internet e outros canais. Em particular, a nova mídia está começando a prover conexões interativas entre o consumidor e o provedor de informação. Essa capacidade acrescenta uma nova dimensão notável ao atual padrão de mídia de massa, que se baseie em produtos unidirecionais entregues por uma fonte centralizada – jornal, canal de TV ou um estúdio de Hollywood. A nova mídia é crescentemente interativa, permitindo aos consumidores escolher quais recursos de informação e entretenimento desejam, quando os querem e sob qual forma." DIZARD JR., Wilson. *A nova mídia: a comunicação de massa na era da informação*. Trad. [da 3ª ed. norte-americana], Edmond Jorge. 2ª ed. rev./atualiz. Rio de Janeiro, Zahar, 2000, p. 40-41.

[44] ARPU – Average Revenue per User – Em linguagem de telefonia móvel mede a media mensal de receita gerada para a operadora a partir de cada unidade de um usuário.

O Congresso Nacional brasileiro estuda implementar o controle da radiodifusão através de um órgão externo que se chamaria "Comissão Nacional pela Ética na Televisão – (CNPET)", conforme de depreende do Projeto de Lei n. 1600, de 2003, do Deputado Orlando Fantazzini,[45] que propõe a introdução do "Código de Ética da programação televisiva". A justificativa constante da proposta legislativa, quanto ao tema ora em análise, diz que: "Entre os Direitos Humanos que devem ser preservados pelos meios de comunicação, encontra-se o direito do cidadão e da cidadã a sua imagem. Assistimos, hoje, a um ataque contumaz a esse direito em pelo menos três frentes: a violação da privacidade, a divulgação não consentida da imagem e o dano à imagem pública. Pelo primeiro tipo de violação, a ilicitude pode ser identificada no momento mesmo da capta-

---

[45] N.A.: O PL 1600/2003 diz em que Art. 1º que: "Esta Lei estabelece o Código de Ética para a Programação Televisiva Brasileira com o objetivo de oferecer aos telespectadores alternativas de informação, cultura e lazer, que consagrem a isenção e a pluralidade, que afirmem a responsabilidade e o interesse público, que respeitem a privacidade e protejam os Direitos Humanos. O Capítulo III, cuida da privacidade. Estabelece o art. 9º que as emissoras de televisão zelarão pelo direito à privacidade das pessoas e respeitarão, nos termos dessa lei, o princípio do consentimento para a gravação de suas imagens. Os parágrafos desse artigo consideram que: (§ 1º) não se aplica o princípio do consentimento para as imagens de pessoas gravadas, casualmente, em locais de circulação pública; (§ 2º) mesmo quando gravadas em locais de circulação pública, não será legítimo divulgar imagens que exponham pessoas ao ridículo ou que lhes ocasionem algum tipo de constrangimento moral, exceto se o resultado dessa divulgação houver, comprovadamente, contribuído para a identificação de autoria ou prevenção de conduta tipificada pelo Código Penal; (§ 3º) as imagens de pessoas gravadas secretamente para programas de entretenimento ou humor só serão levadas ao ar mediante o expresso consentimento dos envolvidos; (§ 4º) as imagens de pessoas internas em instituições de privação de liberdade ou de tratamento de saúde só serão divulgadas com o expresso consentimento dos envolvidos; (§ 5º) o mesmo procedimento do parágrafo anterior será rigorosamente observado na relação com as pessoas detidas pela polícia. O art. 10, por seu turno, diz que as emissoras de televisão zelarão para que as pessoas não sejam abordadas ou instadas a conceder entrevistas quando estiverem em suas próprias residências e que não serão tomadas imagens das pessoas quando essas estiverem no espaço privado, salvo mediante consentimento ou se a divulgação dessas imagens concorrer, comprovadamente, para a identificação de autoria ou prevenção de conduta tipificada pelo Código Penal. Os demais artigos do capítulo têm o seguinte teor: Art. 11 As emissoras de televisão impedirão que seus profissionais contribuam para aumentar a angústia das pessoas que experimentam sofrimentos ou tragédias pessoais, importunando-as com solicitações de entrevistas ou gravação de imagens. Art. 12 As emissoras de televisão não divulgarão a identidade de pessoas mortas ou vítimas de acidentes e/ou crimes violentos até que se confirme que um parente próximo da vítima tenha sido informado antes. Art. 13 As emissoras de televisão não exibirão cenas onde cadáveres possam ser identificados. Art. 14 As emissoras de televisão orientarão seus profissionais para que, na cobertura de tragédias e/ou crimes violentos, não criem dificuldades para o trabalho de peritos, profissionais da saúde ou agentes policiais. Art. 15 As emissoras de televisão não permitirão que imagens de crianças e adolescentes em situação de sofrimento ou constrangimento sejam divulgadas. Parágrafo único. No caso de a divulgação ser imprescindível para a identificação de autoria ou prevenção de conduta tipificada pelo Código Penal ou de infração cominada pelo Estatuto da Criança e do Adolescente, deve-se zelar para que a identidade da criança ou do adolescente seja preservada do grande público.

ção da imagem. Essa é a situação verificada quando alguém, valendo-se da entrada ilegal em domicílio alheio ou utilizando-se de instrumentos que permitam o registro de imagens a distância, supera as barreiras físicas que, em condições normais, assegurariam a privacidade. Viola a privacidade, também, aquele que aborda o cidadão – ainda que em logradouro público – e o submete a perguntas ou a situações constrangedoras que são registradas por uma filmadora".

A CNPTE seria formada por pessoas representativas da sociedade civil de várias profissões e membros do Governo, com poderes para receber e processar administrativamente as radiodifusoras, podendo encaminhar desde sugestões de adaptação da programação, a advertências, imposição de multas, suspensão da programação e recomendação para a cassação da concessão pública pelo órgão concedente. Interessante notar que o Decreto 52795/1993 que Regulamenta os serviços de radiodifusão, ainda normatizados pelo em parte revogado Código Brasileiro de Telecomunicações,[46] ainda vigora. No art. 122 desse regulamento há a previsão das potenciais infrações praticáveis pelos serviços, dentre os quais ofender a moral familiar, pública ou os bons costumes, podendo o agente de comunicação receber uma multa de uma a cinqüenta vezes o valor do maior salário mínimo vigente (art.130), suspensão da programação (art.131) e cassação da concessão (art.133).

O Governo Federal, em meados de 2004, também apresentou um projeto de lei propondo a criação do Conselho Federal de Jornalismo, fato que fez exsurgir uma grande agitação no seio da sociedade brasileira pelo risco de se controlar a liberdade de informação garantida no art.220, §1.° da CF, porque justamente caberia a esse órgão zelar pela observância da "ética"[47] do jornalismo. O projeto concede aos Conselhos regionais de jornalismo poderes de fiscalização e imposição de sanções aos jornalis-

---

[46] Lei 4117 de 27 de agosto de 1962, revogada em grande parte pela Lei 9472/1997, a conhecida como LGT – Lei Geral das Telecomunicações, conforme dispõe seu art. 215.

[47] O Congresso Nacional decreta: Art. 1° Ficam criados o Conselho Federal de Jornalismo - CFJ e os Conselhos Regionais de Jornalismo - CRJ, autarquias dotadas de personalidade jurídica de direito público, com autonomia administrativa e financeira. § 1° O CFJ e o CRJ têm como atribuição orientar, disciplinar e fiscalizar o exercício da profissão de jornalista e da atividade de jornalismo, zelar pela fiel observância dos princípios de ética e disciplina da classe em todo o território nacional, bem assim pugnar pelo direito à livre informação plural e pelo aperfeiçoamento do jornalismo.

tas, em particular quando se verificar a infração ao Código de Ética e Disciplina, que podem materializar-se em: advertência; multa; censura; suspensão do registro profissional, por até trinta dias; e cassação do registro profissional. O Conselho Federal, por seu turno, teria a competência para editar o tal Código de Ética e Disciplina.[48]

Em outra iniciativa de regulação o Governo Federal brasileiro, quase que ao mesmo tempo da proposta de criação do CFJ, expõe ao público um anteprojeto de extinção da ANCINE – Agência Nacional do Cinema e criação da Agência Nacional do Audiovisual – ANCINAV, uma entidade integrante da administração pública federal indireta, submetida a regime autárquico especial, com função de ente regulador das atividades cinematográficas e audiovisuais. A agência proposta tem a característica de ser dotada de autonomia administrativa e financeira, ausência de subordinação hierárquica, mandato fixo e estabilidade de seus dirigentes. No art. 41 do anteprojeto original posto em consulta pública pelo Ministério da Cultura, a tal ANCINAV poderia regular a exploração das atividades audiovisuais em todos os serviços de telecomunicações, tratando aqui a radiodifusão como um deles (ao revés do que ainda faz a CF no art. 21). Neste particular amplia a observância dos princípios do art. 221 da CF a todos os agentes de telecomunicação, dentre os quais o "respeito aos valores éticos e sociais da pessoa e da família".[49] De outra face, o art. 43 criou forte reação dos agentes de radiodifusão quando determina a competência dessa verdadeira Agência de comunicação social para "dispor especialmente sobre (...) a responsabilidade editorial e atividades de seleção e direção da programação previstas pela Constituição Federal, em articulação com o Ministério das Comunicações". O art. 44 concede a esse hipertrofiado poderoso órgão federal ainda poderes para fiscalizar o conteúdo dos serviços de televisão por assinatura.

---

[48] "É curioso, (...), como governos independentemente de seu colorido ideológico sucumbem à tentação do autoritarismo. (...) A informação é a base da sociedade democrática. Precisamos sem dúvida, melhorar, e muito, os controles éticos da notícia, combater as injustas manifestações de prejulgamentos, as tentativas de transformar a mídia num palanque ideológico ou passarela para o desfile de vaidades, eliminar a precipitação que pode desembocar em autênticos assassinatos morais. Mas ao mesmo tempo, não podemos deixar de criticar as tentativas de cerceamento do dever ético da investigação". DI FRANCO, Carlos Alberto. *A tentação do autoritarismo*. O Estado de São Paulo. São Paulo, OESP, Espaço Aberto, p. A2, 12 de abril de 2004.

[49] Anteprojeto do Minc. Art. 42, IV. http://www.cultura.gov.br/documentos/minuta_anteprojeto_lei_criacao_ancinav.pdf 29.8.2004 18:15.

O grave dessa proposta da ANCINAV é que a partir de uma falsa premissa do fomento à produção cinematográfica genuinamente nacional, o Governo Federal, a despeito da desorganização sistêmica da CF na questão dos agentes de comunicação, estes considerados em sentido amplo, resolve regular de baixo para cima. A utilização do viés da proteção de valores culturais nacionais como fundamento de controle da comunicação social é erro grave e perigoso, numa tentativa de se recriar um dirigismo cultural e um patrulhamento ao direito de informar e ser informado, ainda que valores éticos mereçam ser preservados. Mas, esse é um outro assunto, e, como tal, merece ser tratado.

ANCINAV é um noviço nome para um arcaico e repetido modelo intervencionista. Foi justificada pelo Governo Federal a partir de uma "exposição de motivos" que causou tanto ou mais perplexidade do que o ousado conteúdo dos artigos do "anteprojeto". Diz o preâmbulo do texto que "as atividades cinematográficas e audiovisuais, além de movimentar riquezas imensas, permeando praticamente todos os terrenos da vida econômica nacional, incidindo através da publicidade na formação de hábitos de consumo, são determinantes para a vida cultural do País, influindo de forma decisiva em sua trajetória de longo curso, definindo padrões de comportamento social, incidindo sobre todas as manifestações artísticas e determinando os projetos e as condições em que a nacionalidade os realizará". Acrescenta ainda que: "O cinema e o conteúdo audiovisual são críticos para o desenvolvimento de um projeto nacional, tendo em vista a idéia mesma de que a nação está atrelada à manutenção de valores éticos, históricos, políticos e sociais cultivados por seu povo. O cinema e o audiovisual representam, nesse sentido, a forma mais rápida e eficiente de circulação desses valores". Diga-se que é premissa falsa inculcar somente às atividades *cinematográficas* e *audiovisuais* a responsabilidade através de uma de suas formas de manifestação, que é a *publicidade*, na formação de hábitos de consumo. Toda comunicação é feita através de linguagem, sendo o audiovisual uma das formas de linguagem. A linguagem tem funções e uma delas é a persuasão. Portanto, pode-se persuadir o receptor de uma mensagem através de todas as formas de linguagem. A publicidade é uma linguagem persuasiva que pode ser audiovisual ou não, e lícita, especialmente quando voltada para a atividade de consumo. Por isso que ela é regulamentada, vigiada já a partir da CF e, depois no nível ordinário pelas leis especiais da atividade e rigidamente pelo Código de Defesa do Consumidor – CDC. Assim, é falaciosa a intenção de justificar a intervenção estatal por esse motivo. Acresça-se que há um equivocado tratamento relativo à separação de cinema e audiovisual, como se fossem coisas distintas. O cinema é espécie do gênero audiovisual e tratar em todo o texto como se fossem dois entes distintos tem um propósito subliminar de induzir o leitor à impressão de que o hipotético lado fraco do sistema (a produção nacional) estaria sendo protegido igualmente ao, ou em face do, forte conteúdo audiovisual (aqui considerada qualquer imagem que se movimente em um ambiente comunicacional mais capitalizado). O documento se esparrama em citar que o cinema e o audiovisual são *críticos, estratégicos,* responsáveis pela manutenção de *valores éticos.* Todos esses termos são vazios de concretude e significado objetivo. São críticos e estratégicos para quem? O que é ético? Quem estabelece os padrões de valores? Aqui reside o mais forte embate dessa iniciativa de regulação brasileira.

Entende o Governo Federal que "o setor audiovisual não é igual aos outros" porque "possui uma natureza única e específica e cuja influência é fundamental para aquilo que os cidadãos conhecem, acreditam e sentem" e por esse motivo o tema é "uma questão estratégica". Essas considerações são assustadoras porque definem a problemática como "de Estado" e "de interesse público" que "requerem e comportam regulação econômica e social". Portanto, diz: "A criação de uma Agência Nacional (...) que lide com a ocorrência das falhas de mercado é condição para remediar um ambiente de fortes restrições à presença de agentes econômicos locais e do conteúdo nacional no mercado interno brasileiro, sem esquecer de mencionar a criação de condições para sua inserção internacional (...)". O executivo federal, enquanto gestor delegado do Estado brasileiro, se pretende competente e com poder dirigente para intervir, ainda que baseado em frases hecatombísticas e de efeito, para, salvando o *relativamente incapaz* cidadão brasileiro, fincar os quatro parâmetros do dirigismo aos meios de comunicação e de comunicação social: i) diferenciação conceitual e legal entre a regulação das plataformas tecnológicas e a regulação dos serviços de produção e distribuição de conteúdos audiovisuais; ii) criação de um conselho setorial ligado à Presidência da República, Ministério supervisor e agência reguladora; iii) parametrização da ação reguladora e a formulação de uma lei adicional, a alcunhada Lei Geral do Audiovisual; iv) ações de desenvolvimento com vistas à autosustentabilidade sistêmica da produção e distribuição de conteúdo audiovisual.

Traduzindo toda essa enxurrada de palavras de efeito: intervenção estatal; inversão de valores quando se toma o controle da comunicação social a partir de uma de suas linguagens, a audiovisual com invasão de competências dos poderes e dos entes delegados e estabelecimento de um enorme pacote tributário para a criação de recursos para a produção de obras cinematográficas brasileiras através de Contribuições de Intervenção de Domínio Econômico a que estarão sujeitos os agentes do próprio setor que cobrirão a omissão do orçamento da União em prestar o devido incentivo ao surgimento de novos produtos que poderiam, no futuro, vir a conformar o patrimônio cultural[50] brasileiro.

O Ministro da Cultura,[51] responsável pela proposição, defendeu que: "A idéia norteadora da Ancinav tem a ver com um modelo contemporâneo de regulação, testado em diversos países, e procura adaptá-lo às singularidades do Brasil, país que tem um modelo único de televisão aberta, em

---

[50] N. A.: Repetidamente vimos tentando desfazer a propositada confusão que os agentes de regulação provocam: – tratar processo de comunicação que é um fato cultural, como a cultura que é um processo, mas resultado de transmissão de experiências individuais de um povo ou nação. Dissemos: "Permeado o texto constitucional de menções à cultura e suas manifestações, certo é que a constituição cultural não se confunde com o direito da comunicação e da informação, apenas cruzando em diversos momentos os caminhos destes quando o objeto cultural nacional for mensagem e transitar pelos meios comunicacionais. O objeto cultural pode ser uma informação, muitas vezes, mas para tal terá de carregar consigo valores especiais intrínsecos que o elevam a tal categoria. Certamente numa análise mais ampla 'tudo' é cultura, enquanto se associar esta a um processo de transmissão de informações, mas nem sempre 'tudo' é objeto de proteção como um bem cultural tutelável diante dos interesses difusos, coletivos e individuais dos brasileiros", BITELLI, M. A. S. . *Op.cit.*, p. 64.
[51] GIL, Gilberto. Audiovisual, uma indústria estratégica. *Folha de São Paulo*. São Paulo, EFSP. Opinião - Tendências/Debates, p. A3, 26 de agosto de 2004.

que os canais são produtores de boa parte do conteúdo exibido e a geração é concentrada em suas sedes, com uma pequena incidência de conteúdo local e regional. A Ancinav vai regular as relações do setor (...) além de fiscalizar e criar novos mecanismos de fomento. Tudo isso sob o amparo da Constituição Federal e do Estado de Direito, da mesma forma que trabalham as outras agências. (...) Pretende-se que a nova agência funcione como árbitro, estabelecendo procedimentos capazes de evitar que um setor, ou um elo da cadeia produtiva sobreponha-se a outro", deixando patente que os meios de comunicação estão realmente sendo conduzidos a vir a ser regulados pelo viés cultural e, não propriamente como os paradigmas internacionais sobre os quais, ainda que fragmentariamente, se inspirou o Governo brasileiro, baseados estes na comunicação, nas telecomunicações e na comunicação social.

Constata-se, pois, que a sociedade brasileira continua sem passo certo no que se refere a uma efetivação de seus direitos mais comezinhos da personalidade e a manutenção dos valores éticos preconizados pela CF, na medida em que não há uma concatenação no seio da positivação de todas essas relações de tecnologias e valores.

As iniciativas regulatórias dizem basear-se em experiências de outros países,[52] olvidando-se que as potencialidades do exterior se ligam exatamente na conformação dos subsistemas ao sistema constitucional local, o que aqui não acontece. Aqui parece que se governa "de cima para baixo" quando se fala de respeito ao estado democrático de direito[53] e se legisla "de baixo para cima", ao arrepio da CF, da organização dos poderes e da hierarquia das normas.[54]

---

[52] "O anteprojeto da lei que cria a (...) Ancinav aproveita lições e incorpora mecanismos de algumas das principais legislações do setor no mundo. A taxação sobre o faturamento das TVs por exemplo é um mecanismo empregado pelo Conseil Supérieur de l'Audiovisual da França (...). O cruzamento entre audiovisual e telecomunicações é previsto na legislação inglesa, cuja agência é a Ofcom (...). Nos Estados Unidos, cabe à FCC (Federal Communication Comission) o combate à concentração de capital e de poder, além de impedir o monopólio e garantir a pluralidade da programação. (...) Ao Estado, segundo o Ministro Gilberto Gil, caberia disciplinar essa convergência. 'Regulação é pactuação permanente, dinâmica. E é bom ter um juiz nesse jogo', disse Gil". MEDEIROS, Jotabe. *Ancinaves do mundo inspiram agência nacional*. O Estado de São Paulo. São Paulo, OESP, Caderno 2. p. D5, 20 de agosto de 2004.
[53] CF, art. 1º.
[54] CF, art. 59.

Cita-se o modelo português. Lá existe a Alta Autoridade para a Comunicação Social (AACS),[55] é um órgão independente[56] que assegura o direito à informação, a liberdade de imprensa e a independência dos meios de comunicação social perante o poder político e o poder econômico, bem como a possibilidade de expressão e confronto das diversas correntes de opinião e o exercício dos direitos de antena, de resposta e de réplica política. Todavia, o órgão tem previsão no art. 39º da Constituição da República Portuguesa, adotada na 4ª Revisão de 1997. O órgão, por exemplo, fomentou um protocolo de auto-regulamentação[57] sobre qualquer tipo de programa e notadamente dos "reality shows", entre os principais veículos de radiodifusão daquele país, a RTP, a SIC e a TVI, que decidiram, por consenso, adotar um conjunto de regras de acordo com os mecanismos legais em vigor e adequadas à salvaguarda da dignidade da pessoa humana na programação televisiva.

Pactuaram os operadores o cumprimento estrito e rigoroso, de

---

[55] http://www.aacs.pt

[56] Lei da Alta Autoridade para a Comunicação Social - Lei n. 43/98 - de 6 de agosto. A Assembléia da República decreta, nos termos da alínea c) do artigo 161º, da alínea l) do artigo 164º e n. 3 do artigo 166º da Constituição, para valer como lei geral da República, o seguinte: Capítulo I - Natureza, atribuições e competências: (...) Artigo 2º (...) A Alta Autoridade é um órgão independente que funciona junto da Assembleia da República, dotado de autonomia administrativa. Artigo 3º - Atribuições - Incumbe à Alta Autoridade: a) Assegurar o exercício do direito à informação e à liberdade de imprensa; b) Providenciar pela isenção e rigor da informação; c) Zelar pela independência dos órgãos de comunicação social perante os poderes político e econômico; d) Salvaguardar a possibilidade de expressão e confronto, através dos meios de informação, das diversas correntes de opinião; e) Contribuir para garantir a independência e o pluralismo dos órgãos de comunicação social pertencentes ao Estado e a outras entidades públicas ou a entidades directa ou indirectamente sujeitas ao seu controlo econômico; f) Assegurar a isenção do processo de licenciamento ou autorização dos operadores de rádio e de televisão; g) Assegurar a observância dos fins genéricos e específicos da actividade de rádio e televisão, bem como dos que presidiram ao licenciamento dos respectivos operadores, garantindo o respeito pelos interesses do público, nomeadamente dos seus extractos mais sensíveis. h) Incentivar a aplicação, pelos órgãos de comunicação social, de critérios jornalísticos ou de programação que respeitem os direitos individuais e os padrões éticos exigíveis; i) Garantir o exercício dos direitos de antena, de resposta e de réplica política.

[57] N. A.: O Brasil tem uma bem-sucedida experiência de auto-regulamentação no setor de propaganda comercial, com a criação do CONAR – Conselho de Auto-regulamentação publicitária, que foi fundado em 1980 e, mesmo assim, "Deputados, senadores e autoridades do Executivo, de todos os níveis, continuam de olhos crescidos sobre os limites da publicidade. Nunca é demais lembrar que algo entre duzentos e trezentos projetos de lei tramitam neste momento em alguma instância do Congresso propondo limitações à publicidade. Nossa única defesa eficaz contra essa 'sanha legisferante', como já foi chamada, é fortalecer a auto-regulamentação publicitária", Geraldo Afonso. Todos perdem quando a ética anda para trás. *Boletim do Conar – ética na prática*. São Paulo, Conar, julho/agosto 2004, n. 163, p.1-2.

forma atenta e empenhada, dos limites fixados na Lei da Televisão, comprometendo-se: (i) a ter em conta, nos horários dos programas, o respectivo conteúdo, no que diz respeito, nomeadamente, a cenas de violência, física ou verbal, e de sexo, explícito ou sugerido; (ii) considerar na formulação de programas, o horário em que será transmitido, por forma a respeitar o espírito e a letra da Lei; (iii) nos programas cujo figurino assente na disponibilização contratada de concorrentes para a divulgação tendencialmente irrestrita e constante da respectiva intimidade, independentemente do controle permanente e sistemático, pela produção, através do recurso a câmeras e microfones, os operadores comprometem-se a criar ou manter espaços de privacidade; (iv) nos serviços noticiosos, a reforçar os mecanismos que garantam qualidade à informação e clarifiquem os critérios jornalísticos, com respeito pelo Código Deontológico e pelo Estatuto do Jornalista, de modo a que uma notícia não possa ser confundida com qualquer tipo de promoção; (v) em caso de dúvida de entendimento, necessidade de colmatar lacunas de regulação ou avaliação de possíveis infrações ao protocolo, recorrerão à arbitragem de uma Comissão Arbitral, constituída por representantes dos três signatários, sob a presidência da Alta Autoridade para a Comunicação Social".

Como se constata, o modelo português parte de um parâmetro de regulação da comunicação e não do audiovisual que por ele trafega e, muito menos sob um viés de proteção nacionalista de valores culturais. O Brasil pode vir a até adotar um padrão semelhante, desde que venha a combinar o jogo, primeiro, com a sociedade através de uma emenda Constitucional e de um sistema normativo que revise o CBT, a LTG e as demais leis sobre meios e conteúdos.

Cita-se, também, o modelo Britânico de fusão de todas as agências relacionadas a comunicação, com a criação da OFCOM – Office of Communications que assumiu todas as responsabilidades dos quatro entes pré-existentes e reguladores a saber: o "Broadcasting Standards Commission"; o "Independent Television Commission"; o "Oftel", o "Radio Authority and the Radiocommunications Agency". Os declarados princípios regulatórios dessa agência são no sentido de evitar constrangimentos e entraves à atividade econômica e ao desenvolvimento tecnológico, balanceando-os com os interesses dos consumidores.[58] A missão da OFCOM é assegurar a melhor utilização possível do espectro magnético, assegurando que uma vasta gama de oferta de serviços de alta velocidade e capacidade de comunicação estejam disponíveis em todo o território nacional, garantindo, ainda, que os serviços de radiodifusão de alta qualidade e grande apelo persistam, com a manutenção de pluralidade no fornecimento de "broadcasting". Ao mesmo tempo, visará a Agência a obtenção da adequada proteção contra conteúdos ofensivos e lesivos, que causem injustiça ao destinatário ou invasão de sua privacidade.

Inspiradoras experiências não fosse o fato de que essas situações regulatórias somente são possíveis porque sedimentadas em sistemas jurídicos nacionais que foram estruturados a partir da base, da constituição para tanto. O Brasil parece às vezes legislar "de ouvido" e, portanto, "de improviso".

O que não se pode, todavia, é aceitar que à falta de uma boa partitura se admitam inspirações de intervenção estatal e dirigismos paternalistas, que podem sempre servir ao interesse do "príncipe" ou de alternâncias no poder político. O fato é que à míngua de uma solução corajosa e de consenso o País navega na proteção dos direitos da personalidade, como a *privacidade* em relação à *comunicação* sobre águas agitadas, com muitos lemes, vários timões e pouca direção.

O País não pode aceitar que o Estado resolva tais riscos de colisão ou cruzamento dos direitos enfocados nessas linhas, sem um consenso a partir da CF, sob pena de nos avizinharmos do dirigismo próprio dos regi-

---

[58] Ofcom's regulatory principles: *Ofcom* will regulate with a clearly articulated and publicly reviewed annual plan, with stated policy objectives. *Ofcom* will intervene where there is a specific statutory duty to work towards a public policy goal which markets alone cannot achieve. *Ofcom* will operate with a bias against intervention, but with a willingness to intervene firmly, promptly and effectively where required. *Ofcom* will strive to ensure its interventions will be evidence-based, proportionate, consistent, accountable and transparent in both deliberation and outcome. *Ofcom* will always seek the least intrusive regulatory mechanisms to achieve its policy objectives. *Ofcom* will research markets constantly and will aim to remain at the forefront of technological understanding. *Ofcom* will consult widely with all relevant stakeholders and assess the impact of regulatory action before imposing regulation upon a market. http://www.offcom.org.uk/ 28.08.2004 29.08.2004.

mes totalitários onde poucos decidem por todos.[59] Por outro lado não pode deixar que cresça a posição da doutrina jurídica de que "(...) se a participação do público nos veículos de MCM é algo próximo da utopia(...) torna-se necessário que, junto com um poder de reflexão e desalienação do receptor (...) também se considere a real função do Poder Judiciário no controle e ajuste de programação que não atenda aos parâmetros constitucionais, sempre que para isso os entes legitimados, apurando nítido abuso na emissão, reclamem a aplicação do texto legal junto àquele poder".[60]

BIBLIOGRAFIA

AFONSO, Geraldo. Todos perdem quando a ética anda para trás. *Boletim do Conar – ética na prática*. São Paulo, Conar, jul./ago. 2004, n.º 163, p. 1-2.

BASTOS, Celso Ribeiro. *Curso de direito constitucional*. São Paulo, Saraiva, 17ª ed., 1996.

BITELLI, Marcos Alberto Sant'Anna. *Direito da comunicação e da comunicação social*. São Paulo, RT, 2004.

BLÁZQUES, Niceto. *Ética e meios de comunicação social*. Trad. Rodrigo Contrera. São Paulo, Paulinas, 1999.

CALDAS, Pedro Frederico. *Vida privada, liberdade de imprensa e dano moral*. São Paulo, Saraiva, 1997.

CANOTILHO, J. J. Gomes. *Direito constitucional e teoria da Constituição*. 5ª ed. Coimbra : Almedina, s.d.

DI FRANCO, Carlos Alberto. *A tentação do autoritarismo*. O Estado de São Paulo. São Paulo. OESP, Espaço Aberto, p. A2, 12 de abril de 2004.

---

[59] "O Estado totalitário crê que é ele que pode prover a felicidade de cada homem que o integra. Supõe, portanto, que sabe exatamente do que o homem precisa. Essa pretensão, unida ao paternalismo que ela também supõe, traz embutida, por si mesma, uma visão reducionista do que é o homem e do fim de sua existência". PEREIRA, G. D. Cunha. *Op. cit.*, p. 39, nota 38.

[60] PODESTÁ, F. H. . *Op. cit.*, p. 108. O autor adverte em nota de n. 121, na mesma página, aos "desavisados e com espírito parcial", que o direito dos substitutos processuais legitimados extraordinariamente de pedir ao Judiciário o controle da qualidade e do conteúdo da programação dos MCM não se constitui censura.

DIZARD JR., Wilson. *A nova mídia: a comunicação de massa na era da informação*. Trad. [da 3.ª ed. norte-americana], Edmond Jorge. 2ª. ed. rev./ atualiz. Rio de Janeiro, Zahar, 2000, p. 40-41.

FARIAS, Edilsom Pereira de. Colisão de direitos – *A honra, a intimidade, a vida privada e a imagem* versus *a liberdade de informação e expressão*. Porto Alegre, Fabris, 1996.

FERNANDES Neto, Guilherme. *Direito da comunicação social*. São Paulo, RT, 2004.

FERREIRA FILHO, Manoel Gonçalves. *Comentários à Constituição brasileira de 1988*. São Paulo, Saraiva, 1995, vol. 4.

GARCIA, Enéas Costa. *Responsabilidade civil dos meios de comunicação*. São Paulo, Juarez de Oliveira, 2002.

GIL, Gilberto. Audiovisual, uma indústria estratégica. *Folha de São Paulo*. São Paulo, EFSP. Opinião - Tendências/Debates, p. A3, 26 de agosto de 2004.

GUERRA, Sylvio Guerra. S. *Colisão de direitos fundamentais*. Rio de Janeiro, BVZ, 2002.

http://www.aacs.pt

http://www.cultura.gov.br/documentos/minuta_anteprojeto_lei_criacao_ancinav.pdf 29.08.2005 18:15

http://www.offcom.org.uk/

JABUR, Gilberto Haddad. *Liberdade de pensamento e direito à vida privada*. São Paulo, RT, 2000.

LEYSER, Maria de Fátima Vaquero Ramalho. *Direito à liberdade de imprensa*. São Paulo, Juarez de Oliveira, 1999.

LOPES, Vera Maria de Oliveira Nusdeo. *O direito à informação e as concessões de rádio e televisão*. São Paulo, RT, 1997.

MARTINS, Ives Gandra; BASTOS, Celso Ribeiro. *Comentários à Constituição do Brasil*. 8.º vol. São Paulo, Saraiva, 2ª. ed., 2000.

MEDEIROS, Jotabe. *Ancinaves do mundo inspiram agência nacional*. O Estado de São Paulo. São Paulo, OESP, Caderno 2., p. D5, 20 de agosto de 2004.

MORAES, Alexandre de. *Constituição brasileira interpretada*. São Paulo, Atlas, 4ª. ed., 2004.

NUNES, Luiz Antonio Rizzato. *O princípio constitucional da dignidade da pessoa humana*. São Paulo, Saraiva, 2002.

PEREIRA, Guilherme Döring Cunha. *Liberdade e responsabilidade dos meios de comunicação.* São Paulo, RT, 2002.

PODESTÁ, Fábio Henrique. *Interesses difusos, qualidade da comunicação e controle judicial.* São Paulo, RT, Carlos Alberto Rabaça; Gustavo Barbosa. *Dicionário de comunicação.* 2.ª ed. Rio de Janeiro, Campus, 2001,

POLISTCHUK, Ilana; TRINTA, Aluízio Ramos. *Teorias da comunicação.* Rio de Janeiro, Campus, 2003.

REALE, Miguel. *Filosofia do direito.* São Paulo, Saraiva, 20.ª ed., 2002.

SOARES, Orlando. *Comentários à Constituição da República Federativa do Brasil.* Rio de Janeiro, Forense, 2002.

DIREITO À PRIVACIDADE E CONTROLE CONCENTRADO DE CONSTITUCIONALIDADE

MIGUEL REALE* e IVES GANDRA DA SILVA MARTINS**

Tem, o Supremo Tribunal Federal, entendido ser o sigilo bancário faceta do direito à privacidade assegurado pelo inciso X do artigo 5º da Constituição Federal, cuja violação abre espaço para a deflagração do controle concentrado de constitucionalidade.

O Decreto (n. 4489 de 28/11/2002) veiculado pelo Poder Executivo recolocou a questão se possíveis vícios de legalidade e constitucionalidade, direta ou reflexa, de um ato normativo poderiam deflagrar o controle concentrado de constitucionalidade por parte do Pretório Excelso. O referido diploma permite que a Receita Federal tenha acesso indiscriminado às informações bancárias de todos os contribuintes brasileiros, que mantenham contas ou aplicações financeiras nas instituições monetárias ou que utilizem cartões de crédito e movimentem valores acima de 5 mil reais por mês.

---

* Professor Emérito da Universidade de São Paulo, em cuja Faculdade de Direito foi Catedrático de Filosofia do Direito e Doutor "Honoris Causa" pela Universidade de Coimbra (Portugal).
** Professor Emérito da Universidade Mackenzie, em cuja Faculdade de Direito foi Titular de Direito Constitucional e Doutor "Honoris Causa" pela Universidade de Craiova (Romênia).

O questionamento vincula-se a saber se o decreto seria ilegal em face da Lei Complementar 105/01 e indiretamente inconstitucional não ensejando a propositura de Ação Direta de Inconstitucionalidade, por força da jurisprudência conformada pelo Pretório Excelso,[1] ou se constituiria ato normativo autônomo, desrelacionado da referida Lei Complementar (nada obstante a referência, no texto, ao mencionado diploma),[2] o que permitiria suscitar o controle concentrado.

Outra questão refere-se a conhecer se o mencionado decreto macula o sistema jurídico constitucional e, se o fizer, em que parte.

Em relação ao cabimento de controle concentrado quanto a ato normativo, tem o Supremo Tribunal Federal decidido que:

> "A Constituição da República, em tema de ação direta, qualifica-se como o único instrumento normativo revestido de parametricidade, para efeito de fiscalização abstrata de constitucionalidade perante o Supremo Tribunal Federal. Ação direta e ofensa frontal à Constituição. O controle normativo abstrato, para efeito de sua válida instauração, supõe a ocorrência de situação de litigiosidade constitucional que reclama a existência de uma necessária relação de confronto imediato entre o ato estatal de menos positividade jurídica e o texto da Constituição Federal. Revelar-se-á processualmente inviável a utilização da ação direta, quando a situação de inconstitucionalidade – que sempre deve transparecer imediatamente

---

[1] Na ADIMC 1883/CE (D.J. 27/11/98) em que foi relator o Ministro Maurício Corrêa decidiu o STF que: "EMENTA: Medida Cautelar em ação direta de inconstitucionalidade. Provimento n. 8, de 4/8/98, da Corregedoria Geral de Justiça do Tribunal de Justiça do Estado do Ceará. Condição da ação: Possibilidade jurídica do pedido.

1. Cabe ação direta de inconstitucionalidade para verificar a ocorrência de ofensa ao princípio constitucional da reserva legal ou de usurpação de competência legislativa por um dos entes federados *quando o ato normativo impugnado tem por base dispositivo constitucional, sendo, pois, autônomo*.

2. Não cabe ação direta quando o ato normativo questionado, hierarquicamente inferior à lei, deve ser confrontado diretamente com a legislação ordinária e só indiretamente com a Constituição pois, nesse caso, cuida-se de ilegalidade e não de inconstitucionalidade. Precedentes.

Ação direta de inconstitucionalidade não conhecida em face da ausência da possibilidade jurídica do pedido, ficando prejudicado o pedido cautelar" (grifos nossos).

[2] O enunciado do Decreto 4489/02 está assim redigido: "Decreto n. 4489, de 28/11/2002 – Regulamenta o art. 5º da Lei Complementar n. 105, de 10/01/2001, no que concerne à prestação de informações à Secretaria da Receita Federal do Ministério da Fazenda, pelas instituições financeiras e as entidades a elas equiparadas, relativas às operações financeiras efetuadas pelos usuários de seus serviços".

do conteúdo material do ato normativo impugnado – depender, para efeito de seu reconhecimento, do prévio exame comparativo entre a regra estatal questionada e qualquer outra espécie jurídica de natureza infraconstitucional. O eventual extravasamento, pelo ato regulamentar, dos limites a que se acha materialmente vinculado poderá configurar insubordinação administrativa aos comandos da lei. Mesmo que desse vício jurídico resulte um desdobramento ulterior, uma potencial violação da Carta Magna, ainda assim estar-se-á em face de uma situação de inconstitucionalidade meramente reflexa ou oblíqua, cuja apreciação não se revela possível sem sede jurisdicional concentrada".[3]

Em outras palavras, sempre que a inconstitucionalidade é reflexa, o veículo da ação direta não é aquele apropriado a afastar a mácula à lei suprema.

Não ocorre tal impedimento, se o ato normativo do Executivo tiver a pretensão de ostentar luz própria e autonomia em relação ao regime jurídico, que repele.[4]

O citado Decreto, nada obstante referir-se à lei complementar – referência inconseqüente – cuida de matéria fora do âmbito da mencionada lei e não se apresenta como violador desse diploma – ele também de

---

[3] ADIMC 1347/DF, Relator Ministro Celso de Mello, DJ. 05/09/95.
[4] Decidiu o STF que: "ADI 1282/SP
AÇÃO DIRETA DE INCONSTITUCIONALIDADE
Relator(a): Min. SEPÚLVEDA PERTENCE
Publicação:
Julgamento: Tribunal Pleno
EMENTA: I. Ação direta de inconstitucionalidade: idoneidade do objeto: decreto não regulamentar. Tem-se objeto idôneo à ação direta de inconstitucionalidade quando o decreto impugnado não é de caráter regulamentar de lei, mas constitui ato normativo que pretende derivar seu conteúdo diretamente da Constituição. II. Ação direta de inconstitucionalidade: pertinência temática. 1. A pertinência temática, requisito implícito da legitimação das entidades de classe para a ação direta de inconstitucionalidade, não depende de que a categoria respectiva seja o único segmento social compreendido no âmbito normativo do diploma impugnado. 2. Há pertinência temática entre a finalidade institucional da CNTI – Confederação Nacional dos Trabalhadores na Indústria – e o decreto questionado, que fixa limites à remuneração dos empregados das empresas estatais de determinado Estado, entre os quais é notório haver industriários. III. Ação direta de inconstitucionalidade: identidade do objeto com a de outra anteriormente proposta: apensação.
Partes : REQTE.: CONFEDERAÇÃO NACIONAL DOS TRABALHADORES NA INDÚSTRIA
REQDO.: GOVERNADOR DO ESTADO DE SÃO PAULO" (grifos nossos) (site do STF – Internet).

duvidosa constitucionalidade –, pois versando sobre matéria diversa do objeto de qualquer outro texto legislativo.

A Lei Complementar n. 105/01, como determina seu enunciado, está voltada às instituições financeiras, ao sigilo que devem guardar e à possibilidade de a Receita Federal quebrá-lo, em "casos de lavagem de dinheiro e sonegação fiscal", sem necessidade de intervenção do Poder Judiciário.

Seus artigos 1º a 4º cuidam do sigilo a ser mantido pelas instituições mencionadas e pelo Banco Central e os artigos 5 e 6 disciplinam a forma pela qual, em casos de indícios de sonegação, podem os agentes fiscais rompê-lo.

Com efeito, leiam-se os seguintes artigos:

"Art. 1º "caput": **As instituições financeiras conservarão sigilo** em suas operações ativas e passivas e serviços prestados.
...
§ 3º **Não constitui violação do dever de sigilo:**
I. a troca de informações entre instituições financeiras, para fins cadastrais, inclusive por intermédio de centrais de risco, observadas as normas baixadas pelo Conselho Monetário Nacional e pelo Banco Central do Brasil;
II. o fornecimento de informações constantes de cadastro de emitentes de cheques sem provisão de fundos e de devedores inadimplentes a entidades de proteção ao crédito, observadas as normas baixadas pelo Conselho Monetário Nacional e pelo Banco Central do Brasil;
...
V. a revelação de informações sigilosas com o consentimento expresso dos interessados;
...
Art. 2º "caput": **O dever de sigilo é extensivo ao Banco Central do Brasil**, em relação às operações que realizar e às informações que obtiver no exercício de suas atribuições.
....
Art. 3º Serão prestadas pelo Banco Central do Brasil, pela Comissão de Valores Mobiliários e pelas instituições financeiras

as informações ordenadas pelo Poder Judiciário, **preservando seu caráter sigiloso mediante acesso restrito às partes, que delas não poderão servir-se para fins estranhos à lide**.

....

§ 3º Além dos casos previstos neste artigo o Banco Central do Brasil e a Comissão de Valores Mobiliários fornecerão à Advocacia-Geral da União **as informações e os documentos necessários à defesa da União nas ações em que seja parte**.

Art. 4º O Banco Central do Brasil e a Comissão de Valores Mobiliários, nas áreas de suas atribuições, e as instituições financeiras fornecerão ao Poder Legislativo Federal as informações e os documentos sigilosos que, fundamentadamente, se fizerem necessários ao exercício de suas respectivas competências constitucionais e legais.

§ 1º **As comissões parlamentares de inquérito, no exercício de sua competência constitucional e legal de ampla investigação**, obterão as informações e documentos sigilosos de que necessitarem, diretamente das instituições financeiras, ou por intermédio do Banco Central do Brasil ou da Comissão de Valores Mobiliários.

§ 2º As solicitações de que trata este artigo deverão ser previamente aprovadas pelo Plenário da Câmara dos Deputados, do Senado Federal, ou do plenário de suas respectivas comissões parlamentares de inquérito" (grifos nossos).

Os artigos 5 e 6 vinculam-se de forma umbilical, visto que cuidam de exceções à guarda do sigilo pelo sistema financeiro – é ele **o verdadeiro guardião do sigilo bancário** – em casos em que se justifique a pretendida informação.

Tanto é que o artigo 3º § 1º só admite que o sigilo bancário do próprio agente fiscal seja quebrado mediante autorização judicial, embora o do contribuinte possa ser rompido, sem a referida autorização, como se vê da seguinte dicção:

"§ 1º **Dependem de prévia autorização do Poder Judiciário a prestação de informações e o fornecimento de documentos sigilosos solicitados por comissão de inquérito administrativo destinada a apurar responsabilidade de servidor público por infração** praticada no exercício de suas atribuições, ou que tenha relação com as atribuições do cargo em que se encontre investido" (grifos nossos).

Não é o caso de nos determos a comentar o curioso dispositivo redigido em causa própria pela Secretaria da Receita Federal, que protege os agentes governamentais, cujos atos devem ser por força do artigo 37 da CF, públicos (moralidade e publicidade são princípios fundamentais da Administração), e desprotege os contribuintes, cuja privacidade é garantida pela Carta da República (artigo 5º, inciso X), mas que resta desguarnecida pela referida Lei Complementar n. 105/01, ao afastar, nesta hipótese, a serena intervenção do Poder Judiciário.[5]

A aética postura de classificar brasileiros em cidadãos de 1ª e 2ª classe adotada pela Lei Complementar n. 105/01 já está sendo discutida em ADIN proposta junto à Suprema Corte pela Confederação Nacional do Comércio.

Ora, se o Decreto que estamos examinando pudesse ser considerado regulador da LC 105/01, à evidência, hospedaria uma "contradictio in terminis", visto que todos os agentes fiscais, que estão assegurados, pelo artigo 3º § 5º da LC n. 105/01, a terem seu sigilo quebrado apenas mediante autorização judicial, já teriam essa garantia afastada, em face da obrigação que o decreto impõe às entidades bancárias de prestar informação à Receita Federal de suas movimentações.

---

[5] Os artigos 37 "caput" e 5º incisos X e XII da lei suprema estão assim redigidos: "Art. 37 A administração pública direta e indireta de qualquer dos Poderes da União, dos Estados, do Distrito Federal e dos Municípios obedecerá aos princípios de legalidade, impessoalidade, **moralidade, publicidade** e eficiência e, também, ao seguinte: ... ";
"Art. 5º - X. são **invioláveis** a intimidade, **a vida privada**, a honra e a imagem das pessoas, assegurado o direito a indenização pelo dano material ou moral decorrente de sua violação;
XII. **é inviolável o sigilo da correspondência e das comunicações telegráficas, de dados** e das comunicações telefônicas, salvo, no último caso, por ordem judicial, nas hipóteses e na forma que a lei estabelecer para fins de investigação criminal ou instrução processual penal" (grifos nossos).

Em outras palavras, se nos processos investigatórios o sigilo já estaria quebrado, por que solicitar ao Poder Judiciário autorização para obter informações que a própria Receita já estaria de posse, por força do mencionado Decreto?[6]

Nitidamente, os dois atos normativos versam matérias distintas e desvinculadas uma da outra. O primeiro (LC n. 105/01), admite a quebra do sigilo bancário em casos de suspeita de sonegação ou lavagem de dinheiro, em havendo processo administrativo (sem autorização judicial se o investigado for cidadão não exercente de cargo ou função pública e com autorização judicial se se tratar de agente público, o investigado). O primeiro declara, ainda, que o sigilo bancário pertine às instituições financeiras e ao Banco Central. O segundo (Decreto n. 4489/2001) determina que as instituições financeiras sejam substituídas pela Receita Federal, que se transforma na entidade de guarda do sigilo bancário.

Graficamente, o Secretário da Receita Federal Adjunto, Dr. Jorge Rachid, explicitou o que pretende o Decreto:

> "O sigilo bancário não está sendo quebrado, ele só está sendo transferido para a Receita Federal".[7]

Estamos perante manifesto sofisma, porque é essa transferência para a Receita que perpetra a ilícita quebra de sigilo.

Mais do que isso, o segundo diploma impõe – sendo pois autônomo seu campo de atuação legislativa –, que não apenas nas hipóteses de inves-

---

[6] O próprio § 4º do artigo 1º da LC n. 105/01 é outra exceção à quebra de sigilo sem autorização judicial e ainda aqui em caso de suposta sonegação. Está assim veiculado: "§ 4º A quebra de sigilo poderá ser decretada, **quando necessária para apuração de ocorrência de qualquer ilícito, em qualquer fase do inquérito ou do processo judicial, e especialmente nos seguintes crimes:**
I. de terrorismo;
II. de tráfico ilícito de substâncias entorpecentes ou drogas afins;
III. de contrabando ou tráfico de armas, munições ou material destinado a sua produção;
IV. de extorsão mediante seqüestro;
V. contra o sistema financeiro nacional;
VI. contra a Administração Pública;
VII. contra a ordem tributária e a previdência social;
VIII. lavagem de dinheiro ou ocultação de bens, direitos e valores;
IX. praticado por organização criminosa" (grifos nossos).
[7] Jornal do Commercio, 30/11/2002, p. A-2.

tigações sobre lavagem de dinheiro ou de sonegação, poderão os agentes fiscais quebrar o sigilo bancário, mas em qualquer hipótese. Trata-se, nitidamente, repetimos, de diploma legislativo distinto, que alarga, consideravelmente, a área coberta pela LC n. 105/01, com independência e autonomia, o que transcende a mera ilegalidade para ingressar na inconstitucionalidade direta e manifesta.

A referência, portanto, ao artigo 5º da LC n. 105/01, na canhestra tentativa de iludir o Poder Judiciário de que se trataria de mera regulamentação de um artigo de lei subordinado ao artigo 6º do mesmo diploma e que poderia ser regulado, em seu limitado campo de atuação, não resiste à constatação de que pretendeu a Receita Federal criar instrumento próprio de quebra de sigilo bancário, não constante da LC 105/01, instituindo novo regime jurídico paralelo àquele veiculado pelo ato legislativo de 2001, que permitira a quebra do sigilo bancário ao sistema financeiro e ao Banco Central, sem autorização judicial, somente em casos de sonegação ou lavagem de dinheiro.

Estão os artigos 5º ("caput") e 6º da LC 105/01 assim redigidos:

"Art. 5º O Poder Executivo disciplinará, inclusive quanto à periodicidade e aos limites de valor, **os critérios segundo os quais as instituições financeiras informarão à administração tributária** da União, as operações financeiras efetuadas pelos usuários de seus serviços";

"Art. 6º As autoridades e os agentes fiscais tributários da União, dos Estados, do Distrito Federal e dos Municípios **somente poderão examinar documentos, livros e registros de instituições financeiras, inclusive os referentes a contas de depósitos e aplicações financeiras, quando houver processo administrativo instaurado ou procedimento fiscal em curso e tais exames sejam considerados indispensáveis pela autoridade administrativa competente**.

§ único. O resultado dos exames, as informações e os documentos a que se refere este artigo serão conservados em sigilo, observada a legislação tributária" (grifos nossos).

À nitidez, as informações a que se refere o artigo 5º dizem exatamente respeito às hipóteses dos artigos 1º §§ 3º, 4º e 6º, visto que, de outra forma, não se justificaria sua menção, pois a quebra já estaria permitida, SEM AUTORIZAÇÃO JUDICIAL, para todas as operações bancárias.[8]

Parece-nos, portanto, que se trata de ato normativo autônomo, o que vale dizer, passível de ser afastado do universo jurídico, via controle concentrado de constitucionalidade, por violar de forma direta princípios fundamentais da Carta da República.

Com efeito, rezam os incisos X e XII do artigo 5º da Constituição Federal que:

"Art. 5º ...

X. são invioláveis a intimidade, a vida privada, a honra e a imagem das pessoas, assegurado o direito a indenização pelo dano material ou moral decorrente de sua violação;

...

XII. é inviolável o sigilo da correspondência e das comunicações telegráficas, de dados e das comunicações telefônicas, salvo, no último caso, por ordem judicial, nas hipóteses e na forma que a lei estabelecer para fins de investigação criminal ou instrução processual penal".

---

[8] O Ministro Maurício Corrêa elenca a tradição brasileira de quebra do sigilo bancário apenas com autorização judicial: "A jurisprudência desta Corte, consolidada e cristalizada a partir do julgamento dos citados MS n. 1.047-SP e n. 1.959-DF, é rica em precedentes que nunca deixaram de entender que o sigilo bancário é um direito individual não absoluto, podendo ser rompido somente em casos especiais onde há prevalência do interesse público e, mesmo assim, por determinação judicial. Além dos dois citados, anoto os seguintes precedentes que, de alguma forma, abordam o tema: RHC n. 31.611, Rel. designado Min. AFRÂNIO COSTA, j. em 25/07/51, in DJU de 28/09/53, p. 2.880 (apenso ao n. 222); MS n. 2.172, Rel.. Min. NELSON HUNGRIA, j. em 10/07/ /53, in DJU de 05/01/54; RMS n. 2.574-MG, ReI. Min. VILLAS BOAS, j. em 08/07/57, in RTJ 2/429; RMS n. 9.057-MG, Rel. Min. GONÇALVES DE OLIVEIRA, j. em 13/09/61, in RTJ 20/84; RMS n. 15.925-GB, Rel. Min. GONÇALVES DE OLIVEIRA, j. em 20/05/66, in RTJ 37/373; AG n. 40.883-GB, Rel. Min. HERMES LIMA, j. em 10/11/67, in DJU de 06/ /03/68; RE n. 71.640-BA, Rel. Min. DJACI FALCÃO, j. em 17/09/71, in RTJ 59/571; RE n. 82.700-SP, Rel. Min. XAVIER DE ALBUQUERQUE, j. em 11/11/75, in RTJ 76/655; MS n. 21.172-AM, Rel. Min. SOARES MUNHOZ, j. em 27/09/78, in DJU de 20/10/78; RE n. 94.608-SP, Rel. Min. CORDEIRO GUERRA, j. em 06/04/84, in RTJ 110/196; AG (AgRg) n. 115.469-1/SP, Rel. Min. RAFAEL MAYER., j. em 28/11/86, in DJU de 12/12/86; H C n. 66.284-MG, Rel. Min. CARLOS MADEIRA, j. em 24/ /05/88, in RTJ 127/891; H C n. 67.913-SP, rel. p/o ac. Min. CARLOS VELLOSO, j. em 16/10/90, in RTJ 134/309; PET n. 577 (Questão de Ordem)-SP, rel. Min. CARLOS VELLOSO, j. em 25/03/92, in RTJ 148/ /366; AGRINQ n. 897, Rel. Min. FRANCISCO REZEK, j. em 23/11/94, in DJU de 24/10/95" (grifos meus). (MS 21729-4-DF, Revista Dialética n. 1, 1995, p 21/22).

Até mesmo a Lei Complementar n. 105/01 padeceria do vício maior que pode macular um diploma legislativo, ou seja, o vício da inconstitucionalidade, ao substituir a imparcialidade do Poder Judiciário pelo interesse do agente fiscal da Receita, em sua pessoal visão de cobrador de tributos, no rompimento do sigilo bancário.

O Egrégio Supremo Tribunal Federal já assentou que *o sigilo bancário é expressão do direito de privacidade,* cujas prerrogativas estão asseguradas nos retrocitados incisos X e XII do art. 5º da CF .

Ainda que não exista entre os Ministros consenso sobre estar o fundamento constitucional que dá respaldo ao sigilo bancário ubicado no inciso X ou XII do art. 5º da CF, prevaleceu o entendimento de que o inciso XII está voltado a proteger comunicação de dados vedando sua interceptação por qualquer meio tecnológico, enquanto *a proteção aos próprios dados, relacionados à privacidade, decorreria do inciso X, como se vê do seguinte trecho da ementa do MS 23.452-1 RJ* (Tribunal Pleno):

> "O **sigilo bancário**, o **sigilo fiscal** e o **sigilo telefônico** (sigilo este que incide sobre os dados/registros telefônicos e que **não** se identifica com a inviabilidade das **comunicações** telefônicas) – ainda que representem projeções específicas do direito à intimidade, fundado no art. 5 X da Carta Política – não se revelam oponíveis, em nosso sistema jurídico, às Comissões Parlamentares de Inquérito, **eis que** o ato que lhes decreta a quebra traduz natural **derivação** dos poderes de investigação que foram conferidos **pela própria Constituição da República**, aos órgãos de investigação parlamentar.
>
> As Comissões Parlamentares de Inquérito, **no entanto**, para decretarem, legitimamente, **por autoridade própria, a quebra do sigilo bancário, do sigilo fiscal e/ou do sigilo telefônico**, relativamente a pessoas por elas investigadas, devem demonstrar, a partir de meros indícios, a existência concreta de **causa provável** que legitime a medida excepcional (**ruptura** da esfera de intimidade de quem se acha sob investigação), **justificando** a necessidade de sua efetivação no procedimento de **ampla** investigação dos fatos determi-

nados que deram causa à instauração do inquérito parlamentar sem prejuízo de ulterior controle jurisdicional dos atos em referência (CF, art., 5°, XXXV)" (grifos nossos e cópia do acórdão em nosso poder).

Deixou claro, outrossim, o Pretório Excelso, *que não se trata de direito absoluto*, e sim relativo, podendo ser afastado diante de um interesse público maior, *por quem esteja legitimado a tanto pela Constituição e que tenha o dever de imparcialidade.*

Reconheceu, efetivamente, que, nessa matéria, somente não existe reserva de jurisdição, *porque o art. 58 § 3° da CF outorga às Comissões Parlamentares de Inquérito poderes investigatórios semelhantes aos do Judiciário, como se vê do seguinte trecho da ementa do MS 23.652-3 (Tribunal Pleno):*

> "O *princípio constitucional da reserva de jurisdição* – que incide sobre as hipóteses de busca domiciliar (CF, art. 5°, XI), de interceptação telefônica (CF, art. 5°, XII) e de decretação da prisão, ressalvada a situação de flagrância penal (CF, art. 5°, LXI) – *não se estende* ao tema da quebra do sigilo, *pois*, em tal matéria, *e por efeito de expressa autorização dada pela própria Constituição da República* (CF, art. 58, § 3°), *assiste* competência à Comissão Parlamentar de Inquérito, para decretar, sempre em ato *necessariamente* motivado, a *excepcional* ruptura dessa esfera de privacidade das pessoas" (grifos nossos e acórdão em nosso poder).

Assim, *exceção às CPIs, para as quais são inerentes poderes próprios de investigação judicial por outorga constitucional, não podem outros órgãos, poderes ou entidades não autorizados pela Lei Maior, quebrar o sigilo bancário* e, pois, afastar o direito à privacidade *independente de autorização judicial*, a pretexto de fazer prevalecer o interesse público, *"máxime" quando não têm o dever de imparcialidade por serem PARTE na relação mantida com o particular.*

Por tais fundamentos, o Supremo Tribunal Federal *negou ao Ministério Público o poder de quebrar o sigilo bancário independente de autorização judicial*, no RE 215.301-0/CE, com base em lapidar voto do Ministro *Carlos Velloso*, de que se destaca o seguinte trecho:

"Pode o Ministério Público, portanto, presentes as normas do inc. VIII, do art. 129 da CF, requisitar diligências investigatórias e requisitar a instauração de inquérito policial, indicando os fundamentos jurídicos de suas manifestações processuais. As diligências investigatórias e a instauração de inquérito policial deverão ser requisitadas, obviamente, à autoridade policial.

Ora, no citado inc. VIII, do art. 129, da CF, não está escrito que poderia o órgão do Ministério Público requerer, sem a intervenção da autoridade judiciária, a quebra do sigilo bancário de alguém. E se considerarmos que o sigilo bancário é espécie de direito à privacidade que a Constituição consagra, o art. 5º, inc. X, somente autorização expressa da Constituição legitimaria a ação do Ministério Público para requerer, diretamente, sem a intervenção da autoridade judiciária, a quebra do sigilo bancário de qualquer pessoa.

No voto que proferi na Petição 577-DF, caso Magri, dissertei a respeito do tema (RTJ 148/366), asseverando que o direito ao sigilo bancário não é, na verdade, um direito absoluto – não há, aliás, direitos absolutos – devendo ceder, é certo, diante do interesse público, diante do interesse social, diante do interesse da justiça, conforme, esclareça-se, tem decidido o Supremo Tribunal Federal. Todavia, deixei expresso no voto que proferi no MS 21.729-DF, por se tratar de um direito que tem "status" constitucional, que a quebra não pode ser feita por quem não tem o dever de imparcialidade. Somente a autoridade judiciária, que tem o dever de ser imparcial, por isso mesmo procederá com cautela, com prudência e com moderação, é que, provocada pelo Ministério Público, poderá autorizar a quebra do sigilo. O Ministério Público, por mais importantes que sejam suas funções, não tem obrigação de ser imparcial. Sendo parte – advogado da sociedade – a parcialidade lhe é inerente. Então, como poderia a parte, que tem interesse na ação, efetivar, ela própria, a quebra de um direito inerente à privacidade, que é garantido pela Constituição? Lembro-me de que, no antigo Tribunal Federal de Recursos, um de seus mais eminentes membros costumava afirmar que "o erro do juiz o tribunal pode corrigir, mas quem corrigirá o erro do Ministério Público?" Há órgãos e órgãos do Ministério Público que agem individualmente, alguns, até, comprometidos com o poder político. O que não poderia ocorrer, indago, com o direito de muitos, por esses Brasis, se o direito das pessoas ao sigilo bancário pudesse ser quebrado sem maior cautela, sem a interferência da autoridade judiciária, por representantes do Ministério Público, que agem individualmente, fora do devido processo legal e que não têm seus atos controlados mediante recursos?" (grifos nossos).[9]

Aliás, sublinha a Suprema Corte que *mesmo o Judiciário há de agir com extrema moderação, ao autorizar a providência excepcional de ruptura da esfera de privacidade individual* – o que se impõe, também, à quebra de sigilo determinada pela CPI – *fazendo-o exclusivamente se: a) existirem pelo menos elementos mínimos a indicar a possibilidade de prática delituosa, de sua autoria e materialidade; b) a medida for pertinente para atender ao interesse público e c) se não houver outro meio para revelar a verdade material.*

Outros arestos do STF hospedam a mesma linha do eminente Ministro Carlos Mário Velloso:

MINISTRO MARCO AURÉLIO:

1) MS 21.729-4:

"Em última análise, tenho que o sigilo bancário está sob proteção do disposto nos incisos X e XII do artigo 5º da Constituição Federal. *Entendo que somente é possível afastá-lo por ordem judicial*" (grifos na transcrição).[10]

MINISTRO SEPÚLVEDA PERTENCE:

1) PETIÇÃO 577:

"*O eminente Relator enfatizou a relatividade do direito ao sigilo*

---

[9] DJ 28/05/99.
[10] "Apud" Parecer GQ 110, de 9 de setembro de 1996 da AGU, in, RDDT 14108.

bancário; mas, existente, esse direito não pode ser desconhecido, sem demonstração do interesse público que a ele se superponha juridicamente, de modo a possibilitar a devassa pretendida, o que não vejo no caso. Certo, à primeira vista, tendo a não dar relevo decisivo à existência ou não de um indiciamento formal do titular da conta que se pretende examinar. Mas, se, indo além na transigência, puder dispensar provas ou algum elemento de prova da suspeita, o mínimo a exigir será que autoridade policial, sob sua responsabilidade, informe ao Tribunal, ao menos sobre a relação de pertinência entre a prova pretendida, com as informações bancárias, e o objeto das investigações em curso" (grifos nossos).[11]

2) MS 23.452-1-RJ:

"Quanto à quebra de sigilo bancário, fiscal e dos dados telefônicos, também acompanho, em suas linhas gerais, o brilhante voto do eminente Relator. *Entendo tratar-se de sigilos relativos que podem ser quebrados, observado o "due process of law", por determinação judicial, extensível, em princípio, ao âmbito dos poderes das comissões parlamentares de inquérito"* (grifos nossos).[12]

MINISTRO CARLOS VELLOSO:

1) PETIÇÃO 577 (Questão de Ordem)-DF:

"O sigilo bancário protege interesses privados. É ele espécie de direito à privacidade, inerente à personalidade das pessoas e que a Constituição consagra (CF, art. 5º, X), além de atender "a uma finalidade de ordem pública, qual seja, a de proteção do sistema de crédito", registra Carlos Alberto Hagstrom, forte no magistério de G. Ruta ("Le Secret Bancaire em Droit Italien", Rapport, p. 17; Carlos Alberto Hagstrom, "O sigilo Bancário e o Poder Público", Rev. De Direito Mercantil, 79/34). *Não é ele um direito absoluto, devendo ceder, é certo, diante do interesse*

---

[11] Questão de Ordem - DF, RTJ 148/366.
[12] DJ 12.5.2000.

público, do interesse da justiça, do interesse social, conforme, aliás, tem decidido esta Corte (RMS n. 15.925-GB, Relator o Ministro Gonçalves de Oliveira, RE n. 71.640-BA, Relator Ministro Djaci Falcão, RTJ 59/571; MS 1.047, Relator Ministro Ribeiro da Costa, Rev. Forense 143/154; MS 2.172, Relator Ministro Nelson Hungria, DJ de 5-01-54; RE n. 94.608-SP, Relator Ministro Cordeiro Guerra, RTJ 110/195). Esse caráter não absoluto do segredo bancário, que constitui regra em direito comparado, no sentido de que deve ele ceder diante do interesse público, é reconhecido pela maioria dos doutrinadores (Carlos Alberto Hagstrom, ob. cit., pág. 37; Sérgio Carlos Covello, "O Sigilo Bancário como Proteção à Intimidade", Rev. Dos Tribs., 348/27; Ary Brandão de Oliveira, "Considerações Acerca do Segredo Bancário", Rev. de Dir. Civil, 23.114, 119). *O Segredo há de ceder, entretanto, na forma e com observância de procedimento estabelecido em lei.*

...

As exceções ao sigilo bancário estão, basicamente, nos parágrafos do art. 38 da Lei n. 4.595, de 31-16-64. As novas disposições que vieram com as Leis 8.033, de 12-4-90, e 8.021, de 12-4-90, no ponto em que alteram normas inscritas na Lei 4.595, de 1964, seriam inconstitucionais, para alguns, dado que esta última, a Lei n. 4.595, de 1964, teria sido recepcionada, pela Constituição de 1988, como lei complementar, tendo em vista o disposto no art. 192 da Lei Maior (Carlos Alberto Hagstrom, ob. cit., págs. 52/53). Não é hora, entretanto, de debatermos o tema. Fiz o registro apenas em reforço da afirmativa anterior, no sentido de que as exceções ao sigilo bancário estão, basicamente, nos §§ do art. 38 da Lei 4.595/64.

Na verdade, pode o Judiciário requisitar, relativamente a pessoas e instituições, informações que implicam quebra do sigilo (Lei 4.595/64, art. 38, § 1º). A faculdade conferida ao Judiciário, pressupõe, entretanto, que a autoridade judiciária procederá com cautela, prudência e moderação, virtudes inerentes à magistratura, ou que os magistrados devem possuir" (grifamos).

VOTO (ADITAMENTO)
"Em primeiro lugar, para dizer que tenho o sigilo bancário como

espécie de direito à privacidade, que é inerente à personalidade das pessoas, já que não seria possível que a vida destas pudesse ser exposta a terceiros. Isto está inscrito no inc. X do art. 5º da Constituição: "são invioláveis a intimidade, a vida privada, a honra e a imagem das pessoas, assegurado o direito à indenização pelo dano material ou moral decorrente de sua violação".

Faço residir, portanto, no inciso X, do art. 5º, da Constituição, o sigilo bancário, que tenho como espécie do direito à privacidade.

Em segundo, quero deixar claro que não tenho o direito ao sigilo bancário em termos absolutos. Aliás, essa é a regra, em direito comparado. Assim o é na Itália, na legislação da Suíça, na jurisprudência e na doutrina alemã. Quer dizer, o segredo bancário deve ser entendido em termos relativos. O Supremo Tribunal, aliás, assim tem entendido, conforme ressaltei em meu voto, indicando precedentes.

: é que sustento que o segredo bancário somente pode ser afastado diante, por exemplo, de um procedimento criminal ou de um inquérito policial formalmente instaurado, em que haja indiciamento do acusado, com a indicação do delito praticado, com, pelo menos, um início de prova relativamente à autoria e à materialidade. Sem isto, sem que o indivíduo em relação ao qual pretende-se a quebra do sigilo bancário, esteja, pelo menos, formalmente indiciado – no caso não há, ainda, o indiciamento formal, tampouco o acusado foi ouvido – não me parece possível o deferimento da medida requerida" (grifos nossos).[13]

MINISTRO CELSO DE MELLO:

1) PETIÇÃO 577 (Questão de Ordem)-DF
"A tutela jurídica da intimidade constitui – qualquer que seja a dimensão em que se projete – uma das expressões mais

---
[13] RTJ 148/366.

significativas em que se pluralizam os direitos da personalidade. Trata-se de valor constitucionalmente assegurado (CF, art. 5º, X), cuja proteção normativa busca erigir e reservar, **em favor do** indivíduo – e contra a ação expansiva do arbítrio do Estado – uma esfera de autonomia intangível e indevassável pela atividade persecutória do Poder Público, apta a inibir e a vedar o próprio acesso dos agentes governamentais.

...

A quebra do sigilo bancário – ato que, por si só, revela extrema gravidade jurídica – situa-se nesse contexto, em que valores contrastantes – como o princípio da autoridade, **de um lado**, e o postulado das liberdades públicas, **de outro**, guardam, entre si, nítidas relações de tensão dialética.

Impõe-se, portanto, que os agentes da **persecutio criminis**, submetam-se à atuação moderadora e arbitral do Poder Judiciário, cujos órgãos, ponderando os interesses que se antagonizam, permitam, ou não, o acesso das autoridades policiais às informações concernentes às operações, ativas e passivas, realizadas pelas pessoas sob investigação com as instituições financeiras.

A relevância do direito ao sigilo bancário – que traduz, na concreção de seu alcance, uma das projeções realizadoras do direito à intimidade – impõe, por isso mesmo, ao Poder Judiciário, cautela e prudência na determinação de ruptura da esfera de privacidade individual, que o ordenamento jurídico, em norma de salvaguarda, pretendeu submeter à cláusula tutelar de reserva.

Sem elementos fundados de suspeita, como a existência concreta de indícios idôneos e reveladores de possível autoria de prática delituosa, não há como autorizar a **disclosure** das informações bancárias reservadas" (destaques no original).

VOTO (DILIGÊNCIA)
"A decisão a ser proferida por esta Corte deve revelar-se emblemática dos novos tempos: é preciso acentuar, de vez, que simples indiciados ou suspeitos de práticas delituosas não mais constituem meros objetos de investigação, mas erigem-se, como

convém a uma Sociedade fundada no princípio da liberdade, à irredutível condição jurídica de reais sujeitos de direitos — e de obrigações, também — na esfera pré-processual da persecução penal.

O rigor desta Corte, no presente caso, tem um claro sentido: o de indicar à autoridade policial seu dever de *incondicional e permanente submissão* a certos postulados básicos inscritos na Lei e na Constituição da República" (destaques no original).[14]

2) Inquérito n. 897 (AgRg) DF:
"Sabe-se que a tutela jurídica da intimidade constitui — qualquer que seja a dimensão em que se projete — uma das expressões mais significativas em que se pluralizam os direitos da personalidade. Trata-se de valor constitucionalmente assegurado (CF, art. 5º, X), cuja proteção normativa busca erigir e reservar, *em favor do* indivíduo — e contra a ação expansiva do arbítrio do Estado — uma esfera de autonomia intangível e indevassável pela atividade persecutória do Poder Público.

...

A quebra do sigilo bancário — *ato que, por si só, revela extrema gravidade jurídica* — só deve ser decretada, *e sempre em caráter de absoluta excepcionalidade,* quando existentes *fundados* elementos de suspeita que se apõem em indícios idôneos, reveladores de **possível** autoria de prática delituosa por parte daquele que sofre a investigação penal realizada pelo Estado.

A relevância do direito ao sigilo bancário - que traduz, na concreção de seu alcance, uma das projeções realizadoras do direito à intimidade - impõe, por isso mesmo, cautela e prudência ao Poder Judiciário na determinação da ruptura da esfera de privacidade individual, que o ordenamento jurídico, *em norma de salvaguarda,* pretendeu submeter à cláusula tutelar de reserva constitucional (CF, art. 5º, X)" (destaques no original).[15]

---

[14] RTJ 148/366.
[15] DJ 24.3.95, p. 171.

3) MS 23.619-1 DF:

"*É preciso*, pois, Senhor Presidente, insistir na *advertência* – já formulada pelo *Plenário* desta Suprema Corte (*MS 23.452-RJ*, Rel. Min. CELSO DE MELLO) – de que a função de investigar *não* pode resumir-se a uma sucessão de abusos e *nem* deve reduzir-se a atos que importem em violação de direitos *ou* que impliquem desrespeito a garantias estabelecidas na Constituição e nas leis. O *inquérito parlamentar*, por isso mesmo, *não* pode transformar-se em instrumento de prepotência e *nem* converter-se em meio de transgressão ao regime da lei.

Os fins *não* justificam os meios. Há parâmetros ético-jurídicos que *não podem* e *não devem* ser transpostos pelos órgãos, pelos agentes ou pelas instituições do Estado. Os órgãos do Poder Público, *quando* investigam, processam ou julgam, *não* estão exonerados do dever de respeitarem os *estritos* limites da lei e da Constituição, *por mais graves* que sejam os fatos cuja prática motivou a instauração do procedimento estatal (*inquérito parlamentar*, investigação policial *ou* processo judicial)" (grifos no original).[16]

MINISTRO MAURÍCIO CORRÊA:

1) MS 21.729-4:

"Senhor Presidente, os 17 (dezessete) precedentes aqui examinados ou apenas mencionados permitem extrair com segurança a doutrina desta Corte firmada no transcorrer de quase cinqüenta anos, sendo de se notar que ela está calcada em dois princípios fundamentais: o primeiro diz que o direito ao sigilo bancário é um direito individual, mas não absoluto, porque cede diante do interesse público; o segundo princípio informa que a *violação do sigilo bancário só é permitida no interesse da justiça e por determinação judicial*" (grifos na transcrição).[17]

---

[16] DJ 7.12.2000.
[17] "Apud" Parecer GQ 110, de 9 de setembro de 1996 da AGU, in, RDDT 14108.

MINISTRO ILMAR GALVÃO:

1) MS 21.729-4:
"Também tenho por certo que *toda pretensão à quebra do sigilo bancário* – salvo a exceção prevista no art. 58, § 3º, da Constituição, relativa às Comissões Parlamentares de Inquérito, que têm poderes de investigação próprios das autoridades judiciais – *haverá de passar pelo crivo do Poder Judiciário*, incumbindo a este verificar, observadas as cautelas do devido processo legal e do direito à ampla defesa, se está ela apoiada em motivo revestido da relevância necessária a justificá-la" (grifos na transcrição).[18]

MINISTRA ELLEN GRACIE NORTHFLEET:

1) ACR 1999.04.01.112402-3/SC:
"O sigilo bancário é um direito protegido constitucionalmente, decorrente do direito à privacidade inerente à personalidade (Constituição Federal, artigo 5º, inciso X). Todavia, é pacífico o entendimento da jurisprudência pátria no sentido de que não se trata de um princípio absoluto.

Assim sendo, havendo indícios da prática de um delito, tem o Judiciário não só o poder, como também o dever de autorizar sua quebra, em conformidade com os dispositivos da Lei n. 4.595/64.

Impõe-se, portanto, a verificação da presença, no caso em tela, dos requisitos essenciais para a realização da diligência requerida pelo "parquet", quais sejam, a existência de elementos de prova mínimos de autoria do delito ou de sua materialidade ou elementos fundados de suspeita, com a existência concreta de indícios reveladores de possível autoria de prática delituosa.

---

[18] Apud Parecer GQ 110, de 9 de setembro de 1996 da AGU, in, RDDT 14108.

Ademais, é mister que haja uma relação de pertinência entre a prova pretendida, com as informações bancárias, e o objeto das investigações em curso, a fim de que reste induvidoso que a providência requerida é indispensável ao êxito das investigações ..." (grifos nossos).[19]

Todo o sistema nacional foi, portanto, alçado em garantia à privacidade, tendo o Poder Judiciário temperado o rigor absoluto do sigilo de dados, assegurando ao Fisco o poder de quebrá-lo mediante autorização judicial, com o que o sonegador não se protege contra a Fazenda Pública, mas o bom contribuinte é protegido contra o agente fiscal menos consciencioso.

Em sucessivas decisões, consagrou, portanto, a intervenção do Poder Judiciário, como o guardião dos direitos e garantias constitucionais. Até porque trata-se de Poder Neutro e Imparcial, que não protege nem o sonegador, nem o Fisco arbitrário, estando melhor qualificado para definir, em cada caso, se é ou não possível a quebra do sigilo.[20]

Esta é a razão por que pende de julgamento a ADIN (2390-D CNC) contra a Lei Complementar n. 105/01, que objetivou afastar o Poder Neutro e Imparcial, que é o Judiciário, para outorgar ao Erário, interessado em obter "superávits orçamentários primários", a qualquer custo, mesmo com agravos à Constituição, o direito sem limites de quebra do sigilo bancário, sempre que considere suspeita a ação de qualquer contribuinte.

Ora, o novo Decreto, no dizer das autoridades fiscais, pretendeu substituir a guarda de dados bancários, transferindo-a à Receita Federal, visto que enumera, nos artigos 3° e 4°, operações dos correntistas cujo somatório,

---

[19] Trib. Reg. Fed. 4ª Reg. Porto Alegre, a. 11, n. 36, p. 43-428, 2000.
[20] O Ministro José Delgado, em artigo escrito para o III Colóquio Internacional de Direito Tributário do Centro de Extensão Universitária – CEU e da Universidade Austral, realizado em Buenos Aires, Argentina (2001) defende que: "Em conclusão, a adoção de um sistema, para a quebra do sigilo bancário, em que o poder Judiciário seja o árbitro dos pedidos da Administração pública, não é somente mais justo, mas, consegue impor maior credibilidade à atuação fiscal e presta homenagem, com intensa potencialidade, aos princípios democráticos consistentes na guarda da segurança jurídica, do respeito aos direitos fundamentais do cidadão, nesse rol incluídos os à privacidade e à intimidade. Além disso, torna mais respeitável a relação entre fisco e contribuinte, valorizando, portanto, a opção do Estado pelo regime democrático" (ed. IOB/Thomson, 2001, p. 68).

se atingir R$ 5.000,00 quanto às pessoas físicas ou 10.000 reais quanto às jurídicas, permitir-lhe-á o acesso amplo, indiscriminado e sem controle do Poder Judiciário, em todas as instituições financeiras do país, aos dados de todos os contribuintes brasileiros.[21]

---

[21] Os artigos 3º e 4º estão assim redigidos: "Art. 3º Para os efeitos deste Decreto, considera-se montante global mensalmente movimentado:
I- nos depósitos à vista e a prazo, inclusive em conta de poupança, o somatório dos lançamentos a crédito efetuados no mês;
II- nos pagamentos efetuados em moeda corrente ou cheque, o somatório dos lançamentos a débito vinculados a tais pagamentos no mês;
III- nas emissões de ordens de crédito ou documentos assemelhados, o somatório dos lançamentos a débito vinculados a tais emissões no mês;
IV- os resgates em conta de depósito à vista e a prazo, inclusive de poupança, o somatório dos lançamentos a débito vinculados a tais resgates no mês;
V- nos contratos de mútuo e nas operações de desconto de duplicata, notas promissórias ou outros títulos de crédito, o somatório dos valores lançados a crédito e o somatório de valores lançados a débito, no mês, em cada conta que registrar as operações do usuário;
VI- nas aquisições e vendas de títulos de renda fixa ou variável:
a) em operações no mercado à vista, o somatório das aquisições e o somatório das vendas realizadas no mês;
b) em operações no mercado de opções, o somatório dos prêmios recebidos e o somatório dos prêmios pagos no mês, informados de forma segregada, relativos a todos os contratos de opções, inclusive os de opções flexíveis;
c) em operações no mercado de futuros, o somatório dos ajustes diários ocorridos no mês, relativos a todos os contratos do usuário;
d) em operações de swap, o somatório dos pagamentos e o somatório dos recebimentos ocorridos no mês, informados de forma segregada, relativos a todos os contratos do usuário;
VII- nas aplicações em fundos de investimento, o somatório dos lançamentos de aplicações realizados no mês, individualizado por fundo;
VIII- nas aquisições de moeda estrangeira, o somatório das compras efetuadas no mês, em moeda nacional, pelo usuário;
IX- nas conversões de moeda estrangeira em moeda nacional, o somatório das vendas efetuadas no mês, em moeda nacional, pelo usuário:
X- nas transferências de moeda estrangeira e outros valores para o exterior, o somatório, em moeda nacional, dos valores transferidos no mês pelo usuário, contemplando todas as modalidades, independente do mercado de câmbio em que se operem;
XI- nas aquisições ou vendas de ouro, ativo financeiro, o somatório das aquisições e o somatório das vendas realizadas, no mês, pelo usuário;
XII- nas operações com cartão de crédito, o somatório dos pagamentos efetuados pelos titulares dos cartões e o somatório dos repasses efetuados aos estabelecimentos credenciados, no mês;
XIII- nas operações de arrendamento mercantil, o somatório dos pagamentos efetuados pelos arrendatários no mês, referentes a cada contrato.
§ 1º As transferências de valores para o exterior, quando decorrentes de lançamentos a crédito efetuados pelo banco depositário em contas tituladas por residentes ou domiciliados no exterior, deverão ser informadas de forma segregada das demais modalidades, nos termos do inciso X do "caput", exceto quando os recursos provierem de venda de moeda estrangeira ou diretamente de outra conta da mesma espécie.
§ 2º As informações relativas a cartões de crédito serão apresentadas, nos termos do inciso XII, de forma individualizada por cartão emitido para o usuário.
Art. 4º Para o cumprimento do disposto no art. 3º, as instituições financeiras poderão desconsiderar as informações relativas a cada modalidade de operação financeira em que o montante global movimentado no mês seja inferior aos seguintes limites:
I - para pessoas físicas, R$ 5.000,00 (cinco mil reais);
II - para pessoas jurídicas, R$ 10,000,00 (dez mil reais)".

Uma pessoa que ganhe salário mínimo e que, durante anos a fio, tenha economizado centavos, chegando a possuir uma caderneta de poupança pouco superior a 5.000 reais, se quiser dela retirar seu investimento, para efeito, por exemplo, de adquirir algum bem duradouro, passará a estar nas malhas dos novos "guardiões" do sigilo bancário, que são os agentes fiscais da Receita Federal, os quais, diga-se de passagem, não primam pela eficiência na preservação das informações recebidas dos contribuintes. Recentemente, mais de um milhão de contribuintes tiveram suas declarações expostas em bancas de jornais da cidade de São Paulo, por quebra de sigilo da Receita, até hoje não tendo, o Senhor Secretário, descoberto os culpados pelo vazamento desses dados, passíveis de utilização por seqüestradores interessados em saber o patrimônio de suas futuras vítimas, a fim de estipularem o preço do resgate, segundo noticiário da imprensa.

A medida instituída pelo decreto em comento transforma todo o contribuinte brasileiro, por mais honesto que seja, em figura idêntica à do sonegador ou do narcotraficante, visto que se a LC 105/01 permite apenas, nesses casos, a quebra de sigilo, o novo Decreto declara que tal sigilo é automaticamente rompido, em face apenas do montante objeto da movimentação bancária. À nitidez, o Decreto nivelou todos os contribuintes brasileiros àqueles que a LC 105/01 tinha por violadores da legislação tributária ou penal.

É inegável que o decreto outorga à Receita Federal poderes de possível utilização arbitrária. A Receita Federal, repetidas vezes, adota postura arbitrária. As ações que tem perdido em juízo são prova da ilegalidade das teses que vem sustentando, motivo pelo qual, no curso desses anos, não poucas vezes os "futuros guardiões do sigilo fiscal" violaram a lei tributária e a Constituição, "exigindo" o que não poderiam exigir.

Parece-nos o diploma mencionado, portanto, violador, de forma manifesta e totalitária, de direitos fundamentais do cidadão. E cria elemento de intranqüilidade, inclusive para os bons contribuintes, que não mais terão a proteção do mais técnico e justo dos Poderes.

Não sem razão, o eminente então Presidente do Supremo Tribunal Federal, Ministro Marco Aurélio de Mello, declarou:

a) "A Constituição preserva a privacidade, inclusive no tocante a dados, e só abre uma exceção, quando a quebra do sigilo é decretada por ato de órgão eqüidistante e não me consta que a Receita preencha essa condição";

b) "O Supremo admitiu uma exceção à regra, segundo a qual o juiz pode autorizar a quebra do sigilo apenas na hipótese em que há atuação do Ministério Público, órgão voltado à defesa da sociedade, um órgão eqüidistante, que visa à verdade real, mesmo assim quando estão envolvidos recursos públicos";

c) "Temos em jogo algo que é importantíssimo, que é o primado do Judiciário, ou seja, a Carta só abre a exceção quando a quebra é feita por órgão eqüidistante";

d) "A Fazenda Pública é parte da relação jurídica substancial em jogo".[22]

Na Constituição Federal, os direitos à privacidade e sigilo de dados foram colocados não só para evitar o arbítrio, mas também para dar segurança aos cidadãos trabalhadores e à livre iniciativa, que leva, apesar da Receita Federal, o país para a frente.

O decreto pune os bons contribuintes deles retirando qualquer garantia, visto que sempre dependerão dos humores da fiscalização, pródiga em ofertar à lei distorcida interpretação. É que o Fisco – até por dever de ofício – sempre tem por "suspeitos" todos os cidadãos.

Nessa perspectiva, o Decreto, sobre assustar os bons contribuintes, levará o mau contribuinte a buscar alternativas, não sendo despiciendo lembrar que, na Argentina, quando o imposto sobre o cheque chegou a 1,25 pesos, houve brutal desintermediação bancária, com os "pacotaços"

---

[22] Jornal "O Estado de São Paulo", Caderno de Economia, 3/12/2002, p. B-4.

de moeda viva servindo de meio de pagamento e as empresas de segurança substituindo as instituições financeiras.[23]

---

[23] O XXV Simpósio Nacional de Direito Tributário do Centro de Extensão Universitária – CEU, aberto com conferência magna do ilustre Ministro MOREIRA ALVES, concluiu sobre a quebra do sigilo bancário sem autorização como segue:"3) O sigilo bancário do contribuinte é cláusula pétrea? É constitucional a possibilidade de quebra desse sigilo mediante autorização judicial? É compatível com a Constituição norma que autorize a quebra de sigilo por decisão exclusiva de autoridade administrativa, independente de autorização judicial?
PROPOSTA DA COMISSÃO DE REDAÇÃO APROVADA EM PLENÁRIO
1ª Parte: O sigilo bancário do contribuinte é cláusula pétrea da C.F.
(131 votos)
2ª Parte: É constitucional a possibilidade de quebra desse sigilo mediante autorização judicial.
(125 votos)
3ª Parte: Não é compatível com a Constituição norma que autorize a quebra do sigilo por decisão exclusiva de autoridade administrativa, independente de autorização judicial.
(143 votos).
COMISSÃO 1
O sigilo bancário é cláusula pétrea. Por não ser absoluto, admite a possibilidade de quebra, condicionada à autorização judicial. Não é, portanto, compatível com o texto constitucional emenda ou norma infraconstitucional que outorgue à autoridade administrativa o poder de, sem autorização judicial, violar o sigilo bancário.
(Primeira parte: por maioria, 74 votos, a Comissão entendeu que o sigilo é cláusula pétrea, vencidos 3 participantes).
(2ª Parte: Por maioria, 75 votos, a Comissão entendeu que a norma não pode deferir à administração o poder de, independentemente de autorização judicial, quebrar o sigilo bancário, vencidos 2 participantes).
COMISSÃO 2
A questão da inviolabilidade refere-se aos sigilos:
1) da correspondência e da comunicação telegráfica;
2) de dados (dentre os quais se insere o bancário);
3) da comunicação telefônica.
O sigilo bancário é cláusula pétrea. Duas correntes se apresentam:
a) não se admite a quebra do sigilo bancário, em qualquer hipótese. Apenas é possível e, mediante determinação judicial, a quebra do sigilo da comunicação telefônica, nas hipóteses e na forma da lei e para os fins de investigação criminal e para instrução processual penal.
(23 votos).
b) o sigilo bancário do contribuinte é cláusula pétrea, por se inserir dentre os direitos e garantias individuais contemplados no art. 5º, X e XII, da CF, compreendendo o direito à intimidade, à privacidade e ao sigilo de dados e decorre do direito à liberdade e à segurança.
Os referidos direitos não são absolutos, podendo ser quebrados, em face do interesse público e no interesse da sociedade, por ordem judicial decorrente de pedido que apresente motivação concreta. Por mais valioso que seja um direito individual, ele não pode servir de escudo para práticas ilícitas que ofendam os mencionados interesses.
Em nosso ordenamento jurídico, a quebra do sigilo bancário somente poderá ser feita pelo Poder Judiciário, que é competente para estabelecer os limites entre os direitos do contribuinte e o interesse da autoridade administrativa.
(22 votos).
É incompatível com a CF qualquer norma que autorize a quebra do sigilo bancário por decisão exclusiva da autoridade administrativa, independente de autorização judicial.
(UNÂNIME).
A C.F. legitima a posição de investigador da CPI.
A quebra do sigilo bancário é reserva de ato jurisdicional.
COMISSÃO 3
1ª Parte: É cláusula pétrea.
(12 votos a favor – 12 contra – 2 abstenções).
Não é cláusula pétrea.
(12 votos a favor – 12 contra – 2 abstenções).
2ª Parte: É constitucional.
(UNÂNIME – 26 VOTOS).
3ª Parte: Não.
(23 a favor – 2 contra – 1 abstenção)" (Tributação na Internet, Pesquisas Tributárias – Nova Série 7, ed. CEU/Ed. Revista dos Tribunais, 2001, 424/426).

E, certamente, provocará fuga de recursos para o mercado paralelo, com real prejuízo à economia do país.

Parece-nos, pois, de evidente e manifesta inconstitucionalidade essa transferência da guarda do sigilo bancário para a Receita Federal, passando a dispor de informações, que, apenas em caso de suspeita de práticas ilícitas contra contribuintes e mediante autorização do Poder Judiciário, poderia obter.

Fere, portanto, o Decreto n. 4498/02, os artigos 5º, incisos X e XII e 59 da Constituição Federal, visto que entre os diplomas com poder normativo autônomo, não se encontra o decreto, cujo espectro de ação é apenas regulamentar.[24]

Essa violência pode ser sustada pelo Poder Judiciário, pela via do controle concentrado, eis que, a nosso ver, trata-se de "ato normativo autônomo" eivado de inconstitucionalidade direta e não apenas reflexa.[25]

São Paulo, 30 de abril de 2004.

---

[24] O artigo 59 da CF está assim redigido:"O processo legislativo compreende a elaboração de: I. emendas à Constituição; II. leis complementares; III. leis ordinárias; IV. leis delegadas; V. medidas provisórias; VI. decretos legislativos; VII. resoluções.

§ único. Lei Complementar disporá sobre a elaboração, redação, alteração e consolidação das leis".

[25] Em 26/12/2002, o Decreto n. 4545 manteve a vigência e a eficácia do referido Decreto, mas eliminando o imediato envio das informações das instituições financeiras à Secretaria da Receita Federal.

PUBLICIDADE PROCESSUAL E DIREITO À PRIVACIDADE

PAULO ROBERTO DE GOUVÊA MEDINA[*]

> Sumário: 1. A publicidade processual e seu alcance. 2. Exame de autos em Secretaria de Juízo ou Tribunal. 3. O interesse no exame de autos. 4. Publicidade e privacidade: o ponto de equilíbrio. Considerações finais.

1. A PUBLICIDADE PROCESSUAL E SEU ALCANCE

Um dos princípios mais caros ao direito processual é o da *publicidade*. A Constituição brasileira o consagra em dois dispositivos distintos: no inciso LX do art. 5º, que lhe confere a categoria de garantia fundamental; no inciso IX do art. 93, que o insere entre os preceitos básicos do Estatuto da Magistratura. Os Códigos de Processo, aliás, já o haviam incorporado, originariamente, a seus respectivos textos, o de Processo Civil no art. 155 e o de Processo Penal no art. 792.

Amplo é o alcance da publicidade processual, que abrange desde a tramitação

---

[*] Professor aposentado e ex-Diretor da Faculdade de Direito da Universidade Federal de Juiz de Fora. Professor Visitante do Centro Universitário de João Pessoa. Professor convidado do Centro de Extensão Universitária de São Paulo. Conselheiro Federal da OAB por Minas Gerais. Presidente da Comissão de Ensino Jurídico do Conselho Federal da OAB.

dos processos até os julgamentos, passando pelas audiências e as sessões dos tribunais, com as ressalvas que as leis estabelecem com referência aos processos que correm em *segredo de justiça* (CPC, art. 155, *caput* e parágrafo único, especialmente) e, nos casos de competência do Tribunal do Júri, à votação dos quesitos, pelo conselho de jurados (CPP, arts. 480/481). No âmbito do processo civil, a publicidade tem como um de seus aspectos de mais freqüente ocorrência o que diz respeito ao *exame de autos "em cartório de justiça e secretaria de tribunal"* (CPC, art. 40, I, c/c art. 155, parágrafo único). É também o que suscita maior controvérsia, quando se cuida de saber se seria este um direito irrestrito ou se comportaria limitações, do ponto de vista subjetivo, isto é, com referência às pessoas às quais se assegura o direito de acesso aos autos.

2. Exame de autos em Secretaria de Juízo ou Tribunal

Em sendo a publicidade princípio constitucional, impõe-se como regra no processo, razão por que as exceções a seu alcance haveriam de ser apenas as expressamente previstas em lei. Ocorre que, ao princípio da publicidade, conjuga-se o *direito à privacidade*, a que o processo não pode ser indiferente, porque tem também *status* constitucional. Com efeito, a Constituição da República Federativa do Brasil declara serem *"invioláveis a intimidade, a vida privada, a honra e a imagem das pessoas"* (art. 5°, X). Esses valores assim constitucionalmente tutelados correspondem, no conjunto, ao que, por inspiração do direito anglo-americano, se convencionou chamar de *direito à privacidade (right of privacy)*.[1] É indispensável conjugar, pois, as duas garantias constitucionais, a da publicidade e a da privacidade, adotando, em relação às normas processuais pertinentes àquela, interpretação de que não resulte colisão com o preceito da Lei Maior atinente a essa última.

Como adverte RAMIRO PODETTI, *"La publicidad del proceso civil debe comprender todas sus etapas, con las restricciones y limitaciones indispensables para no afectar otros principios"*.[2]

---

[1] Cf. SILVA, José Afonso da. *Curso de direito constitucional positivo*, 22ª edição. São Paulo, Malheiros, 2003, p. 205.
[2] *Teoria y tecnica del proceso civil*. Buenos Aires, EDIAR Soc. Anón. EDITORES, 1963, p. 125, n. 33.

Surge a questão que nos preocupa quando se põem em confronto as *verba legis* do art. 40, I, com as do art. 155, parágrafo único, do CPC. Naquele inciso o *exame de autos de qualquer processo, em cartório de justiça e secretaria de tribunal*, é definido como um *direito do advogado*.[3] No citado parágrafo único, somente se restringe *às partes e a seus procuradores o direito de consultar os autos e pedir certidões de seus atos* relativamente aos processos que correm em segredo de justiça, que são os mencionados (em *numerus apertus*, e não em *numerus clausus*) na segunda parte do *caput* do artigo, aos quais é ainda mais restrito o acesso de terceiros. De acordo com a conhecida regra de hermenêutica – *exceptiones sunt strictissimae interpretationis* –, a exceção à publicidade geral, aberta no parágrafo único do art. 155, não poderia alcançar os demais processos, de modo que, em relação a esses, segundo entendem alguns autores,[4] os terceiros (isto é, as pessoas estranhas ao processo pendente entre as partes) teriam amplo acesso, podendo examiná-los quando quisessem e deles pedir as certidões que bem entendessem. Afinal – essa é a premissa de que partem os referidos autores –, *"a publicidade é a regra; o sigilo, a exceção"*.[5] Outro adágio latino, porém, nos ensina: *"Verba cum effectu sunt accipienda"*. Ou, em vernáculo: *"Não se presumem, na lei, palavras inúteis"*. Literalmente: *"Devem-se compreender as palavras como tendo alguma eficácia"*.[6] Ora, por que razão teria a lei timbrado em acentuar, no art. 40, I, que o exame *de autos de qualquer processo, em cartório*

---

[3] O direito de examinar autos em secretaria de juízo ou tribunal constitui prerrogativa dos advogados. Nesse sentido, ver SANTOS, Moacyr Amaral, *Primeiras linhas de direito processual civil*, 1º vol., 19ª edição. São Paulo, Saraiva, 1997, p. 377, n. 301; ALVIM, Arruda, *Manual de direito processual civil*, vol. 1, 8ª edição. São Paulo, Revista dos Tribunais, p. 601, n. 167.

[4] Assim, Egas Dirceu Moniz de Aragão, segundo o qual a regra da publicidade confere o *livre acesso de qualquer pessoa aos cartórios dos juízos e secretarias dos tribunais"*, considerando, ademais, que o *"texto do parág. único confirma a orientação aqui expressa, pois indica restrição, que serve a ratificar a regra geral, ou seja, fora dos exemplos aí apontados impera a liberdade genérica de acesso aos autos"* (*Comentários ao código de processo civil*, vol. II, 9ª edição. Rio de Janeiro, Forense, 1998, p. 14, n. 11). Theotônio Negrão, por seu turno, sustenta: *"Os processos judiciais, quando não decretado o segredo de justiça nas causas em que se o exige, são públicos, tendo acesso a eles não só o advogado da causa como terceiro, inclusive a imprensa. Nesse sentido: Bol.AASP 2.244/2.084"* (*Código de processo civil e legislação processual em vigor"*, 36ª edição, nota 1ª. ao art. 155. São Paulo, Saraiva, 2004, p. 256). Nelton dos Santos também entende que, salvo nas hipóteses de tramitação em segredo de justiça, *"os autos dos processos podem ser consultados e examinados por qualquer pessoa, em cartório, independentemente de requerimento."* (*Código de processo civil interpretado*, Antonio Carlos Marcato – coordenador – et alii. São Paulo, Atlas, 2004, p. 410, n. 1).

[5] COSTA, Alfredo de Araújo Lopes da. *Direito processual civil brasileiro*, 2ª edição. Rio de Janeiro, Forense, 1959, p. 229, n. 251.

[6] Cf. MAXIMILIANO, Carlos. *Hermenêutica e aplicação do direito*, 7ª edição. Rio de Janeiro, Livraria Freitas Bastos S/A, 1961, p. 311, n. 307.

de justiça ou secretaria de tribunal é direito do advogado, se, sendo tal exame estendido a todos, entre esses, com maior razão do que qualquer um, haveria de estar aquele profissional do direito?

Esse último argumento pareceu relevante ao Prof. José Carlos Barbosa Moreira para autorizar o entendimento de que o parágrafo único do art. 155 não estaria estabelecendo, propriamente, uma exceção ao princípio da publicidade, senão que nele se expressa a própria regra do acesso aos autos, no sistema processual civil brasileiro, a qual há de ser concebida, pois, no sentido de que, em princípio, *o direito de consultar os autos e de pedir certidões de seus atos é restrito às partes e a seus procuradores*.[7] Acrescenta o acatado processualista: *"Não se exclui que, em determinadas circunstâncias, possa configurar-se interesse de tamanha relevância que justifique a exibição de autos e o fornecimento de cópias ou certidões de suas peças a quem não seja advogado. Trata-se de questão a ser resolvida em cada caso concreto, sempre à luz do princípio da proporcionalidade, pelo qual deve o aplicador da lei, aqui como em tudo mais, deixar-se guiar. O direito à preservação da intimidade* – conclui – *cede diante de valores mais altos; mas não há por que sacrificá-lo à mera e vulgar bisbilhotice"*.[8]

O *princípio da proporcionalidade* constitui, efetivamente, uma das diretrizes que o intérprete deve seguir quando procura evitar a colisão de direitos fundamentais. Associado ao *princípio da concordância prática* – *"que tem por finalidade imprimir aos conflitos entre bens jurídicos soluções de coordenação e combinação, afastando a possibilidade de ocorrência de sacrifícios de uns em relação aos outros"* —, contribui para *"evitar o abandono do princípio da unidade da Constituição"*, que deve ser vista *"como um sistema unitário de normas e procedimentos"*.[9]

No caso em exame, cuja solução implica a conciliação de dois princípios constitucionais – o da publicidade e o da privacidade –, de forma a adotar-se interpretação sistemática de normas processuais civis apa-

---

[7] Processo civil e direito à preservação da intimidade, *in Temas de Direito Processual, Segunda Série*, 2ª edição. São Paulo: Saraiva, 1988, p. 19, n. 10. Trata-se de ensaio em que as repercussões do direito à privacidade no campo do processo são examinadas ampla e minuciosamente, com a proficiência peculiar ao eminente autor (ob. cit., p. 03/20).

[8] Ob. e ensaio cits., p. 19/20.

[9] CLÈVE, Clèmerson Merlin e FREIRE, Alexandre Reis Siqueira, Algumas notas sobre colisão de direitos fundamentais, *in Estudos de direito constitucional*, em homenagem a José Afonso da Silva, obra coletiva, tendo como coordenadores Eros Roberto Grau e Sérgio Sérvulo da Cunha. São Paulo, Malheiros, 2003, p. 230/243.

rentemente antinômicas, a ponderação dos dois constitucionalistas paranaenses que vêm de ser citados – Clèmerson Merlin Clève e Alexandre Reis Siqueira Freire – afina-se com a lição sempre precisa e sábia de José Carlos Barbosa Moreira, um dos mais eminentes processualistas brasileiros. Tanto bastaria para concluir-se, desde logo, sem margem a qualquer dúvida, que existem limites impostos à publicidade processual, por força do respeito à privacidade. Há outro ponto importante a considerar, porém.

3. O INTERESSE NO EXAME DE AUTOS

Examinando o *princípio da publicidade* no contexto dos princípios constitucionais do processo, escrevemos alhures[10] que o acesso de terceiros ao processo deveria ficar subordinado ao *princípio do interesse*,[11] não havendo em relação a pessoas estranhas ao processo *"um acesso irrestrito aos autos – o que, aliás, não seria razoável que acontecesse, sob pena de confundir-se publicidade com bisbilhotice"*. E acrescentávamos: *"O acesso aos autos, no caso, se dá por meio de certidões, quando a expedição dessas se justifique ou na medida em que, para obtê-las, seja necessário consultar os autos, em Cartório, mediante prévio requerimento ao Juiz"*.[12]

Lopes da Costa já observara, a esse respeito, trazendo, em abono de seu pensamento, a lição de Garsonnet et Bru:

> "Do fato de serem públicas as audiências não resulta o direito de terceiros quaisquer, sem interesse legítimo, obterem vista ou cópia de peças processuais.
>
> Para o terceiro não interessado os atos processuais são res inter alios acta e a eles, pois, nec nocent nec produnt. Sem de-

---

[10] *In Direito processual constitucional*. Rio de Janeiro, Forense, 2003, p. 36, n. 7.
[11] Liebman ensina que *"O interesse é um requisito não somente da ação senão de todos os direitos processuais"* (*Manual de derecho procesal civil*, trad. de Santiago Sentis Melendo. Buenos Aires, Ediciones Jurídicas Europa-America, 1980, p. 116).
[12] Ob. cit., p. 37. Não tínhamos presente, então, a advertência do Prof. José Carlos Barbosa Moreira que se lê no trecho transcrito acima, item 2 desta exposição, vazada nos mesmos termos por nós empregados, a revelar, portanto, uma preocupação comum, antes de nós manifestada.

monstrar interesse jurídico, os terceiros nada têm a ver com o processo. "O interesse desprovido de legitimidade, que manifestem, de examinar os autos já os torna suspeitos".[13]

De fato, na linha dessa orientação doutrinária, encontramos em alguns Códigos alienígenas disposições que limitam o acesso de terceiros aos autos em função do interesse nisso demonstrado.

Assim, a Z.P.O. alemã (de 1877), que, no § 299, prescreve:

"As partes poderão examinar os autos e pedir à Secretaria do Tribunal cópias autorizadas, cópias ordinárias e extratos.
Sem o consentimento das partes não poderá o presidente do Tribunal permitir a terceiras pessoas o exame dos autos, a não ser que acreditem que tenham um interesse jurídico nele".

O Código de Portugal (de 1961, com as alterações introduzidas, por decreto, na conformidade da Lei n. 28/96), depois de estabelecer que *"O processo civil é público, salvas as restrições previstas na lei"*, dispõe:

"A publicidade do processo implica o direito de exame e consulta dos autos na secretaria e de obtenção de cópias ou certidões de quaisquer peças nele incorporadas, pelas partes, por qualquer pessoa capaz de exercer o mandato judicial ou por quem revele interesse atendível".

---

[13] Ob. e vol. cits., p. 231, n. 252. O trecho posto entre aspas, no corpo da citação, de Garsonnet et Bru, é de *Procédure, VII, 31*. Lopes da Costa fazia essa observação a propósito da disciplina conferida à matéria pelo Código de Processo Civil do Estado de São Paulo (art. 139, *caput*) e pelo Código de Processo Civil (nacional) de 1939 (art. 19), que, a seu ver, *"estenderam demasiadamente os direitos de terceiros a certidões e ao exame dos autos, limitando-os apenas pela exceção do sigilo"*. Realmente, o Código de São Paulo era expresso a esse respeito, preceituando assim: *"Independentemente de despacho, é lícito a qualquer pessoa pedir certidões de processos pendentes ou findos, e consultá-los em cartório"*. O CPC de 1939, ao contrário, era um tanto vago em sua redação: *"O pedido verbal ou escrito, de certidão, narrativa ou de teor, de ato ou termo judicial, será atendido pelo chefe da Secretaria do Tribunal ou escrivão de qualquer instância, independentemente de despacho"*. Mas o certo é que o antigo Código nacional, diferentemente do que está em vigor, não disciplinava o acesso aos autos como uma prerrogativa dos advogados, permitindo, assim, entender que se tratasse de um direito de todos.

O Código Geral de Processo, do Uruguai (de 1988), regulando a *"Consulta de los expedientes"* (conforme consta da respectiva ementa), reza o seguinte, no art. 106:

> "Los expedientes judiciales o las actuaciones de los mismos permanecerán en las oficinas para el examen de las partes y de todos los que tuvieran interés en la exhibición.
> Si el secretario o actuario negare la exhibición, podrá reclamarse verbalmente ante el tribunal, el que decidirá en definitiva, de acuerdo con lo dispuesto en el articulo 7º".[14]

É interessante notar que o Código uruguaio mostra-se perfeitamente ajustado ao que dispõe o Anteprojeto de Código Processual Civil Modelo para a Ibero-América – contribuição singular do Instituto Ibero-Americano de Direito Processual, que tem em vista a fixação de uma linha comum para a legislação processual civil nos países abrangidos por sua área de atuação. Assim preceitua o art. 101 do referido anteprojeto, sob a epígrafe *"Consulta de los expedientes"*:

> "Los expedientes judiciales o las actuaciones de los mismos permanecerán en las oficinas para el examen de las partes y de todos los que tuvieren interés en la exhibición, extremo este último que calificará el secretario, con recurso verbal ante el tribunal, teniéndose presente el principio establecido en el artículo 7º".[15]

Como se vê, há, hoje, uma tendência acentuada no sentido de restringir o acesso das pessoas aos autos, somente o admitindo em razão de interesse manifestado no conhecimento de peças do processo. Prevalece, efetivamente, nessa matéria, o *princípio do interesse*.

---

[14] O art. 7º, a que é feita remissão, trata da *"Publicidad del proceso"*, dispondo que *"Todo proceso será de conocimiento público, salvo que expresamente la ley disponga lo contrario o el tribunal asi lo decida por razones de seguridad, de moral o en protección de la personalidad de alguna de las partes"*, além de outros que a lei prevê e com relação aos quais a publicidade, não obstante, poderá ser adotada *"siempre que las partes consintieren en ello"*.

[15] O art. 7º do mesmo Código está assim concebido: *"Publicidad del proceso. Todo proceso será de conocimiento público, salvo que expresamente la ley disponga lo contrario o el tribunal así lo decida por razones de seguridad, de moral o de protección de la personalidad de alguna de las partes"*.

4. Publicidade e privacidade: o ponto de equilíbrio

Sem olvidar a importância da publicidade para o processo, do ponto de vista político e ético, convém refletir sobre seu exato alcance, a partir da consideração de que não há direitos absolutos e as garantias constitucionais devem ser harmonicamente aplicadas.

Impende, antes de tudo, definir, precisamente, o alcance da publicidade. E, para tanto, é mister verificar em que termos se acha explicitado o princípio.

Observe-se, a esse respeito, que não há, no Código de Processo Civil brasileiro, norma alguma que, expressamente, assegure a qualquer pessoa, não habilitada a exercer a advocacia, o direito de ter acesso aos autos. Os que vislumbram na lei processual civil esse direito o fazem por inferência lógica, ao procederem à exegese da regra do art. 155, *caput*, primeira parte, ou interpretando, *a contrario sensu*, o que estabelece seu parágrafo único, também primeira parte. Disposição expressa que, à semelhança do art. 139, *caput*, do antigo Código de Processo Civil do Estado de São Paulo, desse a *"qualquer pessoa"* o direito de *consultar autos*, em cartório ou secretaria de juízo, positivamente não existe no vigente Código nacional.

A interpretação lógica do art. 155 do CPC não permite, a rigor, extrair dele conclusão favorável a esse amplo exame, como alguns pretendem. Cumpre distinguir, com efeito, como faz Hélio Tornaghi, a *publicidade total* da *publicidade restrita:*

> "Os atos do processo executam-se a portas abertas. Qualquer pessoa pode assistir a eles. Uma vez praticados, a documentação deles, os autos, termos, atas são públicos somente para as partes".[16]

Por outro lado, é preciso ter em vista a finalidade precípua por que se tornam públicos os atos processuais. Enrique Véscovi dá-nos resposta clara, quanto a esse ponto, ao mesmo tempo em que pondera sobre a necessidade de imporem-se temperamentos ao princípio:

---

[16] *Comentários ao código de processo civil*, vol. II. São Paulo, Revista dos Tribunais, 1975, p. 10.

"Reclama el conocimiento público de los actos del proceso como medio de contralor de este y, en definitiva, de la justicia, por el público. Las excelencias de la publicidad son indiscutibles, y el contralor por la comunidad es un bien innegable. No obstante tiene sus defectos, ya que puede servir para desvirtuar el fin esencial, en cuanto el público, normalmente, solo se interesa por determinados juicios, especialmente aquellos que los medios masivos de comunicación realizan. Lo cual no siempre resulta bien orientado".[7]

Defender maior amplitude para a publicidade processual, no sentido de permitir acesso aos autos até mesmo à imprensa, parece uma demasia. Possibilitar, de qualquer modo, que a publicidade abra as portas da Justiça à bisbilhotice, seria, sem dúvida, uma contrafação do princípio.

Modus in rebus – é o que, também aqui, se aconselha. Sobretudo, torna-se indispensável encontrar o ponto de equilíbrio entre os interesses determinantes da publicidade e as razões motivadoras do resguardo da privacidade. Não é uma tarefa difícil. O caminho está indicado na lição acima transcrita do Prof. Hélio Tornaghi. A publicidade tem limites e estes são determinados pela interpretação teleológica da norma que a assegura. O fim a que se volta a publicidade é o de dar transparência à prática dos atos processuais e possibilitar acesso aos autos dos processos a quem neles tenha interesse. Definido esse norte, não há por que acoimar de restritiva a aplicação do princípio.

Considerações finais

Uma das manifestações mais sensíveis dos riscos que cercam a privacidade individual consiste no *strepitus judicii*. Este não se verifica apenas nos processos que correm em segredo de justiça, mas é suscetível de ocorrer na generalidade dos feitos judiciais. A simples circunstância de pender

---

[7] *Teoría general del proceso*, 2ª edição. Santa Fé de Bogotá, Editorial Temis S.A., 1999, p. 60, n. 8.

de julgamento um litígio já é, em si, motivo de constrangimento para muitas pessoas. Verem-se expostas, em função disso, à curiosidade alheia, é, para elas, às vezes, um tormento. Conforme a natureza da causa (uma simples questão obrigacional, por exemplo), ainda que esta não envolva o estado da pessoa ou problemas de família, a vida particular pode ser afetada, desnecessariamente, pelo acesso irrestrito – e em vão – de terceiros ao processo. Isso, sem cogitar do disse-me-disse com que se comprazem certos espíritos, capazes de fazer ecoar além dos autos o que nesses se discuta ou se declare.

Há razões ponderáveis, pois, para que nos preocupemos em traçar o balizamento adequado ao acesso de terceiros aos autos de processos. Não se trata de uma questão bizantina nem de um cuidado especial com a privacidade que possa conflitar com as modernas tendências do processo, direcionadas no sentido de torná-lo mais democrático. Tanto quanto a publicidade processual, o direito à privacidade deve merecer a tutela da Justiça. Mais do que isso: na esfera dos órgãos judiciários precisa encontrar um exemplo pedagógico, por meio da certeza de sua observância nos processos que por eles tramitam.

O DIREITO DA EMPRESA À VIDA PRIVADA E SEUS REFLEXOS NO DIREITO FALIMENTAR

PROF. DR. ADALBERTO SIMÃO FILHO[*]

> Sumário: Introdução. I. Noção técnica de vida privada e sua classificação. II. A pessoa jurídica e a proteção da vida privada. 1. O conceito de pessoa jurídica. 2. A pessoa jurídica e a proteção da vida privada. III. O reflexo do pedido de falência na pessoa jurídica. IV. A mácula à vida privada empresarial em face do abuso do direito. V. A sentença denegatória de quebra e a vida privada empresarial. Aspectos conclusivos. Bibliografia.

INTRODUÇÃO

No elenco de garantias previsto pela Constituição Federal no Art. 5º, encontra-se no inciso X a previsão de inviolabilidade da intimidade, vida privada, honra e imagem das pessoas, assegurando o direito a indenização pelo dano material ou moral decorrente de sua violação.

---

[*] O Autor obteve o grau de mestre e o grau de doutor em direito das relações sociais pela Pontifícia Universidade Católica de São Paulo. É professor titular IV das UNIFMU/SP e professor de pós graduação no Centro de Extensão Universitária-CEU; Escola Paulista da Magistratura, Escola Superior da Advocacia da OAB/SP e no COGEAE –PUC/SP.

Questão delicada refere-se a possibilidade de utilização do conceito de inviolabilidade de vida privada à pessoa jurídica a julgar pelo fato de que o Art. 21 do Código Civil menciona em expresso que *"A vida privada da pessoa natural é inviolável, e o juiz, a requerimento do interessado, adotará as providências para impedir ou fazer cessar ato contrário a esta norma"*.

O fato de a norma se dirigir tão só à pessoa natural gera a crença de que à pessoa jurídica não assiste o direito protetivo nos moldes previstos no Art. 21 do Código Civil, para impedir ou fazer cessar atos violatórios desta natureza.

No decorrer de nossa exposição se pretenderá coletar informes para uma conclusão à hipótese formulada, partindo-se da avaliação de uma questão existente em direito falimentar que é reflexa e decorrente da sentença denegatória da falência.

A peculiaridade levantada neste artigo, onde se pretenderá demonstrar a adequação sistêmica e aplicabilidade do conceito de vida privada às pessoas jurídicas encontra ressonância nas palavras de Newton De Lucca[1] que permitimo-nos transcrever; *"Assistimos, hoje, a um evidente fenômeno de descodificação do direito privado. Cada vez maior é o número de leis esparsas ou de microssistemas (...) com os quais se regula a vida contemporânea. Há um microssistema de defesa do consumidor, um de proteção ao meio ambiente, um da atividade empresarial e assim por diante. O que se verifica, sem dificuldades, em todos esses microssistemas é a presença de suas próprias fontes de criação normativa. Há uma linguagem peculiar a cada um desses subsistemas jurídicos que não mais se afina à linguagem do sistema geral do Código. Fala-se hoje, por isso mesmo, numa tecnolinguagem, só compreendida por aqueles já habituados ao novo jargão legislativo"*.

I. Noção técnica de vida privada e sua classificação

Para o bom desenvolvimento doutrinário, parte-se da premissa de que a vida privada em seu sentido jurídico e no âmbito de uma tecnolinguagem, pode se referir às mais diversas situações possíveis na

---

[1] De Lucca, Newton. "A atividade empresarial no âmbito do projeto de código Civil". Artigo de doutrina publicado na obra coordenada por Adalberto Simão Filho e Newton De Lucca. São Paulo, Juarez de Oliveira, 2000, p. 53.

medida em que a vida privada, diante de sua infinita capacidade de manifestação não pode ser apreendida como preconiza Gilberto Haddad Jabur.[2]

Todavia, os autores que abordam a questão, associam no direito à vida privada à idéia de um direito a uma vida anônima ou retirada ou como um direito de se viver a vida própria em isolamento, sem ser submetido a uma publicidade que não provocou e não desejou, como se pode depreender dos escólios colhidos por Gilberto Haddad Jabour.[3]

O direito à vida privada pode ser classificado no campo do direito da personalidade aqui visto como aquele que tem por objeto toda a gama de atributos físicos, psíquicos e morais da pessoa em si e no campo de suas projeções sociais.

Sobre a importância dos direitos de personalidade, traz-se o escólio de Adriano de Cupis[4] para quem *"existem certos direitos sem os quais a personalidade restaria uma susceptibilidade completamente irrealizada, privada de todo o valor concreto: direitos sem os quais todos os outros direitos subjetivos perderiam todo o interesse para o indivíduo – o que equivaleria a dizer que, se eles não existissem, a pessoa não existiria como tal. São os chamados "direitos essenciais", com os quais se identificam precisamente os direitos da personalidade. Que a denominação de direitos da personalidade seja reservada aos direitos essenciais justifica-se plenamente pela razão de que eles constituem a medula da personalidade".*

Este direito da personalidade acaba por envolver, como bem menciona Fábio Henrique Podestá[5] uma prestação de natureza negativa universal onde todos têm obrigação de respeitar e de não violar as diversas formas pelas quais se expressam as pessoas. Este conceito se aplica tanto às pessoas físicas como jurídicas consoante se demonstrará.

---

[2] JABUR, Gilberto Haddad. *Liberdade de Pensamento e Direito à vida privada.* São Paulo, RT, 2000, p. 254.

[3] *Op. cit. p.* 254. O autor apresenta as posições de René Ariel Dotti com base na definição de Nizer e o conceito de William Swindler para quem "o direito à vida privada pode ser definido como o direito de viver a sua própria vida em isolamento, sem ser submetido a uma publicidade que não provocou e nem desejou".

[4] CUPIS, Adriano de. *Os direitos da personalidade.* Tradução de Adriano Vera Jardim & Antonio Miguel Caeiro. Lisboa, Livraria Moraes, 1961, p. 17

[5] PODESTÁ, Fábio Henrique. "Direito à Intimidade. Liberdade de imprensa. Danos por publicação de notícias". Artigo publicado na obra coordenada por Antônio Carlos Mathias Coltro intitulada: *Constituição Federal de 1.988 – Dez Anos.* São Paulo, Juarez de Oliveira, 1999, p. 201.

Partindo-se da classificação clássica do direito da personalidade no campo do direito à integridade física[6], intelectual[7] e moral, onde nestes últimos convivem as espécies direito à imagem, à honra, ao segredo profissional e a identidade pessoal, pode-se adicionar o direito à vida privada neste segmento último. No gênero vida privada pode-se também concentrar o direito à intimidade e o direito ao segredo.

Os direitos decorrentes da personalidade, onde se inclui o direito à vida privada são considerados como direitos subjetivos privados e como tal, possuem as seguintes características predominantes; intransmissibilidade, indisponibilidade, generalidade, extrapatrimonialidade e imprescritibilidade. Mais a frente retomaremos a este tema com vistas a linear nestas características a vida privada empresarial.

Não há se confundir o direito à vida privada com o direito a intimidade. Estas expressões, muito embora próximas, não se equivalem. Fábio Henrique Podestá[8] com base no escólio de Tércio Sampaio Ferraz que assevera existir um diferente grau de exclusividade entre estas expressões, entende que de fato a intimidade possui campo mais restritivo do que a vida privada pois enquanto nesta pretende a pessoa estar só, recolhida à própria individualidade, na vida privada a proteção parte de formas exclusivas de convivência onde a comunicação é inevitável, todavia estrita a pessoas do relacionamento.

Há Autores nacionais[9] que apresentam para a melhor justaposição desta matéria, a teoria dos círculos concêntricos desenvolvida pela doutrina alemã.

Segundo esta teoria deve-se imaginar três círculos concêntricos e justapostos onde no raio maior situa-se o direito à privacidade e ao respeito à vida privada. No raio intermediário situam-se os direitos relacionados à confiabilidade e intimidade, demonstrando-se que a visão

---

[6] Aqui inserido o direito à vida e integridade física; direito ao corpo e sobre as suas partes e órgãos.
[7] Também classificado por direito psíquico por tratar dos elementos intrínsecos à personalidade, aqui inserido-se a liberdade de pensamento o direito do Autor, científico, artístico e do inventor.
[8] *Op. cit.*, p. 207.
[9] A exemplo Fábio Henrique Podestá, *op. cit.* p. 207 e Gilberto Haddad Jabour, *op. cit.* p. 256.

desta é mais restritiva do que o que se entende por vida privada. Por fim, no raio menor é contido o segredo, a reserva e o sigilo que também não deixam de ser aspectos do direito de intimidade, muito embora passíveis de serem vistos como situações que por si também são objeto de proteção jurídica de forma independente.

Por esta razão que quando se idealiza um sistema de proteção ao direito à vida privada, também se está a estudar a proteção ao conjunto de elementos que podem formá-lo, elementos estes que podem ser vistos de forma autônoma, dentre os quais o direito à intimidade e ao segredo, à honra e a imagem das pessoas, etc.

II. A PESSOA JURÍDICA E A PROTEÇÃO DA VIDA PRIVADA

1. O CONCEITO DE PESSOA JURÍDICA

Os doutrinadores que estudaram a pessoa jurídica com profundidade como menciona J. Lamartine Corrêa de Oliveira,[10] apresentam uma classificação nos seguintes moldes:

i) Doutrinas individualistas. Que partem da premissa de que só o indivíduo é sujeito de direitos e negam a realidade coletiva na estruturação da sociedade. Neste segmento há autores clássicos como Savigny que apresentam a tese da ficção legal, ou seja, a pessoa jurídica criada como uma ficção da lei. Há ainda quem entenda no mesmo segmento, que a questão pode ser vista sob a ótica do patrimônio com um fim específico, posição adotada pelos voluntaristas em matéria de direito subjetivo. (Zweckvermögen).

ii) Doutrinas que afirmam a existência de realidades coletivas. Estas doutrinas dividem-se em voluntaristas de concepção organicista (Zittelman, Meurer, Gierke, Lacerda de Almeida) e institucionalistas (Ennecerus, Saleilles, Michoud).

---

[10] OLIVEIRA, J. Lamartine Corrêa de. *Conceito da pessoa jurídica*. Curitiba, 1962, p. 28.

A partir dos aprofundados estudos J. Lamartine Corrêa de Oliveira[11] conclui pelo caráter analógico da personalidade jurídica à pessoa natural esclarecendo que a pessoa jurídica é realmente pessoa de modo analógico e não ficticiamente pessoa. Segundo este Autor tal como a pessoa humana a pessoa jurídica é um ser indiviso. Trata-se de um ser individual e permanente, possuído de independência externa; uma realidade análoga à pessoa humana porque idêntica em inúmeros aspectos exceto a substancialidade que não possui, sendo, portanto, pessoa não no pleno sentido da palavra, mas sim por analogia.

Dúvidas não existem de que o direito brasileiro reconhece ampla personalidade a alguns ente e às sociedades (atualmente simples e empresariais) por força de concessão da lei. Rubens Requião[12] asseverando que a teoria da existência da personalidade jurídica se integrou na tradição brasileira a ponto de não mais ser discutido o tema, apresenta os seguintes efeitos de personificação.

i) Sociedade é considerada como uma pessoa; sujeito capaz de contrair direitos e obrigações;

ii) Em razão da individualidade própria, os sócios não mais se confundem com a pessoa jurídica da sociedade;

iii) Autonomia patrimonial;

iv) Autonomia para modificação da estrutura societária interna, partindo-se da vontade dos sócios.

Modernamente, numa visão finalista os doutrinadores passaram a buscar quais seriam as implicações jurídicas acerca do instituto da personificação. Nesta linha de raciocínio Fábio Ulhoa Coelho[13] ao procurar responder à questão do que efetivamente significa o fato de a lei atribuir personificação às sociedades empresárias apresenta uma classificação inicial daqueles que são sujeitos de direito em dois grandes grupos quais sejam: os sujeitos humanos compostos pelas pessoas físicas e

---

[11] *Op. cit. p.* 164.
[12] REQUIÃO, Rubens. *Curso de Direito Comercial.* São Paulo, Saraiva, vol. 1, 2003, p. 375 e 382.
[13] COELHO, Fábio Ulhoa. *Curso de Direito Comercial.* São Paulo, Saraiva, vol. 2, 2002, p. 9 a 11.

nascituros e os sujeitos inanimados compostos tanto de pessoas personalizadas como entidades despersonalizadas (massa falida, espólio, condomínio horizontal, etc.) e, após, esclarece que o sujeito de direito personalizado tem aptidão para a prática de qualquer ato, exceto o expressamente proibido. Já o despersonalizado somente pode praticar ato essencial ao cumprimento de sua função ou expressamente autorizado.

Persiste ainda, no entanto, a idéia de pessoa jurídica como uma ficção já que a mesma não se corporifica e nem se materializa nos moldes clássicos concebidos. A partir deste ponto de vista e ainda numa visão finalista é oportuno o escólio de Ricardo Negrão[14] para quem muito embora a personalidade jurídica seja uma ficção jurídica cuja existência decorre da lei; muito embora falecendo-lhe a existência biológica própria das pessoas naturais, para efeitos jurídicos e facilitação da vida em sociedade, concede-se a capacitação para que esta se desenvolva no mundo jurídico no âmbito de uma realidade social, concedendo-lhe direitos e obrigações.

Por uma idealização do legislador foi atribuída uma vida e patrimônio à pessoa jurídica para que esta possa realizar seu objeto social. Spencer Vampré[15] assevera que *"pessoa jurídica é uma coletividade de homens, constituída para certo fim, com vida e patrimônio próprios, distintos dos indivíduos que a compõem"*.

Dentro desta ótica entendemos que a pessoa jurídica como ente abstrato criada em decorrência de lei, possui uma vida. Não uma vida fictícia a ponto de dela nenhuma decorrência ou intercorrência resultar, mas sim uma vida analogicamente considerada, tomando-se como base e fundamento no que concernente e aplicável, a vida humana. E, como tal, terá protegidos os direitos e garantias constitucionalmente previstos, inclusive os relacionados à personalidade.

2. A PESSOA JURÍDICA E A PROTEÇÃO DA VIDA PRIVADA

Preconiza o Art. 40 do Código Civil que as pessoas jurídicas são de direito público interno ou externo e de direito privado. As pessoas

---

[14] NEGRÃO, Ricardo. *Manual de direito comercial e de empresa*. São Paulo, Saraiva, vol. 1, 2003, p. 228.
[15] VAMPRÉ, Spencer. *Tratado elementar de direito comercial*, Rio de Janeiro, F. Briguiet & Cia, vol. 1, item 107.

jurídicas de direito privado dividem-se em associações, fundações, partidos políticos, sociedades simples e empresárias. O objeto deste artigo refere-se à sociedade empresaria, muito embora a primeira parte do mesmo possa ser utilizada para os demais gêneros de pessoas jurídicas.

Partindo-se da premissa de que o Código Civil tenha deixado claro no Art. 21 acerca da proteção da inviolabilidade da vida privada exclusivamente à pessoa natural e, não restando dúvidas de que o destinatário e titular por excelência da tutela dos direitos da personalidade é o ser humano e nascituros que possuem seus direitos respeitados pela lei, desde a concepção, é certo que a Constituição Federal não fez esta distinção no Art. 5° X sendo portanto, legítima uma investigação – mesmo que superficial acerca da possibilidade protetiva da vida privada da pessoa jurídica, com vistas uma tentativa de extensão da intelecção da norma contida no Art. 21 para a pessoa jurídica e ao estudo de uma segunda temática voltada para o direito falimentar.

A este respeito é importante o escólio de Pablo Stolze Gagliano e Rodolfo Pamplona Filho[16] para quem a legislação jamais excluiu expressamente as pessoas jurídicas da proteção aos interesses extrapatrimoniais, entre os quais se incluem os direitos da personalidade. E, especificamente ao Art. 5°, X . Estes Autores mencionam que não tendo a Constituição Federal feito qualquer acepção de pessoas, não pode ser este dispositivo interpretado de forma restritiva, notadamente quando se trata de direitos e garantias fundamentais.[17]

Sendo a pessoa jurídica um ente ideal criado por força legislativa e à ela tendo sido outorgada a condição de sujeito de direito como demonstrado, há que se melhor avaliar até que ponto a Constituição Federal à protege em situações que são próprias e aplicáveis à pessoa natural.

---

[16] GAGLIANO, Pablo Stolze et Pamplona Filho, Rodolfo. *Novo Curso de Direito Civil*. São Paulo, Saraiva, vol. 1, 3ª ed. 2003, p. 149 . É certo também que muito embora estes autores entendam que a pessoa jurídica jamais possa ter uma vida privada, ela pode zelar por seu nome e imagem perante o público-alvo, sob pena de perder largos espaços na acirrada concorrência de mercado.

[17] *Op. cit.*, p. 150. Os Autores esclarecem que esse tipo de posicionamento possui respaldo numa boa parte da doutrina nacional, entre os quais assinalam Carlos Alberto Bittar, José de Aguiar Dias, Rubens Limongi França, Sérgio Severo entre outros.

Neste ponto quer-se observar que de há muito os tribunais tem reconhecido que dentro do conceito protetivo previsto no inciso V do Art 5º da Constituição Federal onde é assegurado o direito de resposta, proporcional ao agravo, além da indenização por dano material, moral ou à imagem, inclui-se como destinatária da norma também a pessoa jurídica além das pessoas naturais.

Apesar de concordarmos com os Autores que professam – a exemplo de Gustavo Tepedino[18] a idéia de que o homem constitui o centro de preocupações do Direito Civil e de todo o ordenamento jurídico não podemos nos afastar da necessária proteção no campo constitucional e infra-constitucional que foi dada à pessoa jurídica como sujeito de direito, reconhecendo-se a sua importância e inter-relação direta com a pessoa natural, desde seu nascimento nos termos do Art. 45 do Código Civil.[19]

A propósito para Vânia Siciliano Aieta[20] é incontestável a tutela, ainda que indireta, possuída pelas pessoas jurídicas no que concerne ao seu direito de intimidade genérico.

Neste diapasão rememora-se a regra do Art. 52 do Código Civil que menciona ser aplicável à pessoa jurídica, no que couber, a proteção aos direitos da personalidade.

Se entendermos que entre os direitos de personalidade – como mencionamos, se encontram os direitos ao nome e sinais distintivos, à honra objetiva, à imagem, ao segredo, poderemos abstrair que a pessoa jurídica também terá um direito específico à vida privada ou a privacidade de forma tal que possa proteger certos atributos sociais inerentes à mesma.

Aliás, se é passível a pessoa jurídica sofrer dano moral (levando-se em conta exatamente a sua honra objetiva, bom nome, imagem, penetração mercadológica, conceito de mercado, etc.) como sacramentado pela Súmula

---

[18] TEPEDINO, Gustavo. Crise de fontes normativas e técnica legislativa na parte geral do Código Civil de 2002. Artigo publicado na obra organizada pelo mesmo Professor intitulada: *A parte geral do novo código civil*. Rio de Janeiro, Renovar, 2ª ed., 2003, p. 30. O autor ainda menciona que é o homem de "carne e osso" que constitui o centro de preocupação do ordenamento e que o desenvolvimento da personalidade humana e de todas as suas potencialidades é a função promocional que deve ser abraçada pelo civilista do século XXI.

[19] Art. 45: Começa a existência legal da pessoa jurídica de direito privado com a inscrição do ato constitutivo no respectivo registro, precedida, quando necessário, de autorização ou aprovação do Poder Executivo, averbando-se no registro todas as alterações por que passar o ato constitutivo.

[20] AIETA, Vânia Siciliano. *A garantia da intimidade como direito fundamental*, Rio de Janeiro, Ed. Lúmen. 1999, p. 150.

227 do Superior Tribunal de Justiça, em evolução do pensamento civilista formulado no sentido de que este atributo era tão só da pessoa natural por estar o mesmo ligado à dor e ao sofrimento impossível na pessoa jurídica, é certo que um conceito abstrato como o de vida privada pode ser apropriado à pessoa jurídica como se está a demonstrar.

Neste enfoque, uma intervenção danosa à vida privada da empresa será passível de proteção e/ou indenização pelo campo material ou moral.

É que quando as pessoas se reúnem para uma finalidade comum através de um contrato plurilateral com vistas ao exercício de uma atividade econômica organizada na busca de certos resultados, idealizam as formas de bem atingir seu objeto social e de formação e mantença de seu bom nome, seus segredos, de seu mercado especifico de atuação, de seus funcionários e, principalmente, de sua clientela, seus fornecedores e do bom relacionamento com as instituições financeiras que acabam por se constituírem em um dos sustentáculos da atividade empresarial, a despeito das taxas de juros praticadas.

Neste contexto a pessoa jurídica se forma e nasce como tal frente ao direito, aguardando que o sistema possa protege-la em suas ideologias que se sintonizem com o bom direito e com a sua função social.

Constituída nestas condições, passa a ter a empresa a seu dispor um sistema protetivo de seu patrimônio intelectual e dos direitos de personalidade que possam ser aplicáveis a si.

Oportuno é o escólio de Carlos Roberto Siqueira Castro[21] nos seguintes termos:

"Nada obstante a tremenda polêmica existente a respeito da extensão às pessoas não física de um pretenso direito à privacidade ou à intimidade, que contrapõe juristas do porte de BRICOLA, FERRARA e TALON, contrário a essa possibilidade, a outros como DE CUPIS E PIERRE KAYSER, favoráveis ao desfrute de uma inviolabilidade privada por parte de entes abstratos, somos inclinados a pensar que as pessoas morais, como denomina-as o direito francês, podem perfeitamente ser destinatárias da proteção jurídica da vida privada ou da vida íntima. Isto não apenas pela razão irrecusável de que

---

[21] CASTRO, Carlos Roberto Siqueira. *A Constituição aberta e os direitos fundamentais*. Rio de Janeiro, Forense, p. 536.

a Constituição da República, ao incluir a inviolabilidade da intimidade e da vida privada no elenco dos direitos e garantias fundamentais (art. 5,X), nenhuma distinção faz, no que tange ao plano da titularidade, quanto à natureza física ou jurídica dos sujeitos de tal direito".

E prossegue o Autor em sua justificação de motivos atinentes à acatação da tese de que a pessoa jurídica detém direitos sobre vida privada e intimidade.

"Ajunte-se, além disso, a tendência universal em assegurar aos entes jurídicos, a exemplo do que ocorre com os seres naturais, os prolongamentos conseqüentes da personalidade reconhecida pela legislação civil, comercial e societária, dentre os quais se inscreve além do nome ou da razão social, dos símbolos e marcas de identificação, da imagem comercial e dos demais caracteres da personalidade jurídica, uma esfera privativa legalmente resguardada contra a intromissão de terceiros".[22]

Assim é que – na nossa ótica, será possível proteger a privacidade da pessoa jurídica na medida do que o direito lhe reserva, inclusive no tocante a atos ou fatos que possa macular os seus atributos personalíssimos já mencionados.

Evidentemente uma vida privada protegida da empresa não terá a mesma complexidade psicológica da proteção de uma vida privada da pessoa humana onde podem preponderar aspectos psíquicos que possam atingi-la a demonstrar a urgente intervenção do estado na forma preconizada no Art. 21 do Código Civil para fazer cessar a violação eventualmente ocorrida.

Todavia, é certo que em casos concretos, situações há que poderão refletir exatamente numa mácula à vida privada da pessoa jurídica e, portanto, ensejarão a proteção jurídica através de um sistema razoável e urgente.

Para que bem se possa auxiliar num contorno do que seria a proposta protetiva de uma vida privada empresarial nos moldes preconizados pelo Art.5°, inc. X da Constituição Federal é certo que há situações previstas na própria Constituição e nas leis ordinárias que nos facilitam esta busca como se observa entre outras:

---

[22] *Op.cit.* p.537. O Autor traz ainda a notícia de que o Tribunal Federal da Alemanha tem assegurado como atributo da personificação conferida pela ordem jurídica, a plenitude da capacidade funcional das pessoas coletivas, inclusive no que concerne a alçada íntima. Assim, são tutelados além do nome social, imagem mercantil, crédito público e reputação, os segredos comerciais e industriais, as políticas de marketing, as decisões gerenciais e estratégicas para o enfrentamento da concorrência.

a) Na Constituição Federal:

Art. 5°, inc. XII – inviolabilidade do sigilo da correspondência;
Art. 5°, inc. XIV – sigilo sobre a fonte quando necessário ao exercício profissional.
Art. 5°, inc. XXXIII – não transmitir informações de interesse particular ou coletivo, cujo sigilo seja imprescindível à segurança da sociedade e do Estado.

b) Do Direito Penal entre outras disposições previstas no Código pode-se extrair:

Art. 150 – violação de domicílio;
Art. 151 – violação de correspondência;
Art. 153 – divulgação de segredo comum que possa produzir dano a outrem;
Art. 154 – violação danosa e sem justa causa de segredo profissional.

c) No âmbito da concorrência Desleal (Lei 9.279/96) pode-se verificar:

Art. 195. Comete crime de concorrência desleal quem:

XI – divulga, explora ou utiliza-se, sem autorização, de conhecimentos, informações ou dados confidenciais, utilizáveis na indústria, comércio ou prestação de serviços, excluídos aqueles que sejam de conhecimento público ou que sejam evidentes para um técnico no assunto, a que teve acesso mediante relação contratual ou empregatícia, mesmo após o término do contrato.

XII – divulga, explora ou utiliza-se, sem autorização, de conhecimento ou informações a que se refere o inciso anterior, obtidos por meios ilícitos ou a que teve acesso mediante fraude;

Já no acordo de **TRIPS** que trata das regras de proteção aos bens intelectuais em geral, no âmbito dos países membros da Organização Mundial do Comércio, vigorante no Brasil desde janeiro de 1.995, observa-se a seguinte regra:

Art. 39: 1.Ao assegurar proteção efetiva contra a competição desleal, como disposto no art. 10bis, da Convenção de Paris, os Membros protegerão informação confidencial de acordo com o parágrafo 2º abaixo...; 2. Pessoas físicas e jurídicas terão a possibilidade de evitar que a informação legalmente sob seu controle seja divulgada, adquirida ou usada por terceiros, sem seu consentimento, de maneira contrárias a práticas comerciais honestas, desde que tal informação: a) seja secreta, no sentido de que não seja conhecida em geral, nem facilmente acessível a pessoas de círculos que normalmente lidam com o tipo de informação em questão, seja como um todo, seja na configuração e montagem específica de seus componentes; b) tenha valor comercial por ser secreta; e c) tenha sido objeto de precauções razoáveis, nas circunstâncias, pela pessoa legalmente em controle da informação, para mantê-la secreta.

d) No âmbito da atividade empresarial entre outras regras é importante a lembrança do sistema de proteção dos livros e da escrita comercial nos termos dos arts. 1.190 e seguintes do Código Civil.

Estes exemplos são meramente elucidativos e não esgotam o perfil que se pretende apresentar acerca do âmbito protetivo da vida privada da empresa.

Há segredos industriais e de negócios que são protegidos. Há a proteção específica dos softwares (Lei 9.609/98 – Art. 3º); há a proteção específica do sigilo bancário (Lei 4.595/64 – Art. 38) etc.

Numa excelente análise acerca da natureza do segredo e seus pontos distintivos com institutos assemelhados Elisabeth Kasznar Fekete[23] apresenta a necessidade de ocultação do que é segredo e sigilo e o sistema protetivo e apresenta um elenco do que pode estar dentro deste gênero. A exemplo temos as informações confidenciais, o segredo industrial, o segredo comercial, o segredo de negócio, o trade secret,[24] o Know How[25] a tecnologia proprietária.

---

[23] FEKETE, Elisabeth Kasznar. *O regime jurídico do segredo de indústria e comércio no direito brasileiro*. Rio de Janeiro, Forense, 2003, p.41
[24] "Trade Secret consiste em qualquer fórmula, desenho, dispositivo ou compilação de informações usadas nas atividades comerciais de alguém, que lhe dêem uma oportunidade de obter uma vantagem em relação aos concorrentes que não conhecem nem deles fazem uso."
[25] Refere-se a conhecimentos técnicos específicos e necessários. Pode-se confundir com os princípios delineados para o trade secret.

Como menciona Jacques Labrunie[26] o segredo de negócio *"abrange as informações confidenciais técnicas, comerciais, administrativas, contábeis, financeiras; enfim, todos os dados que possam interessar e revelar um conteúdo econômico a uma determinada empresa ou atividade"*.

Para Labrunie o segredo de negócio mesmo não inserido entre os bens protegidos pelos direitos reais, é objeto de proteção sob o ponto de vista do direito obrigacional e concorrencial.[27]

Admitindo-se que a pessoa jurídica possua o direito à vida privada e a suas conseqüentes formas protetivas, as características predominantes do direito de personalidade voltadas para a vida privada empresarial, seriam na nossa ótica as seguintes:

i) intransmissibilidade: Os direitos de personalidade atribuídos à pessoa jurídica, entre os quais encontra-se aquele que versa sobre a vida privada são pessoais e intransmissíveis, formando um atributo que não se separa da pessoa jurídica e nem se confunde com os seus sócios ou administradores, e reflete em seu estabelecimento.[28]

ii) Indisponibilidade: Não há como se modificar o sujeito beneficiário do direito de personalidade, mesmo com a aprovação de seu titular em razão da natureza do objeto.

iii) Generalidade: Nesse caso acredita-se que se se entender que uma pessoa jurídica possui direito protetivo à vida privada, esta idéia deverá ser transposta para todas as pessoas jurídicas, independentemente dos seus traços de formação ou de seu gênero.

iv) Extrapatrimonialidade; Neste ponto a característica refere-se a impossibilidade de se avaliar um direito imaterial no âmbito econô-

---

[26] LABRUNIE, Jacques. A proteção ao segredo do negócio. Artigo de doutrina publicado na obra intitulada *Direito Empresarial Contemporâneo coordenada* por Adalberto Simão Filho e Newton De Lucca. São Paulo, Juarez de Oliveira. 2000, p.94.

[27] *Op. cit.* p.105. Labrunie esclarece que além das regras básicas atinentes aos contratos que envolvem a revelação de segredos, aplicam-se também, como regras protetivas, as normas de repressão à concorrência desleal e parasitária.

[28] Visto aqui como uma universalidade de fato composta de bens corpóreos e incorpóreos organizados para um fim comum.

mico porque não poderia o mesmo ser estimado. Todavia, em se tratando de pessoa jurídica a lesão ao composto de seus direitos de personalidade, poderá gerar reflexos materiais de fácil contabilização e repercussão no campo da moral onde será necessária a intervenção judicial para a adequada valoração do prejuízo dentro de critérios usualmente aceitáveis. Roberto Senise Lisboa[29] esclarece que dano moral ou extrapatrimonial é o prejuízo causado a algum direito personalíssimo da vítima. Menciona que por se constituir em ofensa a um bem integrante da personalidade humana, o dano moral não é suscetível de avaliação pecuniária.

v) Imprescritibilidade: Neste caso refere-se ao direito da pessoa jurídica de bem gozar de sua vida privada por todo o lapso temporal e sua existência, independentemente de prazo prescricional.

Assim é que se admitindo a existência de uma vida privada empresarial ou da pessoa jurídica de forma análoga à vida da pessoa humana, onde detém esta o direito constitucional de proteção dos aspectos personalíssimos e contratuais que lhes são inerentes, bem como de seu bom nome, de sua integridade organizacional; de seus segredos, de seus conceitos mercadológicos, filosofia de trabalho, aceitação popular, haverá de se lhe dar a proteção quando algo ou alguém interfere de forma negativa em sua vida privada, quer através de ação ou omissão quer através de conduta abusiva de direito, mesmo que não intencional.

III. O REFLEXO DO PEDIDO DE FALÊNCIA NA PESSOA JURÍDICA

Não se pode mencionar que o simples fato de se requerer a falência de uma empresa seja um ato que possa ser classificado como ilícito na medida em que a possibilidade é prevista nos Arts. 1º e 2º do Dec. Lei

---

[29] LISBOA, Roberto Senise. *Manual elementar de direito civil*, vol.2. São Paulo, Juarez de Oliveira. 1999, p.140

7661/45 e nos arts. 81 e seguintes do projeto da lei de recuperação judicial, extrajudicial e falências.[30]

Todavia, é certo que um procedimento desta natureza, dadas as suas características e objetivos a serem perseguidos gera de per si um sem número de situações que podem refletir na pessoa jurídica.

Assim é que, caso o pedido de falência se faça pela base legal do Art. 1º na lei falimentar, há que se provar a impontualidade no pagamento da obrigação liquida representada por título que legitime a execução através do protesto do título por falta de pagamento, nos termos do Art. 10 c/c Art. 11 da citada lei.[31]

No direito projetado a norma é assemelhada como se pode observar do Art. 85 que menciona no sentido de que o título executivo que instruirá o pedido de falência deve ser protestado quando necessário e a certidão de protesto acompanhar o pedido.

Pois bem, há assim um potencial lesivo decorrente da lavratura de um protesto de título para fins falimentares pois este ato vem a demonstrar não só a falta de pagamento de uma obrigação líquida, como também que a empresa encontra-se em estado de insolvência ou de insolvabilidade na medida em que restou caracterizado um dos elementos autorizadores do pedido de falência.

Todavia, se lesivo é o protesto neste enfoque que ora é dado, é o mesmo legítimo e autorizado não só pela lei de falências que o tem como obrigatório para a finalidade falimentar, como também pelas leis cambiárias para a comprovação da falta de aceite; da falta de pagamento da obrigação.

Ocorre que, a julgar pela forma como se desenvolveu no País a atividade de mercancia, a existência ou não de protesto de título passou a ser

---

[30] O Art. 81 (sujeito a alterações) prevê entre outros motivos assemelhados ao atual Art. 2º da lei de falências, que será decretada a falência da pessoa que exercer atividade empresarial que: I - sem relevante razão de direito, não paga, no vencimento, dívida líquida constante de título executivo cuja soma ultrapasse o equivalente a 40 (quarenta) salários mínimos vigentes no país, considerado o valor originário.

[31] Art. 10: Os títulos não sujeitos a protesto obrigatório devem ser protestados, para o fim da presente lei, nos cartórios de protesto de letras e títulos, onde haverá um livro especial para seu registro.
Art. 11: Para requerer a falência com fundamento no Art. 1º, as pessoas mencionadas no Art. 9º devem instruir o pedido com a prova de sua qualidade e com a certidão do protesto que caracteriza a impontualidade do devedor.

elemento a se considerar para o fornecimento de mercadorias ou de serviços e para a concessão de crédito. Resta assim a conotação negativa e pejorativa gerada pela instrumentalização de um protesto.

Quando efetivamente se inter-relaciona o protesto com o pedido de falência, o resultado à empresa é expressivo e acaba por interferir na vida privada da mesma, pois:

i) A notícia da existência deste procedimento se faz pública imediatamente através de publicações diárias pelos jornais especializados na área empresarial e econômica.[32]

ii) Tão logo os fornecedores tomam contato com a existência de um procedimento desta natureza, acabam por criar estruturas protetivas ao fornecimento tais como a suspensão de vendas a prazo; suspensão de vendas para pagamento em trinta dias; suspensão de entrega de mercadoria já pedida, vendas somente mediante os pagamentos das faturas atrasadas e vendas somente a vista e mediante pagamento em dinheiro.

iii) Há contratos de trato sucessivo que possuem cláusulas de rescisão automática em caso de a empresa sofrer pedidos de falência ou requerer concordata preventiva, tais como contrato de franchising, contratos de distribuição e contratos de colaboração.

iv) A depender do tipo de atividade prestada pela empresa, os consumidores e as empresas interessadas passam a não mais procurá-la para contratação, com receio de que a mesma tenha a sua quebra declarada antes do cumprimento do contrato (a exemplo das empresas que operam no segmento de serviços e de produtos que são de fabricação própria a partir de um pedido inicial do interessado).

---

[32] Há notícias no sentido de que alguns órgãos de proteção ao crédito registram em seus arquivos não só os pedidos de falências apontados como também processos de execução, dificultando a atividade empresarial, na medida em que transmitem esta gama de informações a quem os procura ou acessa seu banco de dados, gerando em muitos casos uma visão não completa da efetiva realidade da empresa objeto da busca, por parte daquele que procurou as informações.

v) Os trabalhadores receosos pela integridade de seus direitos e mantença dos postos de trabalho, passam a imediatamente procurarem os sindicatos com vistas às ações preventivas possíveis no âmbito deste cenário "pré-falimentar";

vi) As empresas que participam de concorrência pública passam a não mais poderem subscrever os contratos, quando vencedoras, pois o fato do pedido de falência é elemento impediente do ato nos termos de boa parte das regras de concorrência apresentadas nos editais.

vii) Há reflexos no campo dos demais elementos que compõe o direito de personalidade como o estigma ao bom nome, honra, etc.

Há prejuízos reais gerados por um pedido de falência ilegítimo. Augusto Juan Menéndez[33] esclarece que "*Sin embargo, también se debe considerar el riesgo que para el demandaddo implica un pedido de quiebra sin derecho y el perjuicio que éste puede provocarle. En este caso particular, los peligros son mayores que en el del mero ejercicio de una acción civil, ya que el proceso de falencia, más que una demanda o ejecución individual, puede acarrear descrédito, daño moral, y aun grave deterioro económico al deudor*".

O Autor entende que a obrigação de ressarcimento dos danos causados pela solicitação de falência, quando esta é denegada, depende da existência de um abuso de direito por parte do requerente. Assim, segundo Menéndez, se o requerente de uma falência tenha exercido antifuncionalmente seu direito ou tenha violado as regras da boa-fé, da moral e dos bons costumes, provocando um dano grave desproporcionado, deve responder por ele.[34]

Mesmo com todas estas intercorrências reconhecidamente danosas se legítima foi a conduta do Autor, não há falar que estes procedimentos possam gerar um dever indenizatório justamente porque previstos em lei e efetivados na medida exata do direito aplicado.

---

[33] MENÉNDEZ, Augusto Juan. *Responsabilidad Del peticionário de la quiebra*. Buenos Aires, Depalma. 1988, p. 29
[34] *Op.cit.*, p.30

Todavia, há situações em que a utilização da via procedimental e dos institutos jurídicos é feita tão só para se obter certas finalidades de forma mais rápida do que o que usualmente se conseguiria se se adotasse os padrões normais condizentes com a natureza do direito buscado[35] como se procurará demonstrar a seguir.

IV. A MÁCULA À VIDA PRIVADA EMPRESARIAL EM FACE DO ABUSO DO DIREITO

Consoante se pode observar, entendemos que a pessoa jurídica possui o direito constitucional de integridade de sua vida privada empresarial que deve se repercutir na proteção de ataques de qualquer natureza a sua pessoa e na repressão de qualquer conduta que possa direta ou indiretamente interferir negativamente na harmonia de sua vida, seus segredos e de seus negócios para o cumprimento de sua função social.

A doutrina do abuso de direito foi reconhecida no Código Civil a partir do Art. 187 que menciona no sentido de que *"Também comete ato ilícito o titular de um direito que, ao exercê-lo, excede manifestamente os limites impostos pelo seu fim econômico ou social, pela boa fé ou pelos bons costumes"*.

A propósito é interessante o escólio de Caio Mário da Silva Pereira[36] para quem *"abusa de seu direito o titular que dele se utiliza levando um malefício a outrem, inspirado na intenção de fazer mal, e sem proveito próprio. O fundamento ético da teoria pode, pois, assentar em que a lei não deve permitir que alguém se sirva de seu direito exclusivamente para causar dano a outrem"*.

Parece-nos que o elemento intencional do agente está presente nesta definição. Mas, situações pode existir – como veremos, em que o agente não teve a intenção de causar o dano, muita vez por desconhecer a pró-

---

[35] Nota-se que de há muito os tribunais do País já decidiram que requerimento de falência não é forma de cobrança. (RTU 93/162)

[36] PEREIRA, Caio Mário da Silva. *Instituições de direito civil*, 18ª ed, Rio de Janeiro, Forense. 1995, vol 1. p.430.

pria força lesiva de sua atitude ou os seus reflexos externos. Neste ponto concordamos com Marcus Elidius Michelli de Almeida[37] quando conclui que o abuso de direito poderá existir independentemente da intenção daquele responsável pelo comportamento abusivo, de causar prejuízo.

Ainda, para bem delinear o conceito, é importante a posição de Rubens Limongi França[38] para quem o abuso de direito *"consiste em um ato jurídico de objeto lícito, mas cujo exercício, levado a efeito sem a devida regularidade, acarreta um resultado que se considera ilícito"*.

Assim é que se assiste ao credor detentor de um título executivo caminhos para o recebimento regular de seu crédito, através das ações previstas nas leis a depender da natureza do título, porque razão o mesmo faria a opção pela via falimentar tendo primariamente por objetivo o recebimento de seu crédito e não sendo o processo falimentar um substituto da ação de cobrança?

Nos parece que a resposta para esta questão possui dupla natureza qual seja, a econômica e a processual que talvez sejam levadas em conta e contribuem para a formação do melhor juízo de eleição da via procedimental adequada.

No que tange a natureza econômica, é certo que o credor que faz a opção pela via falimentar está a procurar em muitos casos a rápida repercussão de seu crédito e a eficiência.

Parte assim de um procedimento com características nitidamente negativas e avassaladoras que é o pedido de falência, para obter a partir do mecanismo fornecido pela própria lei, consistente da possibilidade de efetivação por parte do devedora, de um depósito elisivo com fins extintivos do processo nos moldes previstos no Art. 11 parágrafo 2° c/c Art. 4° da lei falimentar.[39]

---

[37] ALMEIDA, Marcus Elidius Michelli de. *O abuso de direito como caracterizador da concorrência desleal.* Tese de doutoramento em direito defendida pela Pontifícia Universidade Católica de São Paulo. 2002, p.17. Aliás, pode-se também depreender da tese apresentada pelo Autor que o abuso de direito é caracterizado pelo comportamento lícito de alguém, mas que ao utilizar seu direito, vem a causar dano a outrem por contrariar de forma manifesta o espírito do instituto que utilizou. P.24. Esta tese foi posteriormente editada de forma sintética sob o título *Abuso do Direito e Concorrência Desleal.* São Paulo, Quartier Latin.2004.

[38] FRANÇA, Rubens Limongi. *Abuso do direito*, Enciclopédia Saraiva do Direito, v.2 – São Paulo:Saraiva. 1977, p.45.

[39] Art. 11. parágrafo 2° : Citado poderá o devedor, dentro do prazo para a defesa, depositar a quantia correspondente ao crédito reclamado, para a discussão de sua legitimidade ou importância, elidindo a falência.
Art. 4°. A falência não será declarada, se a pessoa contra quem for requerida provar...VI-depósito judicial oportunamente feito.

E o conteúdo deste depósito elisivo foi objeto da Súmula 29 editada pelo Superior Tribunal de Justiça com o seguinte teor: *No pagamento em juízo para elidir falência, são devidos correção monetária, juros e honorários de advogado.*

Portanto, em tese não haveria qualquer prejuízo ao credor pela eleição da via, com vistas tão só a uma análise efetivamente econômica do direito e visando a maximização de resultados.

Esta forma de pensar observa em muitos casos uma análise de custos e benefícios na busca da situação que tenha maior eficiência. Mariana Motta Prado[40] menciona que a análise de custo-benefício (ACB) é uma forma de identificar os fatores a serem considerados em certas decisões econômicas.

Considerando-se os benefícios líquidos de uma situação em relação a outra, quando os benefícios líquidos de uma situação superam os que podem ser encontrados por outras, a análise se completa.

Muito embora não exista necessariamente uma relação entre a análise de custo-benefício e a eficiência, é certo que esta última possui força e é considerada quando se avalia uma situação pela ótica econômica. É eficiente uma estratégia quando nenhuma outra comparativa com esta possa chegar a melhores resultados e de sua utilização não se piore a situação atual.

No que tange a natureza processual aquela pessoa que pretende definir a melhor via a ser tomada para o recebimento do crédito do credor detentor de título líquido e certo que legitime execução, talvez leve em conta em seu raciocínio os seguintes itens:

i) Tipos de procedimentos possíveis: Processo de Execução ou processo de falência;

ii) Resultados financeiros esperados: Semelhantes.

iii) Custos processuais: Assemelhados.

iv) Prazo para efetivar o crédito no Processo de execução: Caso não haja o pagamento após a citação haverá a penhora e o inicio da

---

[40] PRADO, Mariana Motta. Artigo intitulado Análise de Custo-benefício e o direito publicado na obra *Temas de filosofia do direito organizada* por Eduardo C.B.Bittar e Fabiana de Menezes Soares. São Paulo, Manole.2004, p. 37

fase de embargos à execução que poderá se alongar nas mais diversas instâncias. Na fase de avaliação e venda do bem eventualmente penhorado poderá ainda haver embargos. O resultado financeiro será verificável em alguns anos, se o bem for suficiente para garantir o crédito e se houver patrimônio.

v) Prazo para se efetivar o crédito no pedido de falência: Estando em termos o processo, a empresa é citada para apresentar defesa em 24 horas e, no mesmo prazo, poderá elidir o pedido mesmo sem defesa, através do depósito elisivo. Neste caso, cerca de alguns dias após o ingresso do processo e, após a citação, se poderá levantar o valor do depósito elisivo.

vi) Vantagens e desvantagens no procedimento de Execução: Como vantagem maior se pode observar que esta é a medida de cobrança autorizada pelo legislador e, portanto, não haverá qualquer risco num eventual insucesso a não ser o pagamento da sucumbência. A desvantagem maior do processo se faz no sentido de que o mesmo, nos moldes como ora é concebido pelo legislador, depende de várias fazes que se alongam no tempo e no espaço para o final recebimento do crédito. Depende ainda da potência patrimonial do devedor.

vii) Vantagens e desvantagens do processo de falência: Como maior vantagem pode-se observar que dada a extrema lesividade desta medida e a sua interferência direta na vida privada da empresa, a tendência do devedor será no sentido de afastar rapidamente o processo através do depósito elisivo sem qualquer discussão maior, com vistas a recuperar o mercado perdido, a credibilidade financeira e as relações comerciais como um todo, restaurando e harmonizando a vida privada. Todavia, a maior desvantagem do processo é, por primeiro, sujeitar o credor a uma defesa que pode afastar o próprio título e gerar a improcedência do pedido com as conseqüências previstas no art. 20º da lei falimentar como melhor se observará. E a segundas desvantagem refere-se ao próprio bem da vida buscado que é a retirada do empresário inadimplente ou de conduta dissonante (Art. 2º) do mercado através da falência. Neste caso, decretada a falência fica remota a chance de recebimento por parte do credor.

Quando se efetua esta forma de avaliação, sem considerar outras questões de natureza ética ou moral ou, ainda, o sentido final do instituto falimentar, se acaba por tender ao pedido de falência, mesmo que este procedimento não seja a forma legalmente adequada para se obter o resultado prático esperado consubstanciado no recebimento rápido do crédito.

Todavia, se presentes os motivos que impediriam a eleição desta via, na forma como elencada no art, 4° da lei,[41] parece-nos que a eleição inadequada da via procedimental poderá estar revestida de abuso traduzível em ato ilícito nos moldes do art. 187 do Código Civil, a julgar pelos fatos e pelo conjunto probatório.

Augusto Juan Menéndez[42] apresenta uma visão jurisprudencial que adota o princípio de que uma das situações que podem contribuir para configurar o abuso de direito se faz quando podendo o credor eleger entre duas vias o procedimento razoável para o recebimento de seu crédito, opte pela mais onerosa e prejudicial ao devedor. A este propósito o Autor apresenta a seguinte visão: *"También la doctrina há adoptado este principio, em razón de la viciosa práctica de los tenedores inescrupulosos de títulos ejecutivos de solicitar la quiebra de deudores solventes, a fin de obtener com mayor celeridad y menor esfuerzo el cobro de su crédito"*.

É exatamente dentro desta linha que Pedro Batista Martins[43] nos traz as melhores luzes quando menciona: *"O titular de um direito que, entre vários meios de realizá-lo, escolhe precisamente o que, sendo mais danoso para outrem, não é o mais útil para si, ou mais adequado ao espírito da instituição, comete, sem dúvida, um ato abusivo, atentando contra a justa medida dos interesses em conflito e contra o equilíbrio das relações jurídicas"*.

E, diga-se, não se trata aqui do exercício de uma opção que possa exce-

---

[41] Art. 4: A falência não será declarada, se a pessoa contra quem for requerida provar:
i) falsidade do título da obrigação;
ii) prescrição;
iii) nulidade da obrigação ou do titulo respectivo;
iv) pagamento da dívida, embora depois do protesto do título, mas antes de requerida a falência;
v) requerimento de concordata preventiva anterior à citação;
vi) depósito judicial oportunamente feito;
vii) cessação do exercício do comércio há mais de dois anos....
viii) qualquer motivo que extinga ou suspenda o cumprimento da obrigação, ou exclua o devedor do processo de falência.
[42] *Op.cit.*, p.31.
[43] MARTINS, Pedro Batista. *O abuso do direito e o ato ilícito*, 3ª ed., Rio de Janeiro, Forense.2002, p.76.

der aos limites impostos pelo bom direito, mas sim de exceder manifestamente, ou seja, de forma clara e indiscutível com a utilização do direito sem a observância de sua finalidade social ou sem a legitimação motivadora.

No próximo capítulo se verificará a forma protetiva para a situação em estudo e as possíveis conseqüências da mácula à vida privada empresarial em razão da desadequada utilização da via falimentar como sucedâneo do procedimento de execução ou de cobrança.

V. A SENTENÇA DENEGATÓRIA DE QUEBRA E A VIDA PRIVADA EMPRESARIAL

Na nossa ótica um procedimento falimentar iniciado de forma meramente intimidativa e com vistas ao resultado final do recebimento do crédito pela via mais rápida, quando efetivamente em dissonância com o direito, quer porque inexiste título válido quer porque não havia a obrigação de pagar na forma estabelecida ou, ainda, se comprovou que o procedimento foi artificioso e abusivo, acaba por macular o direito à vida privada da pessoa jurídica haja vista os seus lesivos e danosos reflexos.

Neste ponto, quando da sentença denegatória da falência, deveria o juiz observar o disposto no artigo 20 do Dec. Lei. 7.661/45 de forma ampla. Pela importância da regra, transcreve-a:

"Art. 20 Quem por dolo requerer a falência de outrem, será condenado, na sentença que denegar a falência, em primeira ou em segunda instância, a indenizar ao devedor, liquidando-se na execução da sentença as perdas e danos. Sendo a falência requerida por mais de uma pessoa, serão solidariamente responsáveis os requerentes.

Parágrafo único: Por ação própria, pode o prejudicado reclamar a indenização, no caso de culpa ou abuso do requerente da falência denegada".

Quando a lei atribui um direito de indenização á empresa, quando a falência foi requerida por dolo, indiretamente está a reconhecer não só a lesividade deste tipo de procedimento como já demonstrado, e seus reflexos na vida privada da empresa, como também a abusividade de conduta.

A necessidade de indenizar decorre até mesmo da conduta culposa. Todavia, a valoração será feita em ação apartada onde já não mais se discutirá o elemento culpa.

Indenizar-se-á de forma tranqüila os prejuízos materiais verificáveis, todavia se entendemos que há a proteção à vida privada empresarial e se entendemos que um procedimento desta natureza afronta ao princípio protetivo constitucional do Art. 5°, inciso X em face do abuso, há que se obter uma indenização pelos danos gerados à vida privada na esfera moral, institucional, negocial ou organizacional.

Todavia somos do entendimento de que, muito embora não seja expressamente previsto que a empresa requerida deva formular pedido neste sentido, é certo que se não houve um pedido específico em defesa e uma prova regularmente produzida acerca dos danos, haverá dificuldade de contemplação deste tipo de direito indenizatório em sentença.

Talvez um pedido contraposto formulado por parte do Requerido quando da oferta da defesa com a matéria relevante elencada[44] no Art. 4° onde faça demonstrar além da impropriedade do processo, toda a gama de prejuízos materiais e danos à vida privada empresarial, com a devida prova dos fatos, possa auxiliar o Juiz na boa verificação desta importante matéria e na formulação da condenação lastreada no Art. 20 da lei de falências, observando-se entre outros, o princípio da razoabilidade.

Para finalizar este tópico. Se há uma proteção à vida privada empresarial e se um pedido de falência ilegítimo e antijurídico pode ser considerado como um abuso no exercício do direito de ação, em tese, mesmo que eventualmente o projeto final de legislação falimentar aprove um texto onde não haja uma norma assemelhada ao Art. 20 do Dec. Lei 7661/45, seria possível o pleito de uma indenização pelos prejuízos efetivamente gerados, desta feita com base no Art. 5°V e X da Constituição Federal e no Art. 187 do Código Civil através de ação autônoma.

---

[44] No projeto de lei de recuperação a matéria relevante está a princípio disposta no art. 83 e consiste da possibilidade de não-decretação da falência se se provar a falsidade do título da obrigação; a prescrição da obrigação; a nulidade da obrigação; o pagamento da dívida; a apresentação do pedido de recuperação juudicial no prazo de contestação ou qualquer outro fato que extinga ou suspenda ou não legitime a cobrança do título reclamado.

Aspectos conclusivos

A pessoa jurídica como pessoa vista de modo analógico e não ficticiamente é um ser indiviso e permanente apta para criar e consolidar todo o detalhamento do que consistirá a identificação externa de sua personalidade; suas ideologias de operação e de trabalho; seus códigos de conduta e a sua ética empresarial própria a demonstrar a sua independência externa e a necessidade de proteção de sua vida privada numa realidade análoga à pessoa humana

Demonstrado que uma vez classificado o direito a vida privada no âmbito dos direitos da personalidade e em não fazendo o Art. 5, X da Constituição Federal qualquer distinção, é possível e não ofende sistema, a intelecção de que a pessoa jurídica possui direito a proteção de sua vida privada.

Trata-se de uma garantia constitucional de natureza protetiva que deve ser vista analogamente àquela destinada à vida privada humana, com as adaptações que se fizerem necessárias a julgar pelo fato de que a pessoa jurídica é um ser abstrato em sua essência.

Dentro desta ordem de idéias a pessoa jurídica terá assegurado como atributo da personificação conferida pela ordem jurídica os direitos de personalidade que lhe são inerentes.

Assim é que depõe contra a vida privada empresarial toda a ofensa praticada a este conjunto de direitos, dentre os quais pode-se citar seu nome empresarial, suas marcas e sinais distintivos registradas, suas patentes e desenhos de utilidade; seus segredos industriais, comerciais, administrativos e financeiros onde se inclui o *Know How, trade secret*, tecnologias proprietárias genericamente consideradas; a plenitude do exercício de sua capacidade funcional e organização.

A proteção à vida privada deve assim tutelar alem dos elementos acima descritos, a imagem mercantil, a credibilidade e reputação junto ao público, as políticas institucionais e de marketing, as decisões gerenciais e estratégicas para o enfrentamento da concorrência.

Cada pessoa jurídica pode ser detentora de certas ideologias que são decorrentes dos mais diversos fatores, entre os quais se pode relacionar a vocação dos sócios, a origem dos sócios, a crença dos sócios e dirigentes, o setor de atuação, os objetivos sociais, o local onde se instalou etc.

Assim é que pode também ser considerada uma interferência à vida privada empresarial qualquer ato ou fato praticado de forma abusiva que possa macular as ideologias colocadas em prática, com reflexos danosos na pessoa jurídica. Exemplo. Se uma empresa se apresenta no mercado e na mídia como uma empresa que professa a responsabilidade social e enaltece a necessidade de bem cuidar das crianças carentes com a colocação das mesmas em ambientes apropriados e educativos, não pode alguém ou outra empresa apresentar fatos não verídicos de que esta primeira é exploradora de mão de obra infantil. O fato interfere na vida privada empresarial e redunda na mácula à imagem conquistada, com prejuízos que podem repercurtir no campo material e moral.

Dentro desta linha, quando um credor se utiliza de forma abusiva de procedimentos de natureza falimentar para receber seu crédito pelo meio menos trabalhoso e mais rápido, o fato poderá ser visto sob a ótica da mácula à vida privada empresarial e do abuso de direito, gerando o dever de indenização pelos prejuízos ocasionados não só no campo patrimonial como no âmbito moral. Esta forma abusiva de mácula à vida privada empresarial pode ser de tal maneira lesiva que mesmo que a nova lei de recuperação e falências ora m projeto, possa não ter em seu bojo uma regra protetiva nos moldes do Art. 20 do Dec. Lei 7.661/45, em tese caberia à empresa o direito indenizatório, desta feita com base no disposto no Art. 5°, V e X da Constituição Federal e no Art. 187 do Código Civil em face do abuso do direito caracterizado.

Concluímos assim que o direito à vida privada empresarial pode conter a idéia de um direito a uma vida empresarial anônima ou retirada no sentido de que a ninguém será dado o direito de interferir lesivamente no que constitui os seus direitos da personalidade, detendo um direito de se viver a vida própria empresarial em isolamento protetivo, de forma calculada, sem ser submetida a qualquer ação de terceiros que não provocou e não desejou e que possa desarmonizar e desequilibrar a sua privacidade e expor os seus segredos.

BIBLIOGRAFIA

AIETA, Vânia Siciliano. *A garantia da intimidade como direito fundamental*, Rio de Janeiro, Ed. Lúmen, 1999.

ALMEIDA, Marcus Elidius Michelli de. *O abuso de direito como caracterizador da concorrência desleal.* Tese de doutoramento em direito defendida pela Pontifícia Universidade Católica de São Paulo. 2002.

- *Abuso do Direito e Concorrência Desleal.* São Paulo, Quartier Latin, 2004.

CASTRO, Carlos Roberto Siqueira. *A Constituição aberta e os direitos fundamentais.* Rio de Janeiro, Forense, 2003.

COELHO, Fábio Ulhoa. *Curso de direito comercial.* São Paulo, Saraiva, vol. 2., 2002.

CUPIS, Adriano de. *Os direitos da personalidade.* Tradução de Adriano Vera Jardim & Antonio Miguel Caeiro. Lisboa, Livraria Moraes, 1961.

DE LUCCA, Newton. "A atividade empresarial no âmbito do projeto de código Civil". Artigo de doutrina publicado na obra coordenada por Adalberto Simão Filho e Newton De Lucca. São Paulo, Juarez de Oliveira, 2000.

GAGLIANO, Pablo Stolze et Pamplona Filho, Rodolfo. *Novo Curso de Direito Civil.* São Paulo, Saraiva, vol. 1, 3ª ed., 2003.

FEKETE, Elisabeth Kasznar. *O regime jurídico do segredo de indústria e comércio no direito brasileiro.* Rio de Janeiro, Forense, 2003.

FRANÇA, Rubens Limongi. *Abuso do direito,* Enciclopédia Saraiva do Direito, vol. 2, São Paulo, Saraiva, 1977.

JABUR, Gilberto Haddad. *Liberdade de Pensamento e Direito à vida privada.* São Paulo, RT, 2000.

LABRUNIE, Jacques. "A proteção ao segredo do negócio". Artigo de doutrina publicado na obra intitulada *Direito Empresarial Contemporâneo,* coordenada por Adalberto Simão Filho e Newton De Lucca. São Paulo, Juarez de Oliveira, 2000.

LISBOA, Roberto Senise. *Manual elementar de direito civil,* vol. 2. São Paulo, Juarez de Oliveira, 1999.

MARTINS, Pedro Batista. *O abuso do direito e o ato ilícito.* 3ª ed. Rio de Janeiro, Forense, 2002.

MENÉNDEZ, Augusto Juan, *Responsabilidad del peticionário de la quiebra.* Buenos Aires, Depalma, 1988.

NEGRÃO, Ricardo. *Manual de direito comercial e de empresa,* São Paulo, Saraiva, vol. 1.2.003.

OLIVEIRA, J. Lamartine Corrêa de. *Conceito da pessoa jurídica.* Curitiba, 1962.

PEREIRA, Caio Mário da Silva. *Instituições de direito civil*, 18ª ed. Rio de Janeiro, Forense, 1995.

PODESTÁ, Fábio Henrique. "Direito à Intimidade. Liberdade de imprensa. Danos por publicação de notícias". Artigo publicado na obra coordenada por Antônio Carlos Mathias Coltro intitulada: Constituição Federal de 1988 – Dez Anos. São Paulo, Juarez de Oliveira, 1999.

PRADO, Mariana Motta. Artigo intitulado "Análise de Custo-benefício e o direito", publicado na obra *Temas de filosofia do direito organizada* por Eduardo C. B. Bittar e Fabiana de Menezes Soares. São Paulo, Manole, 2004.

REQUIÃO, Rubens. *Curso de Direito Comercial*. São Paulo, Saraiva, 1º vol., 2003.

TEPEDINO, Gustavo. "Crise de fontes normativas e técnica legislativa na parte geral do Código Civil de 2002". Artigo publicado na obra organizada por Gustavo Tepedino intitulada: *A parte geral do novo código civil*. Rio de Janeiro, Renovar, 2ª ed., 2003.

VAMPRÉ, Spencer. *Tratado elementar de direito comercial*, Rio de Janeiro, F. Briguiet & Cia, vol. 1, item 107.

VIDA PESSOAL DO EMPREGADO, LIBERDADE DE EXPRESSÃO E DIREITOS FUNDAMENTAIS DO TRABALHADOR

Considerações sobre a experiência do direito francês

RICARDO DE PAULA ALVES[*]

> Sumário: Introdução. Evolução legislativa e princípios jurisprudenciais. I. Distinção entre vida pessoal e vida privada. II. Proteção da vida pessoal do trabalhador fora da empresa. 1. Escolhas circunstanciais. 2. Escolhas existenciais. 3. Escolhas fundamentais. III. Liberdade de expressão diante de questões concernentes ao próprio trabalho do empregado e proteção de sua vida pessoal. 1. Direito de expressão do empregado. 2. Liberdade de expressão do trabalhador sobre seu trabalho. Conclusão. Da necessidade de uma participação ativa dos parceiros sociais na proteção de direitos fundamentais. Bibliografia.

Introdução

A percepção do conceito de "vida pessoal do empregado" é extremamente importante para que possamos estudar o poder empregatício na jurisprudência, doutrina e legislação francesa dos últimos anos e sua correlação com os princípios que informam o Estado de Direito.

---

[*] Mestre e Doutorando em Direito Civil pela Faculdade de Direito da Universidade de São Paulo. Professor universitário.

Não há dúvida de que dentro de um regime democrático o indivíduo não possa ter sua liberdade suprimida, ainda que essa supressão tenha sido efetuada nos limites de um contrato. Porém, como explicar o estado de subordinação? Como conciliar essa subordinação com a inalienabilidade dos direitos fundamentais? Esse paradoxo, inerente ao contrato de trabalho, que foi tão bem analisado por Alain Supiot, representa um dos maiores desafios do Direito Laboral: como fazer do trabalhador um homem livre considerando que ele esteja sujeito a um poder privado?[1]

Durante muitos anos, o direito do trabalho balizou-se por uma proteção estritamente tutelar. Não haveria verdadeiro espaço para a liberdade individual dentro da empresa. Diferentemente de uma proteção procedimental defendida por atuais grandes nomes do direito na Europa,[2] a proteção de direitos fundamentais ocorria, ou pela simples intervenção do Estado nas relações de trabalho ou através de atividades coletivas que não davam conta da necessidade de integração dos planos individuais e coletivos para uma maior efetividade da garantia de direitos e liberdades fundamentais.[3]

É certo, também, que, se fora da empresa a proteção dos direitos fundamentais dos trabalhadores é concebida sem maiores problemas, dentro da empresa o poder empregatício seria o marco de uma restri-

---

[1] SUPIOT, Alain. *Critique du droit du travail*. Paris : Presses Universitaires de France, 1994.
[2] Sobre a procedimentalização do direito e direito do trabalho especificamente ver : LYON CAEN, Antoine. "Procéduralisation du droit du travail", In: *L'avenir de la concertation sociale en Europe*. Tomo II. Centro de Filosofia do Direito. Louvain, março de 1995, p.183; JEAMMAUD, Antoine. "Introduction à la semantique de la régulation juridique. Des Concepts en jeu", In: *Les transformation de la régulation juridique*, Collection Droit et Société. Paris: LGDJ. 1998, p.47.
[3] O conceito de direito fundamental teve uma grande implicação no desenvolvimento de jurisprudência que integrasse uma proteção constitucional nas relações de trabalho pela Corte de Cassação. É interessante notar que, ao contrário do Brasil, o Direito francês não concebe um controle difuso de constitucionalidade. Desta forma, em sua argumentação, a jurisprudência não poderia apoiar-se unicamente em princípios constitucionais, mas deveria sempre estar balizada em dispositivo de lei. Assim, o conceito de direito fundamental foi essencial para uma abertura funcional e para uma renovação da proteção dos direitos essenciais na França. Para uma melhor compreensão deste conceito ver : FAVOREAU, Louis e outros. *Droit des libertés fondamentales*. Paris : Dalloz, 2000 ; CHAMPEIL-DESPLATS, Véronique. "La notion de droit fondamental et le droit constitutionnel français", Dalloz, 1995, Chroniques, p.323; ALVES, Ricardo de Paula, *La protection des droits sociaux fondamentaux dans la sphère juridique communautaire - une analyse des enjeux et stratégies*, tese de mestrado, Universidade de Paris X- Nanterre, 1999. Sobre direito constitucional e relações de trabalho: JEAMMAUD, Antoine. "Le droit constitutionnel dans les relations du travail", *Actualité Juridique de Droit Administratif*, setembro, 1991, p. 612-622.

ção inexorável da liberdade do empregado.[4] Diante desse contexto, algumas questões ainda carecem de uma melhor resolução: como conciliar essa necessária restrição de liberdades diante do contexto do Estado Democrático de Direito e da constitucionalização do direito do trabalho? Além disso, muitas vezes essa distinção entre vida privada dentro e fora da empresa é estritamente artificial. Assim, como deverá ser percebida uma proteção dos direitos fundamentais do indivíduo quando a noção de espaço físico empresarial se torna cada vez mais virtual? (é quase desnecessário lembrar a evolução do trabalho em domicílio, do teletrabalho, assim como das novas tecnologias que suprimem a barreira do espaço e geram uma diluição nos conceitos de tempo de trabalho e tempo de descanso:[5] telefones celulares, Internet, Pagers etc.).[6]

Se esse paradoxo continua envolvendo inúmeros debates e discussões é seguramente porque a questão não é pacífica e mesmo as legislações dos países mais avançados em matéria de proteção dos direitos fundamentais na empresa não conseguiram chegar a uma solução perfeita, que concilie a necessidade de uma dinâmica empresarial e a proteção efetiva dos direitos do trabalhador.

No presente texto, tentaremos compreender algumas das respostas do direito francês ao tema ora em análise, mostrando, principalmente, como a jurisprudência, a doutrina e o legislador desenvolveram noções e con-

---

[4] Para uma visão mais global da relação entre direitos fundamentais e direito do trabalho ver: LYON CAEN, Antoine e VACARIE, Isabelle. "Droits fondamentaux e droit du travail", In: *Mélanges Verdier*, Paris, Dalloz. 2000, p.421-449 e a belíssima tese ainda não publicada de MEYRAT, Isabelle. *Droits fondamentaux et droit du travail*, Universidade de Paris X, Nanterre, 1998. Devemos lembrar, outrossim, do pioneirismo do professor Verdier em seus trabalhos sobre os direitos humanos e direito do trabalho, notadamente: VERDIER, Jean-Maurice. "Liberté et Travail - Problématique des droits de l'Homme et rôle du juge", *Recueil Dalloz – chroniques*, p. 63, 1988 e principalmente VERDIER, Jean-Maurice. "En guise de manifeste: le droit du travail, terre d'élection pour les droit de l'homme", *Mélanges en honneur de J. Savatier*, Paris, PUF, 1992, p. 427-437.

[5] Essas revoluções no mundo do trabalho podem causar uma verdadeira afronta ao direito fundamental do trabalhador ao descanso e ao lazer. Sobre tal direito, ver: REALE, Miguel. "O direito de não trabalhar", In: *Estudos de Filosofia e Ciência do Direito*", São Paulo: Saraiva, 1978, p. 102; NASCIMENTO, Amauri Mascaro. *Direito do Trabalho na Constituição de 1988*. São Paulo, Saraiva, 1989, p. 166 e BAGOLINI, Luigi. *Filosofia do trabalho – O trabalho na Democracia*. Tradução de João da Silva Passos. 2ª ed. São Paulo, LTr, 1997.

[6] Para uma discussão mais detalhada do tema, ver: MORIM e SOUZA, Ronald Olivar. "Um Direito do Trabalho Novo". In: Trabalho & Doutrina. São Paulo, Saraiva, março, 1996, p.175; FRANCO FILHO, Georgenor de Souza. *Globalização e desemprego: mudanças nas relações de trabalho*. São Paulo, LTr, 1998.

ceitos mais amplos, não se preocupando com questiúnculas, mas sim, tentando englobar a totalidade dos problemas enfrentados na questão dos direitos fundamentais.

Nossa intenção não será a apreensão dos referido ordenamento em detalhes e filigranas. Tentaremos efetuar uma tarefa mais modesta, mas que, talvez, ofereça um interesse não menos nobre: através de uma metodologia comparativa, o objetivo do referido estudo será uma apreensão das tensões existentes e as respectivas respostas do direito francês.

Evolução legislativa e princípios de orientação

Um dos papéis mais importantes do direito do trabalho é justamente estabelecer um enquadramento dos poderes do empregador. Assim, diversas regras de natureza substancial ou procedimental foram inseridas na legislação trabalhista com o intuito de limitá-los, tendo em vista uma aplicação coerente e fundamentada desses poderes.[7]

Dessarte, diversos dispositivos que vieram a integrar o Código do Trabalho francês são em sua essência de índole muito mais conciliatória de princípios do que restritiva de direitos. Dois momentos foram fundamentais no desenvolvimento de tal legislação.

O primeiro momento se refere a uma das quatro famosíssimas *Leis Auroux* (lei de 4 de agosto de 1982). Essa é justamente a lei relativa à liberdade dos trabalhadores na empresa, que havia como escopo o *estabelecimento da cidadania dos trabalhadores na empresa*.[8] Nesse dispositivo, foram estabelecidos limites e propósitos para o poder disciplinar do empregador, assim como regras procedimentais de controle. Houve um verdadeiro enquadramento dos regulamentos da empresa, sendo estabelecidas suas

---

[7] JEAMMAUD, Antoine; PELISSIER, Jeane; SUPIOT, Alain. *Droit du travail*. 20ª ed. Paris, Dalloz, 2000.

[8] Ver. "Libertés Publiques et l'emploi". *Revista Droit social*, n. 5 de maio de 1982 (número especial). O referido número da revista *Droit social* apresenta um grande número dos debates que estimularam o legislador no desenvolvimento da referida lei e na integração das liberdades públicas dentro da empresa.

áreas de atuação (higiene e segurança do trabalhador e normas relativas à disciplina), bem como as regras para o exercício do direito de defesa dos empregados na aplicação do poder disciplinar.[9] Ademais, a referida lei de 4 de agosto de 1982 estabeleceu um real *direito coletivo de expressão* aos empregados.[10]

O segundo momento de grande importância para o direito francês se deu em 1992, logo após a conclusão do relatório *Gérard Lyon Caen* sobre as liberdades públicas e o emprego.[11] Concebido num contexto de extremo desenvolvimento da informática, de novas técnicas de gestão de recursos humanos e de seleção de candidatos para contratação, o referido relatório proclama a necessidade do estabelecimento de uma relação de causalidade e finalidade nas informações exigidas dos candidatos, assim como na coleta de informações relativas aos empregados.

Todavia, talvez o ponto mais importante do relatório do eminente mestre da Universidade de Paris é justamente a definição clara de uma diretriz na matéria de proteção de direitos fundamentais: as restrições aos direitos fundamentais só podem ser efetuadas se a natureza da tarefa as justificar. Além disso, as referidas restrições devem ser proporcionais aos objetivos perseguidos.[12]

A partir dessa norma, diversos autores tentaram sistematizar algumas regras que representam o raciocínio efetuado pela jurisprudência francesa na matéria e que podem ser resumidas nos três princípios abaixo elencados:

1) A regra da indiferença relativa à vida do empregado fora da empresa, onde em princípio, não há atuação do poder do empregador.

2) A regra da preservação das liberdades fundamentais no seio da empresa.

---

[9] MIALON, Marie-France. *Les pouvoirs de l'employeur*. Paris, LGDJ, 1996.
[10] Ver item 4 do presente trabalho. Ver também: JEAMMAUD, Antoine e LYON CAEN, Antoine. *Droit du travail, démocratie et crise en Europe et en Amérique*. Paris, Actes Sud, 1986.
[11] LYON CAEN, Gérard. *Libertés Publiques et l'emploi*. Paris, Documentation Française, 1992.
[12] Esse enunciado é o atual artigo L120-2 do Código do Trabalho francês: "*Nul ne peut apporter aux droits des personnes et aux libertés individuelles et collectives des restrictions qui ne seraient pas justifiées par la nature de la tâche à accomplir ni proportionnées au but recherché*".
[13] LE GOFF, Jacques. *Droit du travail et Société*. Rennes, Presses Universitaires de Rennes, 2001.

3) O princípio da conciliação do "interesse da empresa" e dos direitos fundamentais do trabalhador quando entre eles ocorrer interferência.

Seguindo essas diretrizes, vamos analisar num primeiro momento a liberdade do trabalhador fora do contexto da empresa e as conseqüências do contrato de trabalho em sua vida pessoal, isto é, a proteção da vida pessoal do trabalhador diante de problemas alheios à atividade do empregador, para, em seguida, estudarmos as formas de atuação da proteção de direitos fundamentais e a vida pessoal do empregado diante de questões relativas a sua atividade dentro da empresa. Todavia, para que possamos compreender globalmente a forma pela qual o direito francês apreende a liberdade do trabalhador, mister se faz explicarmos, ainda que sucintamente, o conceito de vida pessoal do trabalhador.

I. Distinção entre "vida pessoal" e "vida privada" do trabalhador

A distinção firmada pela recentíssima jurisprudência da Corte de Cassação entre "vida privada" e "vida pessoal" do trabalhador tem um significado deveras importante na própria percepção do conceito de subordinação. Ela pressupõe que a liberdade do empregado não se resume unicamente a sua vida privada, mas também a outros atos de caráter público (logicamente estamos utilizando os termos "público" e "privado" num sentido amplo). O que se denota, porém, de tal jurisprudência é o fato de o trabalhador ter o direito de demonstrar suas opiniões de forma pública, assim como é livre sua forma de ação dentro da sociedade.[14]

---

[14] Para uma visão mais profunda do tema: WAQUET, Philippe. "Vie personnelle et vie professionnelle du salarié", *Cahiers Sociaux du Barreau de Paris*, n. 64, 1994, p. 289; WAQUET, Philippe. "En marge de la loi Aubry: travail effectif et vie personnelle du salarié", *Droit Social*, 1998, p. 963; FROUIN, Jean-Yves. "La protection des droits de la personne et des libertés du salarié", *Cahiers sociaux du barreau de Paris*, n. 99, 1998, p. 123; DARRACQ, Lavina. "La protection de la vie personnelle du salarié au travail", *Semaine sociale Lamy*, 1999, suplément n. 940.

Dessa forma, teríamos um círculo restrito que seria marcado pela concepção de vida privada do indivíduo. Nesse círculo, estariam inseridos aqueles princípios considerados como uma *zona de santuário* onde o indivíduo compartilha sua própria visão do mundo, incluindo-se aqui os princípios fundamentais de liberdade de consciência e, bem assim, aqueles de formação de suas opiniões, sejam elas de caráter político, religioso ou moral.[15]

Segundo o parecer do advogado-geral Chauvy, incluso no bojo de um famoso acórdão:

"Qu'en entend-on par vie privée sinon santé, vie conjugale, vie parentale, amitiés, amour, loisirs... En somme c'est le droit de l'individu à l'anonymat, à une vie retirée, le droit d'être laissé tranquille et de mener son existence comme il l'entend, sans ingérences extérieures".[16]

Por outro lado, a vida pessoal do trabalhador seria um conceito mais amplo, que abrangeria não somente a vida privada do empregado, mas também os atos de caráter público e semi-público que por ele forem praticados. Desse modo, a referida noção coloca em seu campo de aplicação atividades diversas praticadas pelo trabalhador e que, *em princípio*, não estão inclusas no campo contratual da subordinação. (*e.g.*, compras efetuadas pelo empregado, participação em manifestações da vida associativa, modo de se vestir etc.).

Ademais, cumpre salientar que a expressão "vida pessoal" não pode ser confundida com a idéia de vida "extra-profissional" sugerida por alguns autores,[17] já que esta última contém uma nítida distinção entre vida profissional e vida extra-profissional. Percebe-se facilmente que aquela tentativa de classificação não conseguiria englobar todas as vicissitudes da questão, observando que, se algumas obrigações decorrentes do contrato

---

[15] SAVATIER, Jean. "La protection de la vie privée des salariés", *Droit Social*, n. 4, abril, 1992, p. 329-333.
[16] Conclusões do advogado geral no acórdão *Néocel de 20 de Novembro de 1991*. Ver *Recueil-Dalloz* – jurisprudência, 1992, p. 73.
[17] DESPAX, Michel. "La vie extraprofessionnelle du salarié et son incidence sur le contrat de travail", *JCP*, 1963, p. 1776.

do trabalho podem seguir o empregado em sua vida extra-profissional, é verdade também que uma parte irredutível de liberdade seria conservada por este, em sua vida profissional.[18]

II. Proteção da vida pessoal do trabalhador diante de questões alheias à atividade da empresa

Existe, é certo, uma relativa unanimidade em se dizer que o trabalhador como indivíduo deve gozar plenamente de sua liberdade fora da empresa. Ao deixar os portões da empresa e fora de seu perímetro, não há incidência dos poderes do empregador. A restrição da liberdade incluída no contrato de trabalho somente seria permitida em razão das finalidades próprias dessa contratação. Quando o trabalhador não está à disposição do empregador, sua liberdade em relação à empresa seria total e não haveria possibilidade de interferência do empregador na vida pessoal do empregado, haja vista os poderes do primeiro só existirem em função da atividade empresarial (perspectiva funcional do poder empregatício).

Todavia, o contrato de trabalho acompanha o empregado em sua vida pessoal e inúmeras vezes, uma atividade ou uma ação por parte do trabalhador pode atentar contra o "interesse da empresa".[19] Ademais, com as novas tecnologias e com o avanço do teletrabalho, a relação de subordinação sofreu diversas mutações e, em alguns casos, é extremamente difícil discernir as faces do poder empregatício. Para a perplexidade de muitos juristas, não há como conceber uma simples separação espacial de áreas de liberdade e áreas de subordinação.[20]

---

[18] WAQUET, Philippe. "La vie personnelle du salarié", In: *Mélanges Verdier*, Paris, Dalloz, 2000, p. 513-524.
[19] COUTURIER, Gérard. "L'intérêt de l'entreprise", In: *Mélanges Savatier*. Paris, PUF, 1992, p. 143-156.
[20] SUPIOT, Alain. *Au-delà de l'emploi - transformations du travail et devenir du travail en Europe*. Paris, Flammarion. 1999. Ver também: SUPIOT, Alain. "Les nouveaux visages de la subordination", *Droit Social*, fevereiro, 2000, p. 131-145; PROSCURCIN, Pedro. "O fim da subordinação clássica no direito do trabalho, Revista da LTr, março, 2001, p. 279-292; ROBORTELLA, Luis Carlos Amorim. *O moderno direito do trabalho*. São Paulo, LTr. 1994 e BOISSONAT, Jean. *Le travail dans vingt ans*. Paris, Odile Jacob, 1995.

Enfim, considerando essas peculiaridades existentes no relacionamento entre o poder empregatício e o contrato de trabalho,[21] inúmeras conseqüências podem ser percebidas no que tange à proteção de direitos fundamentais do trabalhador fora da empresa. Nesse sentido, tentaremos analisar algumas direções dadas pela doutrina e jurisprudência francesa e para tanto, utilizaremos a divisão metodológica proposta por Jacques Le Goff:[22] liberdade do trabalhador em suas escolhas circunstanciais, escolhas existenciais e escolhas fundamentais.

1. Escolhas circunstanciais

Neste tópico poderíamos classificar as ações do trabalhador que não levam em conta, *em princípio*, a estrutura da personalidade do empregado. Nesse tipo de escolha pessoal do empregado, os autores enquadram, por exemplo, o domicílio do empregado.

A priori, não compete ao empregador dizer onde o trabalhador deve ser domiciliado ou mesmo determinar onde deverá ser estabelecida sua residência. Estão circunscritos ao poder empregatício unicamente o fato de que o trabalhador deve ser assíduo e pontual em seu trabalho; e nunca o estabelecimento arbitrário da escolha do domicilio.

A propósito, anotamos que, em um célebre acórdão de 12 de janeiro de 1999,[23] a Corte de Cassação se utiliza pela primeira vez da Convenção Européia de Direitos Humanos para conferir eficácia jurídica horizontal ao respectivo dispositivo legal, que prevê em seu artigo 8°, o direito de livre escolha do domicílio legal. Com efeito, colocava-se em discussão uma cláusula expressa de transferibilidade do empregado.

Este se recusava a transferir toda a sua família para o novo local de trabalho, e ali manter seu domicílio legal. Segundo a Corte francesa, em que pese a validade da referida cláusula, o respeito da livre escolha do

---

[21] Béraud, Jean-Marc. "Les interactions entre le pouvoir unilatéral du chef d'entreprise et le contrat de travail", *Droit ouvrier*, dezembro, 1997, p. 529-534.
[22] Le Goff, Jacques. *Op. cit.*, p. 453-454.
[23] Decisão da Câmara Social da Corte de Cassação de. 12 de janeiro de 1999 (*Cahiers Sociaux du Barreau de Paris*), 1999, n.110 e *Droit Social*, 1999, p. 287.

domicílio pessoal e familiar é um dos atributos do direito fundamental de respeito ao domicílio. Ademais, não existe no caso concreto uma demonstração real e convincente de que haveria interesse da empresa em que o trabalhador e sua família residissem no mesmo local de atividade da empresa em que ele labora.

Da mesma forma, o empregador não pode, *em princípio*, interferir na escolha dos produtos e compras efetuadas pelo empregado em sua vida pessoal, mesmo que os produtos em questão sejam adquiridos de empresas concorrentes. A jurisprudência por diversas vezes pôde decidir sobre tais questões, e conforme um acórdão que já data de 1992, *"em sua vida privada, o empregado é livre para adquirir os bens que quiser, porém ele não deve gerar nenhuma perturbação objetiva à empresa onde trabalha"*.[24]

Ressalta-se do presente acórdão, ainda que indiretamente, que o empregado não tem total liberdade em suas escolhas como consumidor. No caso em questão, uma secretária que laborava para a Renault compra um carro Peugeot, sendo imediatamente dispensada. Embora a Corte de Cassação tenha decidido pela inexistência de uma causa real e séria de dispensa, o acórdão em voga nos permite afirmar que, em certos casos, em função da atividade do empregado, sua escolha por um produto da concorrência pode ser um fato demasiadamente grave, a ponto de justificar o despedimento.

2. Escolhas existenciais

A questão das escolhas existenciais do empregado é extremamente delicada, porquanto inclui pontos que relevam do núcleo central da vida do indivíduo. Ao contrário do ocorrido no tópico precedente, as escolhas existenciais têm como fundamento questões que tangem à mais profunda esfera da personalidade do trabalhador. Interferir em questões matrimoniais ou morais é interferir na faculdade do indivíduo em buscar sua própria felicidade, segundo os modelos ou princípios eleitos para si, os quais julga como os mais corretos e pertinentes.

---

[24] Decisão da Câmara Social da Corte de Cassação de 22 de janeiro de 1992 (*Cahiers Sociaux du Barreau de Paris*), 1992, n. 38.

Salvo raríssimas exceções, as escolhas existenciais estão fora do campo de aplicação dos poderes do empregador. Todavia, é extremamente difícil conciliar o "interesse da empresa" e algumas das escolhas existenciais do empregado, se o empregador estiver constituído em uma organização de tendência.[25] Por exemplo, a Corte de Cassação já admitiu no passado que o divórcio é uma justa causa para a dispensa, tendo em vista o fato de que o trabalhador laborava em instituição católica.[26] Em outro caso, um professor de teologia protestante estava "compromissado a efetuar seu trabalho em comunhão de pensamento com seu empregador".[27]

A Corte de Cassação, porém, evoluiu em sua jurisprudência sobre as organizações de tendência, deixando de considerar uma perspectiva estritamente contratual, para buscar uma visão mais "funcional" de sua proteção.[28] Em relação a um caso de um sacristão homossexual, a referida Corte censura a Corte de Apelação que não procurou saber quais foram as perturbações causadas por essa atitude do empregado dentro da empresa.[29] Segundo tal jurisprudência, deve-se trazer ao processo uma prova irrefutável que o comportamento do empregado gerou à Igreja um real dano a sua imagem. Não bastam a questão do foro íntimo do trabalhador e a mera afirmação de uma possível contratualização dos princípios que são professados pela instituição, mas sim uma efetiva perturbação na imagem da organização.[30]

---

[25] Essa denominação foi emprestada do direito alemão pelo professor Jean Carbonnier. Nos últimos anos ela tem sido alvo de diversos estudos na França, Itália e Espanha. Ver. BARROS, Alice Monteiro de. *Proteção à intimidade do empregado*. São Paulo, LTr. 1997 e também SAVATIER, Jean. "La liberté dans le travail", *Droit Social*, janeiro, 1990, p.49-58.

[26] Ass. Plein., 19 de maio de 1978 (B. Civ., n.1).

[27] Decisão da Câmara Social da Corte de Cassação, 20 de novembro de 1986 (*Cahiers Sociaux du Barreau de Paris*), 1986, n. 30, p.134.

[28] Para um estudo da liberdade de opinião e consciência do empregado, assim como das práticas religiosas e o direito do trabalho: DOLE, Georges. *La liberté d'opinion et de conscience en droit comparé du travail. Union Européenne, droit européen et droit français*, Paris, LJDJ, 1997; COUFFIN-KAHN, Maïlys. "La place des convictions religieuses du salarié lors de l'exécution de son contrat de travail", *Droit Ouvrier*, junho, 1999, p. 228-241; DOLE, Georges. "La liberté d'opinion et croyance en droit comparé du travail, *Droit Social*, 1992, p. 446-449.

[29] SAVATIER, Jean. "Le licenciement à raison des mœurs, d'un salarié d'une association à caractère religieux", *Droit Social*, agosto, 1990, p. 268.

[30] WAQUET, Philippe. "La Loyauté du salarié dans les entreprises de tendance", *Gazette du Palais*, 1996, p. 1427.

Fora do âmbito das organizações de tendência, a jurisprudência é bastante rica na garantia de proteção das questões referentes à vida conjugal e moral do indivíduo. São célebres as cláusulas de celibato das companhias de aviação em relação às comissárias de bordo, rechaçadas pela Corte de Cassação e Cortes de Apelação, pois geravam uma real discriminação à categoria, atentando, portanto, a um direito fundamental da personalidade.[31]

Deve-se notar, finalmente, que, com o desenvolvimento de novas tecnologias e principalmente com o aparecimento da Internet no ambiente de trabalho pode ocorrer uma efetiva ingerência dos poderes do empregador nas escolhas existenciais do indivíduo. Seguramente, cada vez mais estaremos confrontados a casos em que direitos fundamentais possam interferir na vida profissional do trabalhador. Dessa forma, a escolha de critérios subjetivos e a falta de uma conceituação clara por parte da jurisprudência podem causar uma verdadeira insegurança jurídica na proteção desses direitos.

3. Escolhas fundamentais

Ainda na classificação proposta por Jacques Le Goff, as escolhas fundamentais são aquelas que estruturam intelectual e espiritualmente o indivíduo.[32] Nesse tópico se enquadram, por exemplo, as opiniões de cunho político-ideológico ou religioso.

A orientação jurisprudencial dominante é essencialmente no sentido da não integração de tais elementos no campo de influência das decisões patronais.[33] Todavia, em alguns casos, a adesão de um empregado a determinada religião pode gerar real conflito com os interesses da empresa, principalmente se o início da prática religiosa se der após a conclusão do contrato de trabalho. É o caso, *v.g.*, do praticante do judaísmo ou da religião adventista, que recusa o trabalho

---

[31] Cour d'Appel de Paris, 1.5.51 (SJ, 1951, J6265).
[32] Le Goff, Jacques. *Op. cit.*, p. 453-454.
[33] Diferentemente do caso das organizações de tendência, onde a aceitação de certa ideologia ou comportamento religioso é tida como elemento do contrato de trabalho.

extraordinário necessário durante o sábado, a utilização de roupas típicas ou ainda o regime alimentar prescrito por certas religiões que podem gerar uma verdadeira incompatibilidade com a profissão do empregado.

O contencioso nesses casos é escasso, mas algumas decisões são bastante ilustrativas e nos informam da posição da jurisprudência francesa ao analisar as relações objetivas entre religião e direito do trabalho. Em um acórdão de 1994, a Corte de Cassação pôde estabelecer distinção de grande interesse sobre o tema. No relatório daquela, temos um empregado de religião muçulmana que, por cumprir os jejuns obrigatórios do mês de Ramadã, não almoçava nos refeitórios da empresa e, por isso, demandava judicialmente o pagamento de verbas indenizatórias previstas em Convenção Coletiva. Nessa Convenção havia cláusula que obrigava o empregador a pagar indenização unicamente se o obreiro não pudesse tomar suas refeições em sua própria residência e se o empregador não fornecesse refeição em suas dependências.

A Corte de Cassação entendeu que, razões – não oponíveis ao empregador e alheias a sua vontade – contribuíram para a recusa da refeição oferecida e, dessa forma, o sentimento religioso não pode prevalecer diante de uma atitude não discriminatória do empregador. Com efeito, a vontade da Corte de Cassação é justamente não deixar que os imperativos de uma religião possam interferir no transcurso normal das relações de trabalho.[34]

Em outro acórdão, a Corte de Cassação decidiu que *"se o empregador é normalmente obrigado a respeitar a consciência religiosa do trabalhador, todavia, na medida que essas convicções proíbam ou obrigam algum tipo de comportamento, elas devem estar inseridas numa cláusula do contrato de trabalho"*. Segundo a jurisprudência francesa, *"a religião é um elemento estranho ao contrato de trabalho e somente deve ser tida em consideração se houver a contratualização desse elemento"*.[35]

Certamente, esse princípio gera mais complicações do que resolve o problema. Resta saber, o que é dificílimo, quando uma cláusula é efeti-

---

[34] Decisão da Câmara Social da Corte de Cassação. Soc. 16 de fevereiro de 1994, *Bulletin* n. 58.
[35] Decisão da Câmara Social da Corte de Cassação. Soc. 24 de março de 1998, *Droit Social*, 1998, p. 614.

vamente inclusa no contrato de trabalho, uma vez que existe sempre a possibilidade de uma incorporação tácita.[36] Se o empregador suportou uma prática durante muitos anos, poderá impedi-la, alegando *interesse da empresa*? Até que ponto a inclusão de práticas religiosas pode ser aceita? Quais são os limites impostos por uma proteção objetiva de direitos fundamentais?

Finalmente, mister se faz discorrer sobre o direito fundamental à liberdade de expressão, que é um dos postulados de uma sociedade democrática. Fora da empresa, o trabalhador tem o direito de refletir sua própria visão do mundo, de pensar e opinar sobre questões ideológicas e políticas, ainda que elas sejam totalmente contrárias às opiniões do empregador.[37] Esse é o caso, *e.g.*, de um monitor de esportes de certa associação intercomunal que apoiou publicamente o candidato a prefeito da oposição.[38] Da mesma forma, temos o caso de um funcionário notarial que deu apoio à residência de estrangeiro ilegal, crime previsto penalmente, mas segundo a Corte de Cassação, "*tal fato concerne à vida pessoal do empregado e não pode, por essa razão, constituir uma falta*".[39]

A liberdade de expressão do trabalhador fora da empresa é efetivamente plena, e não pode ser cerceada, salvo no caso de abuso de direito. Como veremos mais adiante, o trabalhador tem mesmo o direito de expressar suas idéias a respeito da empresa e de seu trabalho, se o fizer de forma respeitosa e fundamentada.[40]

Nesse contexto, porém, algumas questões restam em aberto: no momento em que as opiniões do empregado concernem à atividade da empresa, este pode exercer seu direito de liberdade de expressão e opinião de maneira totalmente livre? Até onde vai a fronteira entre liberdade fora da empresa e o poder empregatício no interior da empresa?

Na verdade, podemos até nos questionar sobre a possibilidade de

---

[36] WAQUET, Philippe. Art. cit., In: *Mélanges Verdier*, Paris, Dalloz, 2000, p. 513-524.

[37] WAQUET, Philippe. "Le pouvoir de direction et les libertés des salariés", *Droit Social*, dezembro, 2000, p. 1051-1058.

[38] Corte de Apelação de Grenoble, 22 de junho 1003 (*Revue de Jurisprudence Social*, 1993, n. 718).

[39] Decisão da Câmara Social da Corte de Cassação. Soc. 16 de dezembro de 1997 (SJ, 1998 n. 25, p. 1119).

[40] Ver item 3 do presente artigo.

separação efetiva entre um âmbito interno e externo à empresa, uma vez que o empregado como ser humano leva à empresa todas as suas crenças, todas as suas expectativas e toda a sua visão do mundo. Se uma divisão entre a proteção de direitos fundamentais dentro e fora da empresa é feita neste estudo, tal se dá unicamente por razões didáticas, pois reconhecemos a total impossibilidade de uma completa separação entre esses dois mundos.

Entretanto, se não existe uma separação clara entre essas duas vertentes da vida pessoal do trabalhador, nunca é demais lembrar que a subordinação presente no momento em que o trabalhador entra no pátio da empresa, torna-o restrito em suas liberdades. Diante disso, durante muito tempo questionou-se se o trabalhador, cidadão na sociedade, também o poderia ser dentro da empresa. Não há dúvida de que a resposta dada pela jurisprudência é positiva, mas nos perguntamos como atingir esse objetivo? Assim, tendo em vista o tênue limite entre a liberdade do empregado e a submissão tão característica do contrato de trabalho, trataremos da proteção das liberdades do trabalhador no interior da empresa.

III. LIBERDADE DE EXPRESSÃO DIANTE DE QUESTÕES CONCERNENTES AO PRÓPRIO TRABALHO DO EMPREGADO E PROTEÇÃO DE SUA VIDA PESSOAL

Questão indiscutivelmente complexa, a proteção de direitos fundamentais dentro da empresa é um dos temas mais discutidos atualmente pelos doutrinadores franceses. Se a lei, por diversas vezes, veio atuar como um fator de conciliação entre os valores em questão, podemos dizer que muitos pontos continuam sem solução. Logicamente, tendo em vista o caráter exemplificativo do presente texto, nossa intenção não será o estudo profundo de todas as facetas que nosso tema poderia suscitar, mas, sim, oferecer ao leitor brasileiro uma idéia clara dos problemas enfrentados no referido país e as respostas do legislador, da jurisprudência e da doutrina.

1. Direito de expressão do empregado

A liberdade de expressão é norma constitucional, reconhecida pelo Conselho Constitucional como direito fundamental[41] que se apresenta, no seio da empresa, segundo duas vertentes que são absolutamente complementares: os campos individual e coletivo. Entretanto, muitos autores chegam a fazer uma verdadeira separação entre o *direito de expressão dos trabalhadores*, que tem vocação a ser exercido coletivamente, e a simples liberdade de expressão visada pela Declaração de Direitos Humanos de 1789. Nesse sentido, o próprio legislador, após o importantíssimo ano de 1982, estabeleceu um *direito de expressão direto e coletivo* dos trabalhadores. Como nos esclarece Isabelle MEYRAT:[42]

> "sem dúvida o direito instituído no artigo L. 461-1 do Código do Trabalho não é totalmente estranho à liberdade de expressão visada pelo artigo 11 da Declaração de Direitos Humanos e do Cidadão de 1789, podendo, de certa forma, ser compreendida como uma declinação particular de um modelo geral. Todavia, essa prerrogativa tem um campo de atuação muito mais restrito. Ela tem vocação a ser exercida coletivamente no local de trabalho".

O direito de expressão sobre a *"organização, conteúdo, condições de exercício e organização do trabalho"* se dá através das instituições representativas do pessoal dentro da empresa e esse direito para não ser unicamente um enunciado de princípios dispõe de mecanismos diretos para sua aplicação. A lei apresenta uma série de regras que as empresas de mais de 50 empregados devem seguir, no intuito de melhorar as condições de trabalho, a organização da atividade e a qualidade da produção, fixando inclusive alguns temas onde seu exercício é obrigatório.[43]

Assim, como ensina o festejado professor JAVILLIER, esse direito diz respeito a todas as questões diretamente ligadas ao trabalho, sejam elas

---

[41] Decisão n. 84-181 DC de 10 de outubro 1984.
[42] MEYRAT, Isabelle. *Op. cit.*, p. 276.
[43] Art. L.462-2 do Código do Trabalho.

relacionadas com a divisão dos cargos, com as técnicas utilizadas na produção, com o meio ambiente do trabalho, com os métodos de organização, e também com a relação entre os serviços da empresa e a relação entre a empresa e seus clientes.[44]

Todavia, se a lei tenta dar um embasamento legal específico para as matérias relativas ao exercício do direito de expressão, o método escolhido pela empresa é extremamente flexível e fica a sua própria disposição. Nas empresas de pelo menos 50 empregados, onde haja um delegado sindical designado, essas modalidades são fixadas por acordo coletivo concluído entre as organizações sindicais representativas, sendo que, na falta de acordo, o empregador deverá imperativamente iniciar uma negociação uma vez por ano.[45]

Se não há delegado sindical designado dentro da empresa, o empregador deverá obrigatoriamente consultar uma vez por ano o Comitê de empresa ou os delegados do pessoal sobre as modalidades de exercício do direito de expressão.[46]

2. LIBERDADE DE EXPRESSÃO DO TRABALHADOR SOBRE SEU TRABALHO

A liberdade de expressão não está, consoante informado, circunscrita às matérias previamente estabelecidas pelo artigo L.461-1 do Código do Trabalho, podendo ser exercida de uma forma muita mais ampla e geral. Essa liberdade que tem sido delineada pela jurisprudência desde 1988, quando se decidiu que *"é uma faculdade do empregado exprimir o que pensa sobre seu trabalho"*, no mais que célebre acórdão "Clavaud" de 28 de abril de 1988.[47] Nessa decisão, um empregado tinha sido dispensado por denunciar no jornal *L'Humanité* (jornal diário do partido comunista) as degradantes condições de trabalho dos empregados na empresa em que laborava. Assim, diante de tais declarações, a empresa alegava que o em-

---

[44] JAVILLIER, Jean-Claude. *Droit du travail*. 5ª ed. Paris, LGDJ, 1996.
[45] Este é um dos casos mais importantes da obrigação anual de negociação em direito francês.
[46] HESS-FALLON, Brigitte e SIMON, Anne-Marie. *Droit du travail*, collection aide-mémoire. 12ª ed. Paris, Sirey, 2000.
[47] Acórdão da Câmara Social da Corte de Cassação. Soc. 22 de abril de 1988. Ver comentários de COUTURIER, Gérard, *Droit social*, 1988, p. 428 e JEAMMAUD, Antoine, *Droit Ouvrier*, 1988, p. 249.

pregado havia faltado com sua obrigação de *"reserva e discrição"*, ressaltando a obrigação de cumprimento de boa-fé do contrato de trabalho.

A resposta da Corte de Cassação foi extremamente contundente, reforçando a proteção do direito fundamental em questão, a tal ponto que alguns autores chegaram a classificá-la de *"petite révolution dans le droit du travail"*.[48] Não rechaçando o acórdão da Corte de Apelação que se baseava de maneira larga no referido artigo L.461-1[49] para declarar a nulidade da dispensa, a Corte declara que *"se o exercício da liberdade de expressão dentro da empresa, ainda que limitada em seu objeto, não pode ser punido e não é motivo para nenhum tipo de sanção ou dispensa do empregado, deve-se deduzir que fora da empresa essa liberdade é plena..."*. Temos no presente caso a aplicação do princípio geral do direito, *"quem pode o muito, pode o pouco"*. Logicamente o caso de abuso de tal liberdade é resguardado pela Corte de Cassação, mas se o trabalhador exerce sua liberdade de expressão sem o intuito de lesar o empregador, não haverá causa real e séria de dispensa.

Ficou porém consignada a questão de saber se esse exercício da liberdade de expressão estava unicamente reservado à discussão das condições de trabalho ou se o trabalhador poderia colocar em xeque a forma como era exercido o poder dentro da empresa. O que estava em jogo era exatamente saber se a publicidade do exercício do poder, algo típico de um regime democrático, era compatível com o estado de submissão característico do contrato de trabalho. Seria uma passagem decisiva na integração da empresa às noções básicas do Estado de Direito.

A resposta a essa questão veio num acórdão de 14 de dezembro de 1999 no qual um executivo criticara de forma severa as condições de exercício do poder e a organização do trabalho da empresa em que laborava.[50] Deixando de lado a aplicação do artigo L.461-1 que trata do direito de expressão, que segundo a Corte só é exercido perante as reuniões organizadas coletivamente durante o trabalho e nos locais de sua realização, ela decidiu que o ato do referido empregado não poderia ser visto como o exercício desse direito.

---

[48] Liaisons Sociales, maio de 1988.
[49] A utilização de um texto legal é vista como fundamental para a pretensão de uma nulidade em direito francês. Segundo a famosa fórmula :"pas de nullité sans texte". Essa é a razão pela qual a discussão sobre a aplicabilidade do artigo L.461-1 é tão importante nos acórdãos aqui discutidos.
[50] Liaisons Sociales, n. J656.

Porém, a liberdade de expressão, que é mais ampla que o direito de expressão exercido coletivamente, acha-se prevista constitucionalmente e só é possível ser restrita de forma proporcional e fundamentada (conforme o artigo L.120-2 do Código do Trabalho estudado anteriormente). O que levou a Corte de Cassação à decisão de que a dispensa do empregado não tinha uma causa real e séria para ser levada a cabo.

Daí, percebe-se que essa decisão oferece uma maior amplitude àquilo que já havia sido evidenciado no acórdão "Clavaud", qual seja, o único limite para o exercício da liberdade de expressão é o abuso de direito ou a utilização de expressões injuriosas, difamatórias, claramente excessivas.[51]

Conclusão

O desenvolvimento do conceito de vida pessoal do trabalhador trouxe uma verdadeira mudança na percepção da forma de proteção do direito do trabalho. A partir de então, a vida pessoal do trabalhador coloca-se fora do alcance do simples arbítrio do empregador e percebe-se que a estrita proteção tutelar do direito do trabalho dentro da empresa já não permite abranger todas as vicissitudes da relação. Com efeito, a referida noção tem como mérito o estabelecimento de uma nova percepção na proteção de direitos fundamentais, demonstrando notadamente a necessidade de serem estabelecidas noções jurídicas claras que levem em conta todas as forças que englobam a dialética inerente ao direito do trabalho dentro e fora da empresa.

É certo, outrossim que a problemática relacionada com a proteção de direitos fundamentais dentro da empresa apresenta-se extremamente atual, sendo parte nuclear do chamado *"avenir du droit du travail"*.[52]

---

[51] Assim, segundo a Corte de Cassação, constituem abusos à liberdade de expressão: *críticas excessivas que façam parte de uma campanha para denegrir a imagem do empregador* (Soc. 20 de janeiro 1993, *Cahiers Sociaux du Barreau de Paris*, 1993, n. 48 e Soc. 4 de fevereiro de 1997; *Cahiers Sociaux du Barreau de Paris*, 1997, n. 90); afirmações mentirosas ou difamatórias (Soc. 16 de novembro de 1993; *Cahiers Sociaux du Barreau de Paris*, 1993, n. 96).

[52] Ver, por exemplo: SUPIOT, Alain. *Au-delà de l'emploi - transformations du travail et devenir du travail en Europe*. Paris, Flammarion. 1999.

Fazer do trabalhador um cidadão dentro e fora da empresa foi a aposta feita pelas leis Auroux de 1982. Pois bem. Após quase duas décadas, quais são as lições que podemos tirar dessa experiência? Será que o direito do trabalho conseguiu realmente trazer a democracia para dentro da empresa?[53]

No presente artigo, estudamos a forma através da qual a jurisprudência francesa desenvolveu noções que fizeram com que os direitos fundamentais do trabalhador deixassem de ter uma proteção totalmente tutelar, para, por meio de uma conceituação mais larga, abranger uma série de casos não previstos anteriormente. Nesse diapasão, por intermédio desses conceitos mais maleáveis, a constitucionalização do direito do trabalho veio a oferecer um novo tipo de proteção aos trabalhadores.

DA NECESSIDADE DE UMA PARTICIPAÇÃO ATIVA DOS PARCEIROS SOCIAIS NA PROTEÇÃO DE DIREITOS FUNDAMENTAIS

Sem embargo, percebe-se claramente através de uma análise, mesmo que superficial, que a efetiva proteção de direitos humanos do trabalhador, na França, é algo que tem sido buscado com a participação de todos os atores sociais. Porém, inadaptação às mudanças das técnicas de administração de recursos humanos, bem como resistência das confederações sindicais ou excesso de voluntarismo e regulamentação por parte do Estado, foram, sem dúvida, erros que custaram muito caro à sociedade francesa e somente nos dias atuais começam a ser percebidos.

---

[53] Discussão interessantíssima é justamente a natureza jurídica dessa cidadania do trabalhador. Alguns autores, calcados na nova teoria dos direitos humanos, apontam a dificuldade de se impor uma atitude ativa do empregador na aplicação dos direitos fundamentais. Assim, se é indiscutível a necessidade de uma proteção de liberdades que demandam uma ação negativa do patronato, seria, por outro lado, muito difícil efetuar uma inserção na empresa de verdadeiras obrigações de fazer do empregador, no sentido de garantir uma cidadania do trabalhador. Essas dificuldades geram um relativo paradoxo nas relações entre os direitos humanos e os direitos do trabalho, pois, uma vez que essas atitudes "positivas" são a essência dos chamados direitos econômicos e sociais. Para esses autores não poderíamos efetuar um paralelo tão claro entre a ação do Estado e o que se espera de um empregador e, por conseqüência, entre a cidadania do trabalhador e a cidadania na sociedade civil. Nesse sentido, ver BAYLOS, Antonio. *Direito do Trabalho: um modelo para armar.* Tradução de Flavio Benites e Cristina Schultz. São Paulo, LTr, 1999. Ver também MEDA, Dominique. *Le travail: Une valeur en disparition.* Paris, Flammarion, 1994.

Se é certo que o papel da Corte de Cassação foi fundamental na compreensão de novas diretrizes à proteção do direito do trabalho, há que reconhecer-se que pouco foi feito no sentido de conciliar uma proteção tutelar com proteção procedimental, que poderia ser vista como uma forma de implicação de todas as entidades participantes na vida da empresa. Muito mais que uma definição de limites claros à atividade dentro da empresa, o desenvolvimento jurídico de uma proteção procedimental poderia mudar completamente a realidade dos direitos humanos do trabalhador.

Com uma lógica sistêmica e a participação ativa de empregadores, de representantes dos trabalhadores e do Estado, poderiam ser concebidas formas de proteção de direitos fundamentais realmente preocupadas com todos os interesses ali presentes. Passaríamos de uma proteção quase que exclusivamente tutelar e individual tão característica dos sistemas jurídicos continentais (o direito do trabalho da maioria dos países latino-americanos é o exemplo mais flagrante) para uma proteção adaptada a uma participação democrática de todos os atores sociais presentes no contexto empresarial.[54]

De final, importa lembrar que não estamos falando aqui de flexibilização de direitos ou diminuição negociada de garantias conquistadas pelos trabalhadores. É de ver-se que a referida proteção procedimental opera da mesma forma que as medidas exigíveis no caso de uma dispensa coletiva, atuando na forma de atos jurídicos complexos, que teriam como pressuposto uma real concertação social.[55] A imposição de procedimentos prévios a serem realizados periodicamente, com vistas à instauração de uma proteção de direitos fundamentais do empregado, seria, pois, uma

---

[54] Podemos citar, neste ponto, as palavras de Pedro Proscurcin:"... *podemos afirmar que as relações internas da empresa moderna organizada são mais adaptáveis com mecanismos auto-referenciais graças à intensificação das comunicações intra-organizacionais... As mudanças internas ficam facilitadas, pois as possibilidades de eleição de alternativas para a solução de dificuldades, quando obtidas consensualmente, são mais eficazes e superiores, tanto operacionalmente quanto com relação aos resultados*". PROSCURCIN, Pedro. art. cit, *Revista da LTr*, março, 2001, p. 285.

[55] O professor Amauri Mascaro Nascimento ao analisar os procedimentos para o desenvolvimento regular de uma dispensa coletiva os qualifica de atos jurídicos complexos. Para uma análise mais profunda do tema ver: NASCIMENTO, Amauri Mascaro."As dispensas coletivas e a Convenção da OIT ", *Revista da LTr*, junho, 1996, p. 727-734, assim como a completíssima tese do professor Nelson MANNRICH. *Dispensa Coletiva. Da liberdade contratual à responsabilidade social*. São Paulo, LTr, 2000.

mudança global na própria estruturação do direito do trabalho. Indubitavelmente, teríamos uma maior atuação de todos os parceiros sociais na proteção de direitos fundamentais do trabalhador e uma espécie de mudança de perspectiva em relação à simples concepção tutelar do direito laboral.[56]

BIBLIOGRAFIA

ALVES, Ricardo de Paula. *La protection des droits sociaux fondamentaux dans la sphère juridique communautaire - une analyse des enjeux et stratégies*, tese de mestrado, Universidade de Paris X. Nanterre, 1999.

BARROS, Alice Monteiro de. *Proteção à intimidade do empregado.* São Paulo, LTr, 1997.

BAYLOS, Antonio. *Direito do Trabalho: um modelo para armar.* Tradução de Flavio Benites e Cristina Schultz. São Paulo, LTr, 1999.

BÉRAUD, Jean-Marc. "Les interactions entre le pouvoir unilatéral du chef d'entreprise et le contrat de travail", *Droit ouvrier.* Dez., 1997, p. 529-534.

COUFFIN-KAHN, Maïlys. "La place des convictions religieuses du salarié lors de l'exécution de son contrat de travail", *Droit ouvrier.* Jun., 1999, p. 228-241.

DARRACQ, Lavina. "La protection de la vie personnelle du salarié au travail". *Semaine sociale Lamy,* 1999, suplément n. 940.

DESPAX, Michel. "La vie extraprofessionnelle du salarié et son incidence sur le contrat de travail". *JCP.* 1963, p. 1776.

DOLE, Georges. *La liberté d'opinion et de conscience en droit comparé du travail. Union Européenne, droit européen et droit français.* Paris. LGDJ, 1997.

DOLE, Georges. *La liberté d'opinion et croyance en droit comparé du travail. Droit Social.* 1992, p. 446-449.

FRANCO FILHO, Georgenor de Souza. *Globalização e desemprego: mudanças nas relações de trabalho.* São Paulo, LTr, 1998.

---

[56] NASCIMENTO, Amauri Mascaro. "Tendências de flexibilização das normas regulamentadoras das relações de trabalho no Brasil", *Revista da LTr*, n. 59. São Paulo, p. 1023.

FROUIN, Jean-Yves. "La protection des droits de la personne et des libertés du salarié". *Cahiers Sociaux du Barreau de Paris*, n. 99, 1998, p. 123.

GERRA FILHO, Willis Santiago (coord.). *Dos Direitos humanos aos direitos fundamentais*. Porto Alegre, Livraria do Advogado, 1997.

GERRA FILHO, Willis Santiago. "Princípio da proporcionalidade e Teoria do Direito". In: *Direito Constitucional – estudos em homenagem a Paulo Bonavides*. São Paulo, Malheiros, 2001.

JUCÁ, Francisco Pedro. *A Constitucionalização dos direitos dos trabalhadores e a hermenêutica das normas infraconstitucionais*. São Paulo, LTr, 1997.

JAVILLIER, Jean-Claude. *Droit du travail*. 5ª ed. Paris, LGDJ, 1996.

JEAMMAUD, Antoine; PELISSIER, Jeane; SUPIOT, Alain. *Droit du travail*. 20 ed. Paris, Dalloz, 2000.

JEAMMAUD, Antoine e LYON CAEN, Antoine. *Droit du travail, démocratie et crise en Europe et en Amérique*. Paris, Actes Sud, 1986.

JEAMMAUD, Antoine. "Introduction à la semantique de la régulation juridique. Des Concepts en jeu", In: *Les transformations de la régulation juridique*, Collection Droit et Société. Paris, LGDJ, 1998, p. 47.

LE GOFF, Jacques. *Droit du travail et Société*. Rennes, Presses Universitaires de Rennes, 2001.

LYON CAEN, Antoine e VACARIE, Isabelle. "Droits fondamentaux e droit du travail", In: *Mélanges Verdier*, Paris, Dalloz, 2000, p. 421-449.

LYON CAEN, Antoine. "Procéduralisation du droit du travail", In: *L'avenir de la concertation sociale en Europe*. Tomo II. Centro de Filosofia do Direito. Louvain, março de 1995, p. 183.

LYON CAEN, Gérard. *Libertés Publiques et l'emploi*. Paris, Documentation Française, 1992.

MANNRICH, Nelson. *Dispensa Coletiva. Da liberdade contratual à responsabilidade social*. São Paulo, LTr, 2000.

MEYRAT, Isabelle. *Droits fondamentaux et droit du travail*, tese não publicada, Universidade de Paris X, Nanterre, 1998.

MIALON, Marie-France. *Les pouvoirs de l'employeur*. Paris, LGDJ, 1996.

NASCIMENTO, Amauri Mascaro. *Direito do Trabalho na Constituição de 1988*. São Paulo, Saraiva, 1989.

NASCIMENTO, Amauri Mascaro. "As dispensas coletivas e a Convenção da OIT ", *Revista da LTr*, junho, 1996, p. 727-734.

REALE, Miguel. "O direito de não trabalhar", In: *Estudos de Filosofia e Ciência do Direito*. São Paulo, Saraiva, 1978.

ROBORTELLA, Luis Carlos Amorim. *O moderno direito do trabalho*. São Paulo, Ltr, 1994.

SAVATIER, Jean. "La protection de la vie privée des salariés", *Droit Social*, n. 4, abril, 1992, p. 329-333.

SAVATIER, Jean. "La liberté dans le travail", *Droit Social*, janeiro, 1990, p. 49-58.

SIMON, Sandra Lia. *A proteção constitucional da intimidade e da vida privada do empregado*. São Paulo, LTr, 2000.

SUPIOT, Alain. *Au-delà de l'emploi-transformations du travail et devenir du travail en Europe*. Paris, Flammarion, 1999

SUPIOT, Alain. *Critique du droit du travail*. Paris, Presses Universitaires de France, 1994.

SUPIOT, Alain. "Les nouveaux visages de la subordination", *Droit Social*, fevereiro, 2000, p. 131-145.

STEINMETZ, Wilson Antônio. *Colisão de direitos fundamentais e princípio de proporcionalidade*. Porto Alegre: Livraria do Advogado, 2001.

TEIXEIRA, Sergio Torres. "O novo modelo de relações de emprego – repercussões das inovações tecnológicas sobre os elementos estruturais do vínculo de emprego, *Revista da LTr*, outubro, 1996, p. 1309-1312.

VERDIER, Jean-Maurice. "En guise de manifeste: le droit du travail, terre d'élection pour les droit de l'homme", In: *Mélanges en honneur de J. Savatier*, Paris, PUF, 1992, p. 427-437.

WAQUET, Philippe. "La loyauté du salarié dans les entreprises de tendance", *Gazette du Palais*, 1996, p. 1427.

WAQUET, Philippe. "Vie personnelle et vie professionnelle du salarié", *Cahiers Sociaux du Barreu de Paris*, n. 64, 1994, p. 289.

WAQUET, Philippe. "En marge de la loi Aubry: travail effectif et vie personnelle du salarié", *Droit Social*, 1998, p. 963

WAQUET, Philippe. "La vie personnelle du salarié", In: *Mélanges Verdier*, Paris: Dalloz, 2000, p. 513-524.

WAQUET, Philippe. "Le pouvoir de direction et les libertés des salariés", *Droit Social*, Dezembro, 2000, p. 1051-1058.

SIGILO MÉDICO E DIREITO À PRIVACIDADE: DO DELITO DE DESOBEDIÊNCIA FACE AO DESATENDIMENTO DE ORDEM JUDICIAL DE REVELAÇÃO DE DADOS DE PACIENTES

VÍCTOR GABRIEL DE OLIVEIRA RODRÍGUEZ[*]

> Sumário: 1. Apresentação da questão. 2. Análise da questão: O direito à Privacidade. 3. Primeiro enfoque: Privacidade e Dignidade da Pessoa Humana. 4. Segundo enfoque: O segredo médico como interesse público e difuso. 5. Uma analogia: O segredo médico e o segredo de confissão. A solução simples do Direito Canônico. 6. Breve análise da legislação nacional pertinente. Da Carta Magna à Resolução CFM 1605/2000, passando pelo Código Penal. 7. O delito de desobediência na hipótese. Conclusões.

---

[*] Mestre e doutorando em Direito Penal pela USP, professor de Direito Penal Econômico no Unibero e do Centro de Extensão Universitária – CEU e da FAENAC – Faculdade da Editora Nacional, membro da União Brasileira de Escritores e autor, dentre outros, do livro *Responsabilidade Penal na Lei de Imprensa*, Ed. Apta, 2004

1. Apresentação da questão

A questão a ser neste artigo abordada traz efeito prático evidente e envolve áreas contíguas do Direito: trata-se da análise do conflito entre direitos da privacidade e interesse público na produção de provas em processo, à luz do sigilo profissional, em especial do segredo médico.

Sem que se corra o risco de exagerar, pode-se afirmar ser bastante corriqueiro que autoridades policiais ou judiciárias requisitem a médicos, muitas vezes diretores clínicos de grandes hospitais, públicos ou privados, que lhes encaminhem cópias de prontuários de pacientes, para que sirvam de elemento probatório em procedimento administrativo ou processos judiciais. As autoridades, alegando interesse público na obtenção de provas processuais, acabam por ter acesso a todos os documentos que dizem respeito ao atendimento médico de uma pessoa, por exemplo, para a elaboração de exame de corpo de delito indireto.

Na prática, muitos dos médicos, desmotivados a estabelecer qualquer cizânia, quanto menos diante da polícia ou do Poder Judiciário, enviam às autoridades requisitantes as cópias determinadas. Outros facultativos, no entanto, resistem à obediência dessa ordem e observam que, ao menos sob seu ponto de vista, os prontuários médicos dos pacientes são documentos protegidos pelo sigilo profissional. Assim, porque existe o sigilo, que entendem absoluto, esses documentos ou suas cópias somente podem ser fornecidos a seus titulares – os próprios pacientes – ou mediante expressa autorização destes. À ausência dessas condições, qualquer revelação, mesmo diante de ordem de autoridade, representa grave falta à ética profissional, senão crime.

No caso específico de médico, há ainda peculiaridade: uma resolução do Conselho Federal de Medicina, do ano de 2000, a qual determina a seus associados que nunca encaminhem a Juízo prontuários e fichas médicas de pacientes, mas apenas disponibilizem o conteúdo deles a peritos médicos, para que respondam a questionamentos previamente formulados pelas autoridades.

Sob a perspectiva penal, questão relevante surge desse ato: o não-acatamento da ordem judicial de envio de cópias daqueles prontuários médicos pode configurar o delito de desobediência; como contraponto, o envio dessa documentação, ainda sob ordem judicial, se injusta, pode caracterizar também fato típico, desta vez a violação de segredo profissional.

É dessa casuística que se retira o tema do presente estudo. Sob a ótica eminentemente penal, investiga-se se o Poder Judiciário pode determinar a quebra do sigilo médico e se a recusa, justificada, do médico à autoridade requisitante da entrega de cópias de documentos dessa natureza caracteriza em tese o delito do artigo 330 do Código Penal Brasileiro.

É a questão que agora passamos a abordar.

2. Análise da questão: O direito à Privacidade

A possibilidade de configuração do delito, como *ultima ratio* do Direito, tem origem no conflito existente entre dois direitos principais: o direito à Privacidade, pela não-violação do segredo, e a necessidade de persecução penal dos possíveis autores de delito, bem como a tutela exclusiva do Poder Judiciário para o controle da legalidade desses atos.

Sem sermos por enquanto conclusivos, mas no intuito de estabelecerem-se fundamentos sólidos para embasar o desfecho, é imprescindível trazer algum realce ao valor dos bens jurídicos aqui discutidos. Em especial, o segredo.

Para valorar o segredo como bem jurídico a ser tutelado por norma – penal ou não – é necessário, em nossa opinião, analisá-lo sob pontos de vista diversos. Isso importa em afirmar que, para compará-lo com eventual dever de obediência à administração da Justiça, deve-se encontrar parâmetros justos, e estes estão na própria estrutura normativa, em vista de valores que se encontram no texto Constitucional. Nesse sentido, analisa-se o direito ao segredo, em primeiro lugar, por sua relação como o direito à privacidade e à intimidade. Em segundo, à luz do interesse público de preservação da profissão.

Por esse duplo enfoque permitirá a conclusão da legalidade ou ilegalidade da ordem de autoridade que determine violação de sigilo médico, e assim a conseqüente adequação típica aos delitos que na casuística entram em conflito: a violação de sigilo profissional e a desobediência a ordem legal.

3. Primeiro enfoque: Privacidade e Dignidade da Pessoa Humana

Um dos fundamentos da preservação de qualquer segredo profissional é a proteção da privacidade. O paciente examinado pelo médico tem o direito à preservação dos dados que este colhe no exercício de sua profissão, e tal relação aparece como extração da norma constitucional.

Tivemos defendido, já em outra oportunidade, que "tem o ser humano o direito de não comunicar fatos atinentes a sua própria vida, a desejar que não sejam divulgados elementos que entende não possam vir a público. A reserva de elementos pessoais é fator de desenvolvimento da própria personalidade, e o recolhimento, em dados momentos e situações, faz-se vital ao ser humano".[1] Não parece haver dúvida de que a garantia da intimidade, conquanto não seja garantia nova,[2] é questão que modernamente toma maior relevo, dadas as características da sociedade atual.

Nesse contexto também expusemos algo que aqui se faz ainda mais pertinente: "A intimidade e a privacidade são também fruto da dignidade da pessoa humana,[3] como corolário do direito da personalidade, tal qual a honra. Esta, entretanto, não se confunde com aquelas,[4] pois "puede ocurrir que una información verdadera y no injuriosa resulte atentatoria contra la intimidad de una persona, aunque no lesione su honor".[5]

---

[1] RODRÍGUEZ, Víctor Gabriel, *Responsabilidade Penal na Lei de Imprensa*: Responsabilidade Sucessiva e o Direito Penal Moderno, Campinas, Ed. Apta, 2004, p. 121

[2] É nesse sentido o interessante trabalho do professor Jesús P. RODRÍGUEZ, da Universidade de Vigo. Sobre o direito à intimidade, aponta - citando os estudos de Rafael de Asis e Martínez de Pisón, que existe um paradoxo no direito à intimidade, porque "A pesar de que se trata de un derecho de los denominados 'innatos', que históricamente fueron los primeros en ser recogidos en las Declaraciones de Derechos de finales del XVIII, la realidad es que no lo regularon ni con la denominación actual de derecho 'a la intimidad', ni con otra semejante. No se encontraba formulado en estas Declaraciones, como tampoco lo encontramos en las Constituciones que las siguieron el XIX" (p. 364). Nesse sentido, o autor espanhol desenvolve seu trabalho, mostrando que o Direito à intimidade não estava naquelas Constituições antigas, porém aparecia "en el espíritu de estos primeros procesos constitucionales". RODRÍGUEZ, Jesús P., *El proceso de constitucionalización de una exigencia ética fundamental: el derecho a la intimidad*, Revista del Instituto Bartolomé de las Casas, mayo/deciembre 1994, Madrid.

[3] RODRÍGUEZ, Jesús P. afirma que alguns aspectos da relação entre intimidade e dignidade da pessoa humana já configuravam noção "tão antiga quanto a cultura européia". Entretanto, em seu escorço histórico, assenta estar no Cristianismo o fundamento para o reconhecimento da dignidade da pessoa humana como universal, porque este daria ao homem uma independência e uma dignidade, enquanto destinado a uma vida eterna de união com Deus, que o eleva muito por cima da vinculação ao Estado que tinham como perspectiva os gregos e os romanos antes da assimilação do Cristianismo. Mais adiante, porém, volta a reconhecer que sua formulação mais adequada somente se dá nas Constituições mais recentes. Op. cit. p. 369/371.

[4] Nova Montreal, como ensina GALLARDO RUEDA, aponta dois elementos diferenciais entre a vida privada e a honra. O primeiro é o de que os atentados à intimidade não supõem necessariamente juízo de descrédito ou valoração negativa da vítima. Mas acrescenta um segundo, que nos parece meramente complementar, o de que "la acotación de la esfera del honor protegible no puede protegerse mediante la superposición a la esfera de la intimidad tutelada porque los atentados contra el honor en sus diversas modalidades (expresiones, gestos, imputaciones) pueden versar o tener por objeto datos o circunstancias ajenos a la 'privacy' del sujeto como, por ejemplo, noticias conocidas legítimamente, o bien hechas públicas con anterioridad" in: GALLARDO RUEDA, Alberto, *Tutela penal del derecho a la intimidad*, Cuadernos de Política criminal, Instituto Universitario de Criminología de la Universidad Complutense de Madrid, 1994, n. 52, Madrid, p. 133.

[5] RODRÍGUEZ, Víctor Gabriel, *Responsabilidade...* cit. p. 118.

Na presente questão, tal estudo teórico reveste-se de caráter prático evidente: o de se saber que, antes de que a Constituição traga como direito fundamental a intimidade, alçando-o à categoria de garantia pétrea, revela-a como princípio ainda mais genérico e maior, de que advém: o conceito de *dignidade da pessoa humana* (art. 1°, III, da Constituição).

Determinar-se que o Direito à intimidade não é só garantia constitucional especificada no art. 5°, como também fruto da dignidade da pessoa humana importa em afirmar, neste caso, que sua preservação vai muito além da mera proteção de um direito individual, que sucumbiria frente à noção, mesmo que vaga, do "interesse público".

Em nossa opinião, ter-se a intimidade como fruto da dignidade da pessoa humana significa que existe também um interesse público em sua proteção, vez que toda a sociedade é baseada nesse princípio, insculpido já no artigo primeiro do texto constitucional.

Há que se levar em conta, assim, que o segredo, como parte integrante do direito à intimidade, é também surgido da dignidade humana, como valor fundamental a ser preservado pelo ordenamento.

Mas é de se observar, também com objetivo pragmático, que o princípio da dignidade humana, do qual advém a intimidade, foi há pouco tempo inserto nas Constituições[6] modernas. Isso implica reconhecer que qualquer interpretação que seja feita a respeito de norma infraconstitucional e que não leve em consideração, desde logo, esse princípio, já será, por si mesma, falha. A Constituição Federal alçou a dignidade da pessoa humana a bem jurídico fundamentalmente protegido, e assim é impossível deixar de considerar que os direitos dele oriundos, como a intimidade, merecem atenção especial do legislador e do intérprete da norma, aqui em especial a de natureza penal.

---

[6] É nesse sentido o interessante trabalho do professor Jesús P. Rodríguez, da Universidad de Vigo. Sobre o direito à intimidade, aponta - citando os estudos de Rafael de Asis e Martínez de Pisón, que existe um paradoxo no direito à intimidade, porque "a pesar de que se trata de un derecho de los denominados 'innatos', que históricamente fueron los primeros en ser recogidos en las Declaraciones de Derechos de finales del XVIII, la realidad es que no lo regularon ni con la denominación actual de derecho 'a la intimidad', ni con otra semejante. No se encontraba formulado en estas Declaraciones, como tampoco lo encontramos en las Constituciones que las siguieron el XIX" (p. 364). Nesse sentido, o autor espanhol desenvolve seu trabalho, mostrando que o Direito à intimidade não estava naquelas Constituições antigas, porém aparecia "en el espíritu de estos primeros procesos constitucionales". RODRÍGUEZ, Jesús P., *El proceso de constitucionalización de una exigencia ética fundamental: el derecho a la intimidad*, Revista del Instituto Bartolomé de las Casas, mayo/deciembre 1994, Madrid.

Assim que, em nossa opinião – e entendemos estar bem acompanhados – o direito à preservação da intimidade supera e muito a alegação de que se possa entender como justa causa qualquer tipo de investigação de crime. A título ilustrativo, encontra-se o excerto jurisprudencial argentino, que abaixo copiamos, determinando a nulidade de um processo penal quando iniciado por denúncia ocorrida em violação de sigilo médico. Nesse sentido, o julgado: "Cuando la acción se inicia por denuncia de médico en violación al deber de preservar el secreto de la paciente, y en que entró por razón de su profesión, debe declararse nulo todo lo acusado, y con respecto a todas las personas incluidas en el hecho, pues la denuncia compromete seriamente el principio constitucional de que nadie puede ser obligado a declarar en contra de si mismo".[7]

O excerto jurisprudencial sul-americano demonstra que, no conflito entre preservação do segredo e o interesse em que surjam dados para a promoção da ação penal, deve prevalecer o primeiro, porque supremo. No mesmo sentido, até para que não se possa pensar que o direito à intimidade é algo de todo novo, sopesando a existência de dois bens jurídicos dessa jaez, Carlos Tozzini, comentando o mesmo julgado portenho, realça que Carrara, com seu posicionamento clássico, já ensinava que, em conflito de dois bens jurídicos de esfera pessoal, faz prevalecer aquele que se pronuncia a favor da tutela da pessoa, ainda que à custa de sacrificar bens de altíssimo valor ("la ley, frente a un grave conflicto entre dos bienes jurídicos, se pronuncia a favor de la tutela de la persona, aun a costa de sacrificar bienes de altísimo valor").[8]

---

[7] Ementa de acórdão comentada no texto *La violación del secreto profesional médico en el aborto*, de Carlos Tozzini, in: *Doctrina Penal,* año 5, 1982, 17/20, Buenos Aires, Ed. De Palma, p. 159.

[8] "Llegamos, de este modo, al problema de la nulidad que se ha planteado cuando los hechos se conocieron por la infidencia médica. Cuando el choque de derechos es solucionado por el médico mediante una acción en abierta contradicción con la solución legal, los jueces de un Estado de derecho se hallan impedidos para extraer de ella la notitia criminis, pues seria tanto como desconocer los principios fundamentales que informan al estado de necesidad vital y que cita Soler, en parte trascribiendo a Hegel y a Carrara "la ley, frente a un grave conflicto entre dos bienes jurídicos, se pronuncia a favor de la tutela de la persona, aun a costa de sacrificar bienes de altísimo valor... negar el derecho, pues se le niega la vida... Había mayor prudencia y mejor corazón en aquellos que castigaban a los divulgadores de las gravideces ilegítimas, que el que hay en ciertos maníacos que se obstinan en la ineficaz crueldad de castigar con la muerte a las desventuradas". *La violación del secreto profesional médico en el aborto*, de Carlos Tozzini, in: *Doctrina Penal,* año 5, 1982, 17/20, Buenos Aires, Ed. De Palma, p. 158

Assim, nesta primeira hipótese de se considerar a violação de segredo como uma ofensa a um direito da personalidade (a intimidade e a vida privada), é de se entender que o direito pessoal, como tem ensinado toda a doutrina, prevalece sobre o interesse da persecução criminal, motivo pelo qual este, a nosso entender, de forma alguma se pode considerar como justa causa, que imporia a quebra, a qualquer título, desse dever profissional.

Apenas para complementar a argumentação, é de se notar que, caso se levante a alegação de que existe um interesse público – a persecução penal – a prevalecer sobre um interesse privado – o segredo e, a partir dele, a intimidade – deve-se realçar que o segundo é direito constitucional e o primeiro um interesse, assim não alçado ao mesmo status. É nesse sentido que o trecho do julgado argentino realça que a intimidade é um direito consagrado, enquanto a persecução um mero interesse político, valendo copiar:

> Pero por otro lado, también hay que tener presente que estos argumentos resultan válidos cuando se está en presencia de conflictos entre genuinos derechos y no cuando el conflicto se verifica entre un derecho amparado por una garantía constitucional (como la libertad o el derecho a la intimidad) y un simple interés social consagrado en una directiva de acción política (como sería el caso del interés en la investigación y persecución de los delitos). Nadie tiene un genuino derecho que pueda pretender hacer valer para que se investigue y se persiga a alguien por la comisión de un delito (...) El Estado ejerce la acción penal en resguardo de un interés social, no de un derecho de alguien en particular.[9]

Nessa primeira análise, então, em que se considera a ordem judicial de violação do segredo médico como violação de um direito pessoal de intimidade, não se vê nela justa causa, ou seja, modo de atribuir ao man-

---

[9] In: Violación de secretos y obligación de denunciar: Un dilema ficticio – Un comentario crítico al fallo Zambrana Daza, Cuadernos de doctrina y jurisprudencia penal n. 8, Buenos Aires, Editorial Ad Hoc, p. 253

dado qualquer legitimidade. Isso porque a ordem de quebra do sigilo médico não encontra resguardo em direito maior, porque prevalece aquele direito da personalidade, o qual tem amparo constitucional. Parece-nos bastante lícito que o Estado venha a prescindir das informações médicas para a persecução penal que interessa em contexto supra-individual, vez que os limites estatais de ação e investigação continuam, e continuarão, a ser exatamente os mesmos que havia antes da necessidade do paciente de atendimento médico e entrega ao facultativo que jurara guardar sigilo.[10]

A ordem de violação de sigilo médico, sob esse prisma, em nossa análise, é ilegítima e enfrenta direito constitucional maior: dignidade da pessoa humana e privacidade, todos eles elevados a direitos individuais que devem ser protegidos muito além dos interesses públicos, e isso por força da própria Carta Magna.

4. Segundo enfoque: O segredo médico como interesse público e difuso

É todavia reducionista a análise do segredo médico como forma de tutela apenas de um interesse individual, ainda que seu reflexo na dignidade da pessoa humana, como anteriormente destacado, leve-o à supremacia em relação a demais direitos ou interesses.

A necessidade de tutela do segredo médico – e daí, evidentemente, a imperatividade do respeito do órgão judiciário a tal tutela – advém, a nosso ver, do interesse difuso da confiança na própria atividade.[11] Assu-

---

[10] "Si los profesionales se atuvieran a su deber, no habría denuncias nulas, ni nulidades que manipular, y el Estado tendría tantas (o tan pocas) posibilidades de perseguir el hecho como antes de la concurrencia del paciente al hospital. De este modo el Estado no se empobrece en nada, sólo se enriquece, en tanto el servicio de salud es brindado sin fisuras": In: Violacción de secretos y obligacion de denunciar: Un dilema ficticio – Un comentario crítico al fallo Zambrana Daza, Cuadernos de doctrina y jurisprudência penal n. 8, Buenos Aires, Editorial Ad Hoc, p. 255

[11] Nesse sentido escreve Helena Moniz: "A esfera do segredo é essencial na relação médico-doente. Trata-se de uma relação que exige uma constante troca de informações impondo ao médico um dever de confidencialidade. Esse dever de confidencialidade decorrente do direito à reserva da vida privada engloba todas as informações de que o médico tenha conhecimento por causa de sua profissão. Por isso, a doutrina germânica maioritária considera que o bem jurídico protegido pelo tipo legal de crime de violação de segredo é "o interesse comunitário de confiança na discrição e reserva e determinados grupos profissionais, como condição de seu desempenho eficaz". MONIZ, Helena, *Segredo Médico*, in: Revista Portuguesa de Ciência Criminal, ano 10, jul.-set. de 2000, p. 633

mimos, assim, o posicionamento que bem descrevem Sánchez-Caro, em obra relativa a segredo médico, sob o prisma do direito espanhol: "La [tesis] del secreto médico absoluto, que mantiene el secreto inmune frente a cualquier circunstancia. Esta tesis se basa en la configuración del facultativo como un confidente necesario del enfermo, por lo que la única forma de mantener la confianza es asegurar el silencio de lo acontecido en la relación clínica. Se equipara, por tanto, al secreto de confesión".[12]

Muito mais plausível é confiar ao segredo médico a fórmula de tutela a um interesse difuso,[13] de toda a sociedade, em que a profissão preserve seu segredo e sua confiabilidade.

A tutela do segredo médico significa, assim, um modo de serem protegidos o que Nelson Hungria chamou de "segurança geral dos confidentes",[14] que, afirmava o mestre, a lei fez prevalecer sobre qualquer interesse, inclusive sobre a investigação criminal. A questão da confiabilidade nas instituições parece ser nodal na sociedade atual, e daí a impossibilidade, em nossa opinião, de que o Direito venha de algum modo a retroceder e privilegiar a *persecutio criminis* enquanto gera situação de instabilidade.

Parece que a violação do segredo, sob qualquer aparente justificativa, segue à contramão das expectativas do direito na sociedade moderna. A chamada 'sociedade de risco', tão analisada quando se pretende seguir políticas de proteção social pela norma – em especial de natureza penal – tem como um de seus pilares a necessidade da garantia das

---

[12] SÁNCHEZ-CARO, Jesús e SÁNCHEZ-CARO, Javier, *El Médico y La intimidad*, Editorial Díaz de Santos, Madrid, 2002, p. 110.
[13] A tutela dos bens difusos tem hoje especial relevância. Nesse sentido, vale lembrar a obra de Renato de Mello Jorge SILVEIRA: "Os bens jurídicos coletivos já haviam estado presentes nas indagações de diversos autores. Chamados 'direitos da terceira geração' seguiram-se à inicial defesa dos indivíduos ante ao Estado (primeira geração) e à posterior garantia dos direitos sociais (segunda geração). Porém, foi a partir do último quartel do século XX que ganharam eles verdadeira autonomia científica. Filippo Sgubbi, em artigo publicado em meados de 1975, intitulado "Tuela penale di interessi difusi", passou a externar toda a preocupação com os chamados bens supra-individuais, em uma sociedade que, então, começava a se delinear. A ordem de um capitalismo neoliberal, tudo indicava, estava por transformar os horizontes do Direito Penal, dando-lhe novas pedras basilares em que se sustentar", in: *Direito Penal Supra-individual: interesses difusos*, SP, RT, 2003, p. 33.
[14] HUNGRIA, Nelson, *Comentários ao Código Penal*, RJ, Forense, Comentário ao art. 153, p. 261.

instituições, para diminuir uma sensação geral de insegurança, típica de sua formação e evolução.[15]

Pois na sociedade atual, data vênia dos posicionamentos em contrário, a sensação de segurança social deve fluir muito mais da preservação do segredo para a confiabilidade, no caso, da atividade médica, do que do interesse em materialidade para a punição em um Direito penal simbólico. No contexto em que a sociedade reclama da patente violação da intimidade, da intervenção da comunicação privada, das filmagens clandestinas, enfim, da confirmação da idéia antes ficcional do *Big Brother is watching you*, o "sentir-se livre de temores" passa muito mais próximo da atribuição de sensação de privacidade àqueles que se revelam diante do profissional da saúde.

Por isso o espanhol Bajo Fernandez lembra a doutrina francesa de que – a favor desse segundo prisma do segredo – surge um interesse público tão iniludível na preservação do segredo que desaparece até mesmo a noção de individualismo e intimidade, como direitos pessoais. Assim, afirma, em observação à doutrina estrangeira, que "Un sector de la doctrina francesa llega al extremo de no hacer referencia a la intimidad como fin de la norma penal que castiga la revelación de secretos profesionales como único fin del precepto. En este sentido, dice Garçon que 'el artículo 378 tiene como fin, más que proteger la confidencia en particular, garantizar un deber profesional indispensable a todos. Este secreto es, pues, absoluto y de orden público". E, acrescentando seu próprio posicionamento, de que há algo da intimidade nos delitos que consistem na violação de segredo, continua irredutível ao assentar que a necessidade de preservação de segredo prevalece sobre qualquer interesse de persecução, justificando, sob o prisma do Código Penal espanhol a seu tempo: "Del

---

[15] Nesse sentido, já tivemos a oportunidade de escrever: "O terceiro fator característico da sociedade de risco é decorrente dos dois anteriores, sendo representado pela 'sensação de insegurança subjetiva', a qual pode existir independentemente de haver ou não perigos reais. Conforme Kaufmann, a sociedade de risco identifica-se pela crescente sensação de insegurança, enquanto, de modo paradoxal, pode-se asseverar seguramente que os membros dela vivem de modo muito mais seguro que outrora. E esse binômio risco-insegurança, no campo normativo, cria demanda específica pelo zelo da segurança, que "busca não apenas a proteção objetiva contra riscos e perigos, mas também a possibilidade de assegurar, além dessa proteção, a confiança ou segurança nela, de modo que precisamente por causa desse convencimento, seja possível sentir-se livre de temores", RODRÍGUEZ, Víctor Gabriel, *Responsabilidade Penal na Lei de Imprensa*: Responsabilidade Sucessiva e o Direito Penal Moderno, Campinas, Ed. Apta, 2004, p. 81.

Código Penal vigente solo podríamos excluir los delitos contra la libertad y seguridad en el trabajo. Pues bien, creo que el interés público que ostenta el llamado delito social no se puede comparar con el interés público en garantizar ciertos deberes profesionales".[16]

Parece-nos evidente que o direito atual não pode deixar de lado a confiabilidade institucional, em um momento em que a tutela da intimidade vem a ser questão nuclear dela. Por isso, mais que um direito pessoal contraposto a um interesse público, temos no conflito *revelação de segredo x necessidade de persecução penal*, uma contraposição entre, para além de um direito individual, um relevante interesse público (a confiabilidade da instituição social médica), que supera o segundo interesse de obtenção de prova para persecução criminal. Essa superação agiganta-se, parece óbvio, quando se trata de obtenção de provas para causas que põem em lide interesses privados.

Essa superação está também patente no corpo da legislação pátria, como se verá adiante.

5. Uma analogia: O segredo médico e o segredo de confissão. A solução simples do Direito Canônico

A figura do sigilo passa a ser absoluta quando se considera também o interesse público na preservação da instituição, neste caso específico, da Medicina e de sua operacionalidade com os pacientes. À luz dessa corrente de pensamento, como visto, o segredo médico é próximo ao segredo de confissão sacramental, do sacerdote religioso.

Apenas para complementar, por analogia, o que aqui se está a considerar, faz-se pertinente consultar como o ordenamento jurídico da Igreja Católica lida com a confissão e eventual violação a seu segredo. Não para que se ponham em discussão questões religiosas; a finalidade, aqui, é observar o conjunto normativo do corpo social e visível da Igreja, que é obrigado a lidar com conflitos muito próximos ao direito comum, aplica-

---

[16] Bajo Fernández, Miguel, *El secreto profesional en el proyecto de Código penal*, p. 602/603, Anuario de Derecho Penal y de Ciencias Penales, Publicación del Instituto Nacional de Estudios Jurídicos, Madrid, Tomo XXXIII, n. 03, set/dez 1980.

dos a sua realidade. Mais que instituição religiosa, o sistema normativo da Igreja, como se sabe, é técnico e evoluído. Não raro é pioneiro na criação de figuras jurídicas que irradiam influências ao direito laico, que se podem identificar, por exemplo, nas instituições do casamento, da própria proteção a trabalhadores, da conciliação e da arbitragem, da composição, da prescrição, do processo sumário, da oposição de terceiro, reconvenção, regularidade do processo,[17] – e até das penas de prisão, esta que antes somente tinha caráter cautelar, como lembra Frederico Marques.[18]

Pois o Código de Direito Canônico[19] aborda o tema em dois cânones distintos, que aqui vale copiar, a título ilustrativo:

> Cân. 983 - § 1º O sigilo sacramental é inviolável; por isso é *absolutamente ilícito* ao confessor de alguma forma trair o penitente, por palavras ou de qualquer outro modo *e por qualquer que seja a causa.*[20]

O caráter absoluto da proibição é expresso, não havendo autoridade que a possa cassar. E, mais adiante, no livro relativo às penas para cada delito canônico, o cân. 1388 é ainda mais elucidativo:

> Cân. 1388 - §1º O confessor que viola diretamente o sigilo sacramental incorre em excomunhão *latae sententiae* reservada à Sé apostólica; quem o faz só indiretamente seja punido conforme a gravidade do delito.[21]

A idéia de que esse dever de sigilo seja absoluto chega a trazer-lhe como reprimenda a pena *latae sententiae*, ou seja, sem direito à ampla defesa e aos

---

[17] Vide *O Legado do Direito Canônico*, in: TUCCI, José Rogério Cruz e AZEVEDO, Luiz Carlos de, *Lições de Processo Civil Canônico*, SP, RT, 2001, p. 159-163.

[18] MARQUES, José Frederico, in: *Tratado de Direito Penal*, Volume III, Editora Millenium, Campinas, 1999, p. 159.

[19] O atual foi promulgado pela constituição apostólica *Sacrae disciplinae leges Catholica Ecclesia*, do Papa João Paulo II, em 25 de janeiro de 1983.

[20] *Sacramentale sigillum inviolabile est; quare nefas est confessario verbis vel alio quovis modo et quavis de causa aliquatenus prodere paenitentem.*

[21] *Confessarius, qui sacramentale sigillum directe violat, in excommunicationem latae sententiae Sedi Apolstolicae reservatam incurrit; qui vero indirecte tantum, pro delicti gravitate puniatur.*

recursos. E isso ocorre, por óbvio, para que não se permita a instauração de um processo para discutir se em um ou outro caso poderia ser lícita a violação de tal segredo. Em qualquer hipótese não o será, pois é valor supremo, quaisquer que sejam as circunstâncias envolvidas. Permitir que se o discuta colocará em risco a evidente irreversibilidade dos efeitos deletérios da violação de segredo, cuja analogia cabe perfeitamente à hipótese médica, aqui analisada.

Um sacerdote que, diante de uma autoridade laica, seja compelido a revelar conteúdo de confissão sacramental que ministrou, e o faça, está excomungado *latae sententiae*. Parece que não terá sequer oportunidade de invocar qualquer escusa, pois não há circunstância a ser alegada em sua defesa. Seu dever é negar-se a tal revelação, ainda que sobrevenham represálias pelas autoridades seculares. Nesse sentido, a forma de preservação do direito canônico do justo funcionamento do sacramento da confissão é simples: a pena *latae sententiae*.

De modo que não se pode fugir de completar a analogia: o médico que encontre na autoridade policial ou judiciária alguém que não respeite sua necessidade de sigilo, e assente não prescindir do segredo profissional para aperfeiçoar um contexto probatório, como uma persecução criminal, por sua deontologia deverá sim negar-se a corroborar em tal violação, ainda que sob circunstâncias não favoráveis. E o juiz deve proteger esse segredo, mesmo que desagrade à instrução processual. Valores maiores, à evidência, estão em questão.

6. Breve análise da legislação nacional pertinente. Da Carta Magna à Resolução CFM 1605/2000, passando pelo Código Penal

Para a investigação aqui formulada, a simples observação da lei não serve, porquanto, se houver conflito aparente de normas, um mero trabalho expositivo delas não é concludente. Todavia, tendo em vista já entendermos estar suficientemente fundamentado nosso posicionamento quanto à primazia do segredo diante da persecução penal, pode-se perceber como a legislação pátria lida com o tema. Para tanto, observam-se alguns dispositivos legais envolvidos com esta matéria, pontuando-os.

A princípio, destaca-se a Constituição, como já dito, em seu artigo 1º, inciso III, que apresenta como fundamentos da República a dignidade da pessoa humana.

Da dignidade humana Constitucional surge outro valor aqui em questão, também na Carta Magna[22], a inviolabilidade da intimidade e da vida privada, no artigo que descreve as liberdades de direitos individuais pétreos.[23]

Na legislação substantiva, entretanto, encontramos a proteção da vida privada, no ordenamento Civil a proteção absoluta da privacidade, no artigo 21 da Lei 10.406/02,[24] bem como em seu artigo 229, primeiro inciso.[25]

No Código Penal, em seu artigo 154, descreve-se a violação de segredo.[26] Esse tipo penal revela a intenção do legislador – que, como já exposto, se nos configura cada vez mais aguda – de proteger os valores da intimidade e da própria vida privada e, assim, demonstrar que o próprio legislador indica o desvalor da ação da revelação do segredo, levantando-o à alçada de injusto penal.[27]

Cabe, entretanto, o realce de que o elemento normativo do tipo "sem justa causa" não pode ser compreendido de forma muito aberta, tendo em vista o bem jurídico ou valor tutelado. Mas vale, para restrin-

---

[22] A Emenda Constitucional n. 45, de 8 de dezembro de 2004, modificando o inciso IX, do art. 93, inseriu, na questão exclusiva à publicidade de processos judiciais, a assertiva de que "em casos nos quais a preservação do direito à intimidade do interessado no sigilo não prejudique o interesse público à informação". Em nosso entender, a hierarquia entre interesse e direito não parece bem definida na reforma, até porque o chamado *interesse público à informação* sempre será flexibilizado diante da preservação da intimidade, no caso de que trata o aludido inciso.

[23] Art. 5º, inc. X: são invioláveis a intimidade, a vida privada, a honra e a imagem das pessoas, assegurado o direito a indenização pelo dano material ou moral decorrente de sua violação.

[24] "A vida privada da pessoa natural é inviolável, e o juiz, a requerimento do interessado, adotará as providências necessárias para impedir ou fazer cessar ato contrário a esta norma".

[25] "Ninguém pode ser obrigado a depor sobre fato: I – a cujo respeito, por estado ou profissão, deva guardar segredo".

[26] Art. 154 – Revelar alguém, sem justa causa, segredo de que tenha ciência, em razão de função, ministério, ofício ou profissão, e cuja revelação possa produzir dano a outrem. Pena: detenção de três meses a um ano.

[27] Vale citar Miguel REALE Jr. "O termo 'bem' não deixa de fazer uma referência ao que se possui, prevalecendo o aspecto da pertença a alguém, seja o bem material ou imaterial. Creio que se revela melhor a finalidade do Direito e o processo de elaboração da lei falar-se em valor, pois é a missão do direito impor a positividade de valores. E o primeiro instante, como menciona Maria Conceição Ferreira Cunha, a gênese da intervenção penal está na valoração, ou seja, no reconhecimento de um valor como revestido, por sua essencialidade à vida social, de dignidade penal", in: *Instituições de Direito Penal*, RJ, Forense, 2004, p. 23.

gir-se à técnica do tipo penal em si, copiar o mais que pertinente comentário de Nelson Hungria a respeito. Ainda que longa, ilustrativa para o caso concreto:

> "A vontade do segredo deve ser protegida ainda quando corresponda a motivos subalternos ou vise a fins censuráveis. Assim, o médico deve calar o pedido formulado pela cliente para que a faça abortar, do mesmo modo que o advogado deve silenciar o confessado propósito de fraude processual de seu constituinte, embora, num e noutro caso, devam os confidentes recusar sua aprovação ou entendam de desligar-se da relação profissional. Ainda mesmo que o segredo verse sobre fato criminoso, deve ser guardado. Entre dois interesses colidentes – o de assegurar a confiança geral nos confidentes necessários e o da repressão a um criminoso – a lei do Estado prefere resguardar o primeiro, por ser mais relevante. Por outras palavras: entre dois males – o da revelação das confidências necessárias (difundindo o receio geral em torno destas, com grave dano ao funcionamento da vida social) e a impunidade do autor de um crime – o Estado escolhe o último, que é o menor".[28]

Já na opinião de Hungria, a vontade inequívoca da lei penal é que seja preservado o interesse social no funcionamento das instituições, que superam a possibilidade de impunidade de um criminoso. Não se pode jogar por terra – e isso salta da escolha do legislador penal – o dever profissional e a garantia social do segredo à custa do protecionismo de uma investigação penal que pode servir-se de outros meios para aperfeiçoar-se.

Se, como observado, não basta que exista ordem de autoridade para que se configure a justa causa para a revelação, depreende-se seguramente que o médico que revela prontuários que estejam sob sigilo, por mera ordem, por óbvio ilegal, de autoridade, está em conduta típica. E, em um ordenamento jurídico que se pretende uno, a obediência a uma norma não pode significar desobediência a outra. Em outras palavras, o desvalor

---

[28] HUNGRIA, Nelson, *Comentários ao Código Penal,* RJ, Forense, Comentário ao art. 154, Vol. VI, p. 261.

que o Código Penal revela à violação do segredo permite afirmar mais uma vez que deve o facultativo efetivamente negar-se à violação daquele, ainda que diante de ordem de autoridade, a qual não representa, em si mesma, justa causa para tal revelação.

A legislação material, portanto, também refrata a tutela do segredo médico, objeto deste estudo, como primazia a outro interesse mais difuso.

A legislação adjetiva apresenta-se ainda mais incisiva em relação a tal questão, sendo evidente a relação entre os ditames dos artigos abaixo e a proibição absoluta de violação de segredo, que aqui se fundamenta.

É aguda a locução do Código de Processo Penal, em seu artigo 207: "São proibidas de depor as pessoas que, em razão de função, ministério, ofício ou profissão, devam guardar segredo, salvo se, desobrigado pela parte interessada, quiserem dar seu testemunho".

Se a legislação substantiva civil determina que ninguém "pode ser obrigado" a violar seu segredo de profissão, a legislação adjetiva penal – e parece que no caso concreto que nos é proposto é ela a mais pertinente – estes são proibidos de depor. Essa proibição ocorre por força de lei, e, adiantando-nos em nossa conclusão, bem nos parece que decisão judicial não a pode enfrentar.

A legislação médica também preserva o segredo. O Código de Ética Médica[29] tem todo o seu capítulo IX reservado ao segredo médico, e disso tiramos sua grande importância. Diz-se até estar insculpido no juramento de Hipócrates. Mas parece mais pertinente, de todo aquele capítulo, fazer realce a seu artigo 108, que pune a ação de "Facilitar manuseio e conhecimento dos prontuários, papeletas e demais folhas de observações médicas sujeitas ao segredo profissional, por pessoas não obrigadas ao mesmo compromisso".

Observe-se que tampouco a legislação médica condiciona tal revelação a qualquer hipótese de justa causa, como analogamente faz o direito canônico com o inviolável – absolutamente inviolável – segredo de confissão. Ao médico passa a ser vedado facilitar o acesso àqueles que não prestam o mesmo compromisso, ou seja, que não são médicos.

E é nesse sentido que o Conselho Federal de Medicina vem resolver a questão, instruindo seus disciplinados a não encaminharem, sob qualquer hipótese, prontuários médicos a Juízo sem consentimento expresso

---

[29] Resolução CFM n. 1.246/88, de 08.01.88 (D.O.U 26.01.88).

do paciente. Determina a Resolução CFM 1605/200, que "Art. 4º – Se na instrução de processo criminal for requisitada, por autoridade judiciária competente, a apresentação do conteúdo do prontuário ou da ficha médica, o médico disponibilizará os documentos ao perito nomeado pelo juiz, para que neles seja realizada perícia restrita aos fatos em questionamento".

Tratar de obedecer a resolução normativa atrás recortada não é, como falaciosamente poder-se-ia construir, questão de discutir a força vinculante desse preceito. Certamente, ele poderia sucumbir ao valor de uma ordem judicial, que fundamentasse e interpretasse a necessidade de descumprimento da Resolução em favor de um interesse constitucional maior. Não é isso.

Em nossa opinião, ainda que haja posicionamentos em contrário,[30] obedecer tal Resolução significa nada mais que seguir uma orientação dirigida aos profissionais submetidos às instruções de seu Conselho profissional, pautada na obediência aos valores tutelados tanto na Constituição como na legislação a ela inferior. A Resolução, mesmo desprovida de força vinculante maior do que outra lei ou que a necessidade inequívoca de obediência a ordem judiciária *legal*, encontra-se em plena harmonia com todos os ditames da necessidade de sigilo aqui analisada. A Resolução observa – e isso está expresso em seus considerandos – que a obrigação legal do médico, quando existe, é a de *comunicação* da existência de algumas doenças (art. 269 do CPB) ou de ocorrência de crime de ação penal pública incondicionada (66, I e II da LCP). Importa em afirmar que foi interpretado, para o facultativo, o estrito limite de seu dever, a comunicação da doença ou do delito, e a impossibilidade do fornecimento a qualquer que seja que não haja prestado compromisso de segredo idêntico ao dele. Ou seja, compromisso médico.

Não se pode julgar a recusa da Resolução analisando-a isoladamente. O facultativo não a deve cumprir "porque sim", ou só porque seja fruto da autarquia que supervisiona a profissão, se em desacordo com a lei.

---

[30] Vide Boletim do IBCCrim n. 63, de fevereiro de 1998, p. 07-08 e n. 102, de maio de 2001, p. 06-07, respectivamente artigos intitulados *Sigilo Médico diante das Requisições Criminais*, de Kleber Leyser de Aquino, e *Da Inconstitucionalidade do art. 4º da Resolução n. 1605/00 do Conselho Federal de Medicina*, de Eduardo Araújo da Silva e José Oswaldo Molinero.

Deve cumpri-la porque é vontade de todo o ordenamento normativo – principalmente a partir da Constituição. A resolução segue interpretação autêntica dos valores constitucionais protegidos – do critério material adotado pelo legislador; ela, assim, nada mais significa que uma orientação de conduta legal para aqueles que não necessariamente têm conhecimento jurídico aprofundado para sopesar os aparentes conflitos normativos, ou até mesmo para vencer a presunção do conhecimento da lei. Presunção essa que – sabe-se – é meramente discursiva.

Não se encontra na Resolução CFM 1.605/2000 mais que uma interpretação regular da lei em sentido estrito. Por isso, data vênia dos posicionamentos contrários, não a festejamos como grande instrumento normativo capaz de obrigar o médico a eventual desobediência a ordem de autoridade competente; por outro lado, nela existe interpretação autorizada de todo o contexto normativo maior. Sua função, a nosso ver, é análoga à interpretação que, em 1960, fez Almeida Júnior, atendendo a consulta originária da Universidade de São Paulo e do Conselho Federal de Medicina sobre questão que estritamente se identificava com a hipótese aqui formulada.[31] O texto daquele autor intitulou-se "O segredo médico e as informações à polícia e à Justiça" e enumerou, a seu final, nove conclusões redigidas com impressionante objetividade. Delas, cabe aqui ressaltar as cinco primeiras: 1º - O segredo médico, imperativo indeclinável da vida em sociedade, é, no Brasil, prescrito pelo Código Penal, que só permite sua revelação quando haja para isso 'justa causa'; 2º - Não cabe às autoridades, e sim à lei, determinar as hipóteses de 'justa causa' para a revelação; 3º - Em face de situações não previstas expressamente em lei, mas em que pareça ao profissional não haver outro meio para evitar mal maior, deve o médico quebrar

---

[31] Assim o exórdio daquele parecer: "Por despacho de 1º de junho de 1960, do Magnífico Reitor da Universidade de São Paulo, foi solicitado do Conselho Regional de Medicina do Estado de São Paulo (CREMESP) um pronunciamento a respeito da seguinte consulta, endereçada à Reitoria pelo Dr. Odair Pacheco Pedroso, Superintendente do Hospital das Clínicas da Faculdade de Medicina da Universidade de São Paulo: 'Quase diariamente recebe este Hospital solicitações do Poder Judiciário, no Instituto Médico Legal e de autoridades policiais, no sentido de serem fornecidos diagnósticos, resultados de exames, cópia de observações médicas, para instrução de inquéritos e peças de processos. Quando o Hospital coloca seu arquivo à disposição de peritos-médicos, aqueles órgãos alegam que isso não satisfaz, pois em muitos casos necessitam documentos autenticados para seus arquivos. Tendo a obrigação de facilitar a ação da Justiça e de respeitar o segredo médico, perguntamos: Até onde a legislação permite o atendimento desses pedidos, sem ferir a deontologia médica'?" p. 41.

o sigilo, enfrentando nesse caso o risco de ser punido penalmente; 4º - Quando convidado pelas autoridades policiais ou judiciárias, ou pelos serviços médicos legais, a prestar informações orais ou escritas (inclusive através do envio de fichas ou relatórios clínicos) sobre seus clientes, o médico só deve dar essas informações se o caso estiver contido nas hipóteses de 'justa causa' previstas na legislação, e mantendo-se nos estritos limites marcados pelo texto legal; 5º - Nos casos em que a lei não autorize a revelação, o médico responderá à autoridade escusando-se de não atendê-la em virtude de estar vinculado ao segredo profissional".

A resolução CFM n. 1605/2000 é quase cópia fiel da interpretação que fizera Almeida Júnior quarenta anos antes, diante de problemas semelhantes, mas à ausência, claro, de norma específica do Conselho a respeito de como conduzir-se o profissional diante de ordem judicial, ilegítima. Isso importa em afirmar que tentar solucionar o conflito entre ordem judicial competente e negativa do médico alegando sigilo e a aludida Resolução mediante a hermenêutica da força da ordem judicial em comparação com a instrução normativa do Conselho profissional é técnica errada. A Resolução nada mais é que a capilarização autêntica de um valor maior, de extração Constitucional. Se já em 1960 se interpretava a prevalência do segredo diante da ordem judicial para colheita de provas de interesse penal, *a fortiori* essa prevalência ocorre hoje em dia, em que a preservação da dignidade da pessoa humana e a preocupação com a intimidade sofrem patente e justa hipertrofia.

Desse modo, a legislação nacional, desde a Constituição, passando pelo direito substantivo e adjetivo infraconstitucional, até as Leis que disciplinam a Ética Médica e as resoluções específicas – em especial a Resolução CFM 1605/2000 – tutelam o segredo médico e indicam que a conduta de negar-se a revelá-lo, mesmo a autoridade competente, é lícita, se feita em nome de valor maior.

7. O DELITO DE DESOBEDIÊNCIA NA HIPÓTESE

Conduz-se assim à assertiva de aquele facultativo que atende a ordem judicial de divulgação de documentos sob sua guarda e tutela, ao arrepio do segredo, está sujeito às penas do artigo 154 do Código Penal, a violação de sigilo profissional. Pelo quanto exposto, tal condição é inequívoca.

Mas resta fazer o raciocínio inverso, que é de interesse penal mais premente. Aquele que deixa de atender à ordem judicial de divulgação de documentos, sob a tutela do segredo, incorre na conduta típica do artigo 330 do Código Penal Brasileiro, a desobediência?

Na lógica mais simples não seria aceitável que o ordenamento penal colocasse o ser humano diante da berlinda de escolher entre duas únicas condutas, ambas típicas – em outras palavras, sem que haja uma conduta *ante acta* desvalorada, a impossibilidade de agir de forma atípica, ou seja, preservando os bens jurídicos ou a própria obediência ao ordenamento, como objetivo da lei penal. A lei penal não deve ser em seu fim proibitiva, mas sim um meio de poder exigir que, diante de situações normais da vida, o cidadão possa conduzir-se de maneira livre sem ofender todo o contexto social.

Por isso há que se observar que a descrição típica do artigo 330 exige que a ordem desobedecida deva ser *legal*. A essa legalidade não basta a forma, mas a substância:[32] ordem que viola direito de segredo, ainda que formalmente válida, não é legal;[33] por conseqüência, sua desobediência é fato atípico.

O médico que extrapola o sigilo para além daqueles seus colegas de profissão, revelando a autoridade policial ou judiciária documentos sob

---

[32] Parece-nos ser questão análoga à discussão que, com vanguarda, o Prof. Cândido Rangel Dinamarco expõe a respeito da relativização da coisa julgada a favor da justiça. É certo que, neste caso concreto, deve ser obedecida sempre a ordem judicial, mas não a ponto de sacrificar um valor muito maior que é o segredo e que, ademais, tem em sua violação algo absolutamente irreversível. De um estudo muito mais rico, recorta-se um reduzido trecho aqui tão pertinente: "O objetivo do presente estudo [relativizar a coisa julgada material] é demonstrar que o valor da segurança das relações jurídicas não é absoluto no sistema, nem o é, portanto, a garantia da coisa julgada, porque ambos devem conviver com outro valor de primeiríssima grandeza, que é o da *justiça das decisões judiciárias*, constitucionalmente protegido mediante a garantia do acesso à justiça (Const., art. 5º, inc. XXXV)", in: *Nova Era do Processo Civil*, SP, Ed. Malheiros, 2004, p. 226/7.

[33] A lição de Luiz Régis Prado, ao comentar o delito de desobediência, tangencia a hipótese em análise: "Assim como na resistência, é essencial que a ordem seja *legal*, tanto no aspecto substancial como formal. Destarte, além da exigência da competência do agente público para expedir ou executar a ordem e de que esteja ele no exercício de suas funções, há necessidade também de que o destinatário dessa ordem tenha o dever jurídico de obedecê-la. Assim, não se pode notificar o advogado a fornecer o endereço residencial de seu cliente, já que sua conduta omissiva está resguardada pelo exercício regular de direito inerente a sua atividade". PRADO, Luiz Régis, *Curso de Direito Penal Brasileiro*, Vol. 4, SP, RT, 2001, p. 527.

sua tutela, à evidência comete conduta típica do artigo 154 do Código Penal, a violação de segredo profissional. O mesmo ocorre quando atende a ordem de busca e apreensão dos mesmos documentos, conquanto o uso da força, ainda ilegítima, pela autoridade determinante exclua a culpabilidade do médico, uma vez que não se lhe pode exigir conduta diversa daquela de sucumbir ao que é determinado *manu militari*.

A recusa, entretanto, fundamentada, dando conta à autoridade da impossibilidade de cumprimento de sua ordem por força de sigilo profissional, de forma alguma pode ser entendida como conduta do art. 330 do Código Penal,[34] por faltar elemento normativo do tipo, essencial, qual seja a legalidade da ordem desobedecida.

Conclusões

Como conclusões deste estudo, fixadas as premissas da introdução e os argumentos que a seguiram, tem-se que:

I. O segredo médico é inviolável. Ele, como forma de direito da personalidade, tem conforto constitucional também no princípio da dignidade da pessoa humana, do artigo 1º, III, da Carta Magna;

II. o valor constitucionalmente tutelado da dignidade da pessoa humana, somado à preservação da intimidade (5º, X, CF), supera o mero *interesse* público de persecução penal, ainda que este seja mais imediato;

III. somente nas hipóteses previstas em lei, e não por determinação de qualquer autoridade, o médico pode fazer sucumbir seu segredo profis-

---

[34] Nesse sentido, de modo incisivo decidiu o Tribunal de Alçada Criminal de São Paulo, em acórdão que tem a seguinte ementa: "Crime contra a Administração Pública – desobediência – descaracterização – Médico que deixa de atender a requisição judicial de informações sobre o estado de saúde de réu em processo-crime sob invocação de sigilo profissional – Admissibilidade – requisição que, no referente a tratamento médico a que está ou foi submetida determinada pessoa, somente é permitida à autoridade judiciária cuidando-se de crimes relacionados com prestação de socorro médico ou de moléstia de comunicação compulsória, quando dispensado o sigilo – Circunstâncias não verificadas na espécie – Irrelevância de ter o interessado anuído ao fornecimento se tal anuência não constava do ofício respectivo, lícito, portanto, ao facultativo supô-la inexistente – Informes que ademais, poderiam ser obtidos através de inspeção médica na própria comarca ou em hospital da rede penitenciária – Habeas corpus preventivo concedido, com determinação de que não seja requisitado ou instaurado inquérito policial pelo fato descrito" HC 180.586-1 – 5ª Cam. J. 17.5.89 – rel. Juiz Walter Swensson – RT 643/304.

sional, nos estritos limites legais. Esses limites implicam apenas comunicação de algumas circunstâncias, mas jamais liberação de documentos protegidos pelo sigilo ou cópias deles;

IV. a Resolução CFM 1605/2000 é absolutamente constitucional e tem valor de instrução normativa que refrata valores maiores tutelados em todo o ordenamento jurídico, inclusive no Direito penal, fragmentário que é;

V. a justa causa para revelação do sigilo médico, salvo hipótese argumentativa muito diversa, insculpida no tipo do artigo 154 do Código Penal, restringe-se às hipóteses de comunicação elencadas em lei. Aquele que atende a ordem ilegal de autoridade para a quebra de sigilo incorre, aprioristicamente considerando, na conduta típica do citado artigo;

VI. o médico que atende a ordem de busca e apreensão de documentos protegidos pelo sigilo profissional também incorre na conduta típica do art. 154 do Código Penal, conquanto esteja nesse caso patente a inexistência de culpabilidade por inexigibilidade de conduta diversa, face à forma coercitiva de cumprimento da ordem judicial ilegal;

VII. o facultativo que se recusa ao cumprimento da ordem de autoridade, policial ou judiciária, competente, e para tanto justifica estar acobertado pelo sigilo médico, não pratica a conduta do artigo 330 do Código Penal, a desobediência. Isso porque elemento normativo do tipo exige que a ordem desobedecida seja legal. Essa legalidade é substancial. À ordem de autoridade que determine ilegalmente quebra do sigilo falta a legalidade como elemento normativo do tipo, de modo que sua desobediência é atípica. Ademais, foge ao âmbito de proteção do tipo a obediência a ordem injusta; e

VIII. a violação de segredo profissional pode ter conseqüências irreversíveis. A proteção do segredo deve ser absoluta, como é o segredo de confissão sacramental. Admitir que a autoridade judiciária determine sua quebra em hipótese não prevista em lei é aproximar o direito penal do absolutismo, em tendência preocupante. Não se deve admitir que a *persecutio criminis* não possa perfazer-se prescindindo de informações tuteladas pelo segredo profissional: à exceção de alguns focos protegidos como garantias pessoais e sociais invioláveis, todos os outros campos investigatórios estão abertos ao Estado-persecutor.

Violar o segredo profissional para seguir em busca de informações para o *ius perseqüendi* certamente atende, ainda que parcialmente, um interesse social premente e palpável; fá-lo, porém, a um custo insuportável à coletividade e ao Estado de Direito como um todo. Um interesse mais etéreo e difuso que a funcionalização de um processo em si, mas nem por isso menor ou menos relevante. Tal realidade deveria ser considerada pelas autoridades, policiais ou judiciárias, sob pena de um retrocesso no Direito, à violação de severas garantias individuais em nome da consecução de fins imediatos. Se o Direito penal revolucionou-se após a derrota do nazifascismo e passou a atender a bens e valores que estão na Constituição, como a dignidade da pessoa humana, deixar agora de observá-los na interpretação da norma infraconstitucional representa, seguramente, retrocesso temerário.

Editoração, impressão e acabamento
Gráfica e Editora Santuário
Em Sistema CTcP
Rua Pe. Claro Monteiro, 342
Fone 012 3104-2000 / Fax 012 3104-2036
12570-000 Aparecida-SP